의사소통장애의 진단과 평가 3판

심현섭 · 김영태 · 이윤경 · 김미선 · 김수진 · 이은주 · 표화영 · 한진순 · 권미선 · 윤미선 공저

Diagnosis & Assessment in Communication Disorders

학지사

3판 머리말

2012년에 『의사소통장애의 진단과 평가』가 처음 출간된 후로 12년의 세월이 흘렀다. 이번 3판의 출간은 독자의 지속적인 관심과 사랑뿐만 아니라, 저자분들과 학지사의 적극적인 지원이 있었기에 가능하였다. 저자들 모두 이 책이 언어치료사 교육현장에서 의사소통장애의 진단과 평가를 위한 교재로서 유용하게 활용되기를 기대한다.

이 책은 언어재활을 공부하고 있는 학생들이 진단평가에 관련된 기본 개념과 다양한 의사소통장애 관련 검사도구에 대한 핵심적인 정보를 습득하고, 객관적이고 포괄적인 진단평가를 통해 의사소통장애인의 개별적 특성을 보다 정확하게 파악함으로써, 검사결과를 치료에 실제로 적용할 수 있는 능력을 갖도록 하는 데 목표를 두었다. 객관적인 평가는 신뢰성 높은 데이터를 제공하여 의사소통장애의 유형과 정도를 명확히 파악할 수 있게 해 준다. 또한 포괄적 평가는 다양한 측면에서 개인의 의사소통능력을 종합적으로 평가하여, 보다 심층적인 이해를 가능하게 한다. 이러한 접근은 평가대상자의 개별적 특성과 필요에 맞는 맞춤형 치료계획을 수립하는 데 중요한 역할을 한다. 특히 이 책은 진단평가 결과를 바탕으로 치료계획을 수립하는 증거기반 치료 접근법의 중요성을 강조한다. 이 책은 10개 장으로 구성되어 있으며, 각 장에서는 의사소통장애의 다양한 유형에 대한 진단기준, 평가도구의 특성 및 결과 해석, 그리고 실제 진단평가사례를 제시하여, 학생들이 이론과 실제를 연결할 수 있도록 돕고자 하였다.

이번 3판에서는 2판 이후에 개발된 진단검사 도구를 업데이트하였으며, 관련 내용의 일부가 수정 또는 보완되었다. 이번 3판의 주요 업데이트 사항은 다음과 같다.

제1장에서는 이 책의 취지에 맞도록 기존의 내용에 관해 전반적인 수정이 이루어졌으

며, 준거참조검사, 대안적 평가, 그리고 진단평가 보고서의 작성 및 유의사항에 대한 섹션이 추가되었다. 제2장에서는 우리나라의 언어 진단평가도구 목록이 업데이트되었으며, 한국 아동 메타-화용언어 검사 외에 최근 개발된 검사도구가 소개되었다. 제3장에서는 우리나라 학령기 아동용 표준화 언어검사 목록과 우리나라의 학령기 읽기 및 쓰기 표준화검사 목록이 업데이트되었다. 제4장에서는 「장애인복지법」에서의 장애 범주와 「장애인 등에 관한 특수교육법」에서의 장애 범주를 최근 개정된 내용으로 업데이트하였으며, 미국정신의학협회(APA)가 최근 제시한 동반장애의 진단기준을 제시하였다. 제5장에서는 우리말 조음음운검사2(U-TAP2)를 소개하였으며, 진단사례를 업데이트하였다. 제6장에서는 학령전기 아동의 의사소통 부담감을 평가하는 검사인 KiddyCAT을 소개하였다. 제7장에서는 후두스트로보스코피와 카이모그래프에 관해 추가적인 설명을 했으며, 한국어판 음성 관련 삶의 질 평가와 음성피로도 검사를 소개하였다. 제10장에서는 신생아청각선별검사에 관련된 새로운 지침을 소개하였고, 청각장애등급 폐지 이후의 진단기준에 대한 설명을 추가하였다.

이 책을 통해 학생들이 의사소통장애의 진단과 평가에 관해 깊이 이해하고, 효과적인 치료를 위한 올바른 임상적 의사결정을 하는 데 기여하기를 바란다. 나아가 학생들이 의사소통장애인들에게 보다 나은 삶을 제공하기 위한 연구와 실천의 길로 함께 나아갈 수 있기를 기대한다.

이 책의 출판을 허락해 주신 학지사 김진환 사장님과 개정작업을 하는 동안 많은 도움을 준 학지사 편집부 선생님들께 감사드리며, 마지막 교정작업에 도움을 준 김은나, 강혜원 박사에게 고마움을 전한다.

2025년 3월

저자 대표 심현섭

1판 머리말

1986년 한국언어병리학회가 창립된 이후 26년 동안 언어병리학은 학문적으로 많은 발전을 이루었다. 뿐만 아니라 2000년대에 들어서면서 많은 대학에 언어병리/치료학과가 설치되었고, 언어치료를 필요로 하는 대상 인구도 양적으로 많이 증가하고 있다. 이러한 언어병리학의 질적·양적 발전에 힘입어 언어치료의 전문성이 국가로부터 인정을 받아 2012년 8월부터 「장애인복지법」을 통해 언어재활사 국가자격증제도가 시행되게 되었다.

언어재활사의 전문성에 필수적인 조건 중 하나는 다양한 의사소통장애를 정확하게 진단할 수 있는 능력을 갖추는 것이다. 하지만 의사소통장애의 진단은 단지 언어재활사에 의해서만 이루어지는 것은 아니다. 의사소통장애의 속성을 고려해 볼 때 기본적으로 관련 전문가와의 협의를 통한 다학문적 접근이 바람직하다.

의사소통장애의 초기 진단은 치료의 방향 설정에 기본이 될 뿐만 아니라 치료효과를 극대화하기 위한 기초 작업이라고 할 수 있다. 진단은 의사결정을 위한 정보를 수집하는 일련의 과정이라고 할 수 있고, 증거기반치료(evidence-based therapy)를 위해서 진단 활동은 치료를 하는 동안에도 계속적으로 이루어져야 하는 활동이다. 하지만 우리나라의 경우 아동 언어장애, 실어증, 유창성장애의 분야 등 일부 영역에 기본적인 표준화 검사도구가 마련되어 있으나, 아직 의사소통장애 영역의 전반에 걸쳐 검사도구의 개발이 절실히 요구되고 있는 실정이다. 또한 의사소통장애 진단 프로토콜의 통일성 및 객관성에 대한 논의가 아직 제대로 이루어지지 못하고 있다.

언어재활사의 국가자격증제도가 확립됨에 따라 의사소통장애 진단의 객관성, 정확성 및 효율성 확보는 언어재활사에게 부과된 중요한 과제라고 할 수 있다. 이를 위해서 언어재활사는 다양한 의사소통장애의 특성에 대한 지식을 갖추어야 함은 물론, 진단에 필요한 정보를 수집하는 방법과 검사도구의 장점 및 단점을 파악할 수 있는 능력을 갖추어야 한다. 아울러 진단 결과가 치료계획 수립에 어떻게 연계되는가를 익혀야 한다. 물론 이러한 능력은 하루아침에 습득되는 것이 아니라 많은 임상적 경험과 자기 노력을 통해 얻을 수 있다.

이 책의 내용은 한국연구재단의 지원하에 우리나라 상황에 적합한 의사소통장애의 진단모형을 마련해 보기 위한 첫 시도의 결과물이다. 따라서 앞으로 의사소통장애의 진단에 대한 심도 있는 연구가 계속적으로 요구된다. 이 책이 언어치료를 전공하는 학생들에게 유용한 정보를 제공해 주리라 믿는다. 출판을 허락해 주신 학지사 김진환 사장님과 편집부 여러분께 감사를 드리며, 교정에 도움을 준 오소정 선생님과 김선희, 이영미, 이수복, 안서지, 조응경, 연석정, 이현정 등 이화여자대학교 언어병리학과 박사과정 학생들에게 고마움을 전한다.

2012년 8월

저자 대표 심현섭

차례

제1장

의사소통장애 진단 및 평가의 기초

1. 들어가는 말
2. 의사소통장애 진단평가의 정의 및 치료사의 역할
3. 의사소통장애의 진단평가 방법
4. 의사소통장애의 진단평가 절차 및 고려사항
5. 진단평가 보고서의 작성 및 유의사항
6. 맺음말

1. 들어가는 말

의사소통능력(communication competence)은 행복하고 성공적인 삶을 살기 위한 필수적인 요소다. 따라서 의사소통능력이 정상적으로 발달되지 않으면, 기본적인 일상적 활동뿐만 아니라 자신의 역량을 발휘할 수 있는 기회 및 직업선택이 제한된다. 현재, 의사소통능력에 대한 정의(definition)는 학자마다 다르며, 통일된 정의는 없다. 하지만 의사소통능력을 언어적 · 사회적 규칙뿐만 아니라, 상호적 의사소통 맥락을 이해할 수 있는 문화적 규칙을 습득 및 적용할 수 있는 능력으로 정의한다고 하면, 진단평가의 항목에 대한 개괄적인 방향을 제시한다고 볼 수 있다. 아동의 의사소통능력이 연령 증가에 따라 지속적으로 정상 발달되려면, 인지능력, 감각운동능력 및 사회성 능력 등이 함께 발달되어야 한다(Kiessling & Fabry, 2021). 아울러 아동은 자신의 의사소통 목표(communicative goals)를 달성할 수 있도록, 의사소통 상황에 따라 적절한 구어적 및 비구어적(verbal and non-verbal) 의사소통 행동을 선택하고 적용할 수 있어야 한다.

의사소통장애의 개념은 일반적으로 의사소통 상황을 전제로 하기 때문에 기존의 언어장애 또는 말장애보다 광범위하며 포괄적이다(Haynes & Pindzola, 2004). 특히 의사소통장애를 오랫동안 단순히 말장애와 언어장애로 이분법적인 분류를 하여 왔으나, 학문적 발달에 따라 이러한 이분법적인 구분에 문제가 있음이 지적되고 있다(Paul, 1998). 예를 들면, 조음장애 아동의 경우 발음이 정확하지 못한 이유가, 단순히 말 산출기관의 부적절한 기능 때문일 수도 있고, 한편으로는 아동이 모국어의 말소리에 대한 음운지식(phonological knowledge)이 부족하기 때문일 수도 있다. 또한 발달성 유창성장애(말더듬)는 원래 말장애로 분류되나, 언어발달과 유창성장애 사이에 높은 관련성이 있음을 제시하는 연구들이 발표되고 있기에, 발달성 유창성장애를 전적으로 말장애로만 보는 것은 합리적이지 못하다고 볼 수 있다.

미국언어청각협회(American Speech-Language-Hearing Association: ASHA)는 의사소통장애(communication disorders)를 개념적, 구어적, 비구어적, 그림 상징(graphic symbol) 체

계를 수용하고, 전달하고, 처리하고, 이해하는 능력의 손상으로 정의한다(ASHA, 1993). ASHA의 이러한 정의는, 언어치료사가 의사소통장애의 진단평가를 할 때, 인지능력, 수용언어능력, 표현언어능력 이외에 읽기 및 쓰기, 비구어적 행동을 평가해야 하고, 언어처리능력(linguistic processing)도 평가할 것을 제안한다.

언어치료사는 진단평가를 통해 평가대상자가 의사소통장애를 갖고 있는가 여부를 판단해야 하며, 만일 갖고 있으면 어떠한 의사소통장애의 유형인가를 확인해야 한다. ASHA는 언어치료사가 다루는 의사소통장애를 다음과 같이 분류하였다.

- 학령전기 언어장애
- 아동언어(학령기/청소년)
- 말소리장애: 조음 및 음운
- 유창성장애
- 음성장애
- 실어증
- 말실행증
- 자폐, 구순구개파열, 인지-의사소통장애, 치매, 삼킴장애(성인), 소아 수유 및 삼킴장애, 사회적 의사소통장애, 중증장애(severe disabilities, 보완대체의사소통 영역을 의미함), 선택적 함묵증

ASHA의 의사소통장애 분류에서 특징적인 사항은 언어장애를 학령전기 언어장애와 아동언어를 분류하였으며, 소아 수유 삼킴장애와 성인 삼킴장애가 포함된 것이다. 실제로 미국에서는 언어치료사에게 삼킴장애를 평가할 수 있는 법적 지위가 부여되지만, 한국의 경우, 언어치료사가 임상현장에서 삼킴장애에 관해 진단평가를 할 수 있는 권한이 아직은 없다. 또한 미국의 음성전문 언어치료사는 음성 문제에 관한 의학적 판단의 목적이 아닌 기능적 평가의 목적으로, 후두비디오스트로보스코피(strobo-videolaryngoscopy)를 별도의 교육을 받은 후에 음성평가를 할 수 있다. 하지만 한국에서는 그렇지 못하다. 현시점에서 한국 언어치료사가 단독으로 진단평가를 할 수도 있는 장애 유형도 많이 있

지만, 신경, 심리 및 인지장애와 관련된 의사소통장애의 경우 또는 다른 동반장애를 갖고 있는 경우에는 관련분야의 전문가적 소견을 참고해야 한다. 필요한 경우, 관련 전문가가 진단평가와 협력하여 진단평가가 이루어진다고 하면, 평가결과의 신뢰성을 확보할 수 있을 뿐만 아니라, 만일에 발생할 수 있는 법적인 분쟁을 미리 예방할 수 있게 되고, 치료효과를 증진시킬 수 있다. 임상현장에서 쉬운 일이 아니나, 궁극적으로 추구해야 할 실제적 진단평가 모형은 의학, 음성학, 언어학 및 심리학 분야와의 긴밀한 협력체계를 구축하여 다학문적(multidisciplinary) 진단평가를 실시하는 것이다.

교육현장 및 임상현장에서 의사소통장애를 언어장애와 말장애로 구분하는 것이 일반적이다. 하지만 장애에 관련된 법률, 즉 「장애인 등에 대한 특수교육법」과 「장애인복지법」에서는 이러한 분류체계를 사용하지 않으며, 두 법률에서 사용하는 용어는 다르다. 예를 들면, 특수교육대상자 선정 여부를 결정하기 위한 진단 및 평가 절차를 제시한 「장애인 등에 대한 특수교육법」은 '언어장애' 또는 '말장애'가 아닌 '의사소통장애'라는 용어를 사용하고 있다. 반면, 보건복지부가 2023년도에 고시한 장애판정기준을 보면 '언어장애'라는 용어를 사용하고 있으며, '외부신체 기능장애'의 소분류 항목에 포함되어 있다. 보건복지부의 장애판정기준의 목적은 「장애인복지법」에 의거하여, 장애인의 장애정도표에 의한 장애정도 사정기준을 구체적으로 해석하고, 표준 진단방법을 제시하여 정확하게 장애정도를 판정하도록 하기 위함이다.

두 법률 간에 의사소통장애의 하위 진단명 분류체계에도 약간의 차이가 있다. 「장애인 등에 대한 특수교육법」은 하위 의사소통장애의 종류를 '언어장애' '조음장애' '유창성장애' 및 '기능적 음성장애'로 나눈다. 반면, 「장애인복지법」은 언어장애를 '음성장애' '구어장애' '발달성 언어장애 및 뇌질환 또는 뇌손상에 의한 언어중추의 손상에 따른 실어증'으로 분류한다. '음성장애'는 단순한 음성장애와 발성장애를 포함하며, '구어장애'는 발음 또는 조음장애와 유창성장애(말더듬)를 포함한다고 제시되어 있다.

진단평가적인 측면에서 두 법률의 시사점을 살펴보면 다음과 같다. 「장애인 등에 대한 특수교육법」에서는 의사소통장애를 가진 특수교육대상자로 판단되면, 이것으로 진단평가가 종료되는 것이 아니라, 진단평가의 결과는 후속적으로 교육현장에서 의사소통장애를 가진 특수교육대상자에게 제공되는 적절한 교육적 조치에 반영되어야 한다. 반면,

「장애인복지법」의 장애판정을 위한 기준에서는, 현시점에서 의사소통에 얼마나 어려움이 있는가를, 즉 장애정도를 기능적인 측면에서 판단하는 것에 초점을 맞추어 평가한다. 보건복지부의 장애판정기준에 의하면, 이비인후과, 정신건강의학과, 신경과, 소아청소년과가 언어장애에 대해 장애판정을 하는 기관이 되려면 언어치료사가 배치되어 있어야 한다.

언어치료실을 방문한 부모나 가족들이 공통적으로 하는 질문들은, ① 어떤 말 · 언어장애를 갖고 있는가(진단명), ② 왜 이런 장애가 발생했는가(원인), ③ 장애를 갖고 있다면 얼마나 심한가(중증도), ④ 앞으로 장애가 회복될 것인가 여부(예후), ⑤ 일상생활 및 사회생활을 하는 데 얼마나 어려움을 갖게 되는가에 관한 것이다(사회생활 여부). 이와 같은 질문에 대한 답을 하기 위해서 언어치료사는 관련 자료를 수집해야 한다. 이를 위한 자료수집 과정은 체계적이고 종합적이어야 한다.

이러한 맥락에서 세계보건기구(WHO)가 발표한 국제 기능, 장애 및 건강분류(International Classification of Functioning, Disability and Health: ICF)는 의사소통장애의 진단평가뿐만 아니라 언어치료에 관한 방향성을 제시한다. ICF는 장애인에 대한 진단평가를 할 때, 장애인의 신체 기능 및 구조의 손상(impairment)뿐만 아니라 장애로 인해 일상적 활동이 얼마나 많은 제한을 받고 있으며, 사회적 참여에 얼마나 많은 제약을 받고 있는가를 살펴볼 것을 제안한다. 예를 들면, 말더듬 성인의 경우 진단평가의 목적이 단지 말더듬의 중증도를 확인하는 것을 넘어서서, 말더듬 성인을 평가할 때 말더듬으로 인해 일상생활에서 할 수 없는 것이 무엇이며, 말더듬 때문에 사회적 활동이나 직업선택에 어떠한 불이익이 있는가를 확인하는 것이다. 따라서 ICF의 핵심은 확장된 진단평가 방식을 통해 의사소통장애인의 삶의 질(quality of life)을 향상시킴으로써, 인간의 기본권을 누릴 수 있도록 하는 데 있다고 본다. 이러한 취지에서 유창성장애, 신경언어장애 및 음성장애를 진단평가할 경우, 장애가 삶의 다양한 영역에 어떠한 부정적 영향을 미치는가를 평가하는 검사도구가 개발되었으며, 임상현장에서 사용되고 있다.

2. 의사소통장애 진단평가의 정의 및 치료사의 역할

의사소통장애의 유무 결정 및 치료계획을 수립하기 위해서는 다양한 측면에서 의사소통능력이 평가되어야 한다. 일반적으로 검사(testing) 용어와 평가(assessment) 용어가 동일시되어 사용되고 있다. 하지만 검사와 평가의 용어는 구분되어야 한다. 검사는 평가의 한 부분으로서 임상적 의사결정을 하는 데 관련된 정보를 수집하고 해석하는 과정(process)을 의미한다. 하지만 의사소통능력을 평가한다고 할 때에는 의사소통장애인의 효과적 중재 및 지원과 관련된 일련의 임상적 의사결정(clinical decision making)이 수반된다. 반면에 진단(diagnosis)이라는 용어는 일반적으로 의학적 평가모델에서 많이 사용되는 용어로서 의사소통장애가 존재하는가, 그리고 만일 존재한다면 그 의사소통장애는 유사한 장애와 어떻게 변별되는가(differentiating)를 결정하는 과정을 의미한다. 따라서 평가 및 진단의 용어가 치료계획 수립을 위한 임상적 결정을 하는 과정으로 볼 수 있기에, 이 책에서는 진단 및 평가의 용어가 특별한 의미적 차이 없이 함께 사용된다.

의사소통장애의 평가를 통해 얻은 자료는 양적 데이터(quantitative data)일 수도 있고 질적 데이터(qualitative data)일 수도 있다. 하지만 의사소통장애의 평가를 하더라도 의사소통장애의 원인을 파악하는 것은 쉽지 않다. 따라서 언어치료 임상현장에서는 장애의 원인을 찾는 데 목표를 두기보다는, 검사대상자의 현재 의사소통능력을 파악하는 데 주력하게 된다. 또한 말장애의 경우, 의사소통장애의 특성상 언어적 측면뿐만 아니라 심리학적 · 음향학적 · 생리학적인 검사가 실시되어야 한다. 즉, 다학문적 평가(multi-disciplinary evaluation)가 요구되기도 한다.

언어치료사는 의사소통장애인의 진단평가를 통해 얻은 다양한 검사결과 및 정보를 종합하고 분석함으로써 피검사가 보이는 의사소통장애의 특성뿐만 아니라, 의사소통장애인의 약점 및 강점, 그리고 요구사항(needs)을 파악해야 하며, 치료를 받을 때와 받지 않을 경우에 따른 예후를 판단해야 하고, 구체적으로 어떠한 치료적 · 교육적 조치를 취하는 것이 적절한가에 관해 자신의 소견을 대상자, 부모 또는 가족에게 설명해야 한다.

3. 의사소통장애의 진단평가 방법

언어치료사가 장애인의 언어장애정도를 판정하기 위해서는 보건복지부(2023)에서 제시한 언어장애의 장애정도판정기준에 제시된 검사도구를 사용해야 한다. 언어장애 유형에 따른 객관적 검사목록은 다음과 같다.

- 유창성장애(말더듬): 파라다이스-유창성검사(P-FA)를 기본 검사로 하며, 필요시 말더듬 심도 검사(SSI) 등을 고려하여 판정할 수 있다.
- 조음장애: 조음평가는 표준화가 이루어져 있는 아동용 발음평가(APAC)와 우리말 조음 · 음운 평가(U-TAP)를 사용하는 것을 권장하며, 부득이한 경우에는 그림자음검사를 사용할 수 있다.
- 발달성 언어장애: 취학전 아동의 수용언어 및 표현언어 발달척도(PRES)를 주로 사용하도록 권장하며, 언어발달지연이 너무 심한 경우에 대해서는 영유아 언어발달검사(SELSI)를 참고할 수 있다.
- 실어증: 한국판 웨스턴 실어증 검사(PK-WAB-R 또는 K-WAB)를 사용한다. 정확한 판정을 위해 필요한 경우 진료기록지와 언어치료 경과지, 다른 표준화된 실어증 관련 평가인 한국판 보스톤 이름대기 검사(K-BNT), 표준화된 실어증 선별검사(K-FAST 또는 STAND 등)를 참고자료로 활용할 수 있다.
- 단, 음성장애는 진료기록지 및 임상적 소견 등을 기준으로 판정하며 음성검사(MDVP, 닥터스피치 등)를 참고자료로 활용할 수 있다.

앞에서 언급된 장애정도를 판정하기 위해 사용되는 검사는 말더듬 심도 검사(SSI)를 제외하고, 모두 한국에서 개발된 표준화된 검사도구다. 이러한 표준화검사도구를 사용하려면, 언어치료사는 표준화검사법에 대한 기본적인 개념에 대해 정확하게 이해해야 하고, 여러 피험자를 대상으로 실제 검사를 실시함으로써 검사도구의 실시방법에 대해 숙지하여야 한다.

일반적으로 평가방법은 검사 절차, 채점 및 해석에 관한 지침이 명확하게 제시되어 있는가에 따라, 공식적 평가와 비공식적 평가로 나눌 수 있다. 지능검사와 같은 표준화검사는 검사매뉴얼의 지침을 준수하면서 진행되어야 하기 때문에, 검사자의 자의성이나 주관성이 영향을 미치지 못한다. 반면에 치료사나 교사에 의해 제작되는 준거참조검사는 엄격한 지침에 따르지 않고 검사를 실시할 수 있다.

또한 평가방법을 전통적 평가와 대안적 평가로 구분하기도 한다(Hegde & Pomaville, 2021). 전통적 평가방법은 표준화검사 또는 지필검사를 통하여 수행 수준을 평가하며, 대안적 평가방법은 전통적 평가방법의 제한점을 극복하기 위해 실시하는 평가법이다. 특히 대안적 평가방법은 문화적 · 언어적으로 주류가 아닌 집단에 속해 있는 아동이나 특수아동을 평가할 때 보완적으로 사용할 수 있다.

의사소통장애의 종류에 따라, 청지각적 평가와 기계를 통한 객관적 평가를 동시에 실시할 수도 있다. 예를 들면, 음성장애를 진단평가할 때, 음성의 질(quality of voice)에 관한 정보를 확보하기 위해 GRBAS 척도평정법을 사용한다. 이 평정법의 내적 신뢰도가 확보되기 위해서 치료사는 다양한 음성 샘플을 듣고, 평정하는 훈련을 음성 전문가를 통해 받아야 한다. 청지각적 평가를 보강하기 위해, 이비인후과 세팅에서는 음성장애 진단평가를 할 때, 공기역학적 검사, 음향학적 검사, 성대진동 검사 및 내시경 검사가 추가적으로 실시된다. 한편, 공명장애 진단평가를 할 때, 과다비성(hyper-nasality)의 정도를 평가하기 위해 청지각적으로 비음도(nasality)를 측정한다. 이 비음도 평가를 위해 4점 척도나 5점 척도의 평정법이 사용된다. 정확한 평정이 이루어지려면 다양한 음성 샘플을 듣고 평정하는 훈련이 요구된다. 비음도 평정은 평가자의 주관성에 의해 영향을 받기 때문에, 이러한 단점을 보강해야 한다. 이를 위해 Nasometer 기기를 사용하여 비음치(nasalance score)를 측정함으로써 비음도에 대한 객관성을 확보한다. 또한 파라다이스-유창성검사 2판(P-FA-II)이 제대로 실시되려면, 우선 치료사는 청지각적으로 다양한 비유창성 유형을 신뢰롭게 변별할 수 있는 훈련을 유창성장애 전문가로부터 받아야 한다.

의사소통장애 평가에서는 대상자의 의사소통능력에 관련된 자료를 수집하는 것이 중요하다. 이를 위해 표준화된 공식 검사뿐만 아니라, 언어치료사가 제작한 검사를 사용하거나 또는 피검사자의 자발화 분석이나 행동을 관찰하는 비공식적 검사도 요구된다. 하지만 진단평가 시, 의사소통장애에 관련된 모든 검사를 실시하는 것은 현실적으로 불가능하며, 시간 및 효율성 측면에서도 적절하지 않다. 따라서 언어치료사는 대상자의 개인적 특성 및 임상현장의 사정을 고려하여, 진단평가의 범위 및 방법에 관한 효율적인 진단평가 계획을 수립해야 한다.

의사소통장애 진단평가를 하기 위해서는, ① 선별검사, ② 표준화검사 및 ③ 대안적 평가에 대한 기본적인 이해가 필요하다. 이에 대해 설명은 다음과 같다.

1) 선별검사

의사소통장애를 평가하기 위한 공식적인 검사를 실시하기 전에 선별검사를 실시한다. 선별검사(screening test)는 심층적인 평가가 필요한 아동/성인을 찾아내는 과정이다. 이를 위해 언어치료사는 적절한 검사도구 및 선별검사 절차를 결정한다. 문자 그대로 선별검사는 관련된 여러 검사를 실시하는 것이 아니라, 짧은 시간 내에 제한된 수의 문항만으로 실시하는 검사이기 때문에, 제공되는 장애에 관한 정보는 제한적이다.

선별검사에서 유의해야 할 사항은 선별검사 결과가 틀린 경우다. 예를 들면, 교육청에서 읽기장애 문제를 갖고 있는 아동을 선별하여 적절한 조치를 취하려고 한다. 이 경우, 초등학교 1학년 일반학생을 대상으로 언어선별검사를 실시했을 때, 검사결과에서 어떤 아동이 정상범위에서 벗어난 점수를 보였다면, 추가적으로 심층적인 평가를 실시해야 한다. 하지만 사실 추가적인 검사가 요구되는데, 선별검사결과에서 반대로 심층적 검사가 요구되지 않은 것으로 나온다고 하면, 이 경우는 문제가 된다. 왜냐하면 아동의 읽기장애 문제가 그대로 방치되어 악화될 수 있기 때문이다. 또한 사실 선별검사 결과, 심층적 검사가 요구되지 않는데, 반대로 심층적 검사를 실시해야 하는 것으로 나온다고 하면, 부모 또는 가족에게 불필요하게 읽기장애에 관련한 불안감을 줄 수 있다. 이러한 잘못된 선별을 예방하기 위해 선별검사도구로는 짧은 시간 내에 끝낼 수 있도록, 간단하고 신뢰성과 타당성이 보장된 표준화된 규준참조검사가 적합하다. 하지만 표준화된 선별검사가 마련되지 못한 경우, 말 · 언어 샘플을 획득하여 선별검사 용도로 사용할 수 있다.

2) 표준화검사

표준화검사(standardized test)는 통계적인 방법을 통해 타당도와 신뢰도가 마련된 검사다. 표준화검사를 사용하기 위한 개념을 확실히 이해해야만 진단평가를 위한 검사도구를 적합하게 선정할 수 있다.

일반인에게 가장 널리 알려진 표준화검사는 지능검사다. 만일 여러분이 지능검사를 만든다고 하면, 우선 지능(intelligence)이 무엇인가에 대한 정의(definition)를 내려야 한다. 그런 다음, 지능이 어떠한 종류의 능력으로 구성되어 있는가, 즉 언어능력, 공간능력, 추리능력, 연산능력 등 어떠한 능력을 포함시킬지를 결정해야 한다. 표준화된 언어검사를 개발할 경우에도 이와 동일한 방식이 적용된다. 수용언어검사를 개발할 것인지 또는 표현언어검사를 개발할 것인지가 결정되면, 그 후에 해당 검사의 하위 능력(어휘능력, 통사능력, 조음능력, 화용능력 등)을 결정하게 된다. 표준화검사를 사용한다면 모든 검사대상자에게 동일한 문항을 제시하고 동일한 방식으로 채점을 하게 된다. 따라서 표준화검사를 실시한다면 검사대상자들 간의 비교가 가능하다.

3) 표준화검사의 종류

표준화검사에는 규준참조검사(norm-referenced test)와 준거참조검사(criterion-referenced test)가 있다. 하지만 일반적으로 표준화검사라고 하면 규준참조검사를 의미한다(이승희, 2024). 표준화검사는 신뢰도 및 타당도가 확보되어 있고 대부분 상업적으로 개발된 검사다.

(1) 규준참조검사

규준참조검사는 대규모 또래집단으로 구성된 집단의 평균점수를 제공하며, 특정 개인의 점수가 평균점수에서 얼마나 떨어져 있는가를, 즉 집단의 점수분포에서 어디에 위치하는가를 확인할 수 있게 한다. 이 검사유형의 장점으로는 객관적 검사이고, 대규모 또래집단과 비교할 수 있으며, 검사방법 및 점수해석에 관해 명확히 기술되어 있고, 일반적으로 공신력이 확보되어 언어치료사들은 검사결과를 신뢰한다. 하지만 규준참조검사의 결과는 개인적 특성에 관한 정보를 제공하지 못하기 때문에, 향후 치료계획에 구체적인 정보를 주지 못한다는 단점이 있다. 또한 검사가 실시되는 상황이 아동이 접하는 자연스러운 일상생활 현장이 아니라, 치료실이나 교실 상황이기 때문에 피검사자의 능력이 검사결과에 적절히 반영되지 않을 수 있다. 마지막으로 검사내용이 이민자 또는 원어민이 아닌 제2외국어 사용자에게는 적합하지 않을 수 있다. 규준참조검사를 정확하게 실시하고 해석하기 위해서는 다음과 같은 개념을 이해하여야 한다.

① **규준집단**(norm group)

표준화검사를 개발할 경우, 검사대상자 전부를 검사할 수 없다. 예를 들면, 4세의 어휘능력을 측정하기 위한 표준화검사도구를 개발하려고 할 때 전국에 있는 모든 4세 아동을 검사하는 것은 현실적 · 경제적으로 불가능하다. 따라서 검사도구의 개발에 참여한 검사대상자를 검사대상자 전체를 대표하는(representative) 집단으로 간주하며, 이 집단을 규준집단이라고 부른다.

② **규준**(norm)

규준집단에서 얻은 측정치로서 특정 개인의 점수를 해석하는 데 기준이 된다. 일반적으로 말 · 언어검사에서는 정상적인 발달과정에 비추어 보았을 때 어느 수준인가를 평가하기 위해 연령규준, 학년규준, 언어발달규준 등이 사용된다. 한편, 거의 모든 표준화검사도구는 검사대상자의 원점수를 규준집단과 비교해 볼 수 있는 점수인 백분위수와 표준점수를 제공한다. 백분위수는 검사대상자가 획득한 점수 이하인 사례의 비율을 말한다. 예를 들어, 개인의 어휘능력 점수가 70인데 백분위수가 75이면, 자기보다 낮은 점수를 받은 사람이 75%가 된다는 것을 의미한다.

③ **표준점수**(standard score)

표준점수는 규준집단의 표준편차를 이용하여 검사 점수가 평균으로부터 얼마나 벗어나 있는지를 알려 준다. 이러한 표준점수의 종류에는 Z 점수와 T 점수가 있다. Z 점수

는 평균이 0, 표준편차가 1이 되도록 변환한 점수다. 반면에 T 점수는 평균이 50, 표준편차가 10이 되도록 변환한 점수다. 참고로 지능검사에서는 원점수의 상대적 위치를 평균 100, 표준편차 15인 정규분포에서 확인할 수 있다. Z 점수와 T 점수를 산출하는 공식은 다음과 같다.

Z = (원점수−평균)/표준편차

T = 10 * Z + 50

④ **표준편차**(standard deviation: SD)

특정 표준화검사도구를 개발할 당시에 사용된 규준집단이 보여 준 점수가 얼마나 펼쳐져 있는지를 수량화하여 보여 주는 수치다. 이 표준편차는 개인의 점수가 정상(normal), 즉 평균으로부터 얼마나 벗어나 있는지를 확인해 줄 수 있다. 일반적으로 언어 관련 표준화검사에서 발달지체 여부를 판단할 때 평균으로부터 −1SD 벗어나 있으면 장애로 판단한다.

⑤ **생활연령**(chronological age: CA)

표준화검사를 시행하기 전에 검사 매뉴얼을 반드시 꼼꼼히 읽어야 한다. 검사 매뉴얼을 통해 검사도구 사용법과 채점 및 해석 방법을 숙지해야 한다. 검사를 시행하기 전에 어떤 연령층의 아동을 대상으로 하고 있는지를 확인해야 한다. 또한 피검사자 아동의 생일을 기입하고 난 후, 검사일을 기준으로 하여 피검사자의 생활연령을 계산하여 검사지에 기입해야 한다. 생활연령은 생일 이후 지난 시간을 햇수, 달수 및 날수를 계산하여 산출한다. 생활연령의 계산은 온라인에서 생활연령을 계산하는 앱을 사용하면 용이하게 산출할 수 있다. 생활연령은 검사 후 결과를 해석하는 데 사용되기 때문에 정확성이 요구된다.

⑥ **기저점과 최고한계점**

표준화검사는 여러 연령을 대상으로 하고 있기 때문에, 일반적으로 난이도에 따라 검사문항이 제시되어 있다. 따라서 표준화검사를 실시하려면, 바로 앞에서 언급한 생활연령을 참조하여 피검사자의 연령에 적합한 시작문항을 찾아야 한다. 검사를 시작하는 문항을 기저점(basal)이라고 부르며, 피검사자가 이 시작문항의 앞에 있는 모든 문항에서는 정반응을 할 것이라고 가정한다. 반면, 최고한계점(ceiling)이란 마지막 문항의 위에 있는 모든 문항에 오반응할 것이라고 가정한다. 기저점과 최고한계점은 연속적으로 정반응하거나 또는 오반응한 문항의 수로 제시되며, 검사에 따라 문항의 수는 다르며, 일반적으로 2~5개 정도다. 따라서 검사를 실시하기 전에, 검사자는 검사 매뉴얼을 참조하여 기저점과 최고한계점을 설정하는 방법을 확인해야 한다.

(2) 준거참조검사

준거참조검사는 특정 영역에서 검사대상자의 수행 수준을 파악하기 위한 검사로서, 검사대상자의 반응을 다른 사람 점수와 비교하지 않는다. 규준참조검사와는 달리 개인의 점수가 모집단의 어디에 위치해 있는가에 관심이 있는 것이 아니라, 목표 수준에 얼마나 도달했는가를 확인하는 데 목적이 있다. 준거참조검사는 규준참조검사와는 달리 전문적인 검사도구업체가 개발하는 경우도 있고, 교사나 언어치료사에 의해 제작되기도 한다.

즉, 준거참조검사는 규준참조검사는 달리 다른 아동과 비교하는 것이 아니라, 피검사자 아동의 개별점수가 미리 설정된 숙달 수준인 준거(criterion)에 도달했는가를 확인하여, 피검사자 아동이 무엇을 할 수 있으며, 무엇을 할 수 없는가를 파악할 수 있게 한다. 일상생활에서 사용되는 준거참조검사로는 운전면허 필기시험을 예로 들 수 있다, 운전면허 2종 보통의 자격증의 경우 60점 이상이면 합격이다. 또 다른 예를 들면, 총 20문항으로 구성된 어휘력검사에서 아동이 12문항을 맞혔다면 백분율 점수는 60%가 된다. 이러한 경우 아동의 어휘력 수준을 알아보려고 할 때, 피검사자 아동이 도달해야 할 적정한 수준을 우선 설정하고, 도달 수준에 따라 실패/성공, 기초/보통/우수로 구분할 수 있다. 이 백분율 점수는 아동의 어휘력 수준을 기술하기 위해 사용될 수 있으나, 다른 아동과의 상대적 비교를 할 수 없다는 제한점이 있다. 뇌성마비 아동의 의사소통능력을 평가하려고 할 때, 말・언어능력을 일반 아동 집단의 규준과 비교하는 것은 언어치료사에게 아동의 특성 및 치료를 위한 구체적인 정보를 제공하지 못한다. 따라서 준거참조검사를

사용하여, 해당 뇌성마비 아동으로부터 기대할 수 있는 수준을 설정하여, 시간이 지남에 따라 도달 정도를 확인하는 것이 더 합리적인 방법이다. 이와 같이 준거참조검사는 치료 프로그램을 계획하고 치료하는 동안 아동의 진전에 대한 지속적인 평가를 할 때 실시하여, 치료에 진전이 없을 경우 치료법 개선을 위한 자료로 사용될 수 있다. 하지만 준거참조검사를 언어치료사가 제작할 경우, 문제는 어떠한 방법으로 준거를, 즉 목표 수준을 설정하는 것인가다. 이를 위해 또래 수준을 참고할 수도 있으며, 언어치료사의 임상적 경험에 기초하여 설정할 수도 있다.

4) 타당도 및 신뢰도

타당도(validity) 및 신뢰도(reliability)는 검사도구가 출판되기 전에 많은 검사대상자에게 해당 검사를 실시한 후에 얻어진 데이터를 분석함으로써 얻어지는 수치다. 검사자는 해당 검사도구의 신뢰도와 타당도의 수치를 검사 매뉴얼에서 확인함으로써, 그 검사도구의 신뢰도 또는 타당도가 '낮다' '높다'를 말할 수 있다. 타당도 및 신뢰도의 수치는 검사도구마다 다른 방식으로 제시되나, 일반적으로 0부터 1.0 사이의 수치로 제시되며, 0.6 이상이면 높다고 본다. 타당도와 신뢰도는 서로 독립적이지 않다. 만일 측정결과가 일관적이지 못하면, 즉 신뢰도가 낮으면, 측정하려고 하는 것을 제대로 파악할 수 없다.

검사도구의 타당도를 확인한다는 것은 검사도구가 원래 측정하려고 하던 능력을 측정하는지를 조사한다는 의미다. 예를 들어, 말소리장애검사라고 하면, 당연히 말소리 산출능력을 측정해야만 한다. 타당도가 낮은 검사도구가 사용된다면 검사대상자의 장애 유무에 대해 잘못된 판단을 할 수 있으며, 나아가 치료목표가 잘못 설정되고 부적절한 치료가 지속되어 시간을 낭비할 수 있다.

검사도구의 매뉴얼을 통해 얻을 수 있는 타당도에는 내용타당도(content validity), 준거타당도(criterion-related validity) 및 예측타당도(predictive validity)가 있다. 내용타당도는 일반적으로 해당 검사의 내용에 정통한 전문가에 의해 판단된다. 준거타당도는 개발하려고 하는 검사도구를 통해 얻은 점수를 이미 사용되고 있는 동일한 능력을 측정하는 검사도구를 통해 얻은 점수와의 상관관계를 통해 얻을 수 있다. 마지막으로, 예측타당도는 특정 검사의 점수를 통해 미래의 다른 검사 점수를 예측할 수 있는 정도를 보여 준다. 예를 들면, 아동용 발음평가검사에서 높은 점수를 받은 아동이 미래에 자발화 수준에서도 높은 말명료도 점수를 얻을 수 있는지를 정확하게 예측할 수 있는가에 대한 정보를 얻을 수 있다.

신뢰도를 확인한다는 것은 특정 검사도구를 통해 얻은 검사 점수가 검사 시점에 따라 얼마나 차이가 있는지를 조사한다는 의미다. 예를 들어, 오늘 검사한 유창성검사 점수와 내일 검사한 유창성검사 점수가 너무 차이가 난다고 하면, 이 검사는 검사대상자의 유창성 능력을 제대로 파악할 수 없기 때문에 임상현장에서 사용할 수 없다. 높은 신뢰도를 유지하기 위해서는 검사대상자의 건강 및 정서 상태뿐만 아니라, 검사 절차에 대한 자세한 지침이 마련되어야 하며, 평가할 때마다 반드시 이 지침을 동일하게 적용해야 한다. 예를 들면, 파라다이스-유창성검사 2판(P-FA-II)의 경우, 말더듬 유형에 대한 정의를 매뉴얼을 통해 확실하게 파악한 후에 계속적으로 훈련과 연습을 해야만, 유창성장애에 대한 임상적 결정을 체계적 · 일관적으로 할 수 있게 된다.

일반적으로 검사도구의 매뉴얼에 보고되는 신뢰도에는 평가자 간 신뢰도(inter-judge reliability), 검사-재검사 신뢰도(test-retest reliability) 및 반분 신뢰도(split-half) 등이 있다. 평가자 간 신뢰도는 검사대상자의 반응 유형 및 빈도에 대한 평가결과가 두 검사자 간에 얼마나 일치되는가를 보여 준다. 예를 들면, 파라다이스-유창성검사 2판에서는 말더듬 빈도뿐만 아니라 말더듬 유형을 평가할 때 평가자 간 차이를 보이게 된다. 검사-재검사 신뢰도는 동일한 검사도구를 두 번 시행했을 때 점수가 얼마나 비슷한가, 즉 서로 다른 두 시점에서 측정했을 때 두 검사가 얼마나 일치하는가를 나타낸다. 만일 검사 점수가 안정적이지 않고 검사를 실시할 때마다 계속해서 변한다면, 효과적인 치료계획을 수립하는 데 도움이 되지 않는다. 반분 신뢰도는 검사도구의 내적 일관성(internal consistency)을 확인할 수 있게 한다. 반분 신뢰도를 얻기 위해서는 검사도구의 문항들을 반으로 쪼개어, 전반부의 점수와 후반부의 점수를 비교하여 확인할 수 있다.

5) 대안적 평가

대안적 평가(alternative assessment)는 전통적인 평가법을 반대하는 것이 아니라, 앞에서 언급한 표준화검사의 부정적 측면을 완화시키려는 것이 목적이다. 따라서 표준화검사와는 달리 대안적 평가에서는 평가의 항목, 평가 내용 제시, 평가할 때의 환경 및 검사자와 피검사자와의 상호작용에 대해 평가자에게 넓은 선택의 폭이 제공된다. 예를 들면, 미국에서 어린 시절을 보내고 한국에 돌아온 초등학생에게 한국어로 제작된 표준화검사를 실시한 경우, 검사결과가 이 아동의 언어능력을 제대로 반영한 것이라고 말하기는 어렵다. 이러한 경우, 언어치료사는 피검사자의 언어능력을 제대로 평가할 수 있는 다른 방법을 강구해야 한다. 역동적 평가(dynamic assessment)는 표준화검사의 단점을 보강하는 방법으로서 아동이 새로운 언어를 학습할 수 있는 능력을 측정한다. 이를 위해 아동이 현재 부족한 기술(skill)을 실험적으로 가르쳐 주는 세션(session)을 마련한다. 이 경우 아동에게 피드백을 줄 수 있고, 오반응과 정반응에 대해 설명을 해 줄 수 있으며, 아동에게 왜 정답이라고 생각하는가에 대해 질문할 수도 있다. 이때 아동에게 필요한 모든 기술을 가르치는 것이 아니다. 즉, 한 번의 검사로 아동의 특정한 시점의 순간적 언어능력을 평가하는 것이 아니라, 아동의 언어적 잠재성을 파악하는 것이 목적이다. 이러한 역동적 평가법은 다문화가정 아동 또는 이중언어권 아동의 언어능력을 평가할 때 사용될 수 있는 평가접근법이다(Hegde, 2018). 참사정(authetic assessment)은 아동이 일상생활에서 실제로 언어적 지식이나 기술을 사용하고 적용할 수 있는가를 확인하는 데 초점을 맞추는 평가법이다. 따라서 역할놀이를 통해 아동의 말 · 언어능력을 평가할 수 있으며, 정상적인 일상생활 동안 수집된 말 · 언어 샘플을 분석할 수 있다. 학령기 아동의 경우, 표준화검사를 사용하는 것이 아니라, 해당 학년의 교과서를 기초로 하여 평가문항을 구성하거나, 가정에서 사용하는 이야기 책(story book)을 사용하여 아동의 이해능력이나 담화능력을 평가할 수 있다.

마지막으로, 뇌병변장애, 심한 자폐 또는 심한 마비말장애로 인해 말을 거의 산출하지 못하는 의사소통장애인의 경우, 기존의 전통적인 의사소통 진단평가 방법은 사용할 수 없다. 따라서 보완대체의사소통(AAC) 평가를 실시해야 한다. 따라서 보호자 면담이나 자연스러운 환경에서 관찰 또는 보완적 단서제공(augmented cues)을 통해 수용언어 능력을 평가한다. 표현언어능력의 평가도 수용언어능력 평가를 할 때와 같이, 공식적인 검사를 실시하는 것보다는 구어를 포함하여 몸짓, 제스처, 발성으로 자신의 생각을 전달할 수 있는가를 평가해야 한다(심현섭 외, 2024). 이 외에 언어치료사는 쓰기능력 및 그림 상징 수행능력을 평가해야 한다. 또한 평가대상자가 AAC 기기를 적절히 사용할 수 있는 능력을 갖고 있는가를 평가해야 한다. 자신의 장애를 보상하기 위해 다양한 대안적 의사소통방법을 적절히 선택하여 사용할 수 있는가를, 즉 전략적 능력(strategic competence)을 평가해야 한다. 아울러 AAC 기기에 관한 작동법을 제대로 숙지하고 다양한 메뉴를 선택하여 사용할 수 있는가를, 즉 조작적 능력(operational competence)을 평가해야 한다(Kent-Walsh & Binger, 2010).

 4. 의사소통장애의 진단평가 절차 및 고려사항

1) 진단평가 절차

의사소통장애 진단평가는 면담 → 선별검사 → 말 · 언어 진단검사 → 보완 진단검사 의뢰 → 진단평가 결과에 대한 설명 및 상담→ 진단평가 결과에 대한 치료와 교육적 조치의 단계로 진행된다. 진단평가 절차의 내용을 단계별로 요약하면 다음과 같다.

- 면담(interview): 면담은 언어치료사가 관련 전문가에게 평가대상자를 의뢰받거나 또는 평가대상자가 스스로 치료실을 찾아온 때부터 시작된다. 언어치료사는 면담을 하기 전에 평가대상자 또는 부모와 가족에게 사례력(case history) 설문지를 작성하도록 한다. 설문지는 평가대상자의 연령에 따라 설문내용이 다르다. 학령전기 아동의 경우는 부모가 대신 작성하도록 하며, 평가시간을 절약하기 위해 미리 가정에서 설문지를 작성하도록 할 수 있다. 언어치료사는 작성된 정보의 정확성을 확인하여야 하며, 필요한 경우 관련사항에 대해 심층적으로 질문한다. 면담을 하는 동안

아동의 의사소통발달, 현재 문제 및 고민 등에 초점을 두어 질문하고, 의학적 정보 및 가계력에 대한 정보를 확인한다. 평가대상자의 의사소통장애 종류에 상관없이 공통적으로 하는 질문사항은 다음과 같다. 언어치료사는 평가대상자의 연령 또는 언어능력에 따라 질문 항목을 선택할 수 있으며, 내용을 수정하여 질문할 수도 있다 (Shipley & McAfee, 2021). 이러한 질문을 통해 평가대상자가 의사소통 문제를 어떻게 인식하고 있으며, 현재 어떻게 대응하고 있는가를 파악할 수 있다.

① 어떠한 문제로 오셨는지 말해 주세요.
② 의사소통 문제가 있다는 것을 처음으로 발견하신 때가 언제인가요?
③ 의사소통 문제가 시작될 때 어느 정도 심각하였나요? 점차 진행되었나요? 갑자기 발생했나요?
④ 의사소통 문제가 시작된 이후 점차 좋아졌나요? 아니면 악화되나요?
⑤ 상황 또는 환경에 따라 의사소통 문제의 심각한 정도가 변화하나요?
⑥ 의사소통 문제에 대해 어떻게 반응하시나요? 당신을 힘들게 하나요?
⑦ 다른 치료실을 다니셨나요? 도움이 되었나요?
⑧ 의사소통 문제를 해결하기 위해, 본인 스스로 어떠한 노력을 해 보셨나요?
⑨ 문제를 해결하기 위해 혹시 의사나 교사, 심리치료사를 만나셨나요?
⑩ 왜 말 · 언어 평가를 받으러 오셨나요? 어떠한 평가결과를 기대하시나요?

이러한 공통 질문을 한 후, 평가대상자가 보이는 특정 의사소통장애의 특성에 관련된 사항을 파악하기 위해 구체적 질문으로 이어 간다.

- 선별검사: 선별검사 단계의 주목적은 평가대상자가 보이는 주요 말 · 언어장애 영역에 문제가 있는지를 확인하고, 좀 더 자세하고 심층적인 평가가 필요한지 여부를 결정하는 것이다. 일반적으로 선별검사는 짧은 시간 동안 효과적으로 실시되어야 하므로, 발달 항목이나 체크리스트를 사용하기도 한다. 그리고 말 · 언어 기초능력을 간략하게 검사하기 위해 구강운동능력 선별검사와 청능 선별검사를 실시한다. 만일 이 두

선별검사 모두 또는 하나에서 문제가 발견되면 의료적 진단을 의뢰한다. 만일 문제가 확인되지 않으면 정상으로 판별된 것으로 간주하여 이 단계에서 진단을 종료한다. 그러나 문제가 확인되면 의심되는 주 장애 영역이 무엇인지를 결정해야 한다. 주 장애 영역은 언어발달, 말소리, 음성, 유창성, 말운동, 신경언어 영역 중에서 결정한다.

- 말 · 언어 진단검사: 말 · 언어 진단검사 단계의 주목적은 말 · 언어장애 하위 유형별 결함을 분석하는 것이다. 이를 위해 각 하위 유형에 해당하는 공식 검사 및 비공식 검사를 실시하여야 한다. 아동의 경우는 부모와 놀이 상황에서 의사소통 행동을 관찰할 수 있다. 치료사는 관찰을 포함하여 다양한 검사결과를 면밀히 질적 · 양적으로 분석하고 종합하여 의사소통장애의 중증도와 개인적 특성을 파악하여 치료방향을 설정하는 데 활용한다. 만일 언어치료사가 최종적인 진단결정을 내리는 데 어려움이 있다면 관련 전문가에게 보완 진단검사를 의뢰할 수 있다.
- 보완 진단검사 의뢰: 이 단계는 항상 요구되는 단계가 아니라 최종적인 진단을 위해 관련 전문가로부터 추가적 정보가 요구되는 경우에만 실시한다. 신경정신과에 아동 · 성인 인지검사, 아동 · 성인 정서검사, 아동발달검사를 의뢰할 수 있고, 신경과에 신경학적 검사 및 뇌기능/뇌영상 검사를 의뢰할 수 있다. 그리고 이비인후과에 청각 기능 검사, 후두 기능 검사, 연인두 기능 검사를 의뢰할 수 있으며, 재활의학과에 근긴장성 및 자세 검사를 의뢰할 수 있다.
- 진단평가 결과에 대한 설명 및 상담: 진단평가가 종료된 후, 치료사는 실시한 모든 검사를 종합적으로 분석하여, 검사결과에 대해 부모 또는 가족, 평가대상자 본인에게 설명한다. 우선, ① 평가대상자가 의사소통장애를 갖고 있는가 여부를, ② 만일 갖고 있다고 하면, 장애의 원인과 특성뿐만 아니라 장애의 중증도에 대해 설명한다. 또한 ③ 언제부터 치료를 시작해야 할지, 아니면 주의 깊게 진전정도를 지켜본 후에 치료 여부를 결정할 것인지, ④ 예후는 어떠한지 등에 관해 설명한다. 또한 의사소통장애로 인해 교육적 측면에서, 사회생활 측면에서, 심리적인 측면에서 발생할 수 있는 어려움에 대해 설명한다. 이러한 내용을 설명할 때, 언어치료사는 일반인이 쉽게 이해할 수 있도록 가능한 한 전문용어는 사용하지 않도록 하여야 한다. 특히 장애의 원인에 대해 설명을 할 때에는 부모가 원인제공을 했다는 인상을 갖지 않도록

신중해야 하며, 장애원인에 대해 미리 준비된 자료를 제공할 수도 있다.

- 진단평가 결과에 대한 치료와 교육적 조치: 만일 진단평가 결과, 평가대상자가 위험군에 해당된다면 지속적인 관리 및 계획을 수립하여야 한다. 또한 진단평과 결과를 기초로 하여 치료의 목표를 설정해야 하며, 치료를 얼마나 자주 할 것인지를 결정해야 한다. 마지막으로, 언어치료와 함께 특수교육 및 의료적 재활이 병행되어야 하는지를 결정하여야 한다.

2) 진단평가 시 고려사항

언어치료의 임상현장에 도움이 되는 유의미한 진단평가가 이루어지기 위해서 치료사는 다음과 같은 사항을 고려하여 진단평가 계획을 수립해야 한다(Shipley & McAfee, 2021).

첫째, 진단평가에는 빈틈이 없어야 한다. 진단평가를 할 때에는 가능한 한 필요한 정보를 모두 확보해야 한다. 그래야만 정확한 진단평가를 할 수 있으며 적절한 조치를 취할 수 있다.

둘째, 가능한 한 다양한 유형의 검사를 실시하여야 한다. 즉, 진단평가를 위해 면담, 사례력 질문지, 공식 · 비공식 검사, 관찰 등과 같은 다양한 검사를 실시하여야 한다.

셋째, 타당도 및 신뢰도가 높은 검사를 실시해야 한다.

넷째, 진단평가는 검사대상자 개개인의 특성에 맞게 이루어져야 한다. 즉, 연령, 성별, 기술 수준(skill levels) 및 인종적 · 문화적 배경을 고려하여 실시되어야 한다.

5. 진단평가 보고서의 작성 및 유의사항

공식적으로 진단평가 보고서의 통일된 양식은 없다. 교육기관, 치료실 또는 감독자에 따라 보고서의 스타일, 범위 및 길이나 자세한 정도는 달라질 수 있다. 또한 평가대상자의 연령과 현재 의사소통장애의 유형에 따라 보고서에 포함되는 정보가 다를 수 있다(Shipley & McAfee, 2021). 일반적으로 진단평가 보고서에 포함되는 정보들은 다음과 같다.

I. 배경정보:

(1) 대상자 이름, 생년월일, 부모 또는 보호자의 이름, 전화번호(성인의 경우 본인 전화번호), 주소, e-mail, 평가날짜. 이러한 배경정보들은 일반적으로 보고서 첫 부분에 위치한다. 다음의 (2)와 (3)에 언급된 정보들은 보고서에 간단하게 언급한다.

(2) 의뢰인, 이전에 평가 및 치료를 받았는지 여부와 그 시점, 현재 걱정이 되는 의사소통 문제

(3) 병력과 가계력: 말 · 언어 발달, 의학적 · 청각적 · 심리적 · 정서적 및 감각운동 발달, 가계력(유창성검사에서는 필수), 교육 수준 및 직업(성인의 경우)

II. 진단평가 결과: 구강안면검사, 조음 · 음운검사, 언어검사, 유창성검사, 음성검사, 청각검사 및 말 · 언어 샘플 수집 분석, 비언어적 행동관찰 등의 결과를 기술

III. 진단평가 결과 요약: 가장 중요한 진단평가 검사결과를 간단히 요약하고 예후를 기술

IV. 권고(recommendations): 치료 여부 및 시기에 관한 결정, 관련 전문가에 의뢰 여부, 평가대상자 또는 부모에게 제안할 사항을 기술

V. 진단평가자의 사인(서명)

○ 진단평가 보고서 작성 시 유의사항

① 중요한 정보가 모두 포함되어 있는가?

② 적절한 제목 아래 다양한 검사결과 정보가 잘 조직화되어 있는가?

③ 단어, 구 또는 내용이 중복되어 사용되고 있지 않은가?

④ 문장이 지나치게 길지 않은가?

⑤ 전문용어가 일반인이 이해할 수 있는 용어로 작성되었는가?

⑥ 보고서의 내용이 객관적인가?

⑦ 검사결과에 대한 해석이 적절한가?

⑧ 평가결과 중 중요한 사항에 초점을 맞추어 보고서가 작성되어 있는가? 부차적인 사항이 너무 강조되지 않았는가?

6. 맺음말

의사소통장애의 진단평가는 특정 장애의 유무를 판단할 뿐만 아니라, 변별적 진단(differential diagnosis)이 요구되는 임상적 행위다. 진단평가를 통해 의사소통장애의 원인을 파악하는 것은 쉽지 않기 때문에, 부모나 평가대상자에게 원인에 대해 설명을 할 때에는 세심한 주의가 요구된다. 예를 들면, 부모의 경우 자신이 아동의 장애의 원인이라고 생각하게 하여 죄의식을 갖도록 할 수 있기 때문이다. 진단평가 결과는 치료와 독립된 임상적 행위가 아니라 치료계획과 치료 전반에 걸쳐 밀접하게 연결되어 있다. 따라서 올바른 진단평가는 효과적인 언어치료를 위해 필수적이다. 언어치료사는 의사소통장애의 진단평가를 통해 어떻게 치료할 것인가에 대한 의사결정을 할 수 있는 정보를 얻어야 한다. 만일 그렇지 못하다면, 진단평가의 결과는 무용지물이 되며, 치료방향을 설정하는 것은 어려워진다. 이러한 난관을 피하려면, 진단평가 과정이 세밀하고 종합적이고 체계적으로 계획되어야 한다. 특히 진단평가에 관한 최종적인 임상적 의사결정이 임상현장에서 많이 사용되고 있는 몇몇 표준화검사의 결과에 의해 이루어진다면, 치료를 위한 구체적이고 종합적인 정보를 얻을 수 없게 된다. 따라서 언어치료사는 새로운 대상자를 평가할 때마다 습관적으로 사용하던 평가방법에 얽매이지 않고, 평가대상자의 특성을 세밀하게 파악할 수 있는 진단평가 방법을 고민해야 한다.

진단평가의 과정은 일회성의 임상적 행위가 아니라 지속되는 임상적 행위다. 언어치료사는 치료하는 동안 꾸준히 치료대상자의 변화과정을 확인해야 한다. 이를 위해 매 회기 치료대상자의 반응과 변화에 대한 지속적인 기록/메모를 하는 것이 필요하다. 이러한 임상적 활동을 통해 증거기반치료가 가능하게 되며, 언어치료사의 전문성을 확보할 수 있게 된다.

용어해설

- 대안적 평가(alternative assessment): 표준화검사의 단점을 보완하기 위한 검사
- 선별검사(screening test): 여러 영역에 걸쳐 소수의 문항으로 실시되는 간이검사
- 신뢰도(reliability): 검사하는 것을 안정적이고 일관성 있게 측정하는 정도
- 타당도(validity): 검사도구가 측정하려고 하는 변수를 실제 측정하는 정도
- 표준화검사도구: 통계적인 방법을 통해 타당도와 신뢰도가 확립된 검사도구

참고문헌

보건복지부(2023). 장애정도판정기준(보건복지부 고시 제2023-42호).

심현섭, 권미선, 김수진, 김영태, 김정미, 김진숙, 김향희, 배소영, 신문자, 윤미선, 윤혜련, 연석정, 진인기(2024). **의사소통장애의 이해**(4판). 학지사.

이승희(2024). **특수교육평가**(4판). 학지사.

「장애인 등에 대한 특수교육법」(법률 제20351호, 2025).

American Speech-Language-Hearing Association. (1993). *Definitions of communication disorders and variations* [Relevant Paper]. Available from www.asha.org/policy

Haynes, W. O., & Pindzola, R. H. (2004). *Diagnosis and evaluation in speech pathology* (6th ed.). Allyn & Bacon.

Hegde, M. N. (2018). *Hegde's pocket guide to assessment in speech language pathology*. Plural Publishing.

Hegde, M. N., & Pomaville, F. (2021). *Assessment of communication disorders in children: Resources and protocols*. Plural Publishing.

Kent-Walsh, J., & Binger, C. (2010). *What every speech-language pathologist and audiologist should know about alternative and augmentative communication*. Pearson Education, Inc.

Kiessling, C., & Fabry, G. (2021). What is communicative competence and how can it be acquired?. *GMS Journal for Medical Education*, *38*(3).

Paul, R. (Ed.) (1998). *Exploring the speech-language connection.* Paul H. Brookes Publishing Co.

Paul, R., & Cascella, P. W. (2007). *Introduction to clinical methods in communication disorders* (2nd ed.). Paul H. Brookes Publishing Co.

Shipley, K. G., & McAfee, J. G. (2021). *Assessment in speech-language pathology: A resource and manual* (6th ed.). Plural Publishing.

제 2 장

학령전기 아동 언어장애의 진단

1. 들어가는 말
2. 진단평가
3. 진단평가 사례
4. 맺음말

COMMUNICATION DISORDERS

1. 들어가는 말

미국언어청각협회(American Speech-Language-Hearing Association: ASHA, 1993)에서는 언어장애를 구어, 문어, 그리고 상징체계에 대해 이해와 사용 혹은 그중 한 가지에서 결함을 보이는 것으로 정의한다. 그리고 이러한 결함은 언어의 형식(음운, 형태, 구문), 언어의 내용(의미) 및 언어의 기능(화용)의 세 가지 영역에서 한 가지 이상으로 나타날 수 있다. 한편, 우리나라의 장애정도판정기준(보건복지부, 2023)에 의하면, 언어장애는 음성장애, 구어장애, 발달기에 나타나는 발달성 언어장애, 뇌질환 또는 뇌손상에 의한 언어중추의 손상에 따른 실어증을 포함하며, 이 단원에서는 '발달기에 나타나는 발달성 언어장애'(이하 언어장애)를 중심으로 다루고자 한다.

언어장애인은 장애 상태에 따라 '장애의 정도가 심한 장애인' 또는 '장애의 정도가 심하지 않은 장애인'으로 판정될 수 있다. '장애의 정도가 심한 장애인'의 기준은, ① 의미 있는 말을 거의 못하는 표현언어지수가 25 미만인 경우로서 지적장애 및 자폐 범주성 장애로 판정되지 아니하는 경우, 혹은 ② 간단한 말이나 질문도 거의 이해하지 못하는 수용언어지수가 25 미만인 경우로서 지적장애 또는 자폐 범주성 장애로 판정되지 아니하는 경우에 해당한다. '장애의 정도가 심하지 않은 장애인'의 기준은 ① 매우 제한된 표현만을 할 수 있는 표현언어지수가 25~65인 경우로서 지적장애 또는 자폐 범주성 장애로 판정되지 아니하는 경우, ② 매우 제한된 이해만을 할 수 있는 수용언어지수가 25~65인 경우로서 지적장애 또는 자폐 범주성 장애로 판정되지 아니하는 경우에 해당한다.

언어장애는 객관적인 검사를 통해 진단하며, 주로 '취학전 아동의 수용언어 및 표현언어 발달척도(PRES)'를 사용하도록 권장하며, 언어발달지연이 너무 심한 경우에 대해서는 영유아 언어발달검사(SELSI)를 참고할 수 있다. 장애 판정을 받더라도 향후 장애정도의 변화가 예상되는 경우에는 반드시 재판정을 받아야 하며, 재판정 시기는 최초 판정 시기로부터 2년 이상 경과한 후로 한다. 소아 · 청소년은 적절한 언어발달이 이루어진 이후에 판정하며, 원인질환 등과 관련하여 6개월 이상 충분히 치료했음에도 불구하고 장애가 있다고 인정되는 경우에는 만 3세 이상이면 진단할 수 있다. 이때 만 6세 미만에 장애 판정을 받은 경우에는 만 6세 이상~만 12세 미만에 재판정을 실시해야 하며, 이 시기에 최초 판정 또는 재판정을 받더라도 향후 장애 상태의 변화가 예상되는 경우에는 만 12세 이상~만 18세 미만 사이에 재판정을 받아야 한다.

미국정신의학협회(American Psychiatric Association: APA)가 2022년에 발표한 『정신질환의 진단 및 통계 편람 제5판 수정판(Diagnostic and Statistical Manual of Mental Disorders-Fifth Edition-Text Revision, DSM-5-TR)』에서는 언어장애를 "이해와 산출에서의 결함으로 인하여 다양한 양식(예: 구어, 문어, 수화 등)에 걸친 언어의 습득과 사용에 있어서의 지속적인 어려움"과 "현저하고 정량적으로" 평균보다 낮은 언어능력을 보이는 장애라고 정의하고 있다. DSM-5-TR에서는 화용언어의 중요성을 강조하여 '사회적(화용적) 의사소통장애'라는 별도의 의사소통장애 유형도 신설하였는데, 이 유형에 속한 아동들은 다음과 같은 진단 특징을 보인다. ① 사회적 목적으로 의사소통하는 데 있어서의 결함, ② 대화상대자의 필요나 문맥에 따라 조율하는 의사소통능력에서의 결함, ③ 대화와 이야기 규칙을 따르는 데 있어서의 결함, ④ 추론이나 상위언어능력이 필요한 간접적인 표현이나 속담, 농담, 비유어를 이해하는 데 있어서의 결함(김영태, 2014에서 재인용).

현재 우리나라의 임상현장에서는 증상에 따른 언어 영역별 진단 분류(예: 의미-화용장애)뿐 아니라 원인에 따른 진단 분류(예: 지적장애로 인한 언어장애), 정도에 따른 진단 분류(예: 무발화 언어장애) 등이 사용되고 있다. 따라서 이 책에서 제시하는 한국형 아동 언어장애 진단평가 모형에서는 어떤 유형으로 구분하는 것이 언어치료계획을 수립하는 데 유용한지에 초점을 맞추고자 다음과 같은 하위 분류를 사용하기로 한다. 언어장애 아동은 한 가지 이상의 하위 분류에서 장애를 보일 수 있으므로, 그런 경우 중복으로 기재하는 것이 타당하다.

① 발화전기 의사소통장애
② 수용언어장애: 통사(구문)장애, 의미장애, 화용장애
③ 표현언어장애: 통사(구문)장애, 의미장애, 화용장애
④ 읽기장애

⑤ 쓰기장애

그러나 이러한 언어 증상에 따른 하위 분류만으로는 다른 관련 전문가뿐만 아니라 다른 언어치료사와의 정보 교환에서도 제한점을 갖게 된다. 따라서 이와 같은 하위 유형과 동반장애를 함께 표시해 줌으로써 장애에 따른 언어 및 행동 특성 정보가 보충될 수 있다. 아동 언어장애에 흔히 동반되는 장애는 지적장애, 자폐 범주성 장애, 뇌성마비, 청각장애, 주의력결핍 과잉행동장애, 그리고 이중언어로 인한 언어 문제 등이다. 이중언어는 그 자체가 장애는 아니지만, 이중언어 환경에서 언어발달지체를 보이는 아동이 나타날 수 있다. 특히 우리나라에서도 이중언어 환경에 노출되는 아동의 수가 증가하는 추세에 있으므로 이중언어로 인한 언어 문제를 소홀히 다루어서는 안 된다. 동반장애는 중복되어 나타날 수도 있으므로 해당되는 모든 칸에 체크하도록 한다. 단, 동반장애에 대한 정보는 주로 임상심리사나 소아청소년정신건강의학과, 재활의학과, 이비인후과 등에서 진단되는 경우가 많은데, 이러한 자료가 부족할 경우에는 언어평가 전후에 보완하기 위하여 진단검사를 의뢰하는 것이 바람직하다. 흔히 학령전기 아동의 경우에는 단순언어장애(Specific Language Impairment: SLI)를 진단하기 위하여 인지검사결과가 요구되기도 한다. 단순언어장애 아동은 언어능력과 관련된 요인들, 예를 들면 지능이나 청력 · 신경학적 손상과 같은 영역에서는 정상에 가깝지만 언어발달에서는 결함을 보이는 아동이기 때문이다.

2. 진단평가

1) 의뢰 및 선별검사

학령전기 아동의 언어발달에 문제가 있는지에 대해 가장 빨리 의뢰할 수 있는 사람은 주로 아동의 보호자, 즉 부모다. 부모는 주로 아동이 다양한 옹알이 소리를 내다가 그 이상의 진전 없이 옹알이 소리마저 감소하는 경우, 첫 낱말 출현 시기가 지연되는 경우, 한 낱말은 산출하지만 두세 낱말로 확장되지 않는 경우에 주로 언어장애를 의심하게 된다. 아동이 만약 인지장애(예: 지적장애)나 신체장애(예: 뇌성마비) 등을 동반하고 있는 경우에는 이러한 의뢰가 좀 더 빨리 이루어질 수 있을 것이다.

부모 외에 아동의 언어발달에 대한 진단 의뢰를 할 수 있는 사람은 주로 교사나 의료진이다. 「장애인 등에 대한 특수교육법(법률 제20351호)」(2025)에서는 유치원 과정의 특수교육대상자의 교육은 의무교육으로, 만 3세 미만의 장애영아교육은 무상교육으로 하며, 의무교육 및 무상교육에 드는 비용은 국가 또는 지방자치단체가 부담한다. 그렇기 때문에 장애통합 어린이집이나 유치원 교사들의 언어발달에 대한 인식 및 교육이 중요하다. 의료진의 경우, 특히 학령전기 아동의 언어 문제에 대해 언어치료사에게 진단을 의뢰해야 하는 사람은 아동청소년과, 정신건강의학과, 이비인후과, 재활의학과 의사 또는 임상심리사, 물리치료사, 작업치료사와 같은 치료사다. 특히 이비인후과나 재활의학과에서는 전공의 교과서에 언어치료에 대한 부분까지 포함시킴으로써 이러한 협력관계를 중요하게 다루고 있다.

최근 언어발달에 대한 부모의 인식이 높아지면서 경미한 언어발달지체나 단순언어장애도 조기에 의뢰되는 경우가 많다. 특히 말늦은 아동(late-talker)의 경우 약 10~50%가 학령기 이전에 SLI로 진단되며, 그들의 약 25~50%는 학령기 이후에 읽기장애나 학습장애를 나타낸다고 보고되고 있기 때문에 조기 평가의 중요성이 강조되고 있다(Leonard, 1998; Paul & Smith, 1993; Whitehurst, Fischel, Amold, & Lonigan, 1992).

일단 언어평가를 의뢰하면, 언어재활사는 진단 대상 아동 보호자의 간략한 보고를 듣고, 진단 대상 아동의 의사소통 및 상호작용을 관찰한다. 그리고 보호자의 보고와 관찰 내용을 토대로 필요한 영역의 선별검사를 실시한다. 선별검사는 더 정밀한 평가가 필요한 아동을 판별하는 것을 목적으로 하기 때문에, 심화평가가 필요한 아동을 임시로 판별하기 위하여 체계적인 과정을 실시한다고 할 수 있다. 선별검사는 언어발달과 결정적으로 연관된 최소한의 항목들로 이루어져야 하며, 누구라도 빠르고 쉽게 실시하고 채점할 수 있어야 한다. 언어장애 프로그램 대상자 선정기준을 고찰하기 위하여 미국의 한 주정부에서 선정하고 있는 기준을 예로 들면 다음과 같다(김영태, 2014).

가. 선정기준은 다음과 같다.

(1) 2년 이상의 언어지체가 나타나는 경우

(2) 언어결함이 학습 진전에 영향을 미치고 있거나 미칠 가능성이 있다는 증거가 있는 경우

나. 다음의 영역 중 적어도 한 가지 이상의 영역에서 언어결함이 나타나야 한다.

(1) 음운장애(phonological disorder): 모국어를 사용하는 수준으로 구어 소리를 감지하거나 산출하지 못하는 아동

(2) 형태장애(morphological disorder): 모국어를 사용하는 수준으로 14개의 보편적인 형태소(어간 및 접사; Brown, 1973)를 사용하지 못하는 아동

(3) 의미장애(semantic disorder): 단어 및 시간 개념과 관련된 문법적 형태나 구조, 문법 구조의 의미나 문맥 등을 이해하는 능력에 결함을 보이는 아동

(4) 구문장애(syntactic disorder): 문법 규칙에 맞는 구나 문장을 이해하고 사용하는 능력에 결함을 보이는 아동

(5) 화용언어장애(pragmatic disorder): 주어진 상황의 사회적 문맥에 적절하게 언어를 사용하는 능력에 결함을 보이는 아동, 즉 '이상한 때 이상한 말'을 하거나 공격적인 언어를 사용함으로써 대화를 통한 상호작용을 할 수 없는 아동

(6) 언어처리과정장애(language processing disorder): 모국어로 제시된 말이나 글을 감각, 감지, 해석하는 데 결함을 나타내는 아동

현재 한국에서는 0~3세의 영유아기 선별검사의 경우 표준화된 선별검사인 SELSI(김영태, 김경희, 윤혜련, 김화수, 2003)를 사용하고 있다. 표준화된 검사를 활용하여 평가하기 어려운 경우는 주 양육자의 아동 관찰에 의한 보고를 통한 평가가 주된 검사방법이 될 수 있으며, 그 외에 언어발달 단계표를 체크리스트로 활용할 수 있다. 〈표 2-1〉은 저자가 정리한 우리나라 아동의 연령별 언어발달표다. 이 체크리스트는 비공식적으로 해당 아동의 진단 여부를 결정할 때 활용할 수 있을 것이다. 예를 들어, 해당 아동의 생활연령 칸을 기준으로 그 이전 칸의 언어행동이 거의 다 나오는지, 그리고 해당 생활연령 칸의 일

부 행동이 나오는지에 따라 세부 진단검사의 필요성을 결정지을 수 있다.

선별검사의 목적은 언어치료 여부를 결정하기 위한 것이 아니라 좀 더 세부적인 언어 진단의 필요성 여부를 결정하기 위한 것이다. 그러므로 주 양육자 보고 및 행동관찰 등을 통한 간접검사는 그 형식에 있어서 직접검사에 비하여 다소 유연할 수 있다. 체계적인 검사 절차가 요구되는 공식 검사의 경우에는 언어재활사가 선별검사를 실시하는 것이 바람직하지만, 간단한 체크리스트나 행동관찰에 의한 선별검사의 경우에는 부모나 관련 전문가가 실시할 수도 있다.

표 2-1 간편 언어발달 체크리스트

생활연령 (만 나이)	관찰되어야 하는 언어행동	
0~9개월	• 소리에 놀라는 반응을 보인다. • 같은 소리를 반복한다. • 생리적인 욕구에 대하여 구별된 울음을 운다. • 자신에게 이야기를 하면 미소 짓는다. • 고개를 돌려 소리의 근원지를 찾는다. • 사람의 목소리에 조용해진다.	• 구어/말을 경청한다. • /b, p, m/ 등의 자음을 모음과 결합한 음절 형태의 옹알이를 한다. • 소리를 모방한다. • 자신이 원하는 것을 나타내기 위해서 소리나 몸짓을 사용한다.
7~12개월	• "안 돼"라는 소리의 의미를 이해한다. • 자신의 이름을 이해하고, 그에 반응한다. • 좀 더 많은 소리를 듣고 모방한다. • 일상용품 단어를 인식한다. • 길고 짧은 소리를 사용하여 옹알이를 한다. • 약간의 성인 구어 소리와 억양을 모방한다. • 주의를 끌기 위하여 울음보다는 구어 소리를 사용한다.	• 자신에게 말을 하면 가만히 듣는다. • 성인의 소리와 유사한 소리를 사용한다. • 옹알이 소리들이 자곤(jargon)이나 초어(protowords)로 바뀐다. • 목표 지향적 또는 의도적인 의사소통 행동을 한다. • 1개 이상의 낱말을 사용한다. • 간단한 지시를 이해한다.
13~18개월	• 반향어, 자곤, 초어, 낱말 등을 사용한다. • 말의 흐름이 끊기는 것을 자곤으로 채워 넣는다. • 간단한 지시를 수행한다.	• 3~10개 혹은 그 이상(대부분 명사)의 표현 어휘를 습득한다. • 제스처와 소리 내기, 말을 병용한다. • 원하는 물건을 요구한다.

19~24개월	• 자곤보다는 낱말을 더 자주 사용한다. • 50~100개 혹은 그 이상의 표현어휘를 습득한다. • 300개 이상의 수용어휘를 습득한다. • 명사와 동사를 결합하기 시작한다. • 대명사(나, 내)를 사용하기 시작한다.	• 질문 시 적절한 억양을 사용한다. • "이게 뭐지?" 하는 질문에 대답한다. • 이야기 듣는 것을 즐긴다. • 5개 정도의 신체 부위를 안다. • 몇몇 익숙한 물건을 정확하게 명명할 수 있다. • 2단계 지시를 수행할 수 있다.
2~3세	• '하나'와 '전부'를 이해한다. • 배설 욕구를 말로 표현한다(배설 전, 중, 혹은 후에). • 이름을 명명하여 물건을 요구한다. • 몇몇 '예/아니요' 질문(판정 의문문)에 반응한다. • 일상용품을 명명한다. • 낱말을 듣고 그에 해당하는 그림을 지적할 수 있다. • 여러 가지 신체 부위를 안다. • 간단한 지시를 수행하고, 간단한 질문에 대답한다. • 짧은 이야기, 노래, 동시 등을 즐겨 듣는다. • 1~2개의 낱말로 된 질문을 한다.	• 3~4개의 낱말로 된 구를 사용한다. • 문장 어미, 일부 시제 및 조사를 사용한다. • 현재진행형, 수동, 목적격 등의 형태소를 사용한다. • 문맥상 일반적인 낱말을 사용한다. • 몇 가지 형태의 질문을 한다. • 의문사들을 이해한다(왜, 누가, 누구의, 얼마나). • 창조적인 구어를 하기 어려워질 때에는 반향어를 사용한다. • 500~900개 이상의 수용어휘를 습득한다. • 50~250개 이상의 표현어휘를 습득한다. • 다양한 문법적 오류를 범한다. • 아동에게 말하는 대부분의 것을 이해한다.
3~4세	• 일상적인 물건의 기능과 이름을 이해한다. • 상대적인 의미를 이해한다(예: 선다–간다, 안에–위에, 큰–작은). • 2~3개 단계의 지시를 수행한다. • 단순한 질문에 대답을 하고, 단순한 질문을 하기도 한다(누가, 무엇, 어디, 왜). • 질문을 자주 하고, 그에 대해 구체적인 반응을 요구한다. • 간단한 구어적 유추를 한다. • 언어로 감정을 표현한다. • 4~5개의 단어 문장을 사용한다. • 6~13개의 음절 문장을 정확하게 따라 할 수 있다.	• '왜냐하면'의 접속사를 사용한다. • 성인과 친구들을 조종하려고 한다. • 6개의 낱말 문장까지 사용한다. • 명사와 동사를 가장 자주 사용한다. • 과거와 미래를 인식한다. • 1,200~2,000개 이상의 수용어휘를 습득한다. • 800~1,500개 이상의 표현어휘를 습득한다. • 일어난 순서에 따라서 두 가지의 사건을 이야기할 수 있다. • 긴 대화에 참여할 수 있다. • 모든 의문사를 사용한다. • 미래 시제를 사용한다. • 진행형을 사용한다.

4~5세	• 셋까지의 개념을 이해한다. • 계속해서 공간적인 개념을 이해해 나간다. • 1~3개의 색을 인식한다. • 2,800개 이상의 수용어휘를 습득한다. • 10까지 외워서 센다. • 짧고 단순한 이야기를 경청한다. • 기능에 대한 질문에 대답한다. • 문법적으로 정확한 문장을 사용한다. • 900~2,000개 이상의 표현어휘를 습득한다.	• 4~8개의 낱말 문장을 사용한다. • 두 부분으로 되어 있는 복잡한 질문에 대답한다. • 낱말의 정의에 대하여 질문한다. • 놀이터나 친구 집에서 있었던 경험을 이야기한다. • 긴 이야기를 정확하게 연결한다. • 이야기를 주의 깊게 듣고, 그에 대해 간단한 질문도 한다.
5~6세	• 여섯 가지의 기초적인 색깔과 세 가지의 기초적인 모양을 말한다. • 집단에게 주어진 지시를 수행한다. • 3단계 지시를 수행한다. • 의문부사 '어떻게'를 이용하여 질문한다. • 과거 및 미래 시제를 적절하게 사용한다. • 접속사를 사용한다. • 1만 3,000개 정도의 표현어휘를 습득한다.	• 반의어를 말할 수 있다. • 빠른 어휘의 증가를 계속해 나간다. • 정보를 교환하거나 질문을 한다. • 상세한 문장을 사용한다. • 이야기를 정확하게 엮어 나간다. • 성인 및 다른 아동들과 쉽게 의사소통한다. • 대부분 적절한 문법을 사용한다. • 요일을 순서대로 말할 수 있다.
6~7세	• 약간의 철자, 숫자, 그리고 돈의 단위를 명명할 수 있다. • 차츰 좀 더 복잡한 묘사를 한다. • 대화에 참여한다. • 2만 개 정도의 수용어휘를 습득한다.	• 대략 6개 낱말 정도의 문장 길이를 사용한다. • 대부분의 시간적 개념을 이해한다. • 대부분의 문법형태소를 적절하게 사용한다. • 수동형의 문장을 적절하게 사용한다.

2) 진단평가 방법 및 과정

언어 진단평가(assessment)는 대상자의 언어능력에 대한 임상적 결정, 즉 진단(diagnosis)을 내리기 위해 취하는 여러 가지 측정 활동을 의미한다(Hegde & Maul, 2006). 그러므로 진단평가는 대상 아동에게 임상적 문제가 있는지, 문제가 있는 경우 그 문제의 특성과 정도는 어떠한지, 그리고 아동을 돕기 위해 어떠한 치료과정이 필요한지 등을 결정하기 위해 언어장애 아동의 언어행위를 관찰하고 측정하는 과정을 말한다. 언어 진단평가 결과는 진단 대상 아동이 어떠한 어려움을 가지고 있는지, 언어의 어떤 측면에 결함이 있는지, 지체 정도나 중증도가 어떠한지를 결정하는 데 도움을 준다. 또한 치료의 목적을 결정하고 때로는 가장 성공적일 수 있는 접근방법을 찾아냄으로써 언어치료에 활용된다(Kuder, 2003).

언어 진단평가 과정은 언어재활사가 주축이 되어 아동의 부모, 담당교사, 의사, 심리치료사, 물리치료사 등이 포함된 다학문적 평가팀이 함께하는 것이 가장 바람직하다. 각 전문가는 아동의 발달지연에 대한 소견을 종합하여 앞으로의 중재 및 개입 방안에 대해 모색하게 된다. 여기서 언어재활사의 역할은 아동의 배경정보를 검토하고, 정확한 사례력을 수집해야 한다. 특히 언어발달에 영향을 미칠 수 있는 출생 전, 출생 시, 출생 후의 위험요인(예: 약물, 알코올, 질병, 청력손상) 및 말, 언어, 읽기의 어려움에 대한 가족력, 신체 및 언어 발달력에 대해 정확하게 파악한다. 이를 토대로 표준화검사, 발달척도, 면담 및 질문, 비공식 또는 준거 참조 평가, 행동관찰, 교육과정에 근거한 평가과정, 역동적 평가 중 아동에게 필요한 평가 계획을 세운다(Paul, 2012). 예를 들면, 언어발달지체로 의뢰된 만 4세의 아동의 경우 표준화검사로 취학전 아동의 수용언어 및 수용 · 표현 어휘력검사(REVT)를 실시하고, 비공식적으로 자발화를 수집하고 분석하여 의미관계, 어휘다양도, 평균발화길이, 문법형태소, 의사소통 기능을 평가할 수 있다(김영태, 2014). 이 장에서는 우리나라에서 현재 수행되고 있는 치료실에서의 언어 진단평가에 초점을 맞추어 설명하기로 한다.

언어 진단평가는 초기 진단을 위한 목적과 함께 중재 프로그램 내에서의 행동 변화를 측정하기 위해서 수행될 수도 있다. 이 과정에는 중재 프로그램 효과의 진단, 유지 효과의 진단 혹은 형식적인 평가가 포함된다. 만약 아동의 진전을 기록한 자료가 기대한 속도만큼의 진전을 보여 준다면 그 프로그램은 효과적이라고 할 수 있다. 이러한 자료는 방법, 과정, 계획, 그리고 환경적인 조작 등의 중재 내용을 계획하는 데 활용된다. 최근 들어서는 아동의 언어치료 가능성을 초기 검사에 포함하고자 하는 역동적 평가(dynamic assessment)의 필요성이 대두되고 있다. 역동적 평가란 단편적인 검사뿐 아니라 단계적인 언어 자극이나 촉진을 주면서 아동의 반응성을 평가하는 것으로, 언어치료를 통해 아동의 언어기술이 향상될 수 있을지, 즉 학습 잠재력이 있는지를 평가하는 것이다(김영태, 2014). 그러나 이러한 계속적 평가는 치료와 연계하여 고찰되어야 하므로 이 장에서는 초기 진단평가로 제한하여 살펴보고자 한다.

언어재활사에 의한 진단평가 과정은 심도 있는 면담을 통해 대상 아동에 대한 구체적인 배경지식(발달력, 교육력, 가족지원 관련 정보, 아동이 선호하는 활동이나 사물, 아동의 일상생활 등)을 얻는 것으로부터 시작된다(Lund & Duchan, 1993). 아동과 관련된 정보는 주로 아동의 부모로부터 얻을 수 있으나, 평가팀에 포함된 다른 전문가들로부터 얻는 정보도 매우 중요하다. 면담을 통해 아동에 대한 배경지식을 얻은 후에는 아동의 언어능력 평가를 위한 구체적인 계획을 세우도록 한다. 전반적인 언어능력을 평가하기 위한 표준화검사를 실시할 수도 있고, 필요한 영역에 대한 평가를 실시할 수도 있다. 기초적인 언어능력은 표준화검사를 통해 평가될 수 있지만, 아동의 언어능력을 정확히 평가하기 위해서는 비공식적 검사를 통한 상세한 언어능력에 대한 평가가 보충되어야만 한다. 또한 진단평가 과정이 계획대로 되지 않을 경우도 미리 생각해 두어야 한다.

진단평가 시 주의해야 할 사항은 다음과 같다. 첫째, 대상 아동의 언어능력 수준만을 평가하는 것이 아니라 아동의 상대적 강점도 알아내야 한다는 점이다. 둘째, 평가를 할 때에는 과제에 따른 수행 차이를 고려하여 다양한 맥락에서, 그리고 다양한 과제를 사용하여 평가해야 한다는 점이다. 셋째, 언어의 모든 영역이 치우침 없이 고르게 평가되어야 한다는 점이다. 넷째, 평가결과를 곧바로 중재 및 종결을 위해 활용할 수 있도록 해야 한다는 점이다. 이러한 점 때문에 진단평가 과정을 언어치료 활동의 일부로 보는 견해도 있다(Billeud, 2003; Paul, 2001).

언어 진단평가에서는 그 목적에 맞는 검사방법이나 검사도구를 선택하는 것이 중요하다. 아동 언어장애의 경우는 흔히 표준화검사, 비표준화(준거참조)검사, 행동 및 발달척도, 행동관찰 등이 사용된다(Hegde & Maul, 2006; Miller, 1978; Owens, 2004). 표준화검사나 발달척도는 아동의 수행능력을 정상 발달에 근거하여 해석해 볼 수 있게 해 주므로 아동의 현재 수행능력을 평가하거나 언어 문제를 판별하는 데 사용될 수 있다. 검사도구를 이용한 언어평가는 표준화된 과정에 따라 직간접적으로 아동을 평가하여 그 결과를 또래아동들의 평균과 비교해 봄으로써 그 아동의 언어발달이 얼마나 지체 또는 일탈되어 있는가를 평가하는 것이다. 반면, 비표준화검사나 행동관찰은 타 영역의 임상가나 교사가 간단하게 실시할 수 있으며, 아동이 문제를 보이는 부분을 집중적으로 평가할 수 있

다. 따라서 중재를 계획하거나 평가하는 데에는 유용하게 활용될 수 있으나 아동의 언어 문제 유무를 선별하는 데에는 적합하지 않다. 발달척도는 말과 언어의 발달이 예측 가능한 경로를 따라간다는 개념에 기초한 것이다. 발달의 개념을 적용하는 데는 학습이 행동 특성의 용어로 규정될 수 있고 아동 발달의 연속선에 위치할 수 있어야 함을 가정한다. 발달척도는 장애 아동과 또래 정상 아동을 비교하는 데 이용된다.

또한 언어 진단평가는 그 실시 절차에 따라 직접검사와 간접검사로도 나눌 수 있다. 직접검사는 검사자가 아동에게 직접 검사를 수행하고 그 결과를 기록하여 채점하는 검사방법이며, 간접검사는 아동에게 직접적으로 검사를 실시하는 대신 부모 보고나 행동관찰과 같은 간접적인 방식으로 실시된다. 직접검사는 간접검사의 형식에 비하여 아동에 대한 보다 객관적이고 신뢰할 수 있는 자료를 얻을 수 있게 해 주지만, 아동이 구조화된 검사를 수행하기에는 너무 어린 경우나 다른 장애를 동반하여 검사 수행이 어려운 경우에는 부모 보고나 행동관찰과 같은 간접적인 형태의 평가를 취하는 경우가 많다. 〈표 2-2〉는 현재 우리나라에서 개발되어 표준화되거나 번안되어 사용되고 있는 검사도구를 언어장애 영역에 따라 정리한 것이다.

이러한 검사도구의 내용을 요약하면 다음과 같다.

(1) 영유아 언어발달검사(Sequenced Language Scale for Infants: SELSI; 김영태, 김경희, 윤혜련, 김화수, 2003)

SELSI는 영유아의 행동에 익숙한 보호자가 영유아의 행동을 관찰하면서 실시할 수 있는 선별검사로서, 영유아의 수용언어 및 표현언어 각각뿐만 아니라 전반적인 언어의 발달 지체를 조기에 선별하고자 하는 것이다. 이 검사는 수용언어 75개 문항, 표현언어 75개 문항으로 구성되어 있으며, 전국(서울, 경기도, 강원도, 충청도, 경상도, 전라도)의 영유아 약 1,000명을 대상으로 규준을 제시하였고, 신뢰도 및 타당도 검증이 이루어졌다(김영태, 2002).

검사방법은 전문가가 유아의 주 양육자와의 면담을 통해 문항에 기록하거나, 주 양육자에게 직접 기록하도록 하는 것이다. 검사결과는 수용 및 표현 언어 평가 점수로 산출되나, 각각의 언어발달지수 및 구체적인 발달연령을 제공해 주지는 않으며, 검사결과를

표 2-2 우리나라의 언어 진단평가도구

검사도구		해당 연령	표준화 여부		상징 행동	의사소통 의도 및 기능	이해언어			표현언어			읽기 및 쓰기
			공식 검사	비공식 검사			의미론	구문론	화용론	의미론	구문론	화용론	
SELSI		0;5~3;0	✓				✓	✓	✓	✓	✓	✓	
PRES		2;0~6;5	✓				✓	✓	✓	✓	✓	✓	
REVT		2;6~16;0↑	✓				✓			✓			
K M-B CDI		0;8~3;0	✓				✓			✓			
K-CSBS DP		0;6~2;0	✓		✓	✓	✓		✓	✓		✓	
상징놀이 평가		–		✓	✓								
의사소통 기능 분석		–		✓		✓							
자발화 분석	MLU, 문법형태소	–		✓							✓		
	의미유형, 의미관계, 문장관계, 어휘다양도	–		✓						✓			
	자발성, 대화 기능 분석	–		✓								✓	
구문의미 이해력 검사		4;0~초3	✓					✓					
언어 문제 해결력 검사		5;0~초6	✓									✓	
KOPLAC		5;0~12;0	✓						✓			✓	
KONA		4;0~초6	✓							✓			
QRW		5;0~초4	✓										✓
PAA		–		✓		✓	✓	✓	✓	✓	✓	✓	
KAA		–		✓		✓	✓	✓	✓	✓	✓	✓	

크게 '정상 발달' '약간 지체' 및 '언어발달지체'로 나누어 판정한다.

이 검사의 대상은 생후 5~36개월의 영유아며, 언어장애의 조기 선별을 목적으로 하기 때문에 아동의 발달을 잘 아는 부모나 주 양육자와의 면담을 통해서 이루어진다. 이 검사의 결과를 통하여 언어발달의 지체 여부를 판별할 수 있으며, 특히 유아의 수용언어 및 표현언어발달 간의 차이를 분석할 수 있다. 또한 검사의 문항들은 초기 유아의 인지개념, 의미론적 언어능력, 음운능력, 구문론적 언어능력 및 화용적 언어능력을 두루 평가할 수 있도록 적절히 배치되었으며, 언어발달지체로 판정될 경우에는 각각의 영역별 평가에 의해 대상 유아가 보이는 언어발달의 정도를 다각적으로 평가할 수 있다. 따라서 언어장애의 조기 선별 기능뿐 아니라 문제를 보이는 영역에 대한 구체적인 정보를 제공해 주는 기능도 포함하고 있다.

(2) 수용 · 표현 어휘력 검사(Receptive Expressive Vocabulary Test: REVT; 김영태 외, 2009)

REVT는 만 2세 6개월부터 만 16세 이상 성인의 수용어휘능력과 표현어휘능력을 측정하기 위하여 개발된 표준화검사다. 수용 어휘력 검사(REVT-R)는 4개의 그림 중에서 하나를 지적하는 과제며, 표현 어휘력 검사(REVT-E)는 그림을 보고 이름대기를 하는 과제다. 각 검사는 명사(약 53~57%), 동사(31~37%), 형용사/부사(10~11%)를 포함하여 총 185문항으로 구성되어 있다. 표집은 지역별 인구분포를 고려하여 서울, 경기도, 충청도, 경상도, 전라도 지역에서 이루어졌으며, 약 5,100명을 대상으로 규준을 제공하고 있고, 신뢰도 및 타당도 검증이 이루어졌다(김영태, 2002). 최근에는 3세 아동을 위해 REVT 검사 문항 수를 반 정도로 줄인 간편어휘검사 연구도 보고되었다(홍경훈, 김영태, 김수진, 2014).

검사결과를 통하여 어휘 등가연령(수용 및 표현) 및 백분위검사(수용 및 표현)를 산출함으로써 수용어휘 및 표현어휘의 발달이 정상인지, 약간 지체인지 또는 발달지체인지를 판별할 수 있다. 또한 품사별, 의미 범주별 수행 분석을 통하여 치료 진행 시 목표 어휘의 선정과 치료효과를 점검하는 데 활용할 수 있다.

(3) 한국판 맥아더-베이츠 의사소통발달 평가(Korean MacArthur-Bates Communicative Development Inventories: K M-B CDI; 배소영, 곽금주, 2011)

K M-B CDI는 우리나라의 8~36개월 영유아를 대상으로 어휘 사용력과 제스처, 놀이 초기 낱말 발달에 관한 자료를 얻기 위한 낱말 체크리스트로, MacArthur Communicative Development Inventory(MCDI; Fenson et al., 1993)를 한글판으로 바꾸어 표준화 과정을 거쳐 제작한 것이다. K M-B CDI는 주양육자의 설문 보고 방식으로 영유아의 언어 및 의사소통, 문법 수준을 살펴보도록 하였다.

K M-B CDI는 영아용과 유아용 두 버전이 있고, 영아용(8~17개월)에는 18개 범주의 284개 이해 및 표현 어휘와 60항목의 제스처 및 놀이 관련 문항이 포함되어 있고, 어휘는 개월별, 제스처와 놀이는 3개월 단위 집단별 문항이 제공된다. 유아용(18~36개월)에는 24개 범주의 641개 낱말과 5개의 문법 사용 정도를 보는 항목, 32쌍 문장의 항목으로 된 문법 부분을 포함하며 표현어휘 위주의 문항을 제공하고, 문법은 3개월 단위 집단별 문항을 제공한다. 영아용, 유아용 모두 축약판도 제공하는데, 영아용은 이해어휘 72개, 표현어휘 70개 및 17개의 놀이(사물 이용) 항목으로 어휘와 의사소통을 평가하며, 유아용은 표현어휘 129개, 문법사용 정도 영역을 통해 어휘와 문법 능력을 평가한다.

(4) 한국판 의사소통 및 상징행동 발달 검사(Korean Communication and Symbolic Behavior Scale: Developmemntal Profile: K-CSBS DP; 이윤경, 이효주, 최지은, 2023)

K-CSBS DP는 Wetherby와 Prizant(2002)가 개발한 아동을 위한 전반적 의사소통능력 평가도구를 한국어로 번역하고 표준화하였다. K-CSBS DP는 의사소통 기능이나 발달이 6~24개월인 영유아나 9세 미만인 발달장애 아동의 사회적 의사소통 및 상징 능력을 평가하기 위한 검사로, 언어발달지체 및 장애위험 영유아의 조기 선별부터 발달장애 판별, 의사소통 중재 프로그램 계획 및 모니터링까지 포괄적인 목적으로 활용할 수 있다.

K-CSBS DP는 한국판 영유아 체크리스트(K-ITC)와 K-CSBS-DP 양육자설문검사(CQ), 행동표본검사(BS)로 구성되어 있으며, 1단계에서는 K-ITC를 사용하여 선별평가를 실시하고, 2단계에서는 K-CSBS DP CQ와 BS를 활용하여 진단평가를 실시할 수 있다. K-ITC, K-CSBS DP CQ는 양육자 보고로 이루어지며, K-CSBS DP BS는 반구조화

된 관찰을 기반으로 전문가가 직접 검사한다. 평가 내용은 3개의 구성 영역(사회적, 발화적, 상징적 영역)과 7개의 세부요인을 평가한다. '사회적 영역'에는 정서 및 시선, 의사소통, 몸짓, '발화적 영역'에는 말소리, 낱말, '상징적 영역'에는 이해, 사물 사용이 포함된다.

(5) 상징놀이 평가(Kim, Lombardino, Rothman, & Vinson, 1989; 김영태, 2014에서 재인용)

이 검사는 아동의 상징행동 발달단계를 평가하기 위해 고안된 것으로, 다양한 놀잇감이나 무의미 물건을 제시한 후 자발적이거나 모방에 의한 놀이행동의 상징적인 발달단계를 평가한다. 이 검사의 결과는 아동에게 가장 많이 나타나는 상징행동 단계와 가장 높은 수준의 상징행동 단계를 제시해 준다. 이 검사에서는 상징행동 이전 단계인 탐험놀이 행동으로부터 초기 및 전환기적 상징놀이 행동, 단일 혹은 조합된 상징놀이 행동, 그리고 결과를 예측하여 수행하는 계획적 상징놀이 행동에 이르는 상징놀이 행동, 발달단계를 관찰하도록 하고 있다. 또한 사회적 역할놀이에 대한 항목도 포함하고 있다.

(6) 의사소통 기능 분석(홍경훈, 김영태, 2001; Dore, 1974)

아동의 의사소통 행동을 진단하기 위하여 아동의 자연스러운 행동을 관찰하는 방법으로, 자발화 분석을 통한 언어 진단방법의 일종이다. Dore(1974)의 초기 의사소통 기능 항목들을 표로 정리하여 체크하거나, 의사소통 기능이 조금 더 발달한 아동의 경우에는 Dore(1978)의 '대화 기능 분석표'를 기초로 홍경훈과 김영태(2001)가 재구성한 '대화 기능 분석표'를 사용하여 관찰 평가한다. 기억할 사항은 의사소통 행동이 몸짓이나 발성으로 나타나는지, 구어로 나타나는지 기록하는 것과 의사소통 기능의 출현 빈도를 기록하는 것이 아동에 대한 더 많은 정보를 얻을 수 있게 한다는 것이다(이승환 외, 2001).

(7) 취학전 아동의 수용언어 및 표현언어 발달척도(Preschool Receptive-Expressive Language Scale: PRES; 김영태, 성태제, 이윤경, 2003)

PRES는 2~6세의 취학전 아동의 전반적인 언어발달 척도로서 개발한 것이다. 표집은 서울 및 경기 지역의 아동 511명을 대상으로 3차에 걸친 예비검사를 실시하여 문항을 수정하고 조정하였으며, 총 621명의 아동을 대상으로 이 검사를 실시하여 표준화 자료를 제시하였다. 또한 신뢰도 및 타당도 검증이 이루어졌다(김영태, 2000). 검사의 평가문항은 수용언어 및 표현언어 하위 검사로부터, ① 인지능력과 관련되는 의미론적 언어능력, ② 언어학적인 지식과 관련되는 구문론적 언어능력, ③ 사회적 상호작용능력과 관련되는 화용적 언어능력을 포함하고 있다.

검사의 결과를 통하여 전반적인 언어발달연령, 언어지수와 백분위수를 제시함으로써 언어발달이 정상적으로 이루어지고 있는지 혹은 언어발달에 지체가 있는지의 여부를 판별할 수 있으며, 아동의 수용언어 및 표현언어 발달 간의 차이를 분석할 수 있다. 대상은 2세에서 6세의 일반 아동뿐만 아니라 언어발달 지체나 장애를 나타낼 가능성이 있는 아동으로, 단순언어장애, 지적장애, 자폐 범주성 장애, 뇌성마비, 청각장애, 구개파열 등으로 인하여 언어발달에 결함을 나타낼 가능성이 있는 아동의 언어능력을 평가하는 데 활용할 수 있다.

(8) 언어 문제 해결력 검사(Test Of Problem Solving: TOPS; 배소영, 임선숙, 이지희, 2000)

TOPS는 만 5~12세 아동의 논리적인 사고과정을 언어화하는 상위언어기술을 측정하기 위하여 고안된 검사도구로서, 특정 상황에서 대답하는 능력을 평가함으로써 언어를 통한 문제해결능력을 측정하는 데 목적이 있다. 표집은 서울과 경기 지역의 만 5~11세 11개월의 아동 756명을 대상으로 실시하였으며, 내용타당도와 통계적 결과, 검사 소요시간 등을 고려하여 최종적으로 50개의 항목을 포함하였다.

검사방법은 전문가가 아동에게 문제 상황이 표현된 그림판을 보여 주고, 그 그림과 관련된 검사지의 질문을 듣고 대답하게 하며, 각 문항별로 아동의 반응을 채점기준에 의거하여 0, 1, 2점 중 하나로 채점하는 것이다. 총 점수는 원인 이유, 해결 추론, 단서 추측의 세 범주로 나누어 볼 수 있으며, 총점과 세 가지 범주에 대한 원점수와 아동이 속한 연령집단을 비교기준으로 백분위수를 제공해 준다. 특히 언어적 추리력과 조직기술이 부족한 아동, 학습장애 아동, 단순언어장애 아동의 언어사용능력과 기타 언어장애 아동의 의사소통능력을 평가하는 데 사용될 수 있다.

(9) 구문의미 이해력 검사(KOrean SEntence Comprehension Test: KOSECT; 배소영, 임선숙, 이지희, 장혜성, 2004)

KOSECT는 만 4~9세(또는 초등학교 3학년) 수준의 구문의미 이해력을 측정하는 표준화된 언어검사도구다. 서울과 경기 지역의 4~10세 아동 351명을 표집하였고, 총 57개의 문항으로 재구성하였다. 검사방법은 검사자가 읽어 준 문장을 듣고 유아 또는 아동이 세 가지 그림 중 들은 문장에 해당하는 그림을 지적하는 형식이다. 1개의 목표 항목 검사 시에 모두 3개의 그림을 제시하고 있는데, 1개는 정답문항이고 2개는 혼동문항으로 구성되어 있다. 57개의 검사문항을 아동언어학적 관점에서 분류해 보면 크게 문법적 요소와 의미적 요소에 초점을 두어 두 부분으로 나눌 수 있다. 문법적 측면에서 보았을 때, 한국어 구문 구조와 문법형태소에 대한 항목이 57개 중 38개이고, 이 중 문법형태소에 초점이 맞춰진 경우가 10항목, 구문 구조적 특성에 초점이 맞춰진 경우가 28항목이다. 의미적 면에서 보았을 때, 문장 내 하나 또는 2개의 어휘에 대한 이해와 비유 또는 유추적 의미 파악에 근거한 항목을 중심으로 분류한 결과, 모두 57개 중 19항목이 포함되었다. 일반적으로 검사 소요시간은 10분에서 15분 정도 걸리며, 결과는 연령 및 학년 규준 백분위수로 제시된다.

(10) 자발화 분석을 통한 구문 · 의미 · 화용 평가

자발화 분석은 비표준화된 검사방법이지만, 아동이 실제 표현하는 언어를 분석함으로써 아동의 실제 언어능력을 분석할 수 있는 유효한 수단이다. 자발화 분석을 위한 언어표본 수집이나 언어의 하위 영역별 분석은 김영태(2014)를 참조하여 수행한다. 자발화 분석은 흔히 구문론, 의미론, 화용론의 측면에서 시행할 수 있다. 우선, 구문론에서는 평균발화길이와 문법형태소 분석이 가능하다. 평균발화길이(Mean Length of Utterance: MLU)는 형태소나 낱말로 산출하는 것이 가장 보편적인데, 그 수치는 전체 문장의 수를 전체 형태소나 낱말의 수로 나누어 산출한다. 때로는 한 낱말 문장은 제외하고 2개 이상의 단어로 구성된 문장들만을 계산하는 평균구문길이(Mean Syntactic Length: MSL)도 있다. 문법형태소 습득 여부를 평가하기 위해서는 자발화 시 산출된 문법형태소를 체크하거나 모방 과제와 같은 심화검사를 실시한다. 한국어에서 나타나는 문법형태소로는 격조사나 접속조사, 보조사, 문장어미, 시제나 존칭, 태, 품사형태 등이 있으며, 정상 발달 순서를 참고하여 이해 및 산출 여부를 평가해야 한다. 구문 분석을 위해서는 명사구, 동사구, 절, 문장 종류 등의 측면에서 이해 및 산출 여부를 평가해야 한다.

다음으로 의미론적 능력을 평가하기 위해서는 자발화 분석을 통한 NDW(total Number of Different Words, 서로 다른 낱말 유형 수)나 TTR(Type-Token Ratio, 어휘다양도) 등이 흔히 사용된다. 마지막으로, 화용론적 능력은 의사소통 기능 및 대화능력 평가표를 사용하여 분석할 수 있다.

(11) 한국 아동 메타-화용언어 검사(KOrean meta-Pragmatic Language Assessment for Children: KOPLAC; 김영태, 송승하, 김효창, 김정아, 2022)

KOPLAC은 만 5세에서 12세 아동들의 메타-화용언어능력을 평가하기 위한 검사로, 검사결과를 통해 메타-화용언어발달의 정상 발달 및 지연 여부를 판별하는 것이다. 또한 화용언어능력의 하위 요소별 판단 수준을 비교할 수 있다. 검사문항(학령전기 기준)은 의사소통 조율 인식능력 19개, 이야기 담화 정보 인식능력 12개, 상위언어 인식능력 22개로, 총 53개의 문항으로 구성되어 있다. '의사소통 조율 인식능력' 영역에서는 대화 상대자에 따른 존대 및 하대 조율과 상황문맥에 따른 조율을 판단 및 수정 과제로 평가한다. '이야기 담화 정보 인식능력'에서는 시청각적으로 제시되는 이야기를 듣고 사실적 정보 이해를 토대로, 텍스트 연결 추론, 문제해결, 빠진 정보 추론, 빠진 정보 인식능력을 평가한다. 추가적으로 보조 검사를 실시하여 이야기 다시 말하기를 통해 이야기에 포함된 중요한 사건을 순서에 맞게 재구성하여 표현하는 능력을 평가할 수 있다. '상위언어 인식능력' 영역에서는 간접표현 인식, 참조 인식을 평가하며, 간접표현검사는 간접표현의 의미를 설명하는 설명 과제와 이에 대해 어떻게 대처하는지에 대한 대처 과제로 구성된다. 검사 소요시간은 60~90분 정도며, 한 회기에 끝내는 것이 원칙이지만, 시간적 제약 등의 어려움이 있는 경우에는 두 회기에 나누어서 일주일 이내에 실시할 수 있다.

(12) 한국어 이야기 평가(KOrean Narrative Assessment: KONA; 권유진, 진연선, 배소영, 2018)

KONA는 만 4~6세의 학령전기 및 초등 1~6학년 아동의 담화 수준 이야기 능력을 평가하기 위한 검사로, 검사결과(학령전기 기준)를 통해 이야기 구성, 구문 및 문법을 또래와 비교할 수 있으며, 이야기 중재 필요성 및 방향 설정에 대한 안내를 제공할 수 있다. 평가 시 〈그네 이야기〉〈공 이야기〉 그림 컷(각 5장)을 보여 주며 내용을 읽어 주고, 아동이 다시 말하는 내용을 전사한다. 아동이 말한 이야기 내용은 '이야기 발화 전사'에 기록한 후, '이야기 구성' '결속표지' '구문 및 문법형태소'의 세 가지 영역으로 분석한다. '이야기 구성'에서는 이야기 문법 회상률(%), 이야기 구성 점수를 분석하며, '결속표지'에서는 적절한 결속표지 사용 수, 부적절한 결속표지 사용 수를 분석하여 기록한다. 채점 프로그램에 입력하면 결속표지 정확률(%)이 자동으로 산출된다. 구문 및 문법형태소에서는 T-unit 수, 형태소 수, 문법형태소 수, 문법형태소 오류 수를 분석하여 기록하면, 채점 프로그램에서 MLTm과 문법형태소 오류율(%)을 자동으로 산출한다. 검사 시 아동의 이야기 발화를 녹음할 수 있는 녹음 장치를 준비하도록 한다.

(13) 아동 간편 읽기 및 쓰기 발달 검사(Quick Assessment of Childhood Reading & Writing: QRW; 김영태 외, 2021)

QRW는 취학전(만 5세 이상)부터 초등 중학년을 대상으로 읽기 및 쓰기 능력을 선별하기 위해 제작되었다. 이 검사는 본격적인 문자 학습이 시작되기 이전 단계부터 학령기까지를 포괄하여, 읽기 및 쓰기 부진이 예상되는 아동들을 조기에 선별하기 위해 개발되었다. 이는 교육 및 임상 현장에서 간편하고 신속하게 고위험군 아동을 객관적으로 선별하는 것을 목적으로, ① 음운조작능력, ② 읽기능력, ③ 쓰기능력의 세 가지 영역을 다루고 있다. ① 음운조작능력은 음성으로 제시된 음절 또는 음소를 인식하여 합성, 분절, 생략 등의 조작이 가능한지 평가하고, ② 읽기능력은 자음과 모음 글자소 읽기가 가능한지와 단어(의미, 무의미) 및 문장(의미단어 포함, 무의미단어 포함)을 정확하게 읽을 수 있는지를 평가한다. ③ 쓰기능력은 음성으로 제시된 일치형, 불일치형 단어나 문장을 듣고 정확하게 받아쓸 수 있는지 평가한다. 검사결과는 기본과 심화 2단계로 분석할 수 있으며, 온라인상에서 코드를 사용하여 아동의 원점수를 입력하면, 기본단계에서는 T점수 및 백분위 점수로 제공되어 또래 규준과 비교하여 어떤 수준인지 간단하게 판별이 가능하다. 심화단계에서는 아동의 읽기나 쓰기의 오류 패턴을 분석할 수 있다. 검사 소요시간은 20~40분 정도며, 아동의 개인차에 따라 달라질 수 있다.

(14) AAC 평가 프로그램

보완대체 의사소통(Augmentative and Alternative Communication: AAC)은 의사표현에 어려움을 겪는 사람들의 문제를 감소시키고 언어능력을 촉진하기 위해 사용하는 말(구어) 이외의 여러 형태의 의사소통방법을 말하며(박은혜, 김영태, 김정연, 2008), 구어 사용을 '보완(augmentative)'하는 경우와 완전히 '대체(alternative)'하는 경우를 모두 포함한다. 개인의 필요에 따라 AAC 서비스를 적절하게 제공하기 위해서는 의사소통능력 및 필요와 관련된 다양한 능력을 평가하여야 한다(김영태, 박은혜, 한선경, 구정아, 2016). 우리나라에서 개발된 AAC 평가 프로그램으로는 '파라다이스 보완대체의사소통 기초능력평가(Paradise AAC Assessment)'(PAA; 박은혜, 김영태, 김정연, 2008), '한국 보완대체의사소통 평가(Korean AAC Assessment: KAA)'(김영태 외, 2016) 등이 있다.

PAA는 박은혜, 김영태와 Snell(2005)의 연구를 기초로 개발된 것으로, 개별 아동에게 맞는 AAC 체계를 개발하기 위해 아동의 능력 수준을 영역별로 평가한다. 평가 영역은 크게 '운동능력 평가' '감각능력 평가' '인지능력 평가' '언어능력 평가'로 구성되어 있다. '운동능력 평가'에서는 자세 및 이동능력 평가와 신체 기능 평가를 실시하며, 이때 직접 선택 및 스캐닝 능력을 알아본다. '감각능력 평가'에서는 시각기술 및 청각기술을 평가한다. '인지능력 평가'는 기초인지능력, 사물의 기능이해 및 상징이해 능력을 포함하며, '언어능력 평가'는 표현언어 및 수용언어 능력을 평가한다.

KAA는 언어치료사와 특수교사를 위해 개발된 것으로, 효과적인 AAC 평가를 위해 AAC 사용자와 관련된 전문가 및 보호자가 팀을 구성하여 평가를 실시할 것을 강조한다. AAC 팀에는 AAC 사용자와 가족, 언어재활사, 특수교사, 보조공학사, 물리치료사 등이 포함될 수 있다. 평가 절차는 '초기 면담' '언어 및 의사소통 평가' '의사소통 단계 설정 및 단계별 세부 평가'로 이루어진다. 의사소통 단계는 1, 2, 3단계로 나뉘며, 단계에 따라 구

체적인 평가 내용이 달라진다. 단계별 세부 평가에서 '기초운동능력 및 감각운동능력 평가'는 모든 단계에서 동일하게 실시하며, 그에 따른 'AAC 상징 평가'는 단계에 따라 평가 항목이 추가된다. 그 후, 'AAC 도구 평가'를 실시하여 AAC 사용자에게 적절한 도구를 선정하도록 한다.

3) 진단평가 결과 해석

(1) 진단결과의 활용

진단평가 과정을 통해 얻게 된 결과는, ① 언어치료 대상인지 결정하는 근거, ② 위험군으로 분류되어 추후 평가를 지속해야 하는 대상인지 결정하는 근거, ③ 아동에게 제공된 언어치료가 효과적이었는지 재평가하는 자료, ④ 언어치료의 종결 여부를 결정하는 근거로 활용된다.

언어치료 적격성 여부는 주로 공식 검사결과를 가지고 결정하게 된다. 그 기준은 조금씩 다를 수 있으나 주의해야 할 사항이 있다. 적격성을 지나치게 엄격하게 적용하면 심한 장애가 있는 사람들이 치료서비스를 받지 못하게 되는 경우가 있다. 또한 치료서비스를 받기에 너무 어리거나, 반대로 연령이 높다는 이유로 제외되는 일이 있어서도 안 된다. 2004년 개정된 미국의 「장애인교육법(Individuals with Disabilities Education Improvement Act: IDEA)」은 개개인의 교육과 생활에 있어 필요에 적절한 서비스를 지원해야 함을 명시하고 있다. Part C에서는 출생부터 3세까지의 조기 개입의 중요성을 강조하며, Part B에서는 만 3세 이후 학령기 아동이 필요한 언어치료 및 관련 치료서비스를 지속적으로 받을 수 있도록 보장하고자 한다.

표준화된 공식 검사를 이용하여 적격성을 결정하는 기준은 기관마다 다를 수 있다. 대부분의 경우 −1.5SD 이하를 적용하고 있는데, 때로는 −1SD나 −2SD 이하를 적용하는 경우도 있다. 그러나 −2SD의 경우는 너무 엄격한 적용이라고 생각된다. Semel, Wiig와 Secord(1989)는 표준화 점수를 근거로, −1.0~−1.5SD는 경도에서 중등도, −1.5~−2.0SD는 중등도, −2.0SD 이하는 중도로 중증도를 나누기도 하였다. 결국 진단평가 결과로 적격성을 판단할 때 실수를 방지하는 최선의 방법은 완벽하게 교육받은 전문가들과 부모 혹은 그 밖의 사람들의 협력하에 각각의 아동에게 요구되는 사항을 가능한 한 충족시킬 수 있도록 최상의 결정을 내리는 것이다(Nelson, 1993).

ASHA에서 제안하는 치료 시작기준에는 진단평가검사에서 장애로 판명된 경우 외에도 환경이 바뀌거나 대화상대자가 바뀌어 어려움을 보이는 경우, 기능적 또는 최선의 상태로 의사소통이 어려운 경우, 치료대상자 가족이 언어치료를 원하는 경우 등이 포함되어 있다(ASHA, 2004).

(2) 중증도별 고려사항

중증도는 변화하는 것이기 때문에 그것을 기준으로 언어장애를 분류하는 것은 바람직하지 않다. 그럼에도 또래아동들의 발달 수준으로부터 어느 정도 지체 또는 일탈되어 있는지를 평가하는 것은 언어치료계획을 수립하거나 언어치료의 우선순위를 결정할 때, 그리고 치료효과를 평가할 때 유효하게 사용될 수 있다.

자폐 범주성 장애나 지적장애 혹은 후천적으로 신경학적 손상을 심하게 입은 아동은 언어 출현 이후, 또래와 비슷한 수준으로 언어가 발달하지 못하고, 언어발달이 지체될 수 있다. 따라서 이러한 아동의 언어치료 목표는 상대방과의 의사소통 의도를 증진하고, 의사소통 기능을 다양하게 확장하는 것이다. 하지만 대상 아동의 언어 문제가 심각할수록 진단평가에 어려움을 호소하는 경우가 많다. 아동이 공식 검사를 수행하지 못하는 경우도 많고, 비공식 검사에 응하지 않거나 구어 산출이 전혀 안 되는 경우도 많기 때문이다. 그러나 최중도 언어장애 아동이라고 해도 검사 실시가 불가능한 경우는 없다. 어떤 방법으로든 필요한 정보를 최소한은 얻을 수 있기 때문이다(Paul, 2001). 이러한 중도 언어장애 아동들을 진단평가하기 위해서는 면담으로 진행되는 SELSI와 같은 표준화검사를 비공식 검사로서 사용하도록 한다. 대략적인 이해 및 표현 언어 수준을 가늠할 수 있기 때문이다.

아동의 언어 수준에 따라 그림을 통한 일반적인 어휘검사가 어려운 경우도 있다. 그런 경우에는 부모가 체크하는 K M-B CDI, 그리고 CSBS와 상징놀이 평가도 실시하도록 한다. 의사소통 기능 분석의 경우도 아동의 제스처로 그 기능의 종류와 빈도를 평가하도록 한다. 대부분의 경우 요구하기나 거부하기 기능 정도는 가지고 있다. 기능적인 발화

가 없는 아동이라면 제스처나 발성, 신체의 움직임, 표정 등 비구어적 의사소통 신호를 찾아야 하며, 의사소통 행위가 관습적인 제스처로 나타나는지 여부 등을 기록해야 한다. 구어 산출이 어렵거나 구어만으로는 의사소통이 어려운 아동의 경우는 AAC 평가도 실시해야 한다. 또한 중도 언어장애 아동일수록 언어이해에 대한 평가가 소홀해지지 않도록 주의한다. 이해능력 평가를 위해 그림을 사용하고자 할 때 주의할 점은 아동이 개념을 그림으로 표상했다는 것을 모를 수도 있기 때문에 검사 전에 참조물과 그림을 연관시키는 능력을 먼저 평가해 보는 것이 좋다. 간단한 지시 따르기 과제도 실시하도록 한다. 아동이 의사를 전달할 때 제스처만 사용하는 것보다 간단한 발성을 동반하는 것이 더 효율적일 수 있으므로, 아동의 자발적인 발성이나 음운 목록, 음절 구조 수준들에 대한 계속적인 평가를 통해서 어떤 말소리가 가능한지를 알아내야 한다.

한편, 경도의 언어장애거나 언어장애 위험군(at-risk group) 아동일 경우에는 대화나 이야기 만들기, 설명하기 능력을 포함한 화용 및 담화 능력에 대한 깊이 있는 평가가 필요하다. 또한 구문 구조 분석을 실시하거나 은유 등을 포함한 의미관계에 대한 비공식 평가를 실시하도록 한다. 학교에 진학하기 전에는 읽기 및 쓰기에 대한 평가도 실시해야 한다.

3. 진단평가 사례

1) 배경정보

6세 6개월의 남자 아동으로 언어발달지체를 주호소로 본 기관에 의뢰되었다. 어머니의 보고에 따르면, 출산이나 발달과정에서 별다른 이상은 없었으며, 2010년에 신경정신과에서 진단받은 결과, 인지 · 정서 · 사회성 발달에는 이상이 나타나지 않았으나, 언어발달에 지체를 보여 이에 대한 치료를 권유받았다고 한다. 2011년 6월에 본 기관에서 언어 진단을 받은 결과, '단순언어장애'로 진단되었으며, 생활연령에 비해 2세 정도 언어발달이 지체되었다는 평가를 받았지만 아버지의 반대로 치료는 받지 못했다고 한다. 아동은 돌 무렵에 말을 시작하였고, 처음 말한 낱말은 '엄마'였으며, 문장으로 말하기 시작한 것은 3세 정도였다고 한다. 어머니가 느끼는 아동의 주 언어 문제는 발음이 부정확하여 아동의 말을 알아듣기 어렵고, 또래에 비해 언어이해가 힘들며, 아동이 의도에 비해 표현력이 부족하여 대화가 잘 안 되는 것이라고 한다. 언어발달지체를 이유로 초등학교 진학을 하지 않고 다니던 유치원을 1년 더 다니는 중이고, 태권도와 미술, 피아노를 배우고 있으며, 학습지(수학, 한글, 영어, 한자)도 하고 있다고 한다. 부모, 형과 함께 살고 있으며, 아동의 아버지도 어린 시절에 언어발달지체를 보여 4~5세경에 말을 했다고 하나, 현재는 언어에 어려움이 없다고 한다.

2) 검사에 대한 태도

검사실에 "안녕하세요."라고 인사를 하며 들어왔으며, 처음 보는 검사자와 낯가림 없이 상호작용하는 모습을 보였다. 검사 시 눈맞춤이 가능하였으며, 검사자의 지시에 대체로 잘 따르는 편이었다. 그러나 하품을 자주 하고, 바르게 앉아 있지 못하고 의자를 돌리며 장난을 하고, 질문에 무관한 답을 하거나 생각하지 않고 말하는 등 다소 산만한 모습을 보여, 같은 말을 반복하거나 검사에 주의를 집중하도록 지시할 필요가 있었다. 산만한 태도에 비해 장시간에 걸친 평가에도 끝까지 검사에 임하는 끈기를 보여 주었고, 학습지를 여러 가지 하고 있어서인지 자신이 말한 것이 정답인지 확인하기를 원하였다. 검사과정에서 연상되는 노래를 부르거나 연상되는 이야기를 하는 등 적극적인 모습을 보였으나, 잘 모르는 질문에 대해서는 "생각이 안 나요." "안 배웠어요."라고 말하거나 "이거 틀렸지요?"라고 말하며 검사자의 눈치를 보고 위축되는 모습을 보이기도 하였다.

3) 실시한 검사(조음 부분 생략)

- PRES(김영태, 성태제, 이윤경, 2003)
- REVT-R(김영태 외, 2009)
- K M-B CDI(배소영, 곽금주, 2011)

- TOPS(배소영, 임선숙, 이지희, 2000)
- 자발화 수집 및 분석

4) 검사결과(조음 부분 생략)

(1) 언어이해

REVT-R을 실시한 결과, 수용어휘 등가연령이 4세 6~11개월 수준이며, 백분위수는 7%ile로 나타났다. PRES를 실시한 결과, 수용언어 발달연령이 52개월, 백분위수가 0%ile로 나타나 아동의 생활연령에 비해 수용언어 발달연령이 2년 정도 지체된 것으로 나타났다. 수용언어 평가 세부 항목에서 시제 이해, 계절 이해, 간단한 은유적 표현 이해, 사동・피동 이해, 방향 이해, 소유대명사 이해(가역적인 경우에 이해에 어려움을 보임. 예: 검사자가 '내 코'라고 하면 검사자의 코라는 것을 이해하지 못하고 자기 코를 짚음), 관형구 이해에 어려움을 나타냈다. 어머니의 보고에 의한 K M-B CDI 실시 결과, 총 641개의 낱말 중 528개의 낱말을 이해하는 것으로 나타났고, 대부분의 범주에서 제시된 낱말을 거의 모두 이해하는 것으로 나타났으나, 장소(22/25), 의문사(7/11), 동사(147/150), 시간(14/17) 범주에서 다른 범주에 비해 낮은 이해력을 나타냈다. 그러나 아동의 어머니가 아동이 이해하는지 여부를 알 수 없어 표시하지 않은 범주가 있었고(음식, 끝맺는 말, 조사, 연결하는 말, 돕는 말 등 총 97개 낱말), 어머니의 보고가 검사 시 아동의 반응과 차이가 있어 치료를 통해 이에 대한 계속적인 평가가 필요할 것으로 보인다.

자발화 분석과 심화평가 결과, 색깔어휘 이해와 숫자 이해(1~10), 의문사 이해(누가, 언제, 어디서, 무엇을, 어떻게, 왜)는 가능하였으나, 방향을 나타내는 위치부사어의 이해(위/아래 혹은 밑, 오른쪽/왼쪽, 앞/뒤 등), 일부 반대말의 이해(넓다/좁다, 가깝다/멀다, 깊다/얕다), 이야기 순서의 이해(4컷)에는 어려움을 보였다.

(2) 언어표현

PRES를 실시한 결과, 표현언어 발달연령이 47개월로 수용언어 발달연령에 비해 5개월 정도 더 지체된 것으로 나타났고, 백분위수가 0으로 나타나 아동의 생활연령에 비해 표현언어 발달연령이 2년 이상 지체된 것으로 나타났다. 표현언어 평가 세부 항목에서 '때'와 관련된 질문에 대한 대답, 위치부사어의 사용(위/밑, 옆), 일부 색 이름 사용(예: 파랑과 하늘을 혼동함), 사동사 · 피동사 사용, 비교급 사용(더+형용사), 상위범주어 사용, 문장 모방, 셈의 단위 사용(예: 자동차를 1개, 2개라고 함), 오류문장 수정(문법형태소, 어순, 전/후, 다음)에 어려움을 나타냈다. K M-B CDI 실시결과, 총 641개의 낱말 중 590개의 낱말을 표현하는 것으로 나타났고, 대부분 제시된 낱말의 사용이 높은 것으로 나타났으나, 끝맺는 말(5/15), 조사(7/12), 돕는 말(2/6)의 표현은 다른 범주에 비해 낮은 것으로 나타났다.

자발화(100발화) 분석결과, 최장 어절 길이는 8로 약 46개월 수준을 나타내 아동의 생활연령(78개월)과 비교할 때 32개월 정도 지체된 것으로 나타났으며, 평균 어절 길이는 2.37로 약 40개월 정도의 수준을 나타내 아동의 생활연령(78개월)과 비교할 때 38개월 정도 지체된 것으로 나타났다. 구문 분석 결과, 4어 조합 이상의 문장 사용과 복문 사용에 제한을 보였다. 자발화 샘플의 문법형태소 분석과 심화검사 결과, 주격조사(-이/-가), 목적격조사(-을/-를), 부사격조사[-에, -에서, -(으)로], 서술격조사[-(이)다, -입니다, -(이)요, -야], 보조사(-은/-는/-ㄴ, -도, -만), 현재(-는-), 과거(-았-), 존칭(-요)을 나타내는 어미와 평서문(-아/-어, -다, -네, -데/-는데), 의문문(-ㄹ까?), 청유문 문장어미(-자)와 사동형 접미사(-우-), 관형사형 전성어미(-은/-는, -ㄹ), 명사형 전성어미(-기)를 사용하는 것으로 나타났다.

이 아동은 구문(특히 어순, 예: 철수가 다른 사람들이 못 전화하게 해요 등)이나 문법형태소(조사나 어미) 활용에 어려움을 보였는데(예: 철수는 라면을 국물을 앗 뜨거 해서 병원 안 가요, 비가 내린 거 공원에 약속했어요 등), 특히 의문사 '왜'에 대한 대답 시 원인이나 이유를 나타내는 어미(-니까, -라서 등)와 접속부사(왜냐하면)를 포함한 복문 사용에 결함을 나타냈고, 연결어미의 사용에 제한을 보였으며, 간혹 격조사의 사용에도 혼동을 나타냈다(예: 줄을 까먹어서 강아지를 도망쳤어요, 우표 써서 내일 친구를 주는 거예요 등). 아동은 4~5어절 이상의 문장은 모방이 힘들고, 대명사 사용(이것, 그것), 의문사 '어떻게'와 '왜'에 대한 대답에 어려움을 나타냈다. '정의하기'의 경우, 문어체 식으로 말하는 경향이 있고(예: 이것은 ~하는 것입니다 등), 기능을 설명하는 단편적인 정의하기만 가능하며 상위개념 등은

나타나지 않았다. 부정을 나타내는 부사(안-/못-)의 사용에 혼동을 나타냈고(예: 철수가 키가 잘 안 잡았어요 → 철수 키가 작아서 못 잡았다는 의미), 1~10의 기계적인 수 세기가 가능하나 간혹 숫자의 순서를 바꾸어 말하기도 하였고, '하나, 둘'로는 잘 세지 못하였으며, 일대일 대응을 통해 사물의 수를 세는 것에는 어려움을 나타냈다.

(3) 의사소통능력

아동은 눈 맞춤이나 대화 순서 지키기, 다양한 의사소통 의도의 사용 등 기본적인 의사소통 기술에는 별다른 문제를 보이지 않았고, 표현하고자 하는 욕구가 많고 대화 시도도 많은 편이었으나, 한 가지 이야기를 지속적으로 하지 못하고 엉뚱한 이야기를 꺼내는 등 주제 유지를 잘하지 못하였으며(예: 안 자요. 밤이 되었어요, 그러고 여자 친구 있고요 등), 이야기를 전달하는 능력이 떨어져 검사자가 아동의 이야기를 이해하는 데 어려움이 있었다(예: 그런데 철수가 엄마 손이 '후' 했어요, 꽃을 피워야지, 그러면 다시 예뻐지게 해요 등). 언어 문제 해결력 검사(TOPS)를 실시한 결과 총점 9점에 백분위수가 11%ile로 나타났는데, 그 세부 항목을 살펴보면 '원인 이유'의 백분위수가 6~9%ile로 가장 낮게 나타났고, '해결 추론'이 14~17%ile, '단서 추측'은 43~58%ile로, 이 아동의 경우 '단서 추측'이 다른 항목에 비해 높게 나타나기는 하였으나 현실적인 문제해결능력은 부족한 것으로 평가되었다.

5) 검사결과의 요약 및 제언

이 아동은 언어발달지체를 주호소로 의뢰되었으며, 수용어휘 발달 수준이 4세 6~11개월, 통합언어 발달연령이 50개월(수용언어 발달연령: 52개월, 표현언어 발달연령: 47개월)로 생활연령에 비해 언어발달이 2년 이상 지체된 것으로 평가되었고, 언어 이외의 다른 영역에서는 문제를 보이지 않아 '단순언어장애'로 진단되었다. 아동은 간단한 두세 낱말 문장의 이해와 산출 시에는 별다른 어려움을 나타내지 않았으나, 의문사 '언제' '어떻게' '왜'의 대답에 어려움을 보였고, 복문 산출과 문법형태소 사용 면에서 지체를 보이고 있는 것으로 나타났다. 의사소통 발달에 있어서는 주제 유지가 어렵고, 과거 회상 또는 이야기 재구성하기 등의 이야기 산출능력에서 제한된 능력을 나타냈으며, '원인 이유' '해결 추론' 등의 문제해결능력이 부족한 것으로 평가되었다.

따라서 아동은 연령에 적절한 이해 및 표현 능력 증진과 더불어 문제해결능력의 증진에 중점을 둔 지속적인 언어치료가 필요하다고 판단되며, 특히 문법형태소의 적절한 사용, 복문의 이해 및 표현에 중점을 둔 치료가 필요하다고 판단된다.

 4. 맺음말

이 장에서는 한국형 말 · 언어 진단모형에 근거한 아동 언어장애의 언어 진단평가 과정을 학령전기의 아동을 중심으로 고찰하였다. 우리나라의 학령전기 아동의 언어능력을 평가하는 과정에서 고려되어야 할 점은 다음과 같이 요약할 수 있다.

첫째, 언어발달 지체나 결함을 조기에 판별함으로써 초기 언어 문제로 인해 학령기에서의 학습이나 사회성 문제로까지 발전되는 것을 감소시켜야 한다. 이를 위해서는 영유아 및 소아의 발달을 조기에 관찰할 수 있는 부모 및 관련 전문가들의 언어발달에 대한 인식 개선과 그에 따른 적절한 의뢰체계가 필요하다. 언어 진단평가 과정에서는 단순언어장애를 판별하기 위하여 우선 동반장애 정보를 수집하고, 필요한 경우에는 관련 전문가에게 보완 정보를 요청하여야 한다. 이러한 동반장애에 대한 정보는 교육적 배치나 언어치료 시 참고자료로 활용되어야 한다.

둘째, 진단평가는 언어 증상에 초점을 맞추어 실시하여야 한다. 우선, 전반적인 언어능력을 살펴보고, 수용언어와 표현언어의 하위 영역별(구문, 의미, 화용) 세부 진단을 실시한다. 전반적인 언어능력 검사를 통해서는 언어장애를 판별하여 언어치료 여부 및 빈도를 결정하고, 언어 영역별 세부 평가를 통해서는 장단기 치료목표를 설정한다. 동시에 언어장애 평가체계의 효율성을 위하여 일반인도 간단하게 체크할 수 있는 의뢰용 체크리스트 개발이 요구된다. 이러한 의뢰용 체크리스트는 기존의 선별검사 항목 중 예측도가 높은 항목들로 이루어져야 하며, 언어발달 위험군을 간과하지 않을 만한 내용을 담고 있어야 할 것이다.

이 장에서 소개한 언어 관련 선별검사나 체크리스트는 언어발달에 대한 전문지식이 부족한 일반인이 사용하기에는 다소 어려움이 있다. 현재로서는 부모와 교사 교육을 통해 언어장애나 위험군에 대한 인식 개선이 우선되어야 할 것이다. 비공식적인 세부 진단평가는 심도 있는 진단훈련 및 임상 연구 경력이 있는 언어재활사에 의해서 수행되는 것이 바람직하다. 이러한 심층진단평가의 결과는 아동의 세부 영역별 강점 및 약점을 반영하여 구체적인 장단기 언어치료계획을 제안하는 근거자료로 활용되어야 한다. 또한 초기 진단평가에 초점을 맞춘 것이므로 치료과정에서의 계속평가에 대해서는 고찰하지 못하였다. 김영태, 박소현과 이희란(2005)은 경력이 많은 1급 언어재활사들을 대상으로 질적 연구를 하였을 때, 아동의 예후에 초점을 맞춘 역동적 평가의 도입도 매우 중요하다고 보고하였다.

용어해설

- 단순언어장애(Specific Language Impairment: SLI): 다른 발달적 장애를 동반하지 않으면서 나타나는 언어장애로, 최근에는 1차적으로 언어에 주로 문제가 있다는 의미에서 PLI(Primary Language Impairment)라고 하기도 함
- 발화전기: 아동이 구어로 의사를 표현하기 이전 시기로, 의사소통 의도 표현은 주로 울음, 발성, 제스처 등으로 표현됨
- 보완대체 의사소통(Augmentative Alternative Communication: AAC): 언어 이전기에 해당하는 아동 및 구어가 어려운 아동 · 성인에게 구어를 대신하도록 하는 보완대체 수단을 사용하여 이루어지는 의사소통 시스템
- 비공식 검사: 표준화되지 않은 검사로, 행동관찰 등과 같이 지시나 실시법이 공식적으로 정해져 있지 않으며, 비교대상인 표본집단이 존재하지 않음
- 상징놀이: 어떤 사물이나 행동을 다른 사물이나 행동으로 상징화하는 놀이로 언어발달과 상징행동 발달이 관계가 있다는 점에서 초기 언어발달의 주요 지표가 됨
- 어휘다양도(Type-Token Ratio: TTR): 아동이 사용한 총 낱말 중에서 다른 낱말의 비율이 얼마나 되는가를 산출해 내는 것

- 역동적 평가: 아동이 언어 과제를 수행할 때 다양한 단서나 지원을 제공함에 따라 아동의 수행이 어떻게 달라지는지를 검사하는 평가
- 자발화 분석: 대상 아동의 실제 말 표본을 수집하여 의미론적 · 구문론적 · 화용론적으로 분석하는 언어 진단의 한 방법
- 평균발화길이(Mean Length of Utterance: MLU): 발화당 형태소 또는 낱말 수의 평균으로 구문 발달의 주요 지표 중 하나임
- 표준화검사: 모집단을 대표하는 검사대상자를 표집하여 동일한 지시와 절차에 따라 검사를 시행한 후 객관적 채점방법에 따라 규준이 만들어진 검사

참고문헌

권유진, 진연선, 배소영(2018). **한국어 이야기 평가(KONA)**. 인싸이트.

김영태(2000). 취학전 아동의 수용언어 및 표현언어 척도(PRES)의 개발: 문항 및 신뢰도 분석. *Communication Sciences & Disorders*, *5*(1), 1-25.

김영태(2002). 영유아 언어발달검사(SELSI)의 개발 연구: 문항 및 신뢰도 분석. *Communication Sciences & Disorders*, *7*(2), 1-23.

김영태(2014). **아동언어장애의 진단 및 치료(2판)**. 학지사.

김영태, 김경희, 윤혜련, 김화수(2003). **영유아 언어발달검사(SELSI)**. 파라다이스복지재단.

김영태, 박소현, 이희란(2005). 학령전 언어장애 아동 진단모델 정립을 위한 질적 연구: 핵심요소 및 평가체계를 중심으로. *Communication Sciences & Disorders*, *10*(3), 24-40.

김영태, 박은혜, 한선경, 구정아(2016). **한국 보완대체의사소통 평가 및 중재 프로그램**. 학지사.

김영태, 성태제, 이윤경(2003). **취학전 아동의 수용언어 및 표현언어 발달척도(PRES)**. 서울장애인종합복지관.

김영태, 송승하, 김효창, 김정아(2022). **한국 아동 메타-화용언어 검사(KOPLAC)**. 파라다이스복지재단.

김영태, 이주연, 홍경훈, 김경희, 장혜성(2009). 수용-표현어휘력검사(Receptive Expressive Vocabulary Test)의 타당도 연구: 취학 전 언어발달지체 아동을 중심으로. **언어치료연구**, **18**(1), 57-72.

김영태, 제현순, 정경희, 김영란, 배소영, 김효창(2021). 아동 간편 읽기 및 쓰기 발달 검사(QRW). 인싸이트.

김영태, 홍경훈, 장혜성, 김경희, 이주연(2009). 수용 및 표현 어휘력 검사(REVT). 서울장애인종합복지관.

박은혜, 김영태, 김정연(2008). 파라다이스 보완대체 의사소통 기초능력평가(PAA). 파라다이스복지재단.

박은혜, 김영태, Snell, M. (2005). AAC 체계 적용을 위한 진단 프로토콜. 이화여자대학교 특수교육연구소.

배소영(2003). 영유아기 의미평가도구 MCDI-K의 타당도와 신뢰도에 관한 연구. *Communication Sciences & Disorders*, *8*(2), 1-14.

배소영, 곽금주(2011). 한국판 맥아더-베이츠 의사소통발달 평가(K M-B CDI). 마인드프레스.

배소영, 임선숙, 이지희(2000). 언어 문제 해결력 검사. 서울장애인종합복지관.

배소영, 임선숙, 이지희, 장혜성(2004). 구문의미 이해력 검사. 서울장애인종합복지관.

보건복지부(2023). 장애정도판정기준(보건복지부 고시 제2023-42호).

이승환, 김영태, 한재순, 배소영, 김향희, 김진숙, 심현섭, 신문자, 이정학(2001). 의사소통장애개론. 하나의학사.

이윤경, 이효주, 최지은(2023). 한국판 의사소통 및 상징행동 발달 검사(K-CSBS-DP). 인싸이트.

「장애인 등에 대한 특수교육법」(법률 제20351호, 2025).

홍경훈, 김영태(2001). 아동의 의사소통 의도 습득에 대한 종단 연구. *Communication Sciences & Disorders*, *6*(1), 17-39.

홍경훈, 김영태, 김경희(2009). 수용・표현 어휘력 검사(Receptive Expressive Vocabulary Test: REVT)의 개발 연구: 문항개발 및 신뢰도 분석을 중심으로. *Communication Sciences & Disorders*, *14*(1), 34-45.

홍경훈, 김영태, 김수진(2014). 3세 아동용 간편어휘력 검사 개발을 위한 기초 연구. *Communication Sciences & Disorders*, *19*(1), 1-8.

American Speech-Language-Hearing Association. (1993). *Definitions of communication disorders and variations* [Relevant Paper]. Available from https://www.asha.org/policy/rp1993-00208/

American Speech-Language-Hearing Association. (2004). *Admission/discharge criteria in speech-language pathology* [Guidelines]. Available from https://www.asha.org/policy/gl2004-00046/

American Psychiatric Association. (2022). *Diagnostic and statistical manual of mental disorders* (5th ed., text rev.). American Psychiatric Publishing.

Brown, R. (1973). *A first language: The early stages*. Harvard University Press.

Billeud, F. P. (2003). *Communication disorders in infants and toddlers: Assessment intervention* (3rd ed.). Butterworth & Heinemann.

Dore, J. (1974). A pragmatic description of early language development. *Journal of Psycholinguistic Research*, *3*(4), 343-350.

Dore, J. (1978). Conditions for the acquisition of speech acts. In I. Markova (Ed.), *The social context of language*. John Wiley and Sons.

Fenson, L., Dale, P., Reznick, J., Thal, D., Bates, E., Hartung, J., Pethick, S., & Reilly, J. (1993). *MacArthur communicative development inventories: User's guide and technical manual*. Paul H. Brookes Publishing Co.

Hegde, M. N., & Maul, C. A. (2006). *Language disorders in children: An evidence-based approach to assessment and treatment*. Allyn and Bacon.

Individuals with Disabilities Education Improvement Act of 2004, 20 U.S.C. § 1400 *et seq*. (2004).

Kim, Y. T., Lombardino, L. J., Rothman, H., & Vinson, B. (1989). Effects of symbolic play intervention with children who have mental retardation. *Mental retardation*, *27*(3), 159-165.

Kuder, S. J. (2003). *Teaching students with language and communication disabilities* (2nd ed.). Allyn and Bacon.

Leonard, L. B. (1998). *Children with specific language impairment*. The MIT Press.

Lund, N. J., & Duchan, J. F. (Eds.) (1993). *Assessing children's language in natural-contexts*. Prentice-Hall.

Miller, J. (1978). Assessing children's language behavior. In R. L. Schiefelbusch (Ed.), *Bases of language intervention*. University Park Press.

Nelson, N. W. (1993). *Childhood language disorders in context: Infancy through*. Macmillan Publishing Company.

Owens, R. (2004). *Language disorders: A functional approach to assessment and intervention* (4th ed.). Allyn & Bacon.

Paul, R. (2024). *Language disorders from infancy through adolescence* (6th ed.). Mosby.

Paul, R., & Smith, R. (1993). Narrative skills in 4-year-olds with normal, impaired and late-developing language. *Journal of Speech, Language, and Hearing Research*, *36*(3), 592-598.

Semel, E., Wiig, E. H., & Secord, W. (1989). *Clinical Evaluation of Language Fundamentals-Screening Test*. The Psychological Corporation, Harcourt, Brace, Jovanovich.

Wetherby, A. M., & Prizant, B. M. (1992). Facilitating language and communication development in autism: Assessment and intervention guidelines. In D. E. Berkell (Ed.), *Autism: Identification, education, and treatment* (pp. 107-134). Lawrence Earlbaum.

Wetherby, A. M., & Prizant, B. M. (2002). *Communication and Symbolic Behavior Scales (CSBS): Developmental profile scoring*. Paul H. Brookes Publishing Co.

Whitehurst, G. J., Fischel, J. E., Amold, D. S., & Lonigan, C. J. (1992). Evaluating outcomes with children with expressive language delay. In S. F. Warren & J. Reichle (Eds.), *Causes and effects in communication and language intervention*. Paul H. Brookes Publishing Co.

제 3 장

학령기 아동 언어장애의 진단

1. 들어가는 말
2. 진단평가
3. 진단평가 사례
4. 맺음말

COMMUNICATION DISORDERS

1. 들어가는 말

학령기 언어장애는 학교에 입학한 이후 시기에 언어발달이 유의하게 지연된 아동을 말한다. 대부분은 학령전기의 언어 습득 및 발달 문제가 학령기 이후까지 지속된 경우이나, 일부는 학령기에 접어들어서 언어 이해 또는 표현 문제를 갖는 것으로 확인된다. 또한 언어능력을 포괄적으로 정의하여 읽기나 쓰기와 같은 문해 영역에서 어려움을 갖는 언어학습장애 아동을 포함하기도 한다(이윤경, 2005, 2006; Haynes & Pindzola, 2004; Paul & Nobury, 2012; Wallach & Burtler, 1994). 이 장에서는 읽기 및 쓰기와 같이 순수하게 문해 영역에서만 어려움을 갖는 아동들을 제외하고, 언어 이해 및 표현에 주된 어려움을 갖는 아동들에 중점을 둘 것이나, 이 아동들 대다수가 읽기, 쓰기와 같은 문해 영역에서의 어려움을 동반하므로 평가 절차에서 이러한 부분을 고려할 것이다.

학령기 아동의 언어평가는 언어 문제를 갖고 있는 아동을 판별하고, 그들의 언어적 강약점 파악을 목적으로 하는 점에서는 학령전기와 대동소이하나, 평가 내용이나 절차에서는 약간의 차이를 갖는다. 먼저, 평가 내용 면에서 학령전기에는 구어 표현 및 이해능력을 중심으로 평가하나, 학령기에는 학습을 위한 언어가 강조됨에 따라 구어 이해 및 표현과 더불어 읽기와 쓰기 같은 문해 능력이나 언어학습을 위한 상위언어(metalinguistic) 능력을 평가에 포함한다. 평가 절차에 있어서도 표준화된 검사나 언어표본분석과 같은 방법을 활용하는 점은 학령전기와 유사하나, 학령전기에는 어린 아동들에게 적합한 활동을 활용하는 반면, 학령기에는 좀 더 언어에 기초한 절차들이 활용된다는 점에서 차이를 갖는다(이윤경, 2007; Gleason, 2005; Paul & Nobury, 2012). 이 장에서는 이러한 차이점에 기초하여 학령기 언어장애의 진단평가 절차를 의뢰 및 선별, 진단평가 방법 및 과정, 진단평가 결과 해석 순으로 제시하고, 학령기 언어장애 진단평가 사례를 소개하고자 한다.

2. 진단평가

1) 의뢰 및 선별

(1) 의뢰

학령기 아동의 경우도 학령전기 아동과 마찬가지로 주로 부모나 교사를 통해서 평가에 의뢰된다. 하지만 이 시기에는 학교에서 보내는 시간이 많으며, 의사소통 목적도 학업이나 학교생활과 관련된 것이 중요하기 때문에 학령전기에 비해 교사에 의한 의뢰가 많을 수 있다. 주로 학령전기에 언어장애로 진단받고 치료교육을 받았던 아동이나, 학습장애나 읽기장애로 인해 학업수행에 문제를 보이는 아동이 주된 의뢰 대상이 될 수 있으며, 그 외 학업수행이 저조하거나 토론과 같은 학급 활동에 적극적으로 참여하지 않고, 또래와의 관계가 원활하지 않은 아동도 의뢰될 수 있다.

〈표 3-1〉에 교사나 부모가 아동을 언어평가에 의뢰할지 여부를 결정할 때 참고할 내용을 제시하였다.

표 3-1 학령기 아동 언어평가 선별 또는 의뢰 시 참고 내용

1. 자기 생각을 발표하거나 의견을 말할 때 전달하고자 하는 내용을 충분히 이해되도록 전달하지 못하는 경우
2. 대용어(이거, 저거 등)와 같이 분명하지 않은 어휘를 사용하는 경우
3. 이야기를 할 때 같은 말을 불필요하게 많이 반복하는 경우
4. 간단한 지시 내용도 여러 번 반복해서 들려주어야 하는 경우
5. 전달하는 메시지가 부정확한 경우, 말하고자 하는 내용이 무엇인지 확실하지 않은 경우
6. 대화 상황에서 청자에게 특별한 단서 없이 대화 주제를 갑작스럽거나 부적절하게 전환하는 경우
7. 다른 사람들의 대화 주제와 상관없이 자기 혼자 다른 주제로 얘기하거나 다른 사람의 얘기에 대해 부적절하게 반응하는 경우
8. 상대방의 말을 잘 이해하지 못할 때 질문(명료화 요구)을 통해 확인하지 못하여 대화가 빈번하게 중단되는 경우

9. 사회적 맥락에 부적절한 언어를 사용하는 경우
10. 반복이나 쉼, 또는 망설임이나 머뭇거림 등으로 인해 말이 빈번하게 중단되는 경우
11. 다른 사람의 말에 반응할 때 시간을 오래 끄는 경우
12. 미리 계획하지 않고 발표를 하거나 이야기를 장황하거나 잘 구조화되지 않게 산출하는 경우
13. 다른 사람들과 대화 중 대화차례에 대한 단서를 잘 알아차리지 못하여 불쑥 끼어들거나 대화 중단이 빈번한 경우
14. 다른 사람들과 대화할 때 눈맞춤이나 의사소통 몸짓이 자연스럽지 않거나 부적절한 경우
15. 발음이나 억양이 부정확하거나 부적절한 경우, 말속도가 말하는 내용을 이해하지 못할 정도로 빠르거나 느린 경우

출처: Paul & Norbury (2012), p. 459; Damico (1985)의 내용을 수정하여 제시함.

(2) 선별검사

선별은 더 정확하고 자세한 평가가 필요한 대상을 확인하는 절차, 즉 진단평가에 의뢰할 아동을 확인하는 절차로, 일상생활 중에 아동의 행동을 관찰하거나 아동과 많은 시간을 보내는 교사나 가족들과의 면담, 또는 선별을 목적으로 개발된 간단한 체크리스트나 검사를 사용하여 실시한다. 미국의 경우에는 주(state)에 따라 차이가 있지만, 학교 언어치료사나 특수교사로 구성된 학생성취지원팀(student success team)이 일반학급에 재학 중인 모든 학생을 대상으로 선별검사를 실시하고, 그중에서 정상 범위 이하의 수행을 보이는 아동을 대상으로 진단평가를 실시하도록 하고 있다. 우리나라에서도 「장애인 등에 대한 특수교육법」에서 일반교사로 하여금 1학년 말에 특수교육이 필요한 아동을 대상으로 특수학급 배치를 위한 평가에 의뢰하도록 제도화하고 있으나 장애가 심하지 않고 의사소통이나 학업을 제외한 학교생활에 큰 어려움을 보이지 않는 의사소통장애나 언어학습장애 아동이 선별과정에서 제외되는 경우가 발생하기도 한다. 최근 여러 시·도 교육청을 중심으로 문해에 어려움이 있는 아동이나 느린 학습자를 대상으로 한 선별 및 전문가 개입이 이루어지고 있는데, 이는 학령기 언어장애 또는 학령기 언어학습장애를 위해 바람직한 상황이라 할 수 있다.

앞에서도 서술하였듯이 선별에는 평상시 아동의 행동을 관찰하거나 교사와 보호자와

의 보고나 면담을 통해서 진행하기도 하며, 선별을 목적으로 개발된 공식 검사를 활용하기도 한다. 미국에서는 선별을 목적으로 한 몇몇 선별검사가 소개되어 있으나, 국내에서는 선별만을 목적으로 개발된 표준화검사는 없으므로 학령기 아동을 대상으로 표준화된 검사인 '**수용 · 표현 어휘력 검사**'(김영태 외, 2009)를 활용하거나 하위 검사별 규준을 제공하고 있는 **LSSC 학령기 아동 언어검사**(이윤경, 허현숙, 장승민, 2015a, 2015b), **K-CELF-5 한국판 핵심언어 임상평가**(배소영, 윤효진, 설아영, 장승민, 2023)의 일부 하위 검사를 선택하여 선별검사로 활용한다. 검사 선택 시 수용언어와 표현언어 영역에서 각각 하나씩 선택하거나 검사지침서에 제공되어 있는 각 학년별 통계결과를 확인하여 전체 언어 점수와 가장 상관이 높은 하위 검사를 선택할 수 있다. 선별검사는 아동의 언어 문제 여부를 진단하는 목적이 아니라 보다 자세한 검사가 필요한 아동을 확인하는 것을 목적으로 한다는 것을 기억해야 한다.

표준화된 검사 외에 평소 학생의 수행 내용을 통해 평가하는 포트폴리오 평가 절차를 활용할 수 있다. 아동들에게 친숙한 주제(예: 학교생활, 방과 후 활동, 좋아하는 TV 프로그램이나 게임 등)로 대화를 해 볼 수도 있다. 대화를 하는 동안 대화의 주제를 잘 유지하지 못하는지, 대화 주제를 새롭게 시작 또는 전환하지 못하는 등 주제 관리(topic maipulation)에 어려움을 보이는지, 자기 생각이나 경험을 잘 구조화해서 말하는지, 혹은 사용하는 어휘나 문장 수준이 어느 정도인지를 살펴본다. 앞의 〈표 3-1〉에 제시한 내용을 참조하여 아동 행동을 관찰하는 것도 좋다.

2) 진단평가 방법 및 과정

학령기 아동의 언어평가가 반드시 제시된 순서에 따라 순차적으로 진행되어야 하는 것은 아니나, 대체로, ① 배경정보 수집, ② 공식 또는 비공식 검사를 통한 평가, ③ 보완 진단검사, ④ 결과 해석 및 치료 · 교육적 배치의 절차를 통해 진행된다. 여기에서는 [그림 3-1]에 제시한 내용에 기초하여 학령기 아동 언어평가 절차와 참조 사항을 서술하고자 한다.

평가 절차	평가 목적 및 내용	실제 평가 절차의 예
배경정보 수집	• 발달력, 진단력, 교육력 등 • 학업이나 또래관계 등 학교생활과 관련된 정보	• 직접 면담 또는 면접지를 이용한 배경정보 수집 • 다른 전문가들의 진단 및 평가보고서
⬇		
표준화된 검사	• 또래와의 수행 비교를 통한 언어(구어 및 문어) 문제 진단	• 구어 영역: LSSC, K-CELF-5, REVT 등 • 문해 영역: KORLA, RA-RCP, KISE-BAAT, BASA 등
비공식 평가 절차	• 표준화된 검사만으로는 충분히 확인하지 못한 자세한 내용 평가	• 구어 영역: 언어표본 분석과 기타 평가자가 고안한 비공식 검사(문법, 어휘, 화용, 담화, 상위언어, 말산출 등) • 문해 영역: 평가자가 고안한 비공식 검사(음운인식, 자소, 단어, 문어, 단락 읽기 및 쓰기 등)
⬇		
보완진단검사	• 아동의 언어장애에 영향을 미칠 수 있는 요인 검사	• 지능 및 학습, 사회 · 정서 등 관련 영역 검사결과 참조(필요한 경우 평가 의뢰)
⬇		
결과 해석 및 보고서 작성	• 언어장애의 여부 및 정도 결정 • 언어장애 위험군의 지속적 관리 및 계획 수립 • 언어치료의 목표 및 치료 횟수 및 계획 수립 • 기타 교육, 의료 또는 재활훈련 의뢰	• 보고서 작성 • 치료 · 교육적 배치를 위한 제언

[그림 3-1] 학령기 아동의 진단평가 절차

(1) 배경정보 수집

아동의 언어 문제가 발생한 이유를 살펴보기 위해 언어발달 및 학습과 관련될 수 있는 발달력, 진단력, 치료교육력, 가족 정보 등과 관련된 정보를 수집한다. 또한 아동의 문제가 학업 요인 또는 학교 적응 문제로 인한 것일 수도 있으므로 가정과 학교 두 상황에서의 언어 및 의사소통 행동에 대한 정보를 수집하도록 한다.

배경정보는 보호자나 교사와의 직접 면담이나 설문, 혹은 두 가지 절차를 모두 활용한 방식으로 진행할 수 있다. 설문지를 활용할 경우에는 보호자나 교사가 이해하기 쉽게 작성한 설문지를 활용하며, 내용이 충분하지 않은 경우에는 반드시 전화나 이메일 등을 활용하여 내용을 보완하도록 한다.

평가자는 수집된 배경정보를 바탕으로 진단평가 절차를 계획하거나 평가를 통해 얻어진 결과를 해석할 때 참조하도록 한다.

(2) 표준화된 검사

표준화된 검사는 표준화 절차를 통해 개발된 검사도구를 사용하여 평가하는 것으로, 검사의 타당도와 신뢰도를 갖추고 있고, 평가 도구 및 절차가 정해져 있어 실시가 용이하다. 또한 일반 아동에 대한 규준 자료와의 비교를 통해 평가 대상 아동의 언어능력이 동일 연령대 아동에 비해 어떠한 수준에 있는지를 쉽게 해석할 수 있다. 때문에 아동의 언어장애 유무를 확인하기 위한 진단평가를 목적으로 평가를 계획할 때 우선적으로 고려해야 한다(이윤경, 2019; 이윤경 외, 2010; Lund & Duchan, 1993; Owens, 2005).

표준화된 검사는 검사 대상의 연령이나 검사의 목적 및 영역에 따라 선택하여 사용한다. 〈표 3-2〉는 영어권에서 학령기 아동을 대상으로 개발되어 있는 검사들을 평가 영역과 함께 제시한 것이다. 어휘나 문법, 또는 문제해결과 같은 제한된 영역의 언어능력을 평가하는 검사들도 있으며, 전반적인 언어능력을 평가하는 검사들도 있다. 전반적 언어능력을 평가하는 검사로는 대표적으로 **TOLD-I:4**(Test of Language Development-Intermediate:4; Hammill & Newcomer, 2011)나 **CELF-5**(Clinical Evaluation of Language Fundamentals-5; Wiig, Secord, & Semel, 2013)가 있다. 이 두 검사는 모두 여러 개의 하위 검사로 구성되어 있으며, 전체 언어지수는 물론 하위 검사의 합산 점수를 통해 수용 및

표 3-2 영어권 학령기 아동용 표준화 언어검사 목록

검사명	대상연령(세)	언어 영역					문해		영역	
		구문	형태	음운	의미	화용/담화	읽기	쓰기	수용	표현
Adolescent Language Screening Test Complete(Morgan & Guiford, 1984)	11~17	○	○	○	○	○			○	○
Carrow Elicited Language Inventory(Carrow-Woolfolk, 1974)	3~11	○	○							○
Clinical Evaluation of Language Fundamentals-5(Semel, Wiig, & Secord, 2013)	6~21.11	○	○	○	○	○	○	○	○	○
Communication Abilities Diagnostic Test(Johnston & Johnston, 1990)	3~9	○			○	○				
Evaluating Communicative Competence(Simon, 1994)	4~12 학년	○			○	○			○	○
Fullerton Language Test for Adolescents(Thorum, 1986)	11~18	○	○	○						○
Interpersonal Language Skills Assessment (Blagden & McConnell, 1985).	8~14					○				○
Multilevel Informal Language Inventory(Goldworthy, 1982)	4~12	○	○		○					○
Peabody Picture Vocabulary Test(Dunn & Dunn, 1997)	2~40				○				○	
Test of Adolescent Language (Hammill et al., 1980)	12~18.5	○	○		○				○	○
Test of Auditory Comprehension of Language-Revised(Carrow-Woolfolk, 1999)	3~9.11	○	○						○	
Test of Language Development-4: Intermediary(Hammill & Newcomer, 2011)	8.6~12.11	○	○		○					○

Test of Language Development-4: Primary(Hammill & Newcomer, 2008)	4~8;11	○	○		○				○	○
Test of Problem Solving-Revised-Elementary(Bowers et al., 1994)	6~11									○
Test of Early Written Language-2(Hresko, 1996)	3;9~11							○		○
Test of Word Finding (German, 1989)	6;6~12;11				○					○
Test of Word Knowledge (Wiig & Secord, 1992)	level1: 5~8 Level2: 8~17				○			○	○	
Test of Word Finding in Discourse(German, 1991)	6;6~12;11	○			○	○				○
The WORD Test 3 Elementary (Bowers et al., 2014)	6;0~11;11				○					○
Token Test for Children (DiSimoni, 1978)	3~12	○	○						○	
Woodcock Language Proficiency Battery-Revised(Woodcock, 1991)	2~95	○	○		○		○	○	○	

표현 또는 문법이나 의미, 화용 등과 같은 언어 영역별 지수를 제공하여 전반적 언어능력은 물론 언어 영역별 프로파일을 확인할 수 있다.

영어권에 비해서는 많지 않으나 우리나라에서도 학령기 아동 대상의 표준화된 검사가 다양하게 개발되어 있다. 〈표 3-3〉에는 우리나라에서 학령기 아동을 대상으로 개발되어 있는 표준화 언어검사의 대략적 정보를 제시하였다. 이 중 **'구문의미 이해력 검사'**(배소영, 임선숙, 이지희, 2000), **'언어 문제 해결력 검사'**(배소영, 임선숙, 이지희, 장혜성, 2004), **'수용 · 표현 어휘력 검사'**(김영태 외, 2009), **'한국어 이야기 평가'**(KONA; 권유진, 진연선, 배소영, 2018) **'한국 아동 메타-화용언어 검사'**(KOPLAC; 김영태, 송승하, 김효창, 김정아, 2022)는 어휘나 구문, 화용 · 담화와 같이 특정 언어 영역을 평가하는 검사들이다. 반면,

표 3-3 우리나라 학령기 아동용 표준화 언어검사 목록

검사명	대상연령 (세)	구어					영역	
		구문	형태	음운	의미	화용/담화	수용	표현
언어 문제 해결력 검사 (배소영, 임선숙, 이지희, 2000)	7~11	○	○					○
구문의미 이해력 검사 (배소영 외, 2004)	3~11	○	○		○		○	
REVT 수용 · 표현 어휘력 검사 (김영태 외, 2009)					○		○	○
LSSC 학령기 아동 언어검사 (이윤경, 허현숙, 장승민, 2015a)	초등 1~6학년	○	○		○	○	○	○
한국어 이야기 평가 (KONA; 권유진, 진연선, 배소영, 2018)		○	○		○	○		○
한국 아동 메타-화용언어 검사 (KOPLAC; 김영태 외, 2022)	5~12세				○	○	○	○
K-CELF-5 한국판 핵심언어 임상평가 (배소영 외, 2023)	초등~대학생	○	○		○	○	○	○

'LSSC 학령기 아동 언어검사'(이윤경, 허현숙, 장승민, 2015a)와 **'K-CELF-5 한국판 핵심언어 임상평가'**(배소영 외, 2023)는 의미, 문법, 화용 및 담화 등 언어 영역 모두와 수용 및 표현 양식을 평가할 수 있도록 구성되어 있어 전반적 언어능력과 더불어 언어 영역별 프로파일을 확인할 수 있다. 〈표 3-4〉와 〈표 3-5〉에는 각각 **LSSC**와 **K-CELF-5**의 검사 구성과 내용을 자세히 제시하였다.

표 3-4 LSSC 학령기 아동 언어검사의 구성 및 내용

소검사	검사 내용 및 절차	양식		언어 영역			
		수용	표현	의미	문법	화용/담화	언어 기억
상위어 이해	동일 범주에 속하는 어휘를 선택하게 하여 상위 개념 이해 평가	○		○			
상위어 표현	2개의 단어에 공통되는 상위어 표현		○	○			
반의어 표현	제시된 단어의 반의어 표현		○	○			
동의어 표현	제시된 단어의 동의어 표현		○	○			
비유문장 이해	관용구, 속담, 비유 표현이 포함된 문장을 듣고, 보기 그림에서 선택	○		○			
구문 이해	길이와 구조에 따라 난이도를 달리하는 문장을 듣고, 보기 그림에서 선택	○			○		
문법오류 판단	제시한 문장이 바른 문장인지 혹은 틀린 문장인지를 판단	○			○		
문법오류 수정	문법적으로 틀린 문장의 틀린 부분을 수정		○		○		
복문 산출	제시된 2~4개의 문장을 하나의 문장으로 연결해서 표현		○		○		
단락 듣기 이해	단락글(생활문, 설명문) 듣고 이해 질문 답하기	○				○	
따라 말하기	문장 길이와 구조에 따라 난이도를 조절한 문장 듣고 따라말하기		○				○

출처: 이윤경, 허현숙, 장승민(2015a).

표 3-5 K-CELF-5 한국판 핵심언어 임상평가 구성 및 내용

	초등 1~3학년	초등 4학년 이상
일상에서의 언어행동 평가	• 행동관찰평가척도(ORS)	• 행동관찰평가척도(ORS)
의미	• 언어 개념(LC) • 의미 범주(WC) • 지시 따르기(FD)	• 의미 범주(WC) • 단락 듣기 이해(USP) • 정의하기(WD)
형태 · 구문	• 문장 이해(SC) • 형태소 구조(WS) • 문장 만들기(FS) • 문장 따라말하기(RS)	• 지시 따르기(FD) • 문장 만들기(FS) • 문장 따라말하기(RS)
사회적 의사소통	• 화용프로파일(PP) • 화용행동체크리스트(PAC)	• 화용프로파일(PP) • 화용행동체크리스트(PAC)
문해	• 읽기이해(RC) • 쓰기(SW)	• 읽기이해(RC) • 쓰기(SW)

출처: 배소영 외(2023).

〈표 3-6〉에는 우리나라 학령기 아동들을 대상으로 개발되어 있는 문해검사 목록을 제시하였다. 이 중 **'한국어 읽기검사'**(KORLA; 배소영, 김미배, 윤효진, 장승민, 2015)는 핵심검사와 상세검사, 선별검사로 구분하여 평가 목적에 따라 활용할 수 있도록 개발되었으며, 핵심검사는 해독과 읽기이해를 축으로 듣기이해와 문단글 읽기유창성이 구성되었고, 상세검사는 음운처리능력과 쓰기능력 검사가 추가되어 있다. **'QRW 아동 간편 읽기 및 쓰기 발달 검사'**(김영태 외, 2021)는 교육 및 임상 현장에서 간편하고 신속하게 읽기 및 쓰기 고위험군 아동을 선별하는 데 사용하도록 개발된 검사로, 읽기 및 쓰기 발달에 중요한 요소인 음운조작 능력, 글자소(자음자 및 모음자) 지식, 단어 및 문장 읽기와 쓰기 등을 평가 내용으로 포함하고 있다.

표 3-6 우리나라 학령기 읽기 및 쓰기 표준화검사

검사명	대상연령 (세)	읽기				쓰기		
		선수 기술	해독	읽기 이해	읽기 유창성	선수 기술	철자 쓰기	작문
기초학력검사 (KISE-BAAT; 박경숙 외, 2005)	유치원~ 초등 6학년	○	○	○		○	○	○
기초학습기능 수행평가체제: 초기문해, 읽기, 쓰기, 초기수학, 수학 (BASA; 김동일, 2000)		○	○	○	○	○	○	○
한국어 읽기검사(KORLA; 배소영 외, 2015)	초등	○	○	○	○	○	○	○
읽기 성취 및 읽기 인지처리능력 검사 (RA-RCP; 김애화, 김희정, 황민아, 유현실, 2014)	초등 1~6학년	○	○	○	○ +인지 처리			
QRW 아동 간편 읽기 및 쓰기 발달 검사 (김영태 외, 2021)	만 5세~ 초등 4학년	○	○		○	○	○	
RDA 읽기진단평가 (김윤옥, 2017)	만 5세~ 고등 1학년	○		○	○ +인지 처리			
DT 난독검사 (김애화, 김의정, 김재철, 2024)	초등 1~6학년	○	○		○	○	○	

기초학력검사(KISE-BAAT; 박경숙 외, 2005)는 국립특수교육원에서 만 5~14세까지의 아동 및 청소년을 대상으로 읽기, 쓰기, 수학학습에 부진과 곤란을 보이는 아동을 선별 및 진단하고, 교육계획을 수립하고 적용하기 위한 목적으로 개발된 검사로, 읽기와 쓰기를 모두 검사한다. 읽기검사는 선수기술부터 음독능력, 언어 수준(낱말, 문장, 짧은 글)에 따른 독해능력을 평가하도록 구성되어 있으며, 쓰기검사도 쓰기 선수기술을 비롯하여 문자표기능력, 쓰기(어휘 구사, 문장 구사, 글 구성력)를 평가하도록 구성되어 있다. **읽기 성취 및 읽기 인지처리능력 검사**(RA-RCP; 김애화 외, 2014)는 초등학생의 읽기 성취 및 읽기와 관련 인지처리능력을 측정하기 위한 검사로, 읽기 성취 영역과 읽기 인지처리능력의 점수를 확인함으로써 읽기장애(난독증)를 진단하도록 고안되었다. **RDA 읽기진단평가**

(김윤옥, 2017)는 읽기부진, 읽기장애, 난독증 학생의 조기 선별을 목적으로 개발된 검사로, 읽기의 네 가지 영역인 입으로 읽기, 눈으로 읽기, 듣기 이해, 단어 파악 등을 평가하며, 가장 최근에 소개된 **DT 난독검사**(김애화, 김의정, 김재철, 2024)는 난독 및 난독 위험군 초등학생을 선별하기 위한 목적으로 개발된 검사로, 난독 관련 성취 및 인지처리 특성을 평가한다.

각 검사는 모두 난독이나 읽기장애를 선별하거나 진단 또는 중재를 목적으로 개발된 것으로, 아동이 문해 문제를 동반하는지 확인하거나, 검사의 강약점을 확인하여 검사 목적에 적합한 검사를 선택하여 사용하도록 한다.

(3) 언어표본 분석 및 비공식 검사

표준화된 검사는 짧은 시간에 아동의 언어능력을 평가할 수 있으며, 수행결과를 또래 아동들과 비교하여 준다는 장점이 있으나, 구조화된 상황에서 일부 제한된 항목만으로 아동의 언어능력을 평가하기 때문에 실제적이고 자세한 언어능력을 평가하는 데에는 제한이 있다(이윤경, 2010). 따라서 보다 자세한 언어능력을 평가하기 위해서는 언어표본 분석이나 다양한 비공식 검사를 고안해서 실시하도록 한다.

언어표본 분석이나 비공식 검사를 실시하기 위해서는 평가 대상에게 중요한 평가 영역과 내용, 그리고 그에 적합한 평가 절차에 대한 지식은 물론 평가를 통해 얻은 결과를 해석하기 위한 지식을 충분히 갖추고 있어야 한다. 대부분의 비공식 검사는 검사결과를 해석하게 하는 준거를 갖추고 있지 않으므로 주로 발달 자료나 관련 연구를 이용해 얻은 자료를 준거로 활용하여 해석해야 한다. 최근 들어 학령기 아동의 언어발달에 대한 연구를 통해 보고된 결과를 언어 분석 결과나 기타 비공식적 검사결과를 해석하는 데 참고할 수 있다.

〈표 3-7〉에 학령전기와 비교하여 학령기 아동의 언어평가를 실시할 때 고려해야 하는 평가 내용과 절차를 요약하여 제시하였다.

표 3-7 학령기 아동의 언어평가 내용 및 방법

영역		평가 내용		평가방법(학령기)
		학령전기	학령기	
구어	의미	• 어휘다양도: NTW, NDW, TTR • 품사별 어휘다양도 • 의문사 이해 및 사용 등	• 한자어, 추상어 이해 및 표현 • 함축적 표현: 은유와 비유어, 관용구, 속담의 이해 및 사용 • 중의적 어휘 이해 및 사용 • 비슷한말, 반대말 • 낱말찾기(word-finding)	• 보기 중 정답 찾기 • 낱말정의하기 • 빈칸채우기 • 대면 이름대기 • 연관된 단어 고르기 또는 말하기 등
	구문	• 평균발화길이(MLU) • 구문구조 • 구문형태	• 복문 사용 • 복문 유형: 내포문, 접속문 • 절의 유형: 명사절, 서술절, 부사절, 관형사절 등	• 언어표본 분석 • 2개 이상의 문장을 한 문장으로 연결하기
	문법형태소	• 격조사 및 보조사 • 문장종결어미 • 시제 등과 관련된 선어말 어미 등	• 연결어미, 관형형어미 • 피동, 사동형 어미 등	• 빠진 곳 채우기 • 틀린 문장 판단하기, 수정하기 등
	음운	• 말소리 목록 및 오류패턴, 음절구조 등 • 명료도(이해가능도)	• 음운인식 • 음운기억	• 음운분절, 합성, 탈락 과제 등 • 무의미음절 따라 말하기
	화용	• 화행(의사소통 기능): 발화 수준에서의 의사소통 기능(요구하기, 대답하기, 인사하기, 거부하기, 부정하기, 따라 하기 등)	• 화행(의사소통 기능): 담화 수준에서의 의사소통 기능(명료화 요구, 명료화 요구에 대한 반응, 지시적 · 해석적 · 투사적 · 관계적 기능 등) • 참조적 의사소통: 전제 기술, 상대방의 관점을 고려한 언어표지 사용 • 언어사용역(language register), 언어 전환(code switch) 등	• 언어표본 분석 • 체크리스트 이용 • 반구조화된 상황에서 의사소통 기능 평가 등

	담화	대화 • 대화차례 주고받기 기본 규칙 • 대화주제당 대화차례 빈도	• 대화차례 주고받기: • 대화차례의 유형, 대화의 정보성 • 주제관리(화제관리)능력: 주제 개시, 주제 유형, 개시 방식, 주제 및 방향, 결과; 주제 유지(정보성, 연계성)	• 대화언어표본 분석 • 체크리스트 활용
		내러티브 • 이야기 말하기 중심	• 내러티브 장르별(이야기, 설명하기, 주장하기 등) 산출 및 이해 • 대형 구조: 장르별 내러티브 구조화능력 • 소형 구조: 구문, 어휘, 결속표지 등	• 장르별 내러티브 표본 분석 • 체크리스트 활용
상위언어 능력			• 음운인식(phonological awareness) • 의미인식 (semantic awareness) • 형태구문인식(morpho-syntactic awareness) • 화용인식(pragmatic awareness)	• 음운인식: 말소리 분절, 합성, 탈락 등 • 의미인식: 중의적 문장, 함축적 문장 이해 등 • 형태구문인식: 틀린 문장 판단, 수정 등 • 화용인식: 상황에 따른 언어사용, 농담, 유머 이해 등
문해	읽기	• 선수기술 (음운인식 포함)	• 선수기술 • 낱말재인 • 읽기이해(낱말, 문장, 단락)	• 음운인식(말소리 합성, 분절 등) 평가 • 말소리, 낱자, 낱말, 구, 문장, 단락 읽기, 유창성, 이해 등
	쓰기	• 선수기술	• 선수기술 • 철자쓰기 • 작문(문장, 단락)	• 받아쓰기(말소리, 낱자, 낱말, 구, 문장) • 짧은 글 짓기 • 작문

① 의미평가

어휘능력은 의미평가에서 우선적으로 고려해야 하며, 어휘의 양적 발달은 학령전기와 마찬가지로 학령기에도 언어능력을 보여 주는 주요 지표가 된다. 언어표본 분석은 실제 언어표본에서 아동들이 사용하는 표현어휘 능력이나 사용 양상을 확인하는 데 활용할 수 있다. 낱말 사용빈도(Total Number of Word: TNW)나 낱말 유형 수(Number of Different Word: NDW), 그리고 어휘다양도(Type Token Ratio: TTR)는 학령기 아동에게도 어휘 사용을 확인하는 지표가 될 수 있다. 전체 어휘다양도만이 아니라 품사별 어휘다양도를 확인하거나 학령기 아동의 어휘력을 보여 주는 추상어나 한자어 사용 비율 등도 아동의 어휘능력을 파악하는 데 도움이 된다.

학령기 아동에게는 실제 의사소통 상황에서의 어휘 사용만이 아니라 학업에 중요한 어휘능력을 평가하는 것이 필요하다. 학업에서 사용되는 어휘 이해 및 표현은 교과서 어휘 목록을 기반으로 체크리스트를 만들어 평가할 수 있다. 어휘 체크리스트를 만들 때에는 우리나라 초등학생 교과서 어휘 연구들(예: 곽재용 2010; 김한샘, 2010; 이기연, 2015)을 참조할 수 있다.

학령기에는 어휘를 양적으로 확대해 갈 뿐 아니라 이미 습득한 어휘들의 의미를 보다 넓고 깊게 확장해 나간다. 어휘가 가진 다양한 의미는 물론 문법, 화용적 기능을 이해하고, 문법이나 화용, 의미적으로 관련된 다른 어휘들을 연결할 수 있게 된다. 이를 통해 은유나 비유와 같이 함축적 의미나 중의적 표현 등에 대한 이해가 가능해지고 어휘가 필요한 상황에서 빠르고 정확하게 인출해 내는 낱말찾기(word-finding)도 더 빠르고 효율적으로 이루어진다(이윤경, 2005; 이윤경, 김영태, 2003; Nippold, 2007; Paul & Nobury, 2012). 어휘의 깊이에 대한 능력은 낱말 정의하기나 반대말/비슷한말 말하기, 관련된 어휘 연상하기, 빈칸 채우기 등의 절차를 활용한 비공식 검사를 고안하여 평가할 수 있다.

② 문법(구문 및 문법형태소) 평가

구문능력은 발화의 길이와 복잡성을 평가하며 언어표본 분석 절차를 우선적으로 활용할 수 있다. 학령전 어린 아동에게서 중요한 평균발화길이(Mean Length of Utterance: MLU)는 4세 이상의 경우에는 언어발달 정도를 신뢰롭게 반영해 주지 못한다고 보고된

다(Owens, 2016; Paul & Nobury, 2012). 학령기에는 복잡한 형태의 구문 사용이 증가하므로 MLU보다는 여러 개의 절로 구성된 복문을 얼마나 산출했는지가 문법발달을 보여 주는 지표가 될 수 있다. 전체 언어표본에서 복문이 차지하는 비율이나 평균 절 수, 사용된 절의 유형 등을 측정한다(허현숙, 이윤경, 2010; Nippold, 2007; Paul & Nobury, 2012). 두 문장을 한 문장으로 연결하기, 그림 연결하여 말하기 등의 비공식 절차를 활용하여 평가할 수도 있다.

복문 산출을 위해서는 다양한 연결어미나 관형형 어미 사용이 필요하다. 연결어미나 관형형 어미는 절을 만드는 데 필수적이며, 다양한 유형의 복문을 이해하거나 표현하는 데 중요하다(이윤경 외, 2023). 언어표본에서 각각의 어미가 사용된 빈도나 유형 수, 유형별 사용 빈도 등을 측정하여 평가할 수 있다. 또한 문장 연결하기, 빠진 곳 채우기, 틀린 문장 수정하기 등의 절차를 활용한 비공식 검사를 고안하여 평가할 수 있다.

③ 화용 및 담화 평가

학령기 아동은 학령전기와 비교하였을 때 의사소통 상황이나 목적에서 차이가 있다. 학령전기의 아동은 주로 가정환경과 같은 일상적인 환경에서의 의사소통이 주를 이루었다면, 학령기 아동은 학교가 의사소통의 주요 환경이 되고, 이로 인해 의사소통도 가정이나 일상적인 경험과 관련된 것에서 벗어나 학교생활이나 학생들의 경험 밖에 있는 것에 대한 탈문맥적 이야기나 토론이 주를 이루게 된다(Gleason, 2005; Scott, 1994; Silliman & Wilkinson, 1994). 또한 학령기에는 언어사용 환경의 변화로 인하여 대화 규칙에서도 큰 변화가 나타난다. 따라서 효과적인 의사소통자가 되기 위해서는 의사소통 주제를 적절하게 다룰 수 있는 주제관리 능력이나 토론 및 설명과 같은 보다 발전된 의사소통 기능들이 요구된다. 〈표 3-8〉에는 담화 수준에서의 화용능력 평가에 포함되어야 할 내용을 제시하였다. 이러한 내용은 체크리스트를 이용하거나 반구조화된 상황에서 의사소통 기능 평가하기, 특정 주제로 대화 나누기, 이야기 산출 또는 다시 말하기(회상) 등의 절차를 통해 평가할 수 있다.

표 3-8 **담화 수준에서의 화용 분석**

발화 및 대상에 따른 분석	의사소통 사건에 따른 분석
말투 변화(stylistic variations) 언어 사용역(register) 코드 변환(code switch) 의사소통 채널 다양화	• 공식적, 비공식적
	• 대화 개시: 방법, 빈도, 성공률
	• 주제 개시: 방법, 빈도, 성공률, 적절성
참조적 의사소통 전제 기술 언어표지: 지시어, 한정사, 부정사	• 대화 및 주제 유지: 연계 반응의 빈도 및 지연
	• 주제 유지: 대화차례 빈도, 정보성, 연속성
	• 주제 분석 형식: 주제 개시; 주제 유형; 개시 방식, 주제 및 방향; 결과; 주제 유지; 대화차례의 유형; 대화의 정보성
결속표지 참조 생략 접속 접속부사 대조 강세	• 대화차례 주고받기: 정도, 지연성, 지속 시간 –중복: 유형, 빈도 및 지속 시간 –신호
	• 대화 및 주제 종결
	• 대화 중단 –수정 요구하기: 빈도 및 형태 –대화 수정 자발성, 듣는 이 개시 전략 및 성공률

출처: Owens (2016).

④ 음운평가

음운능력의 경우에는 일부 말소리를 제외하고는 학령전기에 거의 발달이 완성된다. 그러나 일부 아동 중에는 학령기에 접어들어서도 이미 습득한 말소리들을 어려운 음운 환경에서는 오류로 산출하는 경우를 종종 보이기도 한다. 학령기에는 음운 산출과 더불어 음운기억과 음운인식이 중요하게 대두된다. 이 두 가지는 모두 음운능력 자체보다는 읽기와 같은 문어발달과 더 밀접하게 관련된다(Catts & Kamhi, 2005). 단기기억, 특히 음운기억에 문제를 보이며, 음운기억에서의 문제는 구어 의사소통은 물론 읽기나 쓰기 학습에서의 문제와도 관련될 수 있다.

⑤ 상위언어 기술 평가

학령기에는 발전된 구어 의사소통 및 복잡한 언어학습과 밀접하게 관련되는 상위 언어 기술(metalinguistic skills)이 요구된다(Catts & Kamhi, 2005; Ely, 2001; van Kleeck, 1994). 상위언어 기술에는 말소리와 말소리 결합 규칙에 대한 기초가 되는 음운인식(metaphonological awareness)과 낱말의 정의나 동의어 및 반의어 또는 낱말의 은유 등을 인식하는 데 기초가 되는 의미인식(metasemantic awareness), 그리고 다양한 사회적 상황에서 언어가 어떻게 사용되는가를 이해하는 데 기초가 되는 화용인식(metapragmatic awareness) 등이 포함된다(이윤경, 1996). 이러한 상위언어 기술은 아동으로 하여금 음운 기술을 발달시키고, 나아가 읽기과정에서 문자해독에 기여를 한다(Catts & Kamhi, 2005). 또한 은유와 같은 함축적인 표현을 이해하고, 동일한 낱말을 다양한 의미로 사용하거나 다른 낱말들과 의미적으로 연관 지으며, 다양한 사회적 상황에서 언어가 각기 다른 형태로 사용될 수 있음을 이해하게 한다(van Kleeck, 1994). 이처럼 상위언어 기술은 학령기 언어발달에서 중요한 역할을 담당하므로 학령기 언어장애 아동의 언어 문제를 이해하는 데 중요한 개념이라 할 수 있다.

상위언어 기술은 각 영역별로 다양한 평가 절차가 사용되는데, 음운인식은 음운분절, 합성, 탈락 과제 등의 과제를 통해서, 의미인식은 상위 및 하위 범주어 이해 표현하기 및 중의적 문장 이해하기 등의 과제를 통해서, 형태구문인식은 틀린 문장 수정하기 등의 과제를 통해서, 그리고 화용인식은 수정 전략 사용이나 농담 및 유머 이해하기 등의 과제를 통해서 평가할 수 있다.

⑥ 문해평가

학령기 언어에서 중요하게 고려할 것 중의 하나는 언어와 문해 능력과의 관계다. 읽기나 쓰기는 어휘력이나 구문능력 또는 담화능력 등의 언어능력을 기반으로 하므로 취학 전 시기의 언어발달장애 아동이 학교에 입학한 후에 읽기나 쓰기에서 문제를 보이는 경우가 많다. 이와는 반대로, 읽기나 쓰기가 아동의 언어능력 향상에 미치는 영향도 크다. 아동들은 읽기 및 쓰기 활동을 통해 보다 다양한 언어적 경험을 하게 되고, 이를 통해 언어지식을 더욱 발전시킨다. 따라서 언어에 어려움을 갖는 아동들이 이후 문해능력에 어떠한 영향을 미치는지, 혹은 학령기에 문해에 어려움을 보이는 아동들이 언어적 측면에서는 문제가 없는지 확인하는 것이 필요하다. 앞에서도 서술하였듯이 이 장에서는 언어 문제를 주로 다루고 문해 부분은 자세히 다루지 않는다. 더 자세한 내용을 원하는 경우 언어와 읽기 장애를 다룬 Kamhi와 Catts(2014)를 참조하기 바란다.

(4) 보완진단검사

보완진단검사는 평가 대상 아동의 언어 문제가 인지나 사회성 기술 또는 주의력 문제 등과 같은 행동 문제로 인해 동반되어 나타난 것으로 의심될 때 실시한다. 지능검사의 경우는 검사 실시 및 해석에 대한 훈련을 받은 경우 언어치료사가 직접 실시할 수도 있으나, 그렇지 않은 경우에는 임상심리전문가나 소아정신과 전문의와 같은 해당 분야의 전문가에게 의뢰하며, 언어치료사는 검사결과를 면담이나 보고서를 통해 전달받고 그 내용을 아동 진단 시 참조한다.

3) 진단평가 결과 해석

언어치료사는 보호자나 교사를 통해 수집한 배경정보, 공식적 및 비공식적 평가 절차를 통해 얻어 낸 언어평가 결과, 그리고 관련 전문가를 통해 이루어진 관련 영역 평가 자료를 종합하여 아동의 의사소통 문제를 진단한다. 학령기 아동의 경우에는 언어장애와 읽기 및 쓰기와 같은 문해장애로 진단을 구분할 수 있으며, 언어장애의 경우에는 의미, 구문, 형태, 화용/담화장애로, 문해장애는 읽기(낱말재인과 독해)장애와 쓰기(철자 쓰기 및 작문)장애로 구분하여 진단할 수 있다. 언어장애에서 의미, 구문, 형태, 화용/담화장애는 중복해서 진단할 수 있으며, 언어장애와 문해(읽기 · 쓰기)장애 역시 중복 진단이 가능하다. 또한 보완진단검사를 통해 동반장애가 있는 경우에는 의사소통장애를 동반장애와 함께 병기하여 진단하도록 한다. 〈표 3-9〉는 이 내용을 표로 제시한 것이다.

진단평가 결과를 통해 언어장애로 판별된 아동은 중증도나 장애 유형에 따라 특수교육이나 치료에 배치하며, 언어치료를 실시한다. 언어장애로 판별되지는 않았으나 언어장애 위험군 아동으로 진단된 경우에는 이후 아동이 언어장애가 되지 않도록 지속적으

표 3-9 **학령기 아동의 의사소통장애 진단명**

구분	진단명	비고
언어장애	수용 및 표현 언어장애(또는 표현언어장애/수용언어장애)	단순언어장애, 아동언어장애, 언어학습장애
문해장애를 동반한 언어장애	읽기 및(또는) 쓰기 장애를 동반한 수용 및 표현 언어장애(또는 수용언어장애/표현언어장애)	
문해장애	읽기 및 쓰기 장애	언어학습장애 읽기장애, 쓰기장애

* 각 장애는 중복해서 진단할 수 있으며, 다른 장애(예: 지적장애, 자폐스펙트럼장애, 과잉행동 및 주의력결핍장애 등)와 함께 진단할 수 있음.

로 관리하며, 동반장애가 심한 경우에는 특수교육이나 관련 서비스에 아동을 의뢰한다.

3. 진단평가 사례

1) 배경정보

A 아동은 현재 초등학교 1학년에 재학 중으로 자기 생각을 언어로 잘 표현하지 못하며, 읽기와 쓰기 등 학업수행도 뒤처진다는 것을 주호소로 어머니에 의해 평가에 의뢰되었다. 어머니의 보고에 따르면, A 아동은 5세경에 ○○시에 소재한 사설언어치료실에서 단순언어장애(SLI)로 진단받은 후 약 1년 6개월 정도 언어치료를 받았으며, 언어치료를 통해 언어능력이 거의 정상 범위에 도달하여 치료를 중단하였다고 한다. 그러나 학교에 입학한 이후에 학교 수업을 이해하는 데 어려움을 보이며, 또래관계나 학교 적응에서도 어려움을 보여 언어평가를 의뢰하게 되었다.

2) 실시한 검사

(1) 구어

공식 검사로 **LSSC 학령기 아동 언어검사**(이윤경, 허현숙, 장승민, 2015a)와 **REVT 수용·표현 어휘력 검사**(김영태 외, 2009)를 실시하였으며, 비공식 평가로 대화 표본 분석과 '개구리 이야기'로 이야기 자료를 수집하여 분석하였다.

(2) 읽기 및 쓰기

읽기 공식 검사인 **KORLA**(배소영 외, 2015)를 실시하였다.

(3) 기타

행동관찰을 통하여 조음음운, 유창성, 음성을 확인하였다.

3) 검사결과

(1) 구어

① LSSC 학령기 아동 언어검사

LSSC 결과, 전체 언어지수는 75, 백분위수 4.8에 해당하여 '약간 취약'에 속하였다. 수용언어는 언어지수 83, 백분위수 12.9였고, 표현언어는 언어지수 69, 백분위수 1.9에 해당하여 수용언어에 비해 표현언어에서 다소 낮은 수행을 보였다.

언어 영역별로 살펴보았을 때, 의미는 언어지수 87, 백분위수 19.3, 화용/담화는 언어지수 85, 백분위수 15.9로 '평균 하'에 해당하였다. 문법은 언어지수 62, 백분위수 0.6에 해당하여 '매우 취약'한 수준에 해당하였으며, 특히 문법 영역에서 다른 언어 영역에 비해 다소 낮은 수행을 보였다.

하위 검사 수행결과에서는 문법 오류 판단, 문법 오류 수정, 복문 산출 등 주로 문법을 측정하는 하위 검사에서 매우 취약한 수행 결과를 보였다. 대체로 문법형태소의 쓰임에

대한 이해나 지식이 부족한 것으로 나타났으며, 이를 기반으로 복잡한 구조의 문장을 표현하는 데에 어려움을 갖는 것으로 나타났다. 그 외에 상위어 이해, 상위어 표현, 동의어 표현, 반의어 표현, 단락듣기 이해 등의 하위 검사에서도 대체로 평균 이하의 수행을 보여 어휘이해능력이나 표현능력, 그리고 단락 수준의 듣기이해능력도 또래에 비해 제한된 것으로 나타났다.

② REVT 수용 · 표현 어휘력 검사

REVT 결과, 어휘이해능력은 6세~6세 5개월, 표현능력은 6세 6~11개월에 해당되었으며, 어휘의 이해 및 표현 능력 모두 백분위수 10 미만으로 **LSSC**를 통해 측정한 결과와 마찬가지로, 또래들과 비교하였을 때 저조한 수행을 보였다. A 아동은 특히 한자어(예: 도표, 토론하다, 비석 등) 이해 및 표현(예: 전쟁, 분수대, 천장, 절벽, 조종사)에 어려움을 보였다.

③ 대화 표본 분석

대화 표본을 분석한 결과, 대화기술에서 차례 주고받기는 가능하나 한 번의 대화차례 당 발화 수가 1개 정도로 짧게 대화를 이어 가는 경우가 대부분이었다. 대화차례가 중첩되는 경우는 거의 없었으나 자신의 대화차례의 주제관리 측면에서도 상대방이 제시한 주제에 반응하는 경우가 많았으며, 주제 개시나 변경은 소수 관찰되었다. 간혹 주제를 변경할 때 평가자의 질문에 적절하지 않은 대답을 하거나 상황에 맞지 않는 말을 하였으며, 부적절한 질문으로 평가자의 말을 중단시키는 경우도 관찰되었다.

화용 및 담화의 경우, 먼저 의사소통 기능은 대답하기, 주장하기, 서술하기, 반응-부정, 정보 요구하기 등 다양한 기능이 관찰되었으며, 대체로 주장하기나 서술하기와 같은 주장적 기능보다는 대답하기와 같은 반응적 기능이 많이 관찰되었다.

대화 중 산출한 총 143발화에서 MLUw(Mean Length of Utterance in words, 평균낱말길이)는 3.31, MLUm(Mean Length of Utterance in morphemes, 평균형태소길이)은 6.03으로 산출 발화의 문장 길이는 짧은 편이었다. 전체 발화 중 한 낱말 수준의 발화(4%)를 제외하였을 때 단문 78%, 복문 10%로 주로 2~3어절의 단문을 산출하였다. 복문은 대등하게 이어진문장 6회, 종속적으로 이어진문장 4회, 관형절을 안은문장 2회, 부사절 및 인용절을 안은문장이 각각 1회씩 산출되었다. 다양한 형태의 복문이 관찰되기는 하였으나 대체로 안은문장이나 종속절로 이어진문장보다는 대등하게 이어진문장을 더 많이 산출하였다.

문법형태소에서는 조사와 어말어미가 각각 176회와 127회로 많이 사용되었고, 선어말어미와 연결어미는 각각 29회와 21회 사용되었다. 선어말어미에서는 과거형어미('겠, 었, 았, 였, ㅆ')와 존칭어미(−시)의 사용만 관찰되었으며, 연결어미는 '−는데, −고, −니까, −나, −서' 등 다양한 유형이 관찰되었으나, 그중 나열형 연결어미 '−고'(11회)의 사용이 가장 많이 나타났다. 그 외에 전성어미 '/−ㄴ, −ㄹ/'이 각각 1회씩 나타났다. 발화에서 문법형태소 사용 오류는 관찰되지 않았다.

어휘 사용의 경우, TTR 0.39(NTW 444개, NDW 172개)로 전체 사용 어휘 중에서 새로운 낱말이 차지하는 비율이 적은 편이었다. 전체 사용 낱말에서는 명사 256개, 동사 85개, 형용사 22개, 한자어 44개로, 주로 명사의 사용이 많았다.

④ 이야기 산출

'개구리 이야기'를 통해 이야기 산출능력을 평가한 결과, 총 C−unit은 41개였으며, 완전한 에피소드는 1개로 대부분의 에피소드에서 계기 사건이나 시도, 결과 중 한 가지 이상을 생략하였다. A 아동은 이야기를 잘 구조화하지 않고 단순히 그림의 내용을 나열하여 말하며, 결속표지는 어휘 1회(부사어 '다음'), 연결어미 6회(사용 연결어미 유형; −고, −자, −더니, −지만, −서)로 나타났고, 생략 결속표지를 부적절하게 사용한 경우는 3회 관찰되었다.

(2) 읽기 및 쓰기

KORLA를 사용하여 읽기 및 쓰기 검사를 실시한 결과, 핵심검사에서 해독(낱말 읽기)의 표준점수 91점, 듣기이해(덩이글을 들려주고 내용을 묻는 질문에 답하기)의 표준점수는 107로 '평균' 범위에 해당하였다. 문단글 읽기유창성은 표준점수 75점으로 '지연' 범위에 해당하였고, 읽기이해(1~4개의 문장글을 읽고 빠진 부분에 의미와 문법에 맞는 낱말 쓰기)는 표준점수 86점으로 '약간 지연'에 해당하였다.

해독검사 결과를 세부적으로 살펴보면, 친숙한 의미 낱말, 비친숙한 무의미 낱말 읽기는 백분위수 10~25에 해당하여 의미·무의미 낱말 모두 해독하는 데 어려움을 보였다. 자소-음소 일치 낱말 읽기는 백분위수 25 이상에 해당하여 어려움이 없었지만, 불일치 낱말 읽기는 백분위수 10~25에 해당하여 자소-음소 불일치 낱말을 해독하는 데는 능숙하지 못한 것으로 나타났다.

음운처리능력과 관련된 검사에서 2~5어절의 무의미 낱말을 듣고 따라 말하는 음운기억능력은 백분위수 25 이상에 해당하여 어려움이 없는 것으로 나타났으나, 음절과 음소 단위로 결합하고 탈락시키는 음운인식능력은 백분위수 5 미만, 숫자와 기호를 빠르게 읽는 빠른이름대기능력은 백분위수 10~25에 해당하여 읽기능력과 깊은 관련이 있는 일부 음운처리능력에서 취약한 것으로 나타났다.

쓰기검사에서 낱말과 문장의 철자 받아쓰기는 백분위수 10~25에 해당하였으며, 소리나는 대로 적는(예: 나뭇가지 → 나무까지, 옛날 → 옌날 등) 모습이 관찰되었다. 또한 '나의 꿈'을 주제로 글쓰기에서는 백분위수 5 미만으로 나타났으며, 꿈을 명확히 제시하였지만(예: 경찰), '경찰'이라는 단어만을 적고 적절한 내용(이유, 방법, 고급어휘, 요약 내용 등)이나 형식(복문, 세 문장 이상 등)에 맞춰 쓰는 데는 어려움을 보였다.

(3) 기타

① 조음, 유창성, 음성

언어평가 중에 관찰된 내용에 의하면, 조음음운 및 유창성에 문제가 없어 보였으며, 음성의 높낮이나 크기, 질에서도 특별한 점이 관찰되지 않았다.

② 비언어 지능

한국 비언어 지능검사(**K-CTONI**; 박혜원, 2014)를 이용하여 비언어 지능을 측정한 결과, A 아동의 환산 점수는 28점, 백분위수 37, 지능지수 95에 해당하여 '평균'에 속하는 것으로 나타났다.

4) 검사결과의 요약

표준화된 언어검사인 **LSSC**와 **REVT** 결과, A 아동은 수용 및 표현 언어능력이 10 백분위수 혹은 −1 표준편차 미만으로 또래에 비해 유의하게 지체되어 있다. 자발화 분석 결과에서도 어휘 사용이나 구문표현, 문법형태소 사용, 그리고 이야기나 대화와 같은 담화 산출능력 등 언어 전반적으로 부족한 것으로 나타났다. **KORLA** 결과도 읽기나 쓰기 능력이 평균 하 또는 학습지체 소견을 보여 대체로 취약한 것으로 나타났다. 읽기의 경우에는 선수 기능이나 낱말재인(음독)은 어느 정도 형성되어 있으나 독해능력에서 취약하였으며, 쓰기는 선수기술, 철자(표기), 작문 영역 모두 취약한 것으로 나타났다. 지능검사 결과에서 전체 지능지수가 78(언어성 79, 동작성 82)로 경계선에 해당하는 것으로 보아 아동의 언어 및 문해 영역의 문제는 학령전기의 언어발달지체로 인한 언어학습 문제로 판단된다.

5) 언어적 진단

표현언어장애, 읽기 및 쓰기 장애를 동반한 언어학습장애

6) 권고

표현언어 향상을 위한 언어치료를 권고한다. 언어중재 시 문법형태소의 기능이나 쓰임에 대한 인식이 부족하므로 이를 보완하도록 하며, 이를 기반으로 보다 복잡한 구조의 문장의 이해 및 표현 능력이 향상될 수 있도록 고려한다. 또한 동의어나 반의어, 상위어와 같은 어휘지식과 단락 듣고 이해하기나 이야기 표현, 대화기술 향상 등 담화 수준의 이해 및 표현 능력을 향상시키기 위한 목표도 포함하도록 한다.

구어능력과 더불어 읽기와 쓰기 중재도 고려한다. 해독은 가능하나 읽기유창성이 또래보다 아직 부족한 상태이므로 읽기유창성을 향상시켜 정확하고 빠르게 읽을 수 있도록 중재한다. 또한 문법이나 어휘, 담화 수준의 언어중재 내용이 읽기이해와 연결될 수 있도록 고려한다.

4. 맺음말

이 장에서는 그간 이루어진 선행 문헌들을 참고로 하여 학령기 아동의 진단 및 평가 절차를 의뢰 및 선별, 진단평가 방법 및 과정, 결과 해석으로 나누어 정리하였으며, 그에 기초하여 학령기 언어장애 아동의 진단평가 사례를 제시하였다. 학령기 아동의 구어 특성은 물론 학령기에 중요하게 간주되는 읽기와 쓰기 능력까지 모두 고려된 평가 절차를 제시하고자 노력하였으나, 보완되어야 할 점이 많이 있으리라 생각된다. 추후 학령기 아동 언어장애의 진단 및 평가에 대한 활발한 연구와 논의를 통해서 보다 체계적인 진단평가 절차가 확립되기를 기대한다.

용어해설

- 결속표지(cohesive device): 문장을 서로 연결하기 위해 사용되는 언어적 장치로, 어휘적 결속, 생략, 접속사, 연결어미, 대명사 등이 포함됨
- 교육과정중심평가(curriculum-based assessment): 학습목표 달성의 정도를 교육과정에 근거하여 평가하는 것. 교육과정중심평가를 위하여 교사는 학생에게 교육과정중심측정(curriculum-based measurement)을 할 수 있는데, 교육과정중심측정은 주로 형성평가를 통하여 학생의 학업 성취와 교수방법의 적절성 등에 대한 정보를 확인할 수 있음
- 구문의미 이해력 검사: 배소영, 임선숙, 이지희와 장혜성(2004)에 의해 개발된 검사로, 만 4세부터 초등학교 3학년 사이의 아동을 대상으로 표준화되었으며, 구문의미 이해력을 측정함
- 구어(oral language): 일상적인 대화에서 쓰는 말로, 구두어, 입말 등으로 표현되기도 함. 수용 및 표현 언어로 구성됨
- 기초학력검사(KISE-BAAT): 박경숙 등(2005)에 의해 개발된 검사로, 만 5세 0개월 0일부터 만 14세 11개월 30일까지를 대상으로 함. 읽기, 쓰기 및 수학 기초학력검사로 구성됨
- 기초학습기능검사: 박경숙, 윤점룡과 박효정(1989)에 의해 개발된 검사로, 유치원부터 초등학교 6학년까지의 아동을 대상으로 표준화된 학습성취도 평가도구. 검사는 개별화된 검사 형식으로, 정보처리, 셈하기, 읽기 I(낱말재인), 읽기 II(독해), 쓰기의 5개 소검사로 구성됨

- 기초학습기능 수행평가체제(BASA): 김동일(2000)에 의해 개발된 검사로, 초등학교 1학년 아동부터 성인까지를 대상으로 표준화되었으며, 읽기이해능력을 평가하고, 읽기유창성과 독해력을 측정함
- 난독증(dyslexia): 읽기 중 문자해독에 특히 어려움을 보이는 경우
- 담화(discourse): 둘 이상의 문장이 연속되어 이루어지는 언어적 단위
- 대화기술(conversational skill): 대화는 두 사람 이상이 모여 말로 생각과 느낌을 표현하고 이해하는 활동으로, 대화를 하기 위해서는 화자가 상황과 관계된 지식, 청자에게 요구되는 사회적 지식의 전제 기술과 청자를 위한 새로운 문맥의 설명을 포함한 참조적 기술, 대화차례 주고받기, 주제운용, 결속표지 사용능력 등이 요구됨
- 문법적절성 판단(grammatical judgement): 문법형태소, 의미, 어순에 오류가 있는지의 여부를 판단하고 잘못된 부분을 수정하는 것
- 상위언어인식(metalinguistic awareness): 단순히 문장을 이해하고 표현하기 위해 언어를 사용하는 것이 아니라, 언어 자체를 사고할 수 있는 능력
- 수용 · 표현 어휘력 검사(REVT): 김영태 등(2009)에 의해 개발된 검사로, 만 2세 6개월부터 만 16세 이상 성인의 수용어휘능력과 표현어휘능력을 측정함
- 아동 간편 읽기 및 쓰기 발달 검사(QRW): 김영태 등(2021)에 의해 교육 및 임상 현장에서 간편하고 신속하게 읽기 및 쓰기 고위험군 아동을 선별하는 데 사용하도록 개발된 검사
- 언어학습장애(language learning disabilities): 학습장애의 하위 유형 중 하나로, 말하기, 듣기, 읽기, 쓰기와 같이 언어 영역에서 주요 문제를 보이는 경우
- 언어 문제 해결력 검사: 배소영, 임선숙과 이지희(2000)에 의해 개발되고, 만 5세부터 12세까지의 아동을 대상으로 표준화된 검사. 이유 및 원인 추론능력, 단서 및 상황 추론능력, 문제해결 대안 제시능력의 3개 하위 영역이 포함됨
- 음운인식(phonological awareness): 구어에서 사용되는 여러 말소리를 지각하고 조작할 수 있는 능력. 문장이나 낱말은 음절이나 음소(말소리)와 같이 더 작은 단위로 나뉠 수 있다는 것을 지각하며, 말소리를 조작할 수 있는 능력. 더 큰 단위의 구어단위들을 더 작은 단위로 나누거나[분절(segmentation)], 말소리들을 결합하여 더 큰 구어단위를 만드는 것[합성(synthesis) 또는 결합(blending)], 그리고 특정 위치의 말소리나 음절을 구분하는 것[변별(discrimination)] 등을 통해 평가할 수 있음
- 이야기 문법(story grammar): 이야기의 구조를 설명하는 이론적 틀 중 하나. 이야기는 배경과 하

나 이상의 일화체계(episode system)로 구성되며, 일화는 다시 계기 사건, 시도, 결과 범주로 읽기능력 검사도구로, 초등학교 1~6학년 학생의 읽기 성취 영역과 읽기 인지처리능력의 점수를 확인함으로써 읽기장애(난독증)를 진단하도록 고안됨

- 읽기장애(reading disabilities): 읽기 수행(문자해독, 독해, 읽기유창성)이 생활연령, 지능, 교육 정도에 비하여 유의미하게 뒤떨어지는 경우
- 주제관리(화제관리, topic manipulation): 주제운용으로 번역되기도 함. 대화를 시작하기 위하여 적절한 주제를 개시하거나 제시된 주제를 이탈하지 않고 유지하여 대화를 진행하는 능력. 주제 개시, 주제 유지, 주제 변경(전환) 등의 능력이 포함됨
- 학령기 아동 언어검사(LSSC): 이윤경, 허현숙과 장승민(2015a, 2015b)에 의해 초등학교 1학년부터 6학년까지를 대상으로 표준화된 학령기 아동용 언어검사. 의미, 문법, 화용 · 담화 영역을 평가하는 9개 하위 검사(상위어 이해 · 표현, 반의어 · 동의어 표현, 속담 및 관용구 이해, 구문 이해, 문법 오류 판단, 복문 산출, 단락 듣기 이해, 따라 말하기)로 구성됨
- 학습장애(learning disabilities): 지능이나 사회성 등과 같이 발달상에 특별한 문제없이 말하기, 듣기, 읽기, 쓰기, 추론하기, 셈하기, 철자 쓰기에 심각한 곤란을 보이는 경우. 학습 분야에 따라서 문자를 해독하거나 글을 이해하는 능력이 저하된 읽기장애, 자신의 생각을 표현하는 쓰기능력이 저하된 쓰기장애, 수리 연산과 산수 문제 해결의 결함을 산수장애라고 하며, 말하기, 듣기, 읽기, 쓰기와 같이 언어 영역에서 어려움을 갖는 경우를 언어학습장애, 그 외의 학습기술에 어려움을 갖는 경우를 비언어성 학습장애로 구분하기도 함
- 한국 아동 메타-화용언어 검사(KOPLAC): 김영태 등(2022)에 의해 개발된 검사로, 5~12세 아동을 대상으로 의사소통 조율 인식능력, 이야기 담화 정보 인식능력, 상위언어 인식능력을 중심으로 메타-화용능력을 평가
- 한국어 읽기검사(KORLA): 배소영 등(2015)에 의해 한국어의 특성을 고려하여 개발된 한국형 읽기장애 평가도구. 우리나라 아동의 읽기 발달 특성과 발달적 언어 특성에 기초하여 개발되어, 학생의 읽기 수준을 확인하고 하위 영역별 강 · 약점에 따라 중재방향을 설정하거나 중재효과를 살펴볼 수 있음
- 한국어 이야기 평가(KONA): 권유진, 진연선과 배소영(2018)에 의해 개발된 검사로, 이야기 자료를 기반으로 아동의 구문 및 문법형태소 사용능력과 유창성 등을 해석할 수 있는 준거 제공
- 한국판 핵심언어 임상평가(K-CELF-5): 배소영 등(2023)에 의해 개발된 검사로 의미, 문법, 화용, 담화 등 언어 영역 모두와 수용 및 표현 양식을 평가

참고문헌

곽재용(2010). 초등학교 저학년 국어 교과서에 나타난 어휘 분석. **한글**, 290, 265-294.

권유진, 진연선, 배소영(2018). **한국어 이야기 평가(KONA)**. 인싸이트.

김동일(2000). **기초학습기능 수행평가체제 읽기검사(BASA)**. 학지사 심리검사연구소.

김애화, 김희정, 황민아, 유현실(2014). **읽기 성취 및 읽기 인지처리능력 검사(RA-RCP)**. 학지사 심리검사연구소.

김애화, 김의정, 김재철(2024). **DT 난독검사**. 인싸이트.

김영태, 송승하, 김효창, 김정아(2022). **한국 아동 메타-화용언어 검사(KOPLAC)**. 파라다이스복지재단.

김영태, 제현순, 정경희, 김영란, 배소영, 김효창, 최은정(2021). **QRW 아동 간편 읽기 및 쓰기 발달검사**. 인싸이트

김영태, 홍경훈, 김경희, 장혜성, 이주연(2009). **수용 · 표현 어휘력 검사(REVT)**. 서울장애인종합복지관.

김윤옥(2017). **수준별 교육을 위한 RDA 읽기진단평가**. 인싸이트.

김한샘(2010). 국어 교육용 어휘 선정을 위한 교과서 어휘 조사 연구: 초등학교 교과서 어휘 분석: 초등학교 교과서 어휘 분석. **국어교육연구**, 47, 63-90.

박경숙, 김계옥, 송영준, 정동영, 정인숙(2005). **기초학력검사(KISE-BAAT)**. 한국교육개발원.

박경숙, 윤점룡, 박효정(1989). **기초학습기능검사**. 한국교육개발원.

박현숙(2003). **전산화된 읽기 평가-교수도구(C-RIC)**. 파라다이스복지재단.

박혜원(2014). **한국비언어지능검사 2판(K-CTONI-2)**. 마인드프레스

배소영, 김미배, 윤효진, 장승민(2015). **한국어 읽기검사(KORLA)**. 인싸이트.

배소영, 윤효진, 설아영, 장승민(2023). **K-CELF-5 한국판 핵심언어 임상평가**. 인싸이트.

배소영, 임선숙, 이지희(2000). **언어 문제 해결력 검사**. 서울장애인종합복지관.

배소영, 임선숙, 이지희, 장혜성(2004). **구문의미 이해력 검사**. 서울장애인종합복지관.

이기연(2015). 초등학교 교과서 수록 어휘 양상 연구. **학습자중심교과교육연구**, 15(6), 669-689.

이윤경(1996). 언어장애와 일반 아동의 메타언어인식 비교: 만 5, 6, 7세를 중심으로. 이화여자대학교 대학원 석사학위논문.

이윤경(2005). 학령기 언어장애: 언어학습장애를 중심으로. 한국언어청각임상학회 편저, **2005 언어치료 여름연수회 자료집**(pp. 87-96). 한국언어청각임상학회.

이윤경(2006). 학령기 아동언어장애 진단 및 평가에 관한 질적 연구: 진단 및 평가모형 정립을 위한 기초 연구. **언어청각장애연구**, 11(1), 30-50.

이윤경(2007). 학령기 아동 언어검사도구 개발: 타당도와 신뢰도 분석을 중심으로. **언어청각장애연구**, 12(4), 569-586.

이윤경(2010). 문장 연결 과제를 통한 초등학생의 복문 산출 발달. **언어치료연구**, 19(1), 159-178.

이윤경(2019). **영유아 의사소통장애: 발달, 평가, 중재**. 학지사.

이윤경, 김영태(2003). 의미적 점화가 단순언어장애 아동의 낱말찾기에 미치는 효과. *Communication Sciences & Disorders*, *8*(3), 22-39.

이윤경, 배소영, 권유진, 김민정, 박혜진, 서경희, 윤효진, 이옥분, 이은주, 정경희, 정한진, 표화영(2010). **언어치료 임상실습: 이론과 실제**. 학지사.

이윤경, 오소정, 최지혜, 양은진, 임수아, 김혜지, 최재린, 김혁빈(2023). 2~6세 영유아의 자발화에서의 연결어미 사용 발달. *Communication Sciences & Disorders*, *28*(3), 421-434.

이윤경, 허현숙, 장승민(2015a). **학령기 아동 언어검사(LSSC)**. 인싸이트.

이윤경, 허현숙, 장승민(2015b). 학령기 아동 언어검사(LSSC) 표준화 연구. *Communication Sciences & Disorders*, *20*(2), 290-303.

허현숙, 이윤경(2010). 학령기 아동의 문장 따라 말하기와 문장 산출능력과의 관계. **말소리와 음성과학**, 2(1), 127-133.

Catts, H. W., & Kamhi, A. G. (2005). *Language and reading disabilities* (2nd ed.). Allyn & Bacon.

Damico, J. S. (1985). Clinical discourse analysis: A functional approach to language assessment. In C. S. Simon (Ed.), *Communication skills and classroom success, assessment of language-learning disabled students* (pp. 165-204). College-Hill Press.

Ely, R. (2001). Language and literacy in the school years. In J. B. Gleason (Ed.), *The development of language* (5th ed.). Allyn & Bacon.

Gleason, J. B. (2005). *The development of language* (6th ed.). Allyn & Bacon.

Hammill, D. D., & Newcomer, P. L. (2011). *Test of language development: Intermediate-4th edition(TOLD-I:4)*. Pro-Ed.

Haynes, W. O., & Pindzola, R. H. (2004). Assessment of school-age and adolescent language disorders. In *Diagnosis and evaluation in speech pathology* (6th ed.). Pearson Education.

Kamhi, A. G., & Catts, H. W. (2014). **언어와 읽기장애(제3판)** [*Language and reading disabilities* (3rd ed.)]. (김정미, 윤혜련, 이윤경, 정부자 공역). 시그마프레스. (원저는 2011년에 출판).

Lund, N. J., & Duchan, J. F. (1993). *Assessing children's language in naturalistic contexts*. Prentice-Hall.

Nippold, M. (2007). *Later language development: School-age children, adolescents, and young adults* (3rd ed.). Pro-Ed.

Owens, R. E. (2005). *Language disorders: A functional approach to assessment and intervention* (4th ed.). Allyn & Bacon.

Owens, R. E. (2016). **언어장애: 기능적 평가 및 중재(제6판)** [*Language disorders: A functional approach to assessment and intervention* (6th ed.)]. (김영태, 이윤경, 정부자, 홍경훈 공역). 시그마프레스. (원저는 2014년에 출판).

Paul, R., & Norbury, C. (2012). *Language disorders from infancy through adolescence*. Mosby-Elsevier Health Sciences.

Scott, C. M. (1994). A discourse continuum for school-age students: Impact of modality and genre. In G. P. Wallach & K. G. Butler (Eds.), *Language and learning disabilities in school-age children and adolescents*. Williams & Wilkins.

Semel, E., Wiig, E. H., & Secord, W. (2003). *Clinical evaluation of language fundamentals*. The Psychological Corporation, Harcourt, Brace, Jovanovich.

Silliman, E. R., & Wilkinson, L. C. (1994). Discourse scaffolds for classroom intervention. In G. P. Wallach & K. G. Butler (Eds.), *Language and learning disabilities in school-age children and adolescents*. Williams & Wilkins.

van Kleeck, A. (1994). Metalinguistic development. In G. P. Wallach & K. G. Butler (Eds.), *Language and learning disabilities in school-age children and adolescents*. Williams & Wilkins.

Wallach, G. P., & Butler, K. G. (Eds.) (1994). *Language learning disabilities in school-age children and adolescents*. Macmillan College.

Wiig, E. H., Secord, W. A., & Semel, E. (2013). *Clinical evaluation of language fundamentals-5th edition(CELF-5)*. Pearson.

제 4 장

동반장애를 가진 의사소통장애의 진단

1. 들어가는 말
2. 의사소통장애와 다른 장애의 공존
3. 의사소통장애를 동반하는 기타 장애 유형
4. 맺음말

COMMUNICATION DISORDERS

1. 들어가는 말

의사소통장애를 가진 사람들 중 상당수는 의사소통 이외의 영역에서도 어려움을 경험한다. 다양한 신체적 · 정신적 장애와 이 장애 상태가 야기하는 일상적 기능의 제한은 한 개인의 언어생활에 큰 영향을 미치므로, 동반장애를 가진 의사소통 장애인의 진단과 치료를 담당하는 전문가들이 동반장애에 대한 기본적인 이해를 갖추는 것은 매우 중요한 일이다. 이 장에서는 의사소통장애와 공존할 수 있는 장애 중 대표적인 유형이라 할 수 있는 지적장애, 뇌성마비, 자폐스펙트럼장애, 정서 · 행동장애에 대해 소개하고자 한다. 과거 정신지체로 불리던 용어는 최근 '지적장애'로 그 명칭이 변경되었다. 뇌성마비는 「장애인복지법」에서는 뇌병변장애로, 「장애인 등에 대한 특수교육법」에서는 지체장애로 분류되는 것이 일반적이나, 뇌성마비 장애인 중 상당수가 지적장애를 동시에 가지고 있다. 발달의 여러 영역에서 문제를 보이는 전반적 발달장애(PDDs)는 최근 자폐성스펙트럼장애(ASD)로 명명되고 있다. DSM-5-TR에서는 발달의 여러 영역에서 문제를 보이는 자폐성장애, 레트장애, 아스퍼거 증후군, 아동기 붕괴성 장애를 하위 영역으로 분류하지 않고 한 범주에 넣어 '자폐스펙트럼장애'로 통일하여 사용하고 있다. 「장애인복지법」과 「장애인 등에 대한 특수교육법」에서는 자폐성장애로 명시되어 있다. 정서 · 행동장애는 「장애인 등에 대한 특수교육법」에서는 다루고 있지만, 「장애인복지법」에는 포함되어 있지 않다. 그러나 정서와 행동의 문제는 의사소통장애에 수반되는 대표적인 어려움이라 할 수 있다. 따라서 이 장에서는 정서와 행동 문제 중 대표적인 주의력결핍 과잉행동장애, 우울, 불안을 다룰 것이다.

2. 의사소통장애와 다른 장애의 공존

의사소통장애를 가진 아동·청소년 및 성인 중에는 의사소통장애가 아닌 다른 유형의 장애로 1차적 진단을 받는 경우가 적지 않다. 사실, 의사소통은 대부분의 장애인이 어려움을 가지는 영역 중 하나로, 의사소통장애 전문가들은 단순 언어장애인뿐 아니라 다양한 유형의 장애인에게 진단 및 치료를 제공하게 된다. 따라서 의사소통장애 이외의 장애에 대한 최소한의 지식을 갖추고 그러한 동반장애가 의사소통에 미칠 수 있는 영향을 인식하는 것은 의사소통 장애인의 진단을 담당할 전문가에게 꼭 필요한 자질 중 하나라고 할 수 있다.

셀 수 없이 많은 장애 상태를 몇 개의 범주로 분류하는 것은 그리 간단한 일이 아니다. 따라서 어떤 기준으로 분류하더라도 논쟁의 여지가 있지만, 우리나라의 장애 관련 법령을 살펴보는 것은 장애를 범주화하는 데 필요한 생각의 틀을 마련할 수 있게 도움을 준다. 우리나라 장애인의 복지와 교육을 규정하는 대표적인 법령은「장애인복지법」과「장애인 등에 대한 특수교육법」이라고 할 수 있다. 이 중「장애인복지법」은 '의사소통장애'라는 용어 대신 '언어장애'라는 용어를 사용하고 있다(〈표 4-1〉〈표 4-2〉 참조). 용어뿐 아니라 장애를 정의하는 방식에서도 두 법은 약간의 차이를 보이는데,「장애인복지법」에서는 음성 기능이나 언어 기능에 영속적으로 상당한 장애가 있는 사람을 언어장애인으로 규정한 반면,「장애인 등에 대한 특수교육법」에서는 ① 언어의 수용 및 표현 능력이 인지능력에 비하여 현저하게 부족한 사람, ② 조음능력이 현저히 부족하여 의사소통이 어려운 사람, ③ 말 유창성이 현저히 부족하여 의사소통이 어려운 사람, ④ 기능적 음성장애가 있어 의사소통이 어려운 사람의 어느 하나에 해당하여 특별한 교육적 조치가 필요한 사람을 의사소통장애를 지닌 특수교육대상자로 정의하고 있다.

「장애인복지법」에서는 언어장애를 제외한 나머지 열네 가지 장애 유형 중 특히 뇌병변장애, 청각장애, 지적장애, 자폐성장애, 정신장애가 다른 장애 유형에 비해 의사소통의 어려움을 초래할 가능성이 상당히 높다고 말하고 있다.「장애인 등에 대한 특수교육법」의 경우에는 의사소통장애를 제외한 나머지 장애 유형 중 청각장애, 지적장애, 지체장애

(특히 뇌성마비), 자폐성장애, 발달지체, 정서 · 행동장애, 중도중복장애를 가진 특수교육 대상자가 의사소통 문제를 경험할 가능성이 높다고 말하고 있다.

이 장에서는 의사소통 문제를 동반하는 장애 유형 중 가장 대표적인 지적장애, 뇌성마비, 자폐스펙트럼장애, 정서 · 행동장애를 소개하고, 이 장애의 특성이 의사소통 문제 진단에 시사하는 바를 정리하고자 한다. 이 중 뇌성마비는 「장애인복지법」에서는 '뇌병변장애', 「장애인 등에 대한 특수교육법」에서는 '지체장애'의 하위 유형 중 하나로, 장애 특성상 의사소통장애를 수반할 가능성이 매우 높다. 청각장애 역시 의사소통장애를 동반하는 대표적 장애 유형이지만, 이 책의 다른 장에서 다루고 있으므로 여기서는 다루지 않는다.

표 4-1 「장애인복지법」에서의 장애 범주

「장애인복지법시행령」[개정 2021. 4. 13.]

[별표 1] 장애인의 종류 및 기준(제2조 관련)

1. 지체장애인(肢體障碍人)

가. 한 팔, 한 다리 또는 몸통의 기능에 영속적인 장애가 있는 사람

나. 한 손의 엄지손가락을 지골(指骨: 손가락 뼈) 관절 이상의 부위에서 잃은 사람 또는 한 손의 둘째손가락을 포함한 두 개 이상의 손가락을 모두 제1지골 관절 이상의 부위에서 잃은 사람

다. 한 다리를 가로발목뼈 관절(Lisfranc joint) 이상의 부위에서 잃은 사람

라. 두 발의 모든 발가락을 잃은 사람

마. 한 손의 엄지손가락 기능을 잃은 사람 또는 한 손의 둘째손가락을 포함한 두 개 이상의 손가락을 기능을 잃은 사람

바. 왜소증으로 인하여 키가 심하게 작거나 척추에 현저한 변형 또는 기형이 있는 사람

사. 지체(地體)에 위 각목의 어느 하나에 해당하는 장애 정도 이상의 장애가 있다고 인정되는 사람

2. 뇌병변장애인(腦病變障碍人)

뇌성마비, 외상성 뇌손상, 뇌졸중(腦卒中) 등 뇌의 기질적 병변에 기인한 신체적 장애로 보행 또는 일상생활의 동작 등에 상당한 제한을 받는 사람

3. 시각장애인(視覺障碍人)
   가. 나쁜 눈의 시력(공인된 시력표에 따라 측정된 교정시력을 말한다. 이하 같다)이 0.02 이하인 사람
   나. 좋은 눈의 시력이 0.2 이하인 사람
   다. 두 눈의 시야가 각각 주시점에서 10도 이하로 남은 사람
   라. 두 눈의 시야의 2분의 1 이상을 잃은 사람
   마. 두 눈의 중심 시야에서 20도 이내에 겹보임[복시(複視)]이 있는 사람

4. 청각장애인(聽覺障碍人)
   가. 두 귀의 청력 손실이 각각 60데시벨(dB) 이상인 사람
   나. 한 귀의 청력 손실이 80데시벨(dB) 이상, 다른 귀의 청력 손실이 40데시벨(dB) 이상인 사람
   다. 두 귀에 들리는 보통 말소리의 명료도가 50퍼센트 이하인 사람
   라. 평형 기능에 상당한 장애가 있는 사람

5. 언어장애인(言語障碍人)
   음성 기능 또는 언어 기능에 영속적으로 상당한 장애가 있는 사람

6. 지적장애인(知的障碍人)
   정신 발육이 항구적으로 지체되어 지적 능력의 발달이 불충분하거나 불완전하고 자신의 일을 처리하는 것과 사회생활에 적응하는 것이 상당히 곤란한 사람

7. 자폐성장애인(自閉性障碍人)
   소아기 자폐증, 비전형적 자폐증에 의한 언어 · 신체표현 · 자기조절 · 사회적응 기능 및 능력의 장애로 인하여 일상생활 또는 사회생활에 상당한 제약을 받아 다른 사람의 도움이 필요한 사람

8. 정신장애인(精神障碍人)
   다음 각 목의 장애 · 질환에 따른 감정조절 · 행동 · 사고 기능 및 능력의 장애로 일상생활이나 사회생활에 상당한 제약을 받아 다른 사람의 도움이 필요한 사람
   가. 지속적인 양극성 정동장애(情動障碍, 여러 현실 상황에서 부적절한 정서 반응을 보이는 장애), 조현병, 조현정동장애(調絃情動障碍) 및 재발성 우울장애
   나. 지속적인 치료에도 호전되지 않는 강박장애, 뇌의 신경학적 손상으로 인한 기질성 정신장애, 투렛장애(Tourette's disorder) 및 기면증

9. 신장장애인(腎臟障碍人)
신장의 기능장애로 인하여 혈액투석이나 복막투석을 지속적으로 받아야 하거나 신장 기능의 영속적인 장애로 인하여 일상생활을 하는 데 있어 상당한 제한을 받는 사람

10. 심장장애인(心臟障碍人)
심장의 기능부전으로 인한 호흡곤란 등의 장애로 인하여 일상생활에 상당한 제약을 받는 사람

11. 호흡기장애인(呼吸器障碍人)
폐나 기관지 등 호흡기관의 만성적 기능부전으로 인한 호흡 기능의 장애로 일상생활에 상당한 제약을 받는 사람

12. 간장애인(肝障碍人)
간의 만성적 기능부전과 그에 따른 합병증 등으로 인한 간기능의 장애로 일상생활에 상당한 제약을 받는 사람

13. 안면장애인(顔面障碍人)
안면부위의 변형 또는 기형으로 인하여 사회생활에 상당한 제약을 받는 사람

14. 장루・요루장애인(腸瘻・尿瘻障碍人)
배변 기능이나 배뇨 기능의 장애로 인하여 장루(腸瘻) 또는 요루(尿瘻)를 시술하여 일상생활에 상당한 제약을 받는 사람

15. 뇌전증장애인(腦電症障碍人)
뇌전증에 의한 뇌신경세포의 장애로 인하여 일상생활 또는 사회생활에 상당한 제약을 받아 다른 사람의 도움이 필요한 사람

표 4-2 **「장애인 등에 대한 특수교육법」에서의 장애 범주**

「장애인 등에 대한 특수교육법 시행령」[개정 2022. 6. 28.]
[별표] 특수교육대상자의 선정의 기준(제10조 관련)

1. 시각장애를 지닌 특수교육대상자
시각계의 손상이 심하여 시각 기능을 전혀 이용하지 못하거나 보조공학기기의 지원을 받아야 시각적 과제를 수행할 수 있는 사람으로서 시각에 의한 학습이 곤란하여 특정의 광학기구・학습매체 등을 통하여 학습하거나 촉각 또는 청각을 학습의 주요 수단으로 사용하는 사람

2. 청각장애를 지닌 특수교육대상자
청력 손실이 심하여 보청기를 착용해도 청각을 통한 의사소통이 불가능 또는 곤란한 상태이거나, 청력이 남아 있어도 보청기를 착용해야 청각을 통한 의사소통이 가능하여 청각에 의한 교육적 성취가 어려운 사람

3. 지적장애를 지닌 특수교육대상자
지적 기능과 적응행동상의 어려움이 함께 존재하여 교육적 성취에 어려움이 있는 사람

4. 지체장애를 지닌 특수교육대상자
기능 · 형태상 장애를 가지고 있거나 몸통을 지탱하거나 팔다리의 움직임 등에 어려움을 겪는 신체적 조건이나 상태로 인해 교육적 성취에 어려움이 있는 사람

5. 정서 · 행동장애를 지닌 특수교육대상자
장기간에 걸쳐 다음 각 목의 어느 하나에 해당하여, 특별한 교육적 조치가 필요한 사람
가. 지적 · 감각적 · 건강상의 이유로 설명할 수 없는 학습상의 어려움을 지닌 사람
나. 또래나 교사와의 대인관계에 어려움이 있어 학습에 어려움을 겪는 사람
다. 일반적인 상황에서 부적절한 행동이나 감정을 나타내어 학습에 어려움이 있는 사람
라. 전반적인 불행감이나 우울증을 나타내어 학습에 어려움이 있는 사람
마. 학교나 개인 문제에 관련된 신체적인 통증이나 공포를 나타내어 학습에 어려움이 있는 사람

6. 자폐성장애를 지닌 특수교육대상자
사회적 상호작용과 의사소통에 결함이 있고, 제한적이고 반복적인 관심과 활동을 보임으로써 교육적 성취 및 일상생활 적응에 도움이 필요한 사람

7. 의사소통장애를 지닌 특수교육대상자
다음 각 목의 어느 하나에 해당하여 특별한 교육적 조치가 필요한 사람
가. 언어의 수용 및 표현 능력이 인지능력에 비하여 현저하게 부족한 사람
나. 조음능력이 현저히 부족하여 의사소통이 어려운 사람
다. 말 유창성이 현저히 부족하여 의사소통이 어려운 사람
라. 기능적 음성장애가 있어 의사소통이 어려운 사람

8. 학습장애를 지닌 특수교육대상자
개인의 내적 요인으로 인하여 듣기, 말하기, 주의집중, 지각(知覺), 기억, 문제해결 등의 학습기능이나 읽기, 쓰기, 수학 등 학업 성취 영역에서 현저하게 어려움이 있는 사람

9. 건강장애를 지닌 특수교육대상자
만성질환으로 인하여 3개월 이상의 장기입원 또는 통원치료 등 계속적인 의료적 지원이 필요하여 학교생활 및 학업 수행에 어려움이 있는 사람

10. 발달지체를 보이는 특수교육대상자
신체, 인지, 의사소통, 사회 · 정서, 적응행동 중 하나 이상의 발달이 또래에 비하여 현저하게 지체되어 특별한 교육적 조치가 필요한 영아 및 9세 미만의 아동

11. 두 가지 이상 중복된 장애를 지닌 특수교육대상자
다음 각 목의 구분에 따른 장애를 지닌 사람으로서 제1호부터 제6호까지의 규정에 따른 특수교육대상자에 대한 각각의 교육지원만으로 교육적 성취가 어려워 특별한 교육적 조치가 필요한 사람
가. 중도중복(重度重複)장애: 다음의 구분에 따른 장애를 각각 하나 이상씩 지니면서 각각의 장애의 정도가 심한 경우. 이 경우 장애의 정도는 법 제14조제1항에 따른 선별검사의 결과, 제9조제4항에 따라 제출한 진단서 및 「장애인복지법 시행령」 제2조제2항에 따른 장애의 정도 등을 고려하여 정한다.
1) 지적장애 또는 자폐성장애
2) 시각장애, 청각장애, 지체장애 또는 정서 · 행동장애
나. 시청각장애: 시각장애 및 청각장애를 모두 지니면서 시각과 청각에 의한 학습이 곤란하고 의사소통 및 정보 접근에 심각한 제한이 있는 경우

3. 의사소통장애를 동반하는 기타 장애 유형

1) 지적장애

(1) 정의

지적장애를 규정하는 정의에서 가장 핵심적인 요인은, 첫째, 유의하게 평균 이하인 지적 기능, 둘째, 평균 이하의 낮은 지적 기능과 동시에 존재하는 적응행동상의 결함, 셋째, 이 두 가지가 모두 발달 기간인 22세 이전에 일어나는 것이다. 〈표 4-3〉은 「장애

인 등에 대한 특수교육법」과 「장애인교육법」, 미국 지적장애 및 발달장애협회(American Association on Intellectual and Developmental Disabilities: AAIDD, 구 AAMR)의 정의를 보여 준다. AAIDD 최근 에서는 '정신지체'라는 용어 대신 '지적장애'라는 용어를 사용하고 있다. AAIDD의 지적장애 정의에서는 몇 가지 가정을 전제하고 있다. 여기에는 평가의 타당성, 개인은 제한점과 함께 강점을 가지고 있으며, 기능의 제한성은 그 개인에게 필요한 지원을 개발하기 위한 것이고, 개별화된 적절한 지원은 지적장애인의 생활 기능을 향상시킬 것이라는 점이 포함된다.

지적장애 아동의 언어 및 의사소통 능력과 밀접한 관련이 있는 개념이라고 볼 수 있는 '적응행동(adaptive behavior)'이란 개인이 자신이 속한 연령 및 문화 집단에서 기대하는 개인적 독립성(personal independence) 및 사회적 책임성(social responsibility) 기준에 부합되는 정도로 반응할 수 있는 능력을 말한다(권회연, 이미애, 2013; 김동일 외, 2014). 다시 말해서, 적응행동은 개인이 생활환경에 적응하는 데 필요한 기술이다. 〈표 4-3〉의 정의에서는 적응행동을 개념적 · 사회적 · 실제적 적응기술로 나누어 제시하였다. 개념적 적응행동의 예로는 적절한 언어(수용언어, 표현언어), 읽기 및 쓰기, 돈 개념, 자기지시(self-

표 4-3 지적장애의 다양한 정의

출처	용어	정의
장애인 등에 대한 특수교육법(2007)	지적장애를 지닌 특수교육대상자	지적기능과 적응행동상의 어려움이 함께 존재하여 교육적 성취에 어려움이 있는 사람
장애인교육법(IDEA, 2004)	지적장애	적응행동의 결함과 동시에 나타나는 심각한 평균 이하의 지적기능으로 발달 시기에 나타나며 교육적 성취에 부정적인 영향을 미침. '지적장애'라는 용어는 이전에 '정신지체'로 사용되었음
미국 지적장애 및 발달장애협회(AAIDD, 2021)	지적장애	지적 기능성과 개념적 사회적 · 실제적 적응기술로 표현되는 적응행동 양 영역에서 심각한 제한성을 보임. 이 장애는 발달 시기에 발생하며, 발달 시기는 한 개인이 22세가 되기 전이라고 조작적으로 정의함

출처: 이소현, 박은혜(2024), p. 131.

direction)능력 등을, 사회적 적응행동의 예로는 적절한 인간관계 유지하기, 책임감 있게 행동하기, 규칙이나 법 지키기, 희생당하지 않기, 쉽게 속지 않기 등을, 그리고 실제적 적응행동의 예로는 옷 입기나 식사하기, 이동하기 등의 일상생활기술과 식사 준비하기, 약 먹기, 돈 관리하기, 인터넷 사용하기 등의 일상생활의 도구적 활동, 직업기술, 안전한 환경 유지능력 등을 들 수 있다(Hallahan, Kauffman, & Pullen, 2023). 적응행동은 주로 관찰과 면담 등의 다양한 기법이 동원되는 표준화된 적응행동검사를 통해 측정된다. 한 개인이 이러한 적응행동의 결함을 가지고 있지 않다면, 비록 일반인보다 낮은 인지 수준을 보인다 할지라도 지적장애라고 판별할 수 없다. 따라서 지적장애로 판별된 아동은 사회적 책임을 수행하며 독립적인 개인생활을 하는 데 필요한 사회적 능력으로서의 적응행동기술 중 언어 및 의사소통과 관련된 기술에서 어려움을 겪고 있다고 볼 수 있다.

(2) 의사소통적 특성

지적장애 아동의 언어 및 의사소통 문제는 여러 적응행동 중 가장 두드러지고 심각한 결함을 보이는 영역 중 하나다(김영태, 2014). 언어발달이 지체되거나 비정상적인 패턴을 보이는 것은 거의 모든 지적장애 아동에게서 나타나는 특성이다(이소현, 박은혜, 2024). Miller, Chapman과 MacKenzie(1981)는 지적장애 아동이 보이는 언어와 인지능력 간의 관계를, 첫째, 전반적으로 수용언어능력이 인지능력과 유사한 반면, 표현언어능력은 이보다 떨어지는 경우, 둘째, 수용언어와 표현언어 능력이 모두 인지능력보다 떨어지는 경우, 셋째, 수용언어와 표현언어 능력이 인지능력과 유사한 수준을 나타내는 경우로 구분하였으며, 지적장애 아동의 약 50%가량이 세 번째 유형에 속한다고 보고하였다. 따라서 지적장애 아동의 의사소통능력은 그들이 보이는 적응행동 결함을 통해 살펴볼 수 있을 뿐만 아니라 인지능력과 상당히 밀접한 관계를 보인다는 것을 알 수 있다.

일반적으로 지적장애 아동의 언어발달형태는 지능지수가 매우 낮은 경우를 제외하고는 말 속도나 발화 길이 또는 발화량에서만 차이가 있을 뿐 일반 아동의 언어발달 형태와 매우 유사한 형태로 발달하다가, 10세 이후부터 발달형태에서 차이를 나타내고 일반 아동과 질적으로 다른 언어형태를 나타내는 것으로 알려져 있다(Owens, 2002). 그러나 지능지수가 매우 낮은 경우에는 언어발달이 심하게 지체되거나 구어가 아예 발달하지 않을 수 있으며, 경우에 따라서는 대안적인 의사소통방법으로 그래픽상징, 손짓 기호, AI 스피커(김동인, 정은희, 2020) 등의 보완대체의사소통(AAC) 체계를 사용해야 할 수 있다. 또한 언어를 통해 자기표현과 주변 환경의 통제를 충분히 할 수 없을 때에는 문제행동으로 표출되는 경우도 있기 때문에 기능 평가를 통해서 문제행동의 의도를 파악하고, 이에 대해 보다 수용 가능한 긍정적인 방법으로 의사표현을 할 수 있도록 대체행동 교수를 실행할 필요가 있다(강영모, 박주훈, 김향은, 손승현, 2024; 송준만 외, 2022).

여러 연구를 통해 밝혀진 지적장애 아동의 의사소통능력의 특성은 다음과 같다. 첫째, 전반적인 구문 구조의 발달 순서는 일반 아동과 같지만, 발달 속도가 느리고, 길이가 짧고 단순한 문장을 사용하는 특성을 보이며, 대체적으로 일반 아동에 비해 새로운 구문형태를 습득하는 데 오랜 시간이 걸린다(McLeavey, Toomey, & Dempsey, 1982). 예를 들어, 지적장애의 한 유형인 다운 증후군 아동의 경우, 언어 외적인 상황 단서가 제공되지 않으면 문장을 따라 말하는 과제에서 일반 아동에 비해 어려움을 많이 보이는 것으로 나타났다(Kernan, 1990).

둘째, 지적 능력이 매우 낮은 지적장애 아동의 경우 일반 아동에 비해 자음 생략과 같은 조음 오류가 많으나, 그들이 보이는 조음 오류는 일관된 양상을 보이지는 않는다. 다운 증후군 아동의 경우, 지각적 · 음향적으로 독특한 음조를 나타내는 것으로 보고되었다(Shriberg & Widder, 1990).

셋째, 일반적으로 생활연령은 다르더라도 정신연령이 동일한, 다시 말해 지적 능력이 비슷한 일반 아동에 비해 지적장애 아동은 낮은 수용언어능력을 보이며, 비언어적인 의사소통 빈도가 높게 나타난다(고은, 2021). 낱말의 의미를 지나치게 한정적으로 사용하는 경향이 있다(Owens, 2002). 특히 관용어나 숙어와 같은 비유적 언어를 사용하거나 이해하는 데 어려움이 있으며, 상황이나 문맥적 단서에 크게 의존하는 경향이 있다(Ezell & Goldstein, 1991). 문장을 상기시키는 능력이나 의미추론에서 어려움을 보인다(강연지, 2010). 또한 의사소통 상황에서 대화상대자의 관점을 반영하는 데 어려움이 있다(황하정, 2017).

넷째, 지적장애 아동은 대체로 특정 과제에 주의를 집중하지 못하고 정보를 조직하는 능력과 단기기억에 어려움을 가지고 있어, 어휘를 새롭게 배우거나 이전에 알고 있던 단어와 새로운 단어를 구분하고 필요할 때 적절한 단어를 회상하는 등의 활동에 어려움을

갖는다(Kuder, 1997). 그러나 이러한 의사소통 관련 특성은 단지 낮은 지적 능력과 인지적 특성 때문만은 아니며, 적절한 언어모델의 결핍과 언어사용을 격려하는 경험이 일반 아동에 비해 상대적으로 적었기 때문이라는 지적도 나오고 있다(신종호, 이강희, 2002).

지적장애 아동의 일반적인 의사소통 특성은 〈표 4-4〉와 같다.

표 4-4 지적장애 아동의 의사소통 특성

언어기능 (화용론)	• 몸짓과 의도의 발달 패턴은 일반 아동과 유사함 • 덜 우세한 대화적 역할을 함 • 또래의 일반 아동보다 명료기술이 떨어짐
언어내용 (의미론)	• 단어의 의미가 보다 구체적임 • 어휘발달이 느림 • 의미론적인 단위의 다양성이 제한됨 • 또래의 일반 아동보다 수용언어 기술이 떨어지나 또래의 일반 아동처럼 상황에 노출됨으로써 단어의 의미를 학습할 수 있음
언어형태 (통사론 · 형태론 · 음운론)	• 길이-복잡성의 관계가 학령 전 일반 아동과 유사함 • 일반적인 문장발달은 일반 아동과 유사함 • 일반 아동보다 주제의 정교함이 조금 떨어지거나 혹은 원인과 결과의 관련성이 적으면서 보다 덜 복잡한 문장을 사용함 • 더 높은 수준으로 할 수 있으면서도 덜 성숙한 형태에 의존함 • 학령 전 일반 아동과 같은 순서의 형태 발달 보임 • 학령 전 일반 아동과 유사한 음운론적 형태를 나타내나, 더 높은 수준으로 할 수 있으면서도 덜 성숙된 형태에 의존함

출처: 송준만 외(2022), p. 129.

(3) 지적장애 아동의 의사소통능력 진단 시 유의점

언어를 의사소통적 상호작용에 사용하는 사회적 도구로 볼 때, 지적장애 아동에게 가장 중요한 의사소통능력은 사회적 맥락에 맞게 언어를 기능적으로 사용하는 능력이며, 그들의 언어 문제에서 언어의 화용론적 능력은 우선적으로 고려되어야 한다(Owens, 1995). 또한 지적장애 아동을 비롯한 발달장애 아동의 문제행동 중재에 관한 대부분의 연구는 화용론에 대한 이해가 그들의 행동중재에 있어서 중요하다고 보고하고 있다(Westling & Fox, 1995). 따라서 의사소통능력을 평가하는 과정에서도 언어의 화용적인 측면이 중요하게 다루어져야 한다. 의사소통의 형태와 복잡성에 초점을 맞추는 전통적인 형태의 진단도구들은 그 유용성이 제한될 수밖에 없으며, 지적장애 아동의 의사소통능력 진단 시에는 현재 아동이 지닌 언어 및 의사소통 능력뿐 아니라 언어 및 의사소통과 관련이 있는 인지능력과 사회·정서적 행동 등의 제반 발달 영역들도 함께 다루어져야 한다. 또한 성공적인 의사소통을 제한하거나 촉진할 수 있는 의사소통 환경의 질적인 면도 함께 평가되어야 한다(송준만 외, 2022; Bailey & Wolery, 1995).

지적장애 아동의 언어 및 의사소통 능력 진단에서 1차적인 초점은 정보를 전달하기 위해 아동이 구어 외에 어떤 의사소통적 수단 또는 행동을 사용하는지, 아동이 의사소통을 하고자 하는 기능 또는 목적이 무엇인지를 아는 것이다. 이 외에도 얼굴 표정, 발성, 기타 관찰 가능한 행동들을 포함하는 사회·정서적 신호에 의해서 의사소통적 상호작용이 조절되고 영향을 받기 때문에 의사소통 진단 및 평가는 의도적인 비언어 및 언어 행동 외에 사회적 대상을 향한 시선 사용, 긍정적·부정적 감정표현 등 아동의 사회·정서적 행동에 대해서도 고려해야 한다.

지적장애 아동의 언어 및 의사소통의 특성이 그들이 갖고 있는 지적능력의 결함과 연관되어 있는 적응행동 문제의 가장 심각한 부분 중 하나라고 볼 때, 의사소통 진단 시 진단자는 일반적인 적응행동 평가를 위한 다음과 같은 지침도 중요하게 고려해야 한다(Harrison & Robinson, 1995). 첫째, 진단자는 의사소통능력 진단 결과를 지적장애 아동의 전반적인 평가 및 중재 모델에 통합시켜야 한다. 둘째, 진단자는 의사소통 진단을 통해 아동이 가진 특정한 요구를 알 수 있어야 하며, 의뢰와 가장 적절한 중재방법에 대한 중요한 정보를 얻을 수 있어야 한다. 셋째, 진단자는 의사소통능력 진단 시 규준지향검사와 비형식적 검사를 조합하여 사용해야 한다. 아동의 현재 의사소통능력을 결정하기 위한 절차는 전통적인 기술 체크리스트 양식으로 의사소통능력에 대한 직접적인 평가, 면담 절차의 사용, 의사소통 표본 수집을 통한 평가 등을 포함할 수 있다. 아동과 가장 많은 시간을 보내는 부모와의 면담을 통해, 혹은 평상시 교사의 아동 관찰을 근거로 아동의 현재 능력을 비교분석할 수 있을 것이다. 넷째, 진단자는 일상생활기술과 관련된 중요한

정보들을 놓치지 않도록 학교 안팎의 상황 모두에서의 의사소통기술 수행 정보를 수집해야 한다.

2) 뇌성마비

(1) 정의

뇌성마비(cerebral palsy)는 국내 지체장애 특수학교 아동에게서 가장 높은 비율로 나타난다. 뇌성마비란 출생 전, 출생 시, 출생 후에 뇌에 손상을 입어 신체 여러 부위의 마비와 자세 및 운동능력장애를 가져오는 것을 말한다. 신생아 및 영아기의 뇌손상을 포함하

표 4-5 **운동장애의 유형과 마비 부위에 따른 뇌성마비의 분류**

운동장애의 유형에 따른 분류		마비 부위에 따른 분류	
경직성 (spastic type)	뇌성마비 아동의 가장 보편적인 형태로서 근긴장도가 높아서 잘 움직이기가 어렵고, 움직인다고 해도 속도가 느림	단마비 (monoplegia)	사지 중 한 부분이 마비된 경우
불수의 운동형 (athetoid type)	사지가 떨리거나 근긴장도가 수시로 변함으로 인해 의도한 행동 이외에 과도한 흔들림이 많이 나타남. 이러한 불필요한 흔들림은 의도적인 움직임을 시도할 때 많이 나타나서 기능적 동작을 방해함	하지마비 (paraplegia)	양다리가 마비된 경우
강직성 (rigid type)	경직성이 더 심화된 상태처럼 보이며, 대개 사지마비를 가짐	디플리지아 (diplegia)	사지 중 하지의 마비가 심한 경우
진전형 (tremor tpye)	사지가 쉬고 있을 경우에도 계속적으로 흔들림. 매우 드물게 나타남	편마비 (heiplegia)	같은 쪽의 팔과 다리가 마비된 경우
운동실조형 (ataxic type)	균형 감각과 위치 감각이 없고, 협응이 잘 이루어지지 않음	삼지마비 (triplegia)	한쪽 팔과 양다리가 마비된 경우
혼합형 (mixed type)	앞의 여러 유형이 함께 나타남	사지마비 (quadripegia)	다리 모두가 마비된 경우

며, 주로 만 2세 이전에 발생하는데, 이 시기에는 뇌막염 등으로 인한 고열 때문에 뇌성마비가 되는 경우가 많다. 뇌성마비의 정의에서 말하는 중요한 진단 근거 중 하나는 비진행성이라는 것이다. 예를 들어, 뇌종양은 결과적으로 뇌성마비와 유사한 운동 특성을 보이기는 하지만 뇌성마비로 분류되지는 않는다(이소현, 박은혜, 2024). 뇌성마비의 형태는 아동에 따라 매우 다양하게 나타나기 때문에 일반화하기 어렵지만, 앞의 〈표 4-5〉와 같이 운동장애의 유형과 마비 부위에 따라 몇 가지 유형으로 분류할 수 있다.

뇌성마비 아동은 이동성에 문제가 있기 때문에 중증도에 따라 휠체어나 목발 혹은 보행기구를 사용하기도 한다. 조음에 관련된 근육의 마비 상태에 따라서 어눌한 발음을 내거나 말을 아주 못할 수도 있으나, 이러한 구어사용능력의 결함이 곧 지능의 이상을 의미하는 것은 아니다. 실제로 뇌성마비 아동은 영재아일 수도 있고, 평균적인 지능의 소유자일 수도 있으며, 일부는 지적장애일 수도 있다. 약 75% 정도의 뇌성마비 아동이 어느 정도의 지적장애를 함께 가지고 있는 것으로 보고되며, 뇌성마비의 정도가 심할수록 지적장애가 나타날 가능성도 높다(Batshaw, Roizen, & Pellegrino, 2019). 지적장애 외에도 시각장애, 청각장애, 언어장애, 경련장애 등의 장애를 함께 보이는 경우가 많다(Batshaw, 2002).

(2) 의사소통적 특성

뇌성마비 아동의 경우 약 85~90%가 말과 의사소통에 장애를 가지고 있다(UCPA, 1992). 뇌성마비 아동이 보이는 의사소통장애의 대부분은 신체의 근긴장도 이상에 의한 운동 기능장애로 인해 발생하는 것으로, 손상 부위나 중증도에 따라 경도 조음장애부터 발성기관의 장애에 이르기까지 다양하게 나타난다. 말이란 호흡, 발성, 그리고 조음에 관련되어 있는 근육의 조화에 의존하기 때문이다. 뇌성마비 아동의 말 문제는 기본적으로 마비말장애지만, 성인 마비말장애와 구분하기 위해 '발달적 마비말장애'라고 한다. 그러나 발달적 마비말장애는 성인의 경우와 달리 진행성이 아니다. 뇌성마비 아동의 발달적 마비말장애는 조음, 호흡, 음성, 유창성, 운율의 문제를 포함한다. 대개는 모든 발음이 제대로 발음되지 못하지만, 특히 혀끝에서 나는 소리들(/ㅅ/, /ㅈ/, /ㄹ/ 등)이 가장 어렵다. 대다수의 뇌성마비 아동은 분당 호흡수가 일반 아동보다 많고 폐활량은 적어 호흡

이 비정상적이다. 이러한 호흡 문제는 음성의 문제와 어느 정도 연관성이 있어서, 그들의 말은 느리고 힘이 들며 리듬감이 없고 높낮이가 없는 특징을 보인다(심현섭 외, 2024).

뇌성마비 아동의 언어습득은 대부분 지체되어 있는데, 이는 뇌성마비장애에 수반되기도 하는 지적장애나 청각장애 같은 인지적 · 지각적 요인에 의해 나타날 수도 있다(심현섭 외, 2024). 그러나 이러한 인지적 · 지각적 요인 외에도 많은 뇌성마비 아동이 환경과의 직접적인 상호작용을 통해 다양하게 경험할 기회를 충분히 갖지 못하는 경우가 많기 때문에, 언어가 환경과의 상호작용을 돕는 도구라는 점을 인식하고 의사소통능력을 발달시키는 데 어려움을 겪게 되는 것이다(Schleichkorn, 1993).

인지적 결함이 없는 뇌성마비 아동의 경우, 교사나 친구의 말을 듣고 이해하거나 책을 읽고 이해하는 능력에는 문제가 없으나 구강 주변의 근육조절과 협응의 문제로 인해 말을 표현하는 데 어려움을 나타내기도 하며, 이로 인해 다른 사람과의 의사소통에 문제를 가지는 경우가 많다. 이러한 뇌성마비 아동의 자기표현능력을 증진시키기 위해서는 제스처나 발성, 얼굴 표정, 머리 끄덕임, 지적하기 등의 비언어적인 방법을 사용하거나 그림, 사진 낱말판 등의 의사소통판이나 컴퓨터 보조기구를 활용하여 표현능력을 신장시킬 수 있는 보완대체의사소통 방법을 사용할 수 있다(이소현, 박은혜, 2024).

(3) 뇌성마비 아동의 의사소통능력 진단 시 유의점

운동성장애를 갖고 있는 뇌성마비의 경우, 물리치료사나 작업치료사 등과 같이 운동성장애를 다루는 관련 서비스 전문가들과 협력하고 정보를 공유하는 것이 중요하다. 뇌성마비 아동의 의사소통능력을 진단할 때에는 의사소통능력뿐만 아니라 의사소통의 어려움을 초래하는 원인을 제공하는 뇌성마비라는 장애와 발달 특성에 대한 충분한 이해가 바탕이 되어야 한다(Cohen & Spenciner, 2003). 뇌성마비 아동의 의사소통능력에 대한 진단은 식사하기와 말하기 등을 위한 구강운동능력과 의사소통능력에 대한 진단으로 이루어져 있으며, 구어로 표현하는 것이 어렵다고 판단될 경우, AAC 체계를 적용하기 위한 진단을 실시한다.

① 구강운동능력 진단 시 유의점

뇌성마비 아동의 구강운동능력 진단 시에는 아동의 감각운동능력에 대한 정보를 얻을 필요가 있는데, 이는 냄새나 빛, 소리 등의 감각에 대한 반응이 혀나 입술, 그리고 턱을 사용하는 데 영향을 미치기 때문이다. 이와 함께 적절한 호흡은 식사와 말하기에 필수적인 요소이기 때문에 아동이 복식호흡을 하는지 혹은 흉곽호흡을 하는지를 알아보는 호흡에 대한 평가도 이루어진다. 뇌성마비 아동의 식사 기능에 대한 평가도 이루어지는데, 진단 시 평가의 일부로 식사가 포함되기 때문에 아동이 약간 배가 고플 만한 시간에 평가를 할 필요가 있다. 또한 아동이 평소에 가정에서 사용하던 식사 보조도구나 의자, 컵, 컵 받침대 등을 사용하게 하여 최대한 자연스러운 환경에서 자신의 식사하기 능력을 제대로 발휘할 수 있도록 도와주어야 한다. 이때 진단자는, ⓐ 아동의 먹는 양, ⓑ 아동이 견딜 수 있는 음식의 질과 온도의 정도, ⓒ 아동의 식사 자세, ⓓ 빨고 삼키고 씹기 위한 아동의 입술, 혀와 턱의 사용 양상 등에 대해 진단한다. 이 외에도 말을 하는 데 필수적인 입술이나 혀의 움직임을 얼마나 흉내 낼 수 있는지와 의미 없는 음절 모방과 조음능력 등을 진단해야 한다(Cohen & Spenciner, 2003).

② 의사소통능력 진단 시 유의점

뇌성마비 아동의 의사소통능력에 대한 진단 시에는 그들이 갖고 있는 언어이해력과 표현 양식에 주의하여야 한다(심현섭 외, 2024). 또한 뇌성마비 아동이 보이는 현재의 모든 의사소통방법과 잠재적인 기능에 대해 조사할 필요가 있다. 이를 위해 관찰과 면담이 효과적으로 사용될 수 있고, 다양한 활동과 시간 중에 여러 다른 상황에 대해 관찰하며, 대화상대자와 환경 및 과제들을 다양하게 변화시켜 그들이 갖고 있는 의사소통능력에 대한 정보를 수집해야 한다. 의사소통을 위한 구어 사용의 기능성을 알아보기 위해 아동이 말하는 것을 녹음하여 아동과 친숙한 대화상대자와 친숙하지 않은 대화상대자에게 들려준 후 아동의 말을 어느 정도 알아들을 수 있는지를 조사하는 것도 필요하다(박은혜, 이정은, 1999). 중도중복장애 아동의 기본적인 의사표현은 간단한 손짓 표현(손담)을 활용할 수도 있다(국립특수교육원, 2018, 2019).

③ AAC 진단 시 유의점

AAC는 구어로 자신의 의사를 표현하기 어려운 사람들의 문제를 감소시키고 의사소통능력을 향상시키기 위해 사용하는 말 이외의 제스처, 의사소통 행동뿐만 아니라 특정 의사소통 방법이나 도구를 포함하여 개인이 사용할 수 있는 여러 형태의 의사소통을 말한다. 뇌성마비 아동을 위한 AAC 진단이 의미 있게 이루어지기 위해서는 다음과 같은 AAC 진단의 기본 원칙을 진단자가 이해하고 있어야 한다. 첫째, AAC 진단은 모든 사람이 의사소통을 할 수 있다는 전제를 기반으로 하므로, 장애가 너무 심해서 의사소통을 할 수 없는 상태라는 판단은 AAC 진단 시 고려되지 않는다. 둘째, AAC 진단은 대상 아동의 약점뿐만 아니라 강점을 파악하여 가능한 한 독립적이고 효율적인 의사소통방법을 파악하는 과정이다. 셋째, AAC 진단은 대상 아동의 현재뿐만 아니라 미래의 필요와 요구도 파악하고 대처할 수 있어야 한다. 넷째, AAC 진단은 중재와 연계하여 지속적이고 빈번하게 실시되어야 한다. 다섯째, AAC 진단은 대상 아동의 다양한 일상생활 환경 및 상황에서의 정보를 포함해야 한다. 마지막으로, AAC 진단은 교사와 부모 등 아동의 치료와 교육에 관련된 사람들이 함께 모여 협력하고 합의하여 진행할 때 대상 아동에게 적합하고 효과적인 AAC 체계가 개발될 수 있으며, 향후 일관성 있는 중재로 연계되어 적용될 수 있다(박은혜, 김영태, Snell, 2005). 더불어서 의사소통이 중단되는 때는 다른 의사소통 수단을 사용해 보도록 한다(Best, Heller, & Bigge, 2010).

3) 자폐스펙트럼장애

(1) 정의

DSM-5-TR에 의하면, 자폐스펙트럼장애(Autism Spectrum Disorder: ASD, 이하 자폐성장애 혼용 사용)는 1차적으로 사회성 결함이 심각한 신경발달장애다. 자폐성장애는 사회적 의사소통 및 사회적 상호작용에 지속적인 결함이 있고, 제한되고 반복적인 패턴의 행동이나 관심사를 보인다. 자폐스펙트럼장애로 진단되어도 동일한 결함의 정도를 보이는 것은 아니지만 행동조절능력, 학습, 사회적 상호작용, 의사소통을 담당하는 뇌의 주요 기능에 문제가 있는 신경학적 장애다(APA, 2022). 이러한 장애는 일반적으로 초기 발달기에 뚜렷하게 나타나고, 지적장애와 어느 정도 연관이 있으며, 때로는 염색체 이상, 선천적 감염, 중추신경계의 구조적 이상 등과 같은 여러 가지 의학적 상태에서도 관찰된다. 미국정신의학협회의 『정신질환의 진단 및 통계 편람 제5판 수정판(DSM-5-TR)』의 자폐스펙트럼장애의 진단기준은 〈표 4-6〉과 같다. 〈표 4-7〉과 같이 미국의 「장애인교육법」과 우리나라의 「장애인 등에 대한 특수교육법」에서는 자폐성장애를 독립 영역으로 분류하고 있다.

표 4-6 미국정신의학협회(APA)의 자폐스펙트럼장애 진단기준(DSM-5-TR)

A. 다양한 분야에 걸쳐 나타나는 사회적 의사소통 및 사회적 상호작용의 지속적인 결함으로 현재 또는 과거력상 다음과 같은 특징으로 나타난다.
   1. 사회-정서적 상호성의 결함(예: 비정상적인 사회적 접근과 정상적인 대화의 실패, 흥미나 정서 또는 감정 공유의 감소, 사회적 상호작용의 시작 및 반응의 실패)
   2. 사회적 상호작용을 위한 비언어적인 의사소통 행동의 결함(예: 구어적 및 비구어적 의사소통의 불완전한 통합, 비정상적인 눈 맞춤과 몸짓 언어 또는 몸짓의 이해와 사용의 결함, 얼굴 표정과 비구어 의사소통의 전반적 결여)
   3. 관계 형성 및 유지와 관계에 대한 이해의 결함(예: 다양한 사회적 상황에 맞게 행동을 조정하기 어려움, 상상 놀이를 공유하거나 친구 사귀기 어려움, 또래에 대한 관심 결여)

B. 제한적이고 반복적인 행동이나 흥미 또는 활동이 현재 또는 과거력상 다음 항목들 가운데 적어도 2가지 이상 나타난다.
   1. 상동중적이거나 반복적인 운동성 동작, 물건 사용 또는 말하기(예: 단순한 운동성 상동행동, 장난감 정렬하기, 또는 물체 튕기기, 반향어, 특이한 문구 사용)
   2. 동일성에 대한 고집, 일과에 대한 융통성 없는 집착, 의례적인 구어 또는 비구어 행동 양상(예: 작은 변화에 대한 극심한 고통, 변화의 어려움, 완고한 사고방식, 의례적인 인사, 같은 길로만 다니기, 매일 같은 음식 먹기)
   3. 강도나 초점에 있어서 비정상적으로 심하게 제한되고 고정된 흥미(예: 특이한 물건에 대한 강한 애착 또는 집착, 과도하게 국한되거나 고집스러운 흥미)
   4. 감각 정보에 대한 과잉 또는 과소 반응, 또는 환경의 감각적인 속성에 대한 특이한 관심(예: 통증/온도에 대한 명백한 무관심, 특정 소리 혹은 감촉에 대한 부정적 반응, 과도한 냄새 맡기 또는 물체 만지기, 빛이나 움직임에 대한 시각적 매료)

C. 증상은 반드시 초기 발달 시기부터 나타나야 한다(그러나 사회적 요구가 개인의 제한된 능력을 넘어서기 전까지는 증상이 완전히 나타나지 않을 수 있고, 나중에는 학습된 전략에 의해 증상이 감춰질 수 있다).

D. 이러한 증상은 사회성이나 직업 또는 다른 중요한 현재의 기능 영역에서 임상적으로 뚜렷한 손상을 초래한다.

E. 이러한 장애는 지적장애(지적발달장애) 또는 전반적 발달지체로 더 잘 설명되지 않는다. 지적장애와 자폐스펙트럼장애는 자주 동반된다. 자폐스펙트럼장애와 지적장애를 함께 진단하기 위해서는 사회적 의사소통이 전반적인 발달수준에서 기대되는 것보다 낮아야 한다.

주의: DSM-IV의 진단기준상 자폐장애, 아스퍼거 장애 또는 달리 분류되지 않는 전반적 발달장애로 진단된 경우에서는 자폐스펙트럼장애로 진단해야 한다. 사회적 의사소통에 뚜렷한 결함이 있으나 자폐스펙트럼장애의 다른 진단 항목을 만족하지 않는 경우에는 사회(화용)적 의사소통장애로 평가한다.

현재의 심각도를 사회적 의사소통 손상과 제한적이고 반복적인 행동 양상에 기초하여 명시할 것:

상당히 많은 지원을 필요로 하는 수준

많은 지원을 필요로 하는 수준

지원이 필요한 수준

다음의 경우 명시할 것:

지적 손상을 동반하는 경우 또는 동반하지 않는 경우

언어 손상을 동반하는 경우 또는 동반하지 않는 경우

다음의 경우 명시할 것:

알려진 유전적 또는 기타 의학적 상태나 환경적 요인과 연관된 경우(부호화 시 주의점: 연관된 유전적 또는 기타 의학적 상태를 식별하기 위해 추가적인 부호를 사용하시오)

신경발달, 정신 또는 행동 문제와 연관된 경우

다음의 경우 명시할 것:

긴장증 동반(정의에 대해서는 다른 정신질환과 연관된 긴장증의 진단기준을 참조하시오) (부호화 시 주의점: 긴장증을 동반하는 경우에는 자폐스펙트럼장애와 연관된 긴장증에 대한 추가적인 부호인 F06.1을 사용하시오)

출처: American Psychiatric Association(APA). (2022), pp. 56-57.

표 4-7 자폐스펙트럼장애의 법적 정의

법률	용어	정의
「장애인 등에 대한 특수교육법」(2007)	자폐성장애를 지닌 특수교육 대상자	사회적 상호작용과 의사소통에 결함이 있고, 제한적이고 반복적인 관심과 활동을 보임으로써 교육적 성취 및 일상생활 적응에 도움이 필요한 사람
「장애인교육법(IDEA)」(2004)	자폐(autism)	(i) 구어와 비구어 의사소통 및 사회적 상호작용에 심각한 영향을 미치는 발달장애로, 일반적으로 3세 이전에 나타나며 교육적 성취에 부정적인 영향을 미침. 함께 나타나곤 하는 기타 특성에는 반복적인 활동 및 상동적인 움직임, 환경이나 일과의 변화에 대한 저항, 감각 경험에 대한 특이한 반응이 있음 (ii) 교육적 성취에 부정적인 영향을 미치는 주요 원인이 아래에서 설명하는 정서장애인 경우는 해당되지 않음 (iii) 3세 이후에 자폐의 특성을 보이는 경우(i)의 기준에 해당하며 자폐를 지닌 것으로 판별될 수 있음

출처: 이소현, 박은혜(2024), p. 290.

(2) 의사소통적 특성

자폐스펙트럼장애 아동은 말을 하지 못하거나 말의 발달이 지체되는 등 구어 발달에서 여러 가지 어려움을 보일 수 있으나 말이나 언어발달 지체 자체는 자폐스펙트럼장애의 진단적 특성은 아니다. 또한 자폐스펙트럼장애로 진단되는 모든 아동이 언어발달상의 문제를 보이는 것도 아니다(Potvin & Ratto, 2019). 자폐스펙트럼장애 아동의 의사소통적 특성은 매우 다양하며(Ogletree & Oren, 2006), 언어나 말에 문제가 있는 것이 아니라 의도적인 의사소통이 어렵다는 것이다. 말을 전혀 습득하지 못하는 경우도 있으며(Rutter, 1978), 말을 하는 경우에도 말의 출현 및 발달이 지체된다.

비언어적 의사소통은 사회적 상호작용을 형성하고 유지하는 데 중요한 역할을 한다. 자폐성장애 아동의 의사소통 문제는 사회적 상호작용의 결함으로 나타난다(심현섭 외, 2024). 이러한 문제는 향후 자폐성장애의 언어발달과 관련이 있기 때문에 예보적인 역할을 한다(Vostanis et al., 1998). 자폐성장애 아동의 경우, 타인과 주의를 공유하기 위한 수

단인 눈맞춤에 질적인 결함을 나타내고, 사물이나 사건에 동시에 주의를 기울이는 것에 어려움을 보인다(Wetherby et al., 2004). 의미 있는 몸짓을 사용하는 데 있어 양적 · 질적 결함을 나타낸다(Mundy, Sigman, Ungerer, & Sherman, 1986). 또한 요구하기와 차례로 하기 등의 비언어적 의사소통능력에도 문제를 보인다(McEvoy, Rogers, & Pennington, 1993; Mundy, Sigman, & Kasari, 1994).

자폐성장애 아동은 공동 관심 행동(joint attentional behavior)에 결함을 보일 뿐 아니라(서민경, 이소현, 2022; Chawarska & Volkmar, 2005) 얼굴, 말소리와 같은 사회적 자극을 지향하는 반응도 보이지 않는다(Dawson et al., 1998; Osterling & Dawson, 1994). 또한 의사소통을 위해 안면 표정을 사용하는 데도 결함이 있다(신현기 외, 2014). 자폐성장애 아동은 이러한 특성들 외에도 상대방을 모방하는 것이 의사소통에 중요한 역할을 한다는 것을 이해하지 못하고 모방기술 자체도 많이 제한되어 있으며, 타인과의 접촉을 즐기지 않기 때문에 의사소통기술 발달에 영향을 받게 된다(이소현, 박은혜, 2024).

자폐성장애 아동은 또래에 비해서 의사소통 행동의 빈도가 현저하게 낮고, 의사소통 기능이 제한적이며 관습적인 의사소통 수단을 습득하는 데 어려움이 있다(김은경, 2011). 자폐성장애 아동의 경우, 의사소통을 하려는 의도 표현 및 의사소통에 대한 이해가 결여되어 있다. 이들은 적절한 의사소통적 신호들을 특정 목적에 사용하는 능력에 결함을 보이며(Prizant & Wetherby, 2005), 이미 알고 있는 단어를 활용하지 않는 것으로 나타났다(Tager-Flusberg, 1993). 그리고 대화를 할 때 새로운 정보를 얻기 위해서 일상적으로 사용하는 의문문을 사용하지 않는(Tager-Flusberg, 1993) 등 정보를 모으는 언어기술을 사용하기 위한 호기심이 부족한 것으로 보인다(Koegel & Koegel, 1995). 또한 자신의 언어적 수준과는 관계없이 제한된 방법으로 의사소통 시도를 한다(Tager-Flusberg, Paul, & Lord, 2005). 구어발달이 이루어진 자폐성장애 아동일지라도 다른 사람과 대화를 시작하거나 유지하는 데 어려움을 보인다(Landa, 2000).

자폐성장애 아동의 언어 손상은 화용론 면에서 두드러지는데, 대화에서 불필요한 세부 항목(예: 어떤 사건이나 사람에 대해서 이야기할 때 불필요한 날짜나 연령 혹은 "생일 축하해 30번." 등을 말하는 것)이나 특정 주제에 집착하는 것, 새로운 주제로 부적절하게 옮겨 가는 것, 다른 사람의 의도를 무시하는 것이 특징이다(Eales, 1993). 경우에 따라서는 부적절한 행동(자해행동, 공격행동, 반향어)으로 묘사되는 비전형적인 방법으로 의사소통을 하기도 한다(Wetherby & Prizant, 1992).

최근에는 반향어를 자폐성장애 아동의 특징이나 문제로 바라보는 시각에서 탈피하여 자신의 의도를 전달하려는 시도로 보고 있으며, 언어를 모방할 수 있다는 점을 언어지도의 가능성으로 이해하고자 한다. Prizant와 Rydell(1984)은 반향어가 의사소통 기능을 한다고 하였고, Rydell과 Mirenda(1994)는 반향어가 대화를 발생시키는 사회적 상호작용의 맥락을 유지함으로써 언어습득 과정을 도와준다고 하였다. 반향어는 언어 수준이 낮은 경우에 많이 나타나며, 언어가 습득될수록 그 정도가 감소하기 때문에 학령기에 적절하게 대체될 수도 있다(Lee, Hobson, & Chiat, 1994). 반향어 이상의 언어를 습득하는 전반적 발달장애 아동은 어휘를 습득하고 문법적 기술을 연습할 수 있다(이소현, 이은정, 2009). 따라서 상동적인 반복적 말하기의 기능을 이해하는 노력이 필요하다(Blackburn et al., 2023).

자폐성장애 아동은 때로는 의미 있는 말을 사용하는 경우도 있다. 이럴 때에는 조음상의 실수를 빈번하게 보이고, 알아들을 수 없거나 적절하지 않은 발성을 하며(Shriberg et al., 2001), 말의 강세, 높낮이, 리듬형태 등으로 구성된 운율 면에서도 문제를 보인다(Baltaxe & Simmons, 1985). 언어가 발달할 때 음성의 억양이 단조롭거나 의문문처럼 문장의 끝을 올려 말하는 등 음성의 고저, 억양, 속도, 리듬 및 강도가 비정상적일 수 있다. 또한 의미와 상관없는 단어나 구를 반복하는 등 문법 구조는 미숙하고, 운율적으로 동일한 음이나 상업적인 선전 문구를 반복적으로 사용하는 등 상동적이고 반복적인 언어를 사용하거나 개인의 의사소통 방식에 친근한 사람만이 이해할 수 있는 은유적 언어를 흔히 사용한다. 언어의 운율은 이야기를 듣는 사람에게 이해를 돕는 단서를 제공하고 심리적인 상태나 기분을 알려 준다(Bogdashina, 2022). 자폐범주성장애 아동이 보이는 이런 어려움은 사회적 맥락에 따른 비구어행동 사용에 어려움을 보여 주는 것이다.

언어이해적 특성을 살펴보면, 간단한 질문, 지시, 농담을 이해하지 못하며, 상징놀이를 거의 하지 않거나 전혀 하지 못한다. 또한 언어를 문자 그대로 이해한다. 일을 열심히 하자는 의미로 "달려 보자."라고 말한다면 자폐성장애 아동은 뛰거나 달릴 수도 있다. 언어가 갖는 미묘한 의미의 차이나 상징적 의미의 이해 결함은 상징놀이의 문제로 이어질 수 있다. 언어발달의 중요한 전조는 가장놀이를 통하여 상징적 표상을 할 수 있는 능력

이다. 자폐성장애 아동은 언어능력이 예언하는 것에 비해 상징놀이기술이 손상되어 있다(Riguet, Taylor, Benaroya, & Klein, 1981; Ungerer, 1989).

자폐성장애 아동은 언어를 산출하는 것보다 타인의 언어를 이해하는 데 더 어려움을 보이며, 언어를 이해할 때 의미론적 내용보다는 문법적인 내용에 더 의존하는 경향이 있다(Paul, Fischer, & Cohen, 1988). 자폐성장애 아동의 말 · 언어 문제는 말 · 언어상의 문제뿐 아니라 비언어적 의사소통에서도 장애를 보이는 사회 · 인지적 측면에서의 특성이 기타 말 · 언어장애 아동과 자폐성장애 아동을 판별하는 주요 요인이 될 수 있다.

(3) 자폐성장애를 동반한 의사소통장애 아동 진단 시 유의점

아직까지 자폐성장애에 대한 생리적 표시 또는 의학적 검사가 없기 때문에 진단은 행동 증상에 기초하여 내려진다. 조기진단이 조기중재를 가능하게 하고 자폐성장애에 있어서 좋은 예후를 가능하게 하므로 조기에 진단하는 것이 필수적이다. 또한 진단에 있어서는 진단준거와 잘 일치하는 도구를 사용하여야 하고, 다른 장애와 혼동하지 않도록 유의하여야 한다.

자폐성장애 아동의 진단은 부모의 면담과 행동관찰을 포함한 다양한 정보를 바탕으로 실시된다. 특히 자폐성장애와 발달적 언어장애의 진단은 어린 아동일 경우 쉽지 않다. Cantwell, Baker, Rutter와 Mawhood(1989)는 언어 비정상 유형, 비언어적 의사소통, 사회적 기술의 측면에서 서로 다르다고 하였다. 이 두 장애의 경우 옹알이, 언어획득, 평균발화길이, 문법 복잡성에서 유사하게 지체되어 있다. 그러나 자폐성장애는 반향어, 대명사 전도, 상동적인 말과 은유적 언어 등에서 더 벗어난 언어발달을 보인다. 또 자발적으로 수다 떠는 대화를 덜 한다. 말할 수 있는 자폐성장애 아동의 경우는 조음장애를 보이는 경우가 흔하지 않으나, 발달성 언어장애 아동은 거의 대부분 조음장애를 보인다(Bishop, 1992). 발달적 언어장애나 자폐성장애의 경우 모두 상징놀이 발달이 지체되나, 자폐성장애 아동은 몸짓과 상징놀이에서 더 많은 손상을 보인다(Riguet et al., 1981). 따라서 이와 같은 점에 유의하여 진단하여야 한다.

자폐성장애 아동의 의사소통 문제는 사회 맥락에서 이해되어야 하며, 이는 곧 화용론을 기반으로 하는 기능적 의사소통 중심 교육이 필요하다는 것이다. "우유"라고 발음하는 것보다 우유가 마시고 싶을 때 우유를 가리키거나 "우유"를 말하게 하여 우유를 마실 수 있는 기술을 가르치는 것이 더 중요하다. 따라서 강점과 어려움을 모두 포함하는 현행 발달 수준을 파악하고, 일상적이고 자연적인 상황에서 언어 및 의사소통의 기능성에 대한 포괄적인 진단이 필요하다(McCauley, Bean, & Prolock, 2021). 의사소통의 기능적 중재는 의사소통 행동 증가와 문제행동 감소에 효과를 보이기 때문에(박은영, 2020) 기능성 중심의 의사소통 교육이 중요하다.

4) 외현화된 정서장애: 주의력결핍 과잉행동장애

(1) 정의

주의력결핍 과잉행동장애(Attention Deficit Hyperactivity Disorder: ADHD)는 발달적으로 부적절한 정도의 과잉행동, 충동성, 산만함의 세 가지 기본적인 행동을 특징으로 하는 아동기 신경행동장애다(APA, 2022). 〈표 4-8〉은 미국정신의학협회의 『정신질환의 진단 및 통계 편람 제5판 수정판(DSM-5-TR)』에서 제시하고 있는 ADHD의 진단기준이다.

표 4-8 미국정신의학협회(APA)의 주의력결핍 과잉행동장애 진단기준(DSM-5-TR)

A. 기능 또는 발달을 저해하는 지속적인 부주의 및/또는 과잉행동-충동성이 (1), 그리고/또는 (2)의 특징을 갖는다.
   1. 부주의점: 다음 9가지 증상 가운데 6가지(또는 그 이상)가 적어도 6개월 동안 발달 수준에 적합하지 않고 사회적 · 학업적/직업적 활동에 직접적으로 부정적인 영향을 미칠 정도로 지속됨
      주의점: 이러한 증상은 단지 반항적 행동, 적대감 또는 과제나 지시 이해의 실패로 인한 양상이 아니어야 한다. 후기 청소년과 성인(17세 이상)의 경우에는 적어도 5가지의 증상을 만족해야 한다.
      a. 종종 세부적인 면에 대해 면밀한 주의를 기울이지 못하거나, 학업, 작업 또는 다른 활동에서 부주의한 실수를 저지름(예: 세부적인 것을 못 보고 넘어가거나 놓침, 작업이 부정확함)

b. 종종 과제를 하거나 놀이를 할 때 지속적으로 주의집중을 할 수 없음(예: 강의, 대화 또는 긴 글을 읽을 때 계속해서 집중하기가 어려움)

c. 종종 다른 사람이 직접 말을 할 때 경청하지 않는 것처럼 보임(예: 명백하게 주의집중을 방해하는 것이 없는데도 마음이 다른 곳에 있는 것처럼 보임)

d. 종종 지시를 완수하지 못하고, 학업, 잡일 또는 작업장에서의 임무를 수행하지 못함(예: 과제를 시작하지만 빨리 주의를 잃고 쉽게 곁길로 샘)

e. 종종 과제와 활동을 체계화하는 데 어려움이 있음(예: 순차적인 과제를 처리하는 데 어려움, 물건이나 소지품을 정리하는 데 어려움, 지저분하고 체계적이지 못한 작업, 시간 관리를 잘 하지 못함, 마감 시간을 맞추지 못함)

f. 종종 지속적인 정신적 노력을 요구하는 과제에 참여하기를 기피하고, 싫어하거나, 저항함(예: 학업 또는 숙제; 후기 청소년이나 성인의 경우에는 보고서 준비하기, 서류 작성하기, 긴 서류 검토하기)

g. 과제나 활동에 꼭 필요한 물건들(예: 학습 과제물, 연필, 책, 도구, 지갑, 열쇠, 서류 작업물, 안경, 휴대폰)을 자주 잃어버림

h. 종종 외부 자극(후기 청소년과 성인의 경우에는 관련이 없는 생각들이 포함될 수 있음)에 의해 쉽게 산만해짐

i. 종종 일상적인 활동을 잊어버림(예: 잡일하기, 심부름하기; 후기 청소년과 성인의 경우에는 전화 회답하기, 청구서 지불하기, 약속 지키기)

2. 과잉행동-충동성: 다음 9가지 증상 가운데 6가지(또는 그 이상)가 적어도 6개월 동안 발달 수준에 적합하지 않고 사회적, 학업적/직업적 활동에 직접적으로 부정적인 영향을 미칠 정도로 지속됨

   주의점: 이러한 증상은 단지 적대적 행동의 표현, 반항, 적대감 또는 과제나 지시 이해의 실패로 인한 양상이 아니어야 한다. 후기 청소년과 성인(17세 이상)의 경우, 적어도 5가지의 증상을 만족해야 한다.

   a. 종종 손발을 만지작거리며 가만두지 못하거나 의자에 앉아서도 몸을 꿈틀거림

   b. 종종 앉아 있도록 요구되는 교실이나 다른 상황에서 자리를 떠남(예: 교실, 사무실이나 다른 업무 현장 또는 자리를 지키는 것이 요구되는 상황에서 자리를 이탈)

   c. 종종 부적절하게 뛰어다니거나 기어오름(주의점: 청소년 또는 성인에서는 주관적으로 좌불안석을 경험하는 것에 국한될 수 있다)

   d. 종종 조용히 놀거나 여가 활동에 참여하지 못함

e. 종종 '끊임없이 활동하거나' 마치 '태엽 풀린 자동차처럼' 행동함(예: 음식점이나 회의실에 장시간 동안 가만히 있을 수 없거나 불편해함, 다른 사람에게 가만히 있지 못하는 것처럼 보이거나 가만히 있기가 어려워 보일 수 있음)
f. 종종 지나치게 수다스럽게 말함
g. 종종 질문이 끝나기 전에 성급하게 대답함(예: 다른 사람의 말을 가로챔, 대화 시 자신의 차례를 기다리지 못함)
h. 종종 자신의 차례를 기다리지 못함(예: 줄 서 있는 동안)
i. 종종 다른 사람의 활동을 방해하거나 침해함(예: 대화, 게임이나 활동에 참견함; 다른 사람에게 묻거나 허락을 받지 않고 다른 사람의 물건을 사용하기도 함; 청소년과 성인의 경우 다른 사람이 하는 일을 침해하거나 꿰찰 수 있음)

B. 몇 가지의 부주의 또는 과잉행동-충동성 증상이 12세 이전에 나타난다.

C. 몇 가지의 부주의 또는 과잉행동-충동성 증상이 2가지 이상의 환경에서 존재한다(예: 가정, 학교나 직장; 친구들 또는 친척들과의 관계; 다른 활동에서).

D. 증상이 사회적, 학업적 또는 직업적 기능의 질을 방해하거나 감소시킨다는 명확한 증거가 있다.

E. 증상이 조현병 또는 기타 정신병적 장애의 경과 중에만 발생하지는 않으며, 다른 정신질환(예: 기분장애, 불안장애, 해리장애, 성격장애, 물질 중독 또는 금단)으로 더 잘 설명되지 않는다.

출처: American Psychiatric Association(APA). (2022), pp. 59-60.

ADHD는 주로 유아기, 아동기, 청소년기에 흔히 진단되는데, 이들은 선택적 주의집중 능력의 부족, 주의집중 유지에서의 어려움, 기본적인 규칙에 대한 무시와 위반, 학습부진, 생각 없이 즉각적으로 행동하는 경향, 사회적 지각과 문제해결능력 결핍 등의 특징을 보인다.

ADHD는 학령기 아동의 10%에게서 나타날 정도로 출현율이 높으며, 여자에 비해 남자의 출현율이 2~3배 이상 높다(National Center on Birth Defects and Developmental Disabilities, 2022). 아직 이 장애의 원인이 완전히 밝혀지지는 못했지만, 가정환경이나 유전 등 여러 가지 요인과 관련이 있다고 알려져 왔으며, 최근에는 뇌기능장애로 보는 견해가 우세하다. ADHD로 진단을 받은 많은 아동·청소년은 리탈린을 비롯한 자극제

(stimulants)를 처방받게 되는데, 이와 같은 약물치료는 최근 ADHD에 대한 접근에서 매우 보편적인 것이다. ADHD는 각 개인이 보이는 행동 특성에 따라 주의력결핍 우세형, 과잉행동 우세형, 혼합형으로 분류된다.

(2) 의사소통적 특성

ADHD는 다른 어떤 장애보다 의사소통장애와의 공존성이 높다(Biederman, Newcorn, & Sprich, 1991; Trautman, Giddan, & Jurs, 1990). 두 장애의 공존성을 연구한 학자들은 의사소통장애를 가진 아동이 ADHD로 진단받을 확률이나, ADHD 아동이 의사소통장애를 나타낼 확률이 60%를 훨씬 넘는다고 보고하고 있다. Barkley, DuPaul과 McMurray(1990)의 연구에서는 ADHD 아동이 표현언어에서 심각한 어려움을 가지고 있음을 보여 주었고, Baker와 Cantwell(1992)의 연구에서는 주의집중장애를 가진 아동 상당수가 조음 문제를 가지고 있음이 밝혀졌다.

ADHD 아동은 쉽게 산만해지고 대화에 집중하지 못하고(APA, 2022), 전반적으로 사회적 기술이나 사회적 관계 형성의 문제를 보이며 의사소통은 이 두 가지 측면과 상호작용한다(이은주, 2022). '지나치게 말이 많다.' '흔히 질문이 끝나기도 전에 대답이 불쑥 튀어나오곤 한다.' '차례를 기다리기가 어렵다.' '대화나 게임에 끼어들 듯이 참견하거나 다른 사람을 방해한다.' 등과 같은 ADHD의 진단기준에서 짐작할 수 있듯이, 이들은 화용론상의 심각한 어려움을 보일 수 있다. 이들은 다른 사람의 비언어적 의사소통(몸짓, 표정 등)을 읽어 내지 못하거나 의사소통에서 암묵적으로 정해진 규칙들을 의식하지 않는 경향이 높으므로, 조음이나 발성, 청각상의 문제가 없음에도 불구하고 자신을 표현하거나 다른 사람의 말을 이해하는 데 어려움을 갖게 된다. 쉽게 산만해지는 특성 역시 의사소통의 흐름을 잃고 주제에 벗어난 말을 하는 의사소통적 특성과 관련이 있다. 사회적 의사소통 기술의 문제는 또래와의 잦은 갈등, 방해행동, 사회화의 어려움, 사회적 위축, 고립, 공격성, 미숙한 놀이기술 등과 직접적인 연관이 있는 것으로 보고되고 있다(김영희, 백은희, 2021; 이은주, 2022).

Kim과 Kaiser(2000)는 자유놀이 시간의 발화를 표집하여 ADHD 아동과 비장애 아동의 언어적 특성을 비교하였는데, 두 집단은 PPVT-R로 측정한 수용어휘에서는 차이가 없었고, TOLD-2로 측정한 문장 모방, 단어 발음 및 전반적인 언어성 점수에서는 ADHD 아동이 유의하게 낮은 것으로 나타났다. 그러나 그들은 ADHD 아동이 비장애 아동에 비해 화용론적 '지식'이 부족하다기보다는 화용론적 '행동'이 부적절하기에 의사소통의 어려움을 갖는다고 지적하였다.

(3) ADHD를 동반한 의사소통장애 아동 진단 시 유의점

아직 충분한 연구결과가 집약되어 있지는 않으나 ADHD의 장애 특성을 고려해 볼 때 이들이 가진 의사소통 문제를 진단할 때에는 다음과 같은 주의사항이 요구된다.

첫째, ADHD 아동 · 청소년은 선택적 주의집중능력이 부족하고 쉽게 산만해지므로 진단 장소의 환경과 소음에 특별한 주의를 기울일 필요가 있다. 진단자는 벽에 게시된 자료의 수, 초기 라포 형성을 위해 사용했던 장난감이나 교구들에 대한 처리, 검사에 사용되는 그림, 실물, 검사지, 필기도구 등의 배치 등에 대해 진단이 시작되기 전에 면밀히 고려할 필요가 있다.

둘째, 충동성이 주요 장애 특성이므로 질문에 대한 답을 알고 있는데도 성급하게 답을 하느라 아동의 실제 능력보다 낮은 검사결과가 나올 수 있다. 특히 수용언어를 검사할 때에는 예시 문제를 푸는 과정에서 충동적으로 답하는 경향이 어느 정도인지 알아보도록 하고, 충동적 경향이 심할 경우에는 예시 문제를 한 번 더 반복하면서 문제가 완전히 다 제시될 때까지 기다리는 연습을 하게 할 필요가 있다.

셋째, 진단 상황 자체가 ADHD 아동에게 긴장과 흥분을 유발할 수 있으므로 아동의 부모나 특수교사와 미리 상의하여 평소 아동이 과잉행동이나 방해행동을 보일 때 사용하던 자기교수법(self-instruction)이나 긴장이완 전략 혹은 메타버스 플랫폼(문명희, 2024)을 진단 상황에서 적절하게 이용하도록 한다.

5) 내면화된 정서장애: 우울과 불안

정서장애는 내면화된 장애와 외현화된 장애로 나눌 수 있다. 앞서 제시된 ADHD는 외현화된 정서장애의 대표적 유형이라고 할 수 있다. 외현화된 정서 및 행동 문제도 의사

소통 문제를 야기하지만, 우울, 불안, 위축 등과 같은 내면화된 정서장애도 의사소통에 끼치는 영향이 크다. 여기서는 내면화된 정서장애 중 우울과 불안을 다루고자 한다.

(1) 정의

① 우울

우울증은 일상생활 기능을 방해할 만큼 정상적이지 못한 우울한 기분(슬프고, 낙담되고, 절망적인)이 지속되는 증후군으로 정의된다(Muse, 1990). 우울장애로 간주되기 위해서는 다음에서 제시하는 증상 중 다섯 가지 이상이 최소한 2주 이상 지속되어야 한다(남미희 외, 2011).

- 자주 슬퍼하고 눈물을 흘리고 울기도 함
- 식욕과 체중의 변화
- 불면증 또는 과다 수면
- 정신운동 활동에 있어서의 흥분 또는 지체
- 일상생활의 흥미와 즐거움 상실
- 활동력 상실/피곤
- 무가치한 느낌/과다한 또는 부적절한 죄책감
- 생각하고 집중하고 결정 내리기 어려움
- 가출에 대해서 말하거나 실제로 시도함
- 자살에 대해서 생각하거나 표현하고 자해행동을 보임

DSM-IV에서는 아동기 우울과 성인기 우울장애는 유사하지만 연령에 따른 발달학적 차이가 있음을 고려하고 있다. 이별불안, 공포증, 신체 증상, 행동 문제 등이 많으며, 내인성 우울, 자살시도, 기능 손상 등은 연령이 증가할수록 많이 나타난다(임명호 외, 2000). 아동기 우울의 경우, 쉽게 흥분하고 과민한 기분이 우울한 기분을 대체할 수 있다(Goodyer & Cooper, 1993). 아동기의 부정적 생애 경험은 우울증과 관련된 문제에서 가장 중요하게 예측되는 요인 중 하나다(Manyema, Norris, & Richter, 2018). 우울증은 아동기에서 청소년기로 성장하면서 더욱 빈도가 높아지고, 사춘기 이전에는 남학생에게 우울증이 더 많거나 비슷하며 사춘기 이후 남학생보다는 여학생에게 더 빈번하게 나타난다(Wigfield & Ponnock, 2020). 아동기 우울에는 다음과 같은 세 가지 중요한 쟁점이 있다. 첫째, 성인과 동일한 준거가 사용될 수 있다는 점이다(APA, 2013). 둘째, 아동의 경우 내면의 고통보다는 외현화된 행동으로 표현될 수 있다는 점이다. 셋째, 우울함을 보이는 대신 극도로 예민하거나 쉽게 흥분하는 행동이 나타날 수 있다는 점이다.

DSM-5에서는 기분장애가 삭제되면서 우울장애와 양극성 및 관련 장애로 분리된다. 우울장애라는 주요 범주에 주요우울장애와 지속성 우울장애(기분부전증)가 포함된다. 주요우울장애는 적어도 2주 이상의 우울 기분 또는 모든 활동에 있어서의 흥미나 즐거움의 상실로 특징지어진다. 지속성 우울장애는 적어도 2년 동안(아동·청소년의 경우는 1년) 우울 기분이 없는 날보다 우울 기분이 있는 날이 더 많으며, 이는 주관적인 설명이나 타인의 관찰로 드러난다. 아동기 지속성 우울장애는 무쾌감증, 사회적 위축, 피로, 수면의 감소보다는 침울한 생각 및 기타 부정적인 감정을 강조한다는 점에서 주요우울장애와 차이가 있다(Kovacs, Goldston, & Gatsonis, 1993). DSM-5는 '파괴적 기분조절곤란장애'의 하위 범주가 포함되어 아동기 양극성 장애의 과잉진단에 대한 우려와 극단적인 행동통제 곤란 및 지속적인 성마름을 보이는 아동에게 적절한 진단과 중재를 제공하고자 한다. 파괴적 기분조절곤란장애는 언어적·행동적으로 나타나는 심한 울화 폭발이 반복되는 것으로 상황이나 화낼 이유에 비해 강도나 지속시간이 너무 지나친 것이 특징이다.

② 불안

불안장애는 아동·청소년기에 나타나는 가장 흔한 정서·행동장애다(Walter et al., 2020). 한마디로 정의하자면 지나친 걱정과 관계된다. 불안은 주관적인 염려, 확산적인 사고 성향, 그리고 생리적인 각성을 수반하는 혐오적이거나 불쾌한 상태(King & Ollendick, 1989)로 간주되며, 학업이나 사회성 및 기타 일상적인 기능에서 심각한 어려움을 보이곤 한다(de Lijster et al., 2018). DSM-5-TR에서는 불안장애의 주요 범주에 범불안장애, 사회불안장애, 공포증, 분리불안장애, 공황장애, 선택적 함묵증을 포함하고 있다.

- 범불안장애: 과도하고 비현실적인 걱정과 두려움, 긴장 상태를 보이며 6개월 이상 지속된다.
- 사회불안장애: 사회적 상황(예: 회의, 새로운 사람과의 만남)에서 다른 사람이 자신을 부정적으로 평가하는 것에 대해서 두려움을 보이며 이로 인해 사회적 상황을 회피한다.
- 공포증: 특정 사물이나 상황에 대한 극심한 두려움(예: 개, 뱀, 높이)을 나타낸다. 두려움의 정도가 상황에 비해 부적절하며 다른 사람에게 비합리적으로 보인다.
- 분리불안장애: 집이나 애착 대상으로부터 분리에 대해 발달적으로 부적절하고 과도한 두려움과 불안을 느낀다.
- 공황장애: 10분 이내의 시간 동안 강력하게 경험하는 불쾌함과 스트레스, 불합리한 공포와 관찰 가능한 신체적 증상이 나타난다.
- 선택적 함묵증: 다른 상황에서는 말을 잘하면서도 특정 상황에서만 말을 못한다. 언어 관련 지식이나 기술이 없어서도 아니고 의사소통장애(예: 말더듬)로도 설명되지 않는다.

(2) 의사소통적 특성

① 우울

우울은 우울한 외관, 초조감, 분리불안, 공포 등으로 나타나며, 원인을 알 수 없거나 과장된 신체적 고통(Kashani, Rosenberg, & Reid, 1989; Ryan et al., 1987)을 호소하는 경우가 많다. 아동기 우울의 경우는 슬픈 기분보다는 지나치게 민감하거나 까다로운 기분 또는 언쟁하기로 나타날 수 있는데, 이는 '버릇없는 아이'와는 구별되어야 한다.

우울증은 사회적 위축과도 밀접한 관계가 있으며(Goodyer & Cooper, 1993), 외현적인 의사소통적 증상으로는 정신운동 변화(Matson, 1989)를 들 수 있다. 초조가 그중 한 가지인데, 다른 사람을 바라보거나 눈맞춤이 감소되고 안절부절못하거나 계속 앉아 있지 못하는 등의 특성을 보인다. 피부, 옷 또는 다른 물건을 잡아당기거나 문지르기, 손을 꽉 쥐기 등을 포함한다. 또 대답하기 전 침묵하는 시간이 길어지는 등 말의 지체를 보이기도 한다. 언어 속도의 지연도 보고되고 있으며(임명호 외, 2000) 음량, 음조, 적어진 말수, 말의 내용이 다양하지 않거나 말이 없어지는 경우도 나타난다. 지나친 걱정(Goodyer & Cooper, 1993)과 절망(Abramson, Metalsky, & Alloy, 1989)을 말하며, 슬프거나 피로하다고 불평하는 말 혹은 부정적인 자기도식(Hammen, 1988)과 피해 사고(임명호 외, 2000)를 포함하는 부정적인 언어사용을 자주 한다. 또한 자신이 어떻게 할 수 없는 스트레스 요인(Muse, 1990)에 대해서 부정적인 표현을 자주 한다. 죽고 싶다거나 자살에 대해서 언급하기도 한다(박애리, 2021). 이러한 정신운동적 초조나 지체는 다른 사람들에 의해서 관찰될 수 있을 정도로 심각하다.

② 불안

분리불안장애(Separation Anxiety Disorder: SAD)는 아동에게 흔하게 나타난다(Coleman & Webber, 2002). 분리불안장애의 중요한 특성은 부모나 다른 애착 대상으로부터의 분리에 대해 나이에 적절하지 않게 과도한 불안을 나타내는 것이며, 또 다른 특성은 비현실적인 걱정과 지속적으로 불안한 기분이다. 이에 따라서 분리불안장애 아동은 여러 가지 회피행동을 나타낸다. 이에 관한 공식적 분류기준은 존재하지 않지만 스케줄에 대해 끊임없이 질문을 한다든지, 장기간 부모와 떨어지게 될 때 부모에게 달라붙고 부모가 없는 곳에서 친구들과 노는 것을 꺼리게 된다(Bell-Dolan & Brazeal, 1993). 처음에는 거짓말과 불평으로 시작되어 잘 모르는 사이에 심각한 회피로 진행된다(Albano, Chorpita, & Barlow, 1996; Walters & Inderbitzen, 1998). 어느 누구도 자신을 사랑하지 않고 돌봐 주지 않는다고 호소하고, 남들이 자신이 죽기를 바라고 있다고 불평하기도 한다. 분리가 예상될 때에는 화를 내기도 하고, 때로는 분리를 강요한 사람을 때리기도 한다. 혼자 있을 때에는 일상적이지 않은 지각 경험을 말하기도 한다. Francis, Last와 Strauss(1987)에 따르면, 분리불안장애는 성차보다는 연령차가 더 주요하게 작용한다. 어린 아동(5~8세)은 애착 대상에게 일어나는 피해나 악몽 혹은 등교 거부를 가장 많이 보고하고, 9~12세 아동은 분리 시 과도한 스트레스를, 그리고 청소년(13~16세)은 신체적 호소와 등교 거부를 가장 많이 보고하였다.

학교와 관련된 두려움과 공포증을 지닌 경우 교육 환경에서 그러한 두려움을 호소하

는데, 의사소통적 특성과 관련하여 나타나는 것으로는 대중연설을 들 수 있다. 불안과 두려움으로 몸이 떨리고 호흡이 곤란해지면서 손과 목소리가 떨리는 등 발표를 할 수 없고(이승희, 2017), 때로는 심하게 울면서 회피 반응을 보이기도 한다.

사회공포증을 가진 아동·청소년은 친구가 거의 없고 집단 활동 참여를 꺼린다. 학교에서도 친구들 앞에서 소리 내어 책을 읽거나 말하기 등 다양한 상황에서 두려움을 느낀다. 전화나 초인종 소리에 응답하기를 피하고, 친구들과 가족을 만날 때 말없이 조용히 있는 경우가 많다. 또한 "나는 바보처럼 보일 거야."와 같은 혼잣말(Ronan, Kendall, & Rowe, 1994)도 하게 된다. 대화를 시작하고 유지하기 힘들어하며 질문에 대답하기 어려워하는(Silverman & Albano, 1996) 등 외톨이로 보이는 아동을 위해서는 많은 격려가 필요하다.

선택적 함묵증을 가진 아동의 경우 말하지 않는 것에 관심을 기울이거나 벌하지 않고 말에 근접하는 행동(예: 말이 아닌 발성, 학급 활동 참여)에 강화를 사용하거나 비디오 자기 모델링을 통한 성과가 인정되고 있다(Hume et al., 2021).

(3) 내면화된 정서장애를 동반한 의사소통장애 아동 진단 시 유의점

① 우울

아동기 우울증의 특징으로는 쉽게 흥분하고 분노 감정을 드러내는 것, 비협동적이고 무감동·무관심한 것(Kashani, Rosenberg, & Reid, 1989), 쾌활함의 결여 등을 들 수 있다. 학령전기 아동이 나타내는 우울 증상은 흔히 스트레스를 유발하는 생활사건에 대한 반응으로 나타날 수 있다. 그러나 7세 이전 아동은 정서적인 상태를 효과적으로 표현하지 못하는 경우가 많으므로 학령전기 아동의 우울을 진단해 내기가 쉽지 않다. 그러므로 이러한 진단을 하기 위해서는 갑자기 소리를 지르거나 이해할 수 없는 과민 반응, 공포나 불안의 표현, 난폭한 행동, 신체적 원인을 발견할 수 없는 신체 증상 호소 등의 비언어적 표현에 주의를 기울여야 한다.

주의 깊은 면담은 주요 우울을 진단하는 데 필수적이다. 이것은 정보 수집과 함께 처음에 개인의 문제를 공유하기를 꺼리는 아동과 신뢰성 있는 관계를 형성하기 위해서도 중요하다. 면담자는 우울증을 가진 아동이 자신에게 위해를 가할 생각을 가지고 있는지에 대해서도 살펴보아야 한다. 대체로 자살 의도를 사전에 이야기하려는 경향이 있어서 자살계획을 실제로 전하기도 하는데, 자살계획이 세부적일수록 진단에 유의하여야 한다(National Institute of Mental Health, 2018).

또한 우울의 가능성이 있는 아동(Compas, Ey, & Grant, 1993)으로부터 정확한 정보를 얻기 힘들기 때문에 주변 제보자로부터 다양한 방법으로 정확한 정보를 수집하여야 한다(Rutter, 1978). 문화는 우울 증상의 체험과 표현 양상에 영향을 미칠 수 있으므로 특정 문화와 나이, 성별에 대한 고려도 하여야 한다. 우울장애는 불안장애, 품행장애, 섭식장애, 물질남용 등과 동시에 나타나는 경우도 많다(Angold & Costello, 1993; Fleming & Offord, 1990; Hammen & Compas, 1994).

② 불안

불안장애는 가계에 따라 나타나는 경향이 있다(Turner, Beidel, & Costello, 1987). 또한 부정적인 생활사건 등 환경적 스트레스 요인도 중요한 역할을 한다(Bernstein & Borchardt, 1991; Kashani & Overschel, 1990). 예를 들어, 불안한 아동은 부모의 환경적 위협에 대한 인식을 언어적 · 심리사회적 · 행동적으로 모방하는 경향(Ginsburg, Silverman, & Kurtines, 1995)이 있다. 따라서 불안장애를 가진 아동에게는 발달 문제에 민감한 포괄적인 진단이 필요하다(Wicks-Nelson & Israel, 2003). 임상적 수준의 불안과 정상적인 걱정 및 두려움을 구분하기 위해서는 우선 환경적 고려가 필요하다. 예를 들어, 심한 불안을 일으키는 환경적 사건을 평가하고, 가족 간의 상호작용과 의사소통, 아동의 행동에 대한 또래와 성인들의 반응, 주변 가족이나 친척 가운데 문제가 있는지의 여부를 평가할 수 있다(정명숙, 손영숙, 정현희, 2005).

불안장애를 가진 아동은 종종 다른 사람들이 자신을 부정적으로 평가한다고 믿는 경향이 있기 때문에 아동의 관점에서 주관적 요소를 정확하게 평가하는 것이 중요하다. 그러나 아동은 자신의 주관적인 느낌을 언어로 표현하고 전달하는 데 어려움을 가질 수 있으므로 이에 대한 세심한 배려가 요구된다.

 4. 맺음말

이 장에서는 의사소통장애와 함께 나타날 수 있는 여러 유형의 장애 정의, 일반적 특성, 하위 유형, 의사소통상의 특성, 의사소통 진단 시 유의점 등을 살펴보았다. 의사소통의 문제는 한 개인에게서 따로 떼어 내서 진단하거나 처치할 수 있는 것이 아니다. 따라서 의사소통장애의 진단과 치료를 담당하는 전문가들이 의사소통장애인이 보일 수 있는 여러 유형의 장애를 이해하고, 이를 바탕으로 보다 포괄적이고 종합적인 진단을 실시할 수 있는 역량을 갖추는 것이 무엇보다 중요하다. 이 장에 소개된 장애 유형 외에도 읽기, 쓰기에서의 어려움을 대표적 특징으로 하는 학습장애는 의사소통장애의 동반장애로서 좀 더 심도 있게 연구되어야 할 장애 영역이라 할 수 있다. 의사소통장애와 기타 장애의 높은 공존 비율과 이들에 대한 진단 및 중재에 요구되는 지식과 기술의 복잡성을 고려할 때, 동반장애를 가진 의사소통장애인의 진단과 지원 방안을 정교화하기 위한 관련 분야 전문가들의 학제 간 협력 연구가 장기적이고 체계적으로 실행되어야 할 필요성은 자명해진다.

용어해설

- DSM(Diagnostic and Statistical Manual of Mental Disorders): 미국정신의학협회(American Psychiatric Association: APA)가 발간하는 『정신장애의 진단 및 통계 편람』으로, 현재 DSM-5-TR은 2022년에 5판의 일부 내용을 수정하여 수정판(Text Revision: TR)으로 사용되고 있음
- ICD(International Classification of Diseases): 세계보건기구(World Health Organization: WHO)에서 건강 증진과 임상적 사용을 목적으로 개발한 질병 분류체계. 2018년에 ICD-11이 발간되어 2022년부터 효력을 지님
- 공존(comorbidity): 두 가지 이상의 장애가 한 개인에게서 동시에 나타나는 것
- 내면화된 정서장애: 외현화된 정서장애(예: 공격성, 과잉행동)와 상대되는 개념으로, 불안, 우울 등과 같이 개인 내적으로 발생하는 정서 문제를 포괄하여 일컫는 용어

- 뇌성마비: 출생 전 · 중 · 후에 발생된 뇌손상으로 야기된 신체 여러 부위의 마비와 자세 및 운동 능력의 장애
- 「장애인 등에 대한 특수교육법」: 1977년에 제정되어 국내 특수교육의 제반 사항을 규정했던 「특수교육진흥법」이 폐지된 후 이를 대신하여 제정된 법으로, 2007년 국회를 통과하여 2008년부터 시행되고 있음
- 지적장애: 22세 이전에 시작되는 지적 기능과 적응행동에서의 제한
- 진행성 장애: 시간의 흐름에 따라 상태가 더 악화되는 장애

참고문헌

강연지(2010). 스크립트 활동을 통한 언어중재가 지적장애아동의 의사소통기능에 미치는 효과. 단국대학교 특수교육대학원.

강영모, 박주훈, 김향은, 손승현(2024). 기능적 의사소통 중심의 긍정적 행동지원이 지적장애 고등학생의 문제행동과 일상생활기술에 미치는 효과. **특수교육논총**, 40(1), 165-192. https://doi.org/10.31863/JSE2024.02.40.1.165

고은(2021). **의사소통장애아 교육**(3판). 학지사.

국립특수교육원(2018). **중도중복장애학생의 의사소통을 위한 손담교수학습자료집**.

국립특수교육원(2019). **지체중복장애학생을 위한 손담 가이드북**.

권회연, 이미애(2013). 정신지체아동의 적응행동발달에 관한 종단연구. **지적장애연구**, 15(4), 197-214.

김동인, 정은희(2020). 인공지능 스피커를 활용한 상호작용이 지적장애학생의 의사소통 의도와 화용론적 특성에 미치는 영향. **한국언어치료학회 학술발표대회 논문집**, 348-352.

김동일, 박희찬, 홍성두, 이해린, 고혜정(2014). 직업적 장애 선별과 고용 및 직업재활 서비스 지원 프로토콜 탐색. **특수아동교육연구**, 16(1), 1-23.

김영태(2014). **아동언어장애의 진단 및 치료**(2판). 학지사.

김영희, 백은희(2021). 용암법, 행동형성, 행동연쇄에 기반한 독립시행훈련이 자폐성장애 유아의 사회적 의사소통기술의 습득에 미치는 효과. 공주대학교 대학원 석사학위논문.

김은경(2011). 자폐 스펙트럼 장애 의심 영아의 18, 24, 30개월 초기 사회적 의사소통 특성. **자폐**

성장애연구, 11(2), 25-47.

남미희, 허대석, 전태연, 이민수, 조맹제, 한창수, 김민경(2011). 우울증, 자살 그리고 한국사회. 대한의사협회지, 54(4), 354-361.

문명희(2024). 메타버스를 활용한 사회적 상황이야기 중재가 ADHD 아동의 사회적 의사소통 기술에 미치는 영향. 부산대학교 대학원 석사학위논문.

박애리(2021). 아동기 부정적 생애경험이 성인기 우울장애 및 자살생각에 미치는 영향. 한국웰니스학회지, 16(1), 277-283.

박은영(2020). 자폐성장애 아동에 대한 국내 기능적 의사소통 훈련 메타분석. 행동분석 · 지원연구, 7(1), 115-134.

박은혜, 김영태, Snell, M. (2005). AAC 체계 적용을 위한 진단 프로토콜. 이화여자대학교 특수교육연구소.

박은혜, 이정은(1999). 보완 · 대체 의사소통 진단모델에 관한 고찰. 교과교육학연구, 3(2), 229-246.

서민경, 이소현(2022). SCERTS 모델 기반의 가정 일과 중심 부모 실행 중재가 자폐 범주성 장애 영아의 공동관심 및 놀이 기술과 부모의 양육효능감에 미치는 영향. 특수교육연구, 28(1), 199-233.

송준만, 강경숙, 김미선, 김은주, 김정효, 김현진, 이경순, 이금진, 이정은, 정귀순(2022). 지적장애학생 교육(3판). 학지사.

신종호, 이강희(2002). 일반 아동과 경도 정신지체 아동의 상황, 조건, 인과관계에 대한 언어이해능력 비교 연구. 특수교육, 1(1), 47-69.

신현기, 이성봉, 이병혁, 이경면, 김은경(2014). 자폐스펙트럼장애학생 교육의 실제. 시그마프레스.

심현섭, 권미선, 김수진, 김영태, 김정미, 김진숙, 김향의, 배소영, 신문자, 윤미선, 윤혜련, 연석정, 진인기(2024). 의사소통장애의 이해(4판). 학지사.

이소현, 박은혜(2024). 특수아동교육: 통합학급 교사들을 위한 특수교육 지침서(4판). 학지사.

이소현, 이은정(2009). 자폐범주성장애 아동의 사회성 및 의사소통 발달. 시그마프레스.

이승희(2017). 정서행동장애개론. 학지사.

이은주(2022). 의사소통과 사회적 능력과의 변화 분석. *Communication Sciences & Disorders*, *27*(1), 70-85.

임명호, 조수철, 백기청, 이경규, 김현우, 홍강의(2000). 입원한 기분장애 소아청소년의 임상특성: 주요 우울증과 양극성장애의 우울삽화 비교를 중심으로. 소아 · 청소년정신의학, 11(2), 209-220.

정명숙, 손영숙, 정현희(2005). **아동기 행동장애**. 시그마프레스.

황하정(2017). 학령기 경도지적장애아동의 의사소통조망수용 조건에 따른 참조적 의사소통 특성. **언어치료연구**, 26(4), 81-98.

Abramson, L. Y., Metalsky, G. I., & Alloy, L. B. (1989). Hopelessness depression: A theory-based subtype of depression. *Psychological Review*, *96*(2), 358-372.

Albano, A. M., Chorpita, B. F., & Barlow, D. H. (1996). Childhood anxiety disorders. In E. J. Mash & R. A. Barkley (Eds.), *Child psychopathology* (pp. 196-241). Guilford.

American Association on Intellectual and Developmental Disabilities(AAIDD). (2010). *Intellectual disabilities: Definition, classification, and systems of supports*. Author.

American Psychiatric Association(APA). (2013). *Diagnostic and statistical manual of Mental Disorders(DSM-5)* (5th ed.). Author.

American Psychiatric Association(APA). (2022). *Diagnostic and statistical manual, Fifth edition, Text Revision(DSM-5-TR)*. American Psychiatric Publishing.

Angold, A., & Costello, E. (1993). Depressive comorbidity in children and adolescents: Empirical, theoretical, and methodological issues. *The American Journal of Psychiatry*, *150*(12), 1779-1791.

Bailey, D. B., & Wolery, M. (1995). **장애 영유아를 위한 교육** [*Teaching infants and preschoolers with disabilities*]. (이소현 역). 이화여자대학교출판부. (원저는 1992년에 출판).

Baker, L., & Cantwell, D. P. (1992). Attention deficit disorder and speech/language disorders. *Comprehensive Mental Health Care*, *2*(1), 3-16.

Baltaxe, C., & Simmons, J. Q. (1985). Prosodic development in normal and autistic children. In E. Schopler & G. Mesibov (Eds.), *Issues in autism: Communication problems in autism* (pp. 95-125). Plenum Press.

Barkley, R. A., DuPaul, G. J., & McMurray, M. B. (1990). A comprehensive evaluation of attention deficit disorder with and without hyperactivity defined by research criteria. *Journal of Consulting and Clinical Psychology*, *58*, 775-789.

Batshaw, M. L. (2002). *Children with disabilities* (5th ed.). Paul Brookes.

Batshaw, M. L., Roizen, N. J., & Pellegrino, L. (2019). *Children with disabilities* (8th ed.). Brookes.

Beitchman, J. H., Hood, J., Rochon, J., & Peterson, M. (1989). Empirical classification of speech and language impairment in children. *Journal of the American Academy of Child and Adolescent Psychiatry*, *28*, 118–123.

Bell-Dolan, D., & Brazeal, T. J. (1993). Separation anxiety disorder, overanxious disorder, and school refusal. *Child and Adolescent Psychiatric Clinics of North America*, *2*, 563–580.

Best, S. J., Heller, K. W., & Bigge, J. (2010). *Teaching individuals with physical, or multiple disabilities* (6th ed.). Pearson.

Bernstein, G. A., & Borchardt, C. M. (1991). Anxiety disorders of childhood and adolescence: A critical review. *Journal of the American Academy of Child and Adolescent Psychiatry*, *30*, 519–532.

Biederman, M. D., Newcorn, J., & Sprich, S. (1991). Comorbidity of attention deficit hyperactivity disorder with conduct, depressive, anxiety, and other disorders. *American Journal of Psychiatry*, *148*, 564–577.

Bishop, D. (1992). The underlying nature of specific language impairment. *Journal of Child Psychology and Psychiatry*, *33*, 3–66.

Blackburn, C., Tueres, M., Sandanayake, N., Roberts, J., & Sutherland, R. (2023). A systematic review of interventions for echolalia in autistic children. *International Journal of Language & Communicatiom Disorders*, *58*(6), 1977–1993. https://doi.org/10.1111/1460-6984.12931

Bogdashina, J. (2022). *Communication issues in autism and Asperger sydrome: Do we speak the same language?* (2nd ed.). Jessica Kingsley Publishers.

Cantwell, D. P., Baker L., Rutter M., & Mawhood, L. (1989). Infantile autism and developmental receptive dysphasia: A comparison follow-up into middle childhood. *Journal of Autism and Developmental Disorders*, *19*(1), 19–31.

Chawarska, K., & Volkmar, F. (2005). Autism in infancy and early childhood. In F. Volkmar, R. Paul, A. Klin, & D. Cohen (Eds.), *Handbook of autism and pervasive developmental disorders, Vol 1*. Wiley.

Cohen, L. G., & Spenciner, L. J. (2003). *Assessment of children and youth with special needs* (2nd ed.). Allyn & Bacon.

Coleman, M. C., & Webber, J. (2002). *Emotional and behavioral disorders: Theory and practice* (4th ed.). Pearson Education, Inc.

Compas, B. E., Ey, S., & Grant, K. E. (1993). Taxonomy, assessment, and diagnosis of depression during adolescence. *Psychological Bulletin*, *114*, 323-344.

Dawson, G., Metzoff, A. N., Osterling, J., Rinaldi, J., & Brown, E. (1998). Children with Autism fail to orient to naturally occurring social stimuli. *Journal of Autism and Developmental Disorders*, *28*(6), 479-485.

de Lijster, J. M., Dieleman, G. C., Utens, E. M. W. J., Dierckx, B., Wierenga, M., Verthulst, F. C., & Legerstee, J. S. (2018). Social and academic functioning in adolescents with anxiety disorders: A systematic review. *Journal of Affective Disorders*, *230*, 108-117. https://doi.org/10.1016/j.jad.2018.01.008

Eales, M. J. (1993). Pragmatic impairments in adults with childhood diagnoses of autism or developmental receptive language disorder. *Journal of Autism and Developmental Disorders*, *23*, 593-617.

Ezell, H., & Goldstein, H. (1991). Comparison of idiom comprehension of normal children and children with mental retardation. *Journal of Speech and Hearing Research*, *34*, 812-819.

Fleming, J. E., & Offord, D. R. (1990). Epidemiology of childhood depressive disorders: A critical review. *Journal of the American Academy of Child and Adolescent Psychiatry*, *29*, 571-580.

Francis, G., Last, C. G., & Strauss, C. C. (1987). Expression of separation anxiety disorder: The role of age and gender. *Child Psychiatry and Human Development*, *87*, 82-89.

Ginsburg, G. S., Silverman, W. K., & Kurtines, W. K. (1995). Family involvement in treating children with phobic and anxiety disorders: A look ahead. *Clinical Psychology Review*, 15, 457-473.

Goodyer, I., & Cooper, P. J. (1993). A Community study of depression in adolescent girls II: The clinical features of identified disorder. *Brazilian Journal of Psychiatry*, *163*, 374-380.

Hallahan, D. P., Kauffman, J. M., & Pullen, P. (2023). *Exceptional children: Introduction to special education* (15th ed.). Pearson.

Hammen, C. (1988). Self-cognitions, stressful events, and the prediction of depression in children of depressed mothers. *Journal of Abnormal Child Psychology*, *16*(3), 347-360.

Hammen, C., & Compas, B. (1994). Unmasking unmasked depression: The problem of comorbidity in child and adolescent depression. *Clinical Psychology Review*, *14*, 585-603.

Harrison, P. L., & Robinson, J. (1995). Best practices in the assessment of adaptive behavior. In A. Thomas & J. Grimes (Eds.), *Best practices in school psychology-III* (pp. 753-762). National Association of School Psychologists.

Hume, K., Steinbrenner, J. R., Odom, S. L., Morin, K. L., Nowell, S. W., Tomaszewski, B., Szendrey, S., McIntyre, N. S., Yücesoy-Özkan, S., & Savage, M. N. (2021). Evidence-based practices for children, youth, and young adults with autism: Third generation review. *Journal of Autism and Developmental Disorders*, *51*, 4013-4032. https://doi.org/10.1007/s10803-020-04844-2

Kashani, J. H., & Overschel, H. (1990). A community study of anxiety in children and adolescents. *American Journal of Psychiatry*, *147*, 313-316.

Kashani, J. H., Rosenberg, T. K., & Reid, J. C. (1989). Developmental perspectives in child and adolescent depressive symptoms in a community sample. *American Journal of Psychiatry*, *146*, 871-875.

Kernan, K. (1990). Comprehension of syntactically indicated sequence by Down's syndrome and other mentally retarded adults. *Journal of Mental Deficiency Research*, *34*, 169-178.

Kim, O. H., & Kaiser, A. P. (2000). Language characteristics of children with ADHD. *Communication Disorders Quarterly*, *21*(3), 154-165.

King, N. J., & Ollendick, T. H. (1989). Children's anxiety and phobic disorders in school settings: Classification, assessment and intervention issues. *Reviews of Educational Research*, *59*, 431-470.

Koegel, L. K., & Koegel, R. L. (1995). Motivating communication in children with autism. In E. Schopler & G. Mesibov (Eds.), *Learning and cognition in autism* (pp. 73-87). Plenum Press.

Kovacs, M., Goldston, D., & Gatsonis, C. (1993). Suicidal behaviors and childhood-onset depressive disorders: A longitudinal study. *Journal of American Academy of Child & Adolescent Psychiatry*, *32*(1), 8-20.

Kuder, S. J. (1997). *Teaching students with language and communication disabilities*. Allyn & Bacon.

Landa, R. (2000). Social language use in Asperger syndrome and high-functioning autism. In A. Klin, E. Volkmar, & S. Sparrow (Eds.), *Asperger syndrome* (pp. 125-158). Guilford press.

Lee, A., Hobson, R. P., & Chiat, S. (1994). I, you, me, and autism: An experimental study. *Journal of Autism and Developmental Disorders*, *24*, 155-176.

Manyema, M., Norris, S. A., & Richter, L. M. (2018). Stress begets stress: The association of adverse childhood experiences with psychological distress in the presence of adult life stress. *BMC Public Health*, *18*, 835.

Matson, J. L. (1989). *Treating depression in children and adolescents*. Pergamon.

McCauley, R. J., Bean, A., & Prolock, P. A. (2021). Assessment for treatment planning and progress monitoring. In P. A. Prelock & R. J. McCauley (Eds.), *Treatment of autism spectrum disorder: Evidence-based intervention strategies for communication and social interactions* (2nd ed., pp. 19-50). Brookes.

McEvoy, R. E., Rogers, S. J., & Pennington, B. F. (1993). Executive function and social communication deficits in young autistic children. *Journal of Child Psychology and Psychiatry*, *34*, 563-578.

McLeavey, B., Toomey, J., & Dempsey, P. (1982). Nonretarded and mentally retarded children's control over syntactic structures. *American Journal of Mental Deficiency*, *86*, 485-494.

Miller, J. P., Chapman, R. S., & MacKenzie, H. (1981). Individual difference in the language acquisition of mentally retarded children. *Proceedings from the Second Wisconsin Symposium on Research in Child Language Disorders*. University of Wisconsin.

Mundy, P., Sigman, M., & Kasari, C. (1994). Joint attention, developmental level, and symptom presentation in autism. *Development and Psychopathology*, *6*, 389-401.

Mundy, P., Sigman, M., Ungerer, J., & Sherman, T. (1986). Defining the social deficits of autism: The contribution of nonverbal communication measures. *Journal of Child Psychology and Psychiatry*, *27*, 657-669.

Muse, N. J. (1990). *Depression and suicide in children and adolescents*. Pro-Ed.

National Center on Birth Defects and Developmental Disabilities. (2022). *Data and statistics about ADHD*. Centers on Disease Control and Prevention. http://www.cdc.gov/ncbddd/adhd/data.html

National Institute of Mental Health. (2018). *Teen depression*. Author. http://www.nimh.nih.gov/health/publicution/teen-depression_20-mh-8089_150205.pdf

Ogletree, B. T., & Oren, T. (2006). *How to use augmentative and alternative communication*. Pro-Ed.

Osterling, J., & Dawson, G. (1994). Early recognition of children with autism: A study of first birthday home videotapes. *Journal of Autism and Developmental Disorders, 24*, 247-257.

Owens, R. E. (2002). Mental retardation: Difference and delay. In D. K. Bernstein & E. Tiegerman-Farber (Eds.), *Language and communication disorders in children* (pp. 436-509). Allyn and Bacon.

Paul, R., Fischer, M. L., & Cohen, D. J. (1988). Brief report: Sentence comprehension strategies in children with autism and specific language disorders. *Journal of Autism and Developmental Disorders*, *18*, 669-677.

Potvin, D., & Ratto, A. B. (2019). Autism spectrum disorder. In M. L. Batshaw, N. J. Roizen, & L. Pellegrino (Eds.), *Children with disabilities* (8th ed., pp. 177-198). Brookes.

Prizant, B. M., & Rydell, P. J. (1984). An analysis of the functions of delayed echolalia in autistic children. *Journal of Speech and Hearing Research*, *27*, 183-192.

Prizant, B. M., & Wetherby, A. M. (2005). Critical issues in enhancing communication abilities for persons with autism spectrum disorder. In. F. R. Volkman, R. Paul, A. Klin, & D. Cohen (Eds.), *Handbook of autism and pervasive developmental disorders, Vol. 2: Assessment, intervention, and policy* (3rd ed., pp. 925-949). Wiley.

Riguet, C., Taylor, N., Benaroya, S., & Klein, L. (1981). Symbolic play in autistic, Down's, and normal children of equivalent mental age. *Journal of Autism and Developmental Disorders*, *11*, 439-448.

Ronan, K. R., Kendall, P. D., & Rowe, M. (1994). Negative affectivity in children: Development and validation of a self-statement questionnaire. *Cognitive Therapy and Research*, *18*, 509-528.

Rutter, M. (1978). Diagnosis and definition. In M. Rutter & E. Schopler (Eds.), *Autism: A reappraisal of concepts and treatment* (pp. 1-25). Plenum Press.

Ryan, N. D., Puig-Antich, J., Ambrosini, P., Rabinovich, H., Robinson, D., Nelson, B., Iyengar, S., & Twomey, J. (1987). The clinical picture of major depression in children and adolescents. *Archives of General Psychiatry*, *44*(10), 854-861.

Rydell, P. J., & Mirenda, P. (1994). Effects of high and low constraint utterances on the production of immediate and delayed echolalia in young children with autism. *Journal of Autism and Development Disorders*, *24*, 719-735.

Schleichkorn, J. (1993). *Coping and cerebral palsy: Answer to questions parents often ask* (2nd ed.). Pro-Ed, Inc.

Shriberg, L. D., Paul, R., McSweeny, J. L., Klin, A., & Cohen, D. J. (2001). Speech and prosody characteristics of adolescents and adults with high-functioning autism and Asperger syndrome. *Journal of Speech and Hearing Research*, *44*, 1097-1115.

Shriberg, L., & Widder, C. (1990). Speech and prosody characteristics of adults with mental retardation. *Journal of Speech and Hearing Research*, *33*, 627-653.

Silverman, W. K., & Albano, A. M. (1996). *Anxiety disorders interview schedule for DSM-IV: Child version*. The Psychological Corporation.

Tager-Flusberg, H. (1993). What language reveals about the understanding of minds in children with autism. In S. Baron-Cohen, H. Tager-Flusberg, & D. J. Cohen (Eds.), *Understanding other minds: Perspectives from autism* (pp. 138-157). Oxford University Press.

Tager-Flusberg, H., Paul, R., & Lord, C. (2005). Language and communication in autism. In F. R. Volkmar, R. Paul, A. Klin, & D. Cohen (Eds.), *Handbook of autism and pervasive development disorders, Vol. 1: Diagnosis, development, neurobiology, and behavior* (3rd ed., pp. 335-364). Wiley.

Trautman, R. C., Giddan, J. J., & Jurs, S. G. (1990). Language risk factors in emotionally disturbed children within a school and day treatment program. *Journal of Childhood Communication Disorders*, *13*(2), 123-133.

Turner, S. M., Beidel, D. C., & Costello, A. (1987). Psychopathology in the offspring of anxiety disorders patients. *Journal of Consulting and Clinical Psychology*, *55*(2), 229-235.

Ungerer, J. (1989). The early development of autistic children: Implication for defining primary deficits. In G. Dawson (Ed.), *Autism: Nature, diagnosis, and treatment* (pp. 75-91). Guilford Press.

United Cerebral Palsy Association(UCPA). (1992). *UCPA policy: Supports right of individual with disabilities to free speech and communications accessibility*. Author.

Vostanis, P., Smithe, B., Corbett, J., Sungum-Paliwal, R., Edwards, A., Gingell, K., Golding, R.,

Moore, A., & Williams, J. (1998). Parental concerns of early development in children with autism and related disorders. *Autism*, *2*, 229-242.

Walter, H. J., Bukstein, O. G., Abright, A. R., Keable, H., Ramtekkar, U., Ripperger-Suhler, J., & Rockhill, C. (2020). Clinical practice Vguidline for the assessment and treatment ogf children and adolescents with anxiety disorders. *Journal of American Academy of Child and Adolescents Psychiatry*, *59*(10), 1107-1124. https://doi. org/10.1016/j.jaac.2020.05.005

Walters, K. S., & Inderbitzen, H. M. (1998). Social anxiety and peer relations among adolescents: Testing a psychobiolgical model. *Journal of Anxiety Disorders*, *12*, 183-198.

Westling, D. L., & Fox, L. (1995). *Teaching students with severe disabilities*. Merrill.

Wetherby, A. M., & Prizant, B. M. (1992). Facilitating language and communication development in autism: Assessment and intervention guidelines. In D. E. Berkell (Ed.), *Autism: Identification, education, and treatment* (pp. 107-134). Lawrence Earlbaum.

Wetherby, A. M., Woods, J., Allen, L., Cleary, J., Dickinson, H., & Lord, C. (2004). Early indicators of autism spectrum disorders in the second year of life. *Journal of Autism and Development Disorders*, *34*, 473-493.

Wicks-Nelson, R., & Israel, A. C. (2003). *Behavior disorders of childhood* (5th ed.). Pearson Education, Inc.

Wigfield, A., & Ponnock, A. (2020). The relevance of expectancy-value theory to understanding the motivation and achievement on depression and anxiety. In A. J. Martin, R. A. Sperling, & K. J. Newton (Eds.), *Handbook of educational psychology and students with special needs* (pp. 388-425). Routledge.

제 5 장

말소리장애의 진단

1. 들어가는 말
2. 진단평가
3. 진단평가 사례
4. 맺음말

1. 들어가는 말

'말소리장애(speech sound disorder)'라는 용어는 이제 기존의 '조음음운장애(articulation and phonological disorder)'를 대신하여 널리 사용되고 있다. 조음음운장애보다 말소리장애라는 용어를 선호하는 이유는 크게 다음의 두 가지로 볼 수 있다(김수진, 신지영, 2015).

첫째, 증상에 기반을 둔 말소리장애가 원인에 기반을 둔 조음음운장애보다 더 현실적이기 때문이다. 여기에서 '현실적'이라고 한 것은 너무 다양한 원인을 정확히 진단하는 데 한계가 있음을 인정하는 것이다. 진단과정에서 말소리 산출 오류가 관찰되면 조음의 운동적 측면에 문제가 있는 것인지, 머릿속의 음운적 체계에 문제가 있는 것인지 그 원인을 판단하는 것이 어렵다. 그뿐만 아니라 조음운동적 문제와 음운적 문제 외에도 다른 요인으로 인해 말소리 산출에 어려움이 생길 수 있기 때문에 증상에 기반을 둔 말소리장애가 원인에 기반을 둔 조음음운장애보다 현실적이며 보다 합리적이다.

둘째, 기존의 '기능적 조음음운장애'의 개념을 확장하기 위한 것이다. 조음음운장애는 전통적으로 '기질적 조음음운장애'와 '기능적 조음음운장애'로 나눈 반면, 말소리장애는 '원인이 분명한 말소리장애'와 '원인을 모르는 말소리장애'로 나눈다. 과거에 '기능적 조음음운장애'는 잘못된 습관이나 학습의 결과로 추정되는 경우에 국한된 것이었는데, 이에 반해 '원인을 모르는 말소리장애'는 잘못된 학습의 영향뿐 아니라 인지적 · 언어적 · 사회심리학적 변인들이 광범위하게 영향을 미치는 경우, 혹은 한두 가지 변인의 조합으로 인한 말소리 문제 등 아직까지 원인을 추정하지 못하는 모든 경우를 포함하는 것이다. 원인이 분명한 말소리장애는 전통적으로 기질적 조음음운장애라고 분류되었던 영역으로, 청각장애, 조음구조장애, 신경계조절장애, 이중언어 등이 여기에 속한다. 그러나 이 장에서는 과거에 조음음운장애 평가를 위해 개발된 검사도구들을 다루어야 하기도 하고, 여전히 임상현장에서 말소리장애와 조음음운장애가 혼용되고 있는 현실을 감안하여 이 두 가지의 용어를 함께 사용하고자 한다.

임상현장에서 아동기 의사소통장애 대상자 중 말소리장애의 비율을 조사한 바에 따르면, 44%가 말소리 문제를 보이고 있으며, 이 가운데 25%는 순수하게 말소리 문제만 갖고 있고, 나머지 75%는 언어장애 등 말소리 이외의 문제를 동반하고 있다(김수진, 김민정, 하승희, 하지완, 2015). 말소리장애는 신경계 손상, 청각장애, 구개파열과 같은 구조적 손상의 원인으로 인해서도 수반되지만, 앞에서 언급한 바와 같이 원인을 모르는 경우가 더 많다.

원인을 모르는 말소리장애의 출현율은 연령대별로 다르게 나타나는데, 3~4세를 기준으로 약 8%, 6세를 기준으로 약 4%, 학령기 이후에는 약 2% 내외로 나타난다고 알려져 있다(Shriberg, Tomblin, & McSweeny, 1999). 국내 출현율 연구결과도 이와 유사한 수준으로 나타났는데, 6세에서 중등도 이상의 출현율은 2~3%, 경도와 의심군을 포함하면 9%(김수진, 고유경, 서은영, 오경아, 2016)로 나타났다. 원인을 모르는 말소리장애의 경우도 다시 몇 가지 하위 유형으로 분류할 수 있다(김수진, 신지영, 2020). 유전적 소인에 따른 분류를 하거나 오류 패턴의 특징이나 일관성 같은 증상과 중증도에 따른 분류를 할 수 있으며, 동반되는 의사소통 문제, 특히 언어장애를 동반하거나 읽기 문제를 동반했는지 여부로 분류할 수 있다. 이렇게 말소리장애를 하위 유형으로 분류하는 것은 치료의 방향을 결정하고 예후를 판단하는 데 중요하다. 이 외에도 학령기 혹은 성인기까지 학업이나 직업 등 일반적인 사회생활에까지 미치는 영향도 평가 상황에서 고려해야 한다.

이 장에서는 말소리장애가 있는 경우의 선별검사, 진단평가에 영향을 미치는 요소, 진단평가의 과정, 실제 사례 분석을 통해 말소리장애의 진단모형을 제안하고자 한다.

 2. 진단평가

1) 선별검사

조음음운장애 아동은 대부분 발음이 이상하다거나 말소리가 정확하지 못하다는 이유로 부모나 교사 등이 의뢰한다. 청각장애나 뇌성마비 등 동반장애가 있는 경우 대부분 조음음운장애의 출현은 필연적이며 조기에 발견된다. 그러나 기능적 조음음운장애의 경

우는 말 늦은 아이 혹은 어리광을 부리는 아이 등으로 오해를 받아 학령기가 넘어서 교우관계나 학업 문제, 자아개념 등에 손상을 주는 등 문제가 심각해진 후에 의뢰되는 경우도 많다. 학교에 들어가기 전, 5~6세를 전후하여 선별검사제도가 법제화되어 시행된다면 조음음운 및 언어장애로 인한 2차적인 학업지체 위험 아동을 지원할 수 있게 될 것으로 기대된다. 조음음운 선별검사는 보통 5분 이내에 수행할 수 있는 것으로, 표준화검사와 비표준화 검사방법이 있다.

(1) 비표준화 선별검사

① 단순한 질문을 하여 아동이 답하는 것을 듣고 판단할 수 있다. 예를 들어, 이름, 유치원명이나 학교명, 주소, 좋아하는 만화, 장난감, 영화 등을 물어볼 수 있다.

② 기계적 발화를 유도하여 듣고 판단할 수 있다. 예를 들어, 연령에 맞추어 숫자 세기, 요일 말하기, 한국어 음소이름대기 등을 유도할 수 있다.

③ 초기, 중기, 후기 발달 음소가 포함되는 낱말을 따라 말하도록 한다. 예를 들어, 초기 음소가 포함된 경우로는 /나무, 가방/, 중기 음소가 포함된 경우로는 /저금통, 가족/, 후기 음소가 포함된 경우로는 /기린, 선생님/ 등이 있다.

④ 초기, 중기, 후기 발달 음소가 포함되도록 일반 조음음운검사에서 5~6개의 낱말을 선정하여 그림을 보고 이름을 말하도록 한다.

선별검사 중에 대상 아동의 연령에 견주어 완전습득연령에 해당하는 음소들을 오조음하는 경우, 2차 심화검사를 받도록 보호자에게 추천해야 한다. 음소별 발달연령 연구결과들을 요약하여 〈표 5-1〉에 제시하였다. 〈표 5-1〉의 연구들은 해당 연령 아동의 75~100%가 습득한 연령을 표현한 것으로, 연구들마다 다른 습득기준을 이용하였음을 고려해야 한다. 연구결과들이 공통적으로 제시해 주는 발달 순서를 살펴보면, 우리말소리는 초성에서 조음방법 측면으로 보면 파열음과 비음이 먼저 발달하고, 파찰음과 마찰음, 유음 순서로 발달한다고 볼 수 있다. 조음 장소 측면에서 보면 양순음과 치경음 등 전방자음이 먼저 발달하고 연구개음이 발달한다. 발성 유형 측면에서는 경음과 평음이 먼저 발달하고 격음이 나중에 발달한다.

표 5-1 우리말 음소별 발달연령 연구 요약(숫자는 아동의 75~100%가 습득한 연령)

	ㅁ	ㄴ	ㅇ	ㅂ	ㄷ	ㄱ	ㅃ	ㄸ	ㄲ	ㅍ	ㅌ	ㅋ	ㅈ	ㅉ	ㅊ	ㅎ	ㅅ	ㅆ	ㄹ
A	3	3	4	2	3	3	2	2	3	2	3	4	3	3	3	2			5
B	2	2	2	2	2	2	2	2	2	2	2	2	3	3	3		4	3	5
C	3	3	3	3	3	3	3	3	3	3	3	3	3	3	3	3			5

* A. 김민정과 배소영(2005)은 2~6세 아동 220명, B. 김영태(1996)는 2~6세 아동 155명, C. 엄정희(1994)는 3~5세 아동 150명을 대상으로 함.

이 연구결과들은 대부분 초성을 중심으로 수행된 것으로 종성 발달 양상은 유사하면서 좀 다른 부분이 있다. 홍진희와 배소영(2002)은 2~5세 아동의 종성 발달에 관한 연구를 통해 어말종성이 어중종성보다 먼저 발달하는 것을 보여 주었다. 또한 대부분의 아동이 비음과 유음은 3세경부터, 파열음은 4세경부터 사용한다고 하였다. 우혜경과 김수진(2013)은 3~4세 일반 아동의 자발화의 어중종성 발달을 살펴본 결과, 공명음 /ㄴ/, /ㄹ/, /ㅁ/, /ㅇ/이 발달하고 그 후에 장애음 /ㅂ/, /ㄱ/이 가장 늦게 습득된다고 하였다.

(2) 표준화 선별검사

다음에 제시한 목록은 표준화된 결과가 있는 말소리장애 선별검사로 대부분은 국외의 것이고, 세 문장 따라 말하기 선별검사(김수진, 2016)는 국내 검사로 5~6세를 대상으로 표준화되었다. 세 문장 따라 말하기 선별검사는 컴퓨터를 활용하여 수행하거나 임상가가 직접 한 문장씩 들려주고 따라서 말하도록 하는 검사다(〈부록 5-1〉 참조).

- 세 문장 따라 말하기 선별검사(김수진, 2016)
- Quick Screen of Phonology(QSP; Bankson & Bernthal, 1990b)
- Speech and Language Screening Test for Preschool Children(Fluharty, 1978)
- Templin-Darley Screening Test(in the Templin-Darley Tests of Articulation; Templin & Darley, 1969)
- Joliet 3-minute Preschool Speech and Language Screening(Kinzler, 1992)
- Joliet 3-minute Speech and Language Screening(Revised; Kinzler & Johnson, 1992)

- Screening Speech Articulation Test(Mecham, Jex, & Jones, 1970)
- Watts Articulation Test for Screening(WATS; Watts & Paynter, 1973)

2) 심화 평가: 진단평가 시 고려할 요인

(1) 장애 원인

장애인의 말은 개인에 따른 차이도 크지만, 장애 유형에 따라 매우 다양한 변이를 보인다. 그러므로 이들 장애 특성에 따른 말소리에 대한 정보를 수집하고 분석하여 자료화하는 것은 의사소통장애 영역에서 꼭 필요하다. 말소리장애는 크게 원인이 분명한 경우와 원인을 모르는 경우로 나눌 수 있다. 이 중 원인을 모르는 말소리장애의 출현율이 가장 높다. 국내의 출현율 연구에서도 중도 이상의 말소리장애는 학령전기에 약 2.5%인 것으로 나타났다(고유경, 김수진, 오경아, 서은영, 2017). 원인이 분명한 말소리장애는 크게 세 가지로 분류되는데, 청각장애, 구개파열로 대표되는 구조적 손상, 신경계 손상으로 인한 말운동장애가 대표적이다.

- 청각장애: 청능평가와 함께 자음뿐 아니라 모음과 초분절적 요소에 대한 분석도 중요하다(자세한 내용은 제10장 '청각장애의 진단' 참조).
- 구조적 손상: 설소대 단축증과 같이 간단한 문제부터 구개파열과 같이 심각한 문제까지 다양한 문제가 있을 수 있다. 구개파열의 경우 공명 문제가 중요하며, 필연적 오류와 보상적 오류 및 발달적 오류를 나누어 분석한다(자세한 내용은 제8장 '공명장애의 진단' 참조).
- 신경계통 손상: 신경계통 손상으로 인한 말소리장애는 마비말장애와 말실행증으로 나눌 수 있다. 발달성 마비말장애는 중추 혹은 말초 신경계의 문제로 인한 말운동장애로 호흡체계, 발성체계, 공명체계, 조음체계에 대한 진단결과를 토대로 치료계획을 수립한다. 아동기 말실행증은 원인을 모르는 경우도 많은데, 이때는 원인을 모르는 말소리장애로 분류하기도 한다. 아동기 말실행증의 진단은 아직까지는 원인보다는 증상에 기초하여 판단된다.

표 5-2 아동기 말실행증의 말 특성

	핵심 특성		일반 특성
1	제한된 자음과 모음 목록	6	자동구어보다 모방 과제 어려움
2	발화 길이가 길어지면 오류 증가	7	운율 문제(느림, 스타카토, 단조로움 등)
3	모색행동	8	낮은 자극반응도
4	문맥에 따라 비일관적 오류	9	수용언어에 비해 심한 표현언어지체
5	모음 오류	10	치료효과의 느린 진전

아동기 말실행증(Childhood Aparaxia of Speech: CAS)은 원인을 모르는 경우도 많으므로, 증상에 기초하여 진단되면 원인을 모르는 말소리장애로 분류되기도 한다. 아동기 말실행증에 대한 말 산출 특성은 〈표 5-2〉와 같다(김효정, 최선영, 하지완, 2015; 박희정, 석동일, 2006; ASHA, 2007). 진단기준은 여기에서 제시한 특성의 상당 부분(예: 핵심 특성 2개 이상을 포함하여 총 5개 이상)을 보이는 경우로 할 수 있다. 아동기 말실행증의 진단기준은 연구에 따라 조금씩 차이를 보인다. 정교한 진단기준을 개발하기 위한 지속적인 노력이 진행 중이다(Bernthal, Bankson, & Flipson, 2016).

'원인을 모르는 아동기 말소리장애[Speech Sound Disorders(SSD) with unknown origin]'의 진단기준은 〈표 5-3〉과 같다.

표 5-3 원인을 모르는 말소리장애 진단기준

1. 말소리 산출에 지속적인 어려움을 보이며, 말명료도가 떨어지고 구어를 통한 의사소통에 어려움이 있다.
2. 제한적인 의사소통의 효율성 때문에 개인의 학업, 직업 등 사회적 참여에 지장을 초래한다.
3. 초기 언어발달기부터 증상이 시작된다.
4. 뇌성마비, 구개열, 청력 손실, 외상성 뇌손상(Traumatic Brain Injury: TBI) 등 다른 의학적 · 신경학적 조건 같은 선천적이거나 후천적인 원인에 기인하지 않는다.

(2) 중증도

말소리장애의 중증도를 표현하는 지표는 다양하다. 그중 말소리장애에서 가장 빈번하게 사용되는 평가지표로는 자음정확도가 있다. 자음정확도는 일반적으로 조음장애의 중증도 수준을 표현하는 데 이용된다(〈표 5-4〉 참조).

대부분의 치료방법은 중증도에 따라 효율성이 다른 것으로 알려져 있다. 예를 들어, 음운적 접근은 중등도 이하의 중증도를 가진 경우에 음성학적 접근(혹은 전통적 접근)보다 더 효과적이라고 한다. 음운적 접근을 시도하기 위해서는 오류 패턴에 대한 진단이 필수적이다. 중증도가 경도에서 중도에 이르는 경우라면 음운변동 분석을 통한 전반적인 음운체계에 대한 파악이 필수적이라고 할 수 있다. 자음정확도나 음운변동 분석은 성인의 산출과 비교하여 분석한다는 의미에서 관계 분석이라고도 한다. 경미한 장애로부터 중등도 수준의 중증도를 갖고 있는 경우에는 관계 분석이 적절한 평가 및 분석방법이라고 할 수 있을 것이다.

그러나 중도 이상의 심각한 경우로 발화가 제한적이고, 소수의 자음 목록만을 갖고 있는 경우라면 독립 분석을 권할 만하다. 독립 분석은 아동이 산출할 수 있는 음소를 나열하는 방법으로, 가장 대표적인 방법으로는 음소 목록 분석과 음절 구조 분석이 있다. 이 방법은 일반 아동 가운데에서도 1세부터 2세 미만 아동의 말소리 발달을 살펴보는 데에도 사용된다(하승희, 황진경, 2013). 빈번하게 사용하는 어휘의 음절 수, 음절 구조 및 음소

표 5-4 **자음정확도와 조음장애 중증도 수준별로 권장하는 분석**

조음장애 중증도	자음정확도(PCC, %)	권장하는 분석
경도(mild)	85~100	• 낱말 · 문장 · 자발화 음소정확도(왜곡 포함) 등
경도-중등도 (mild-moderate)	65~84.9	• 낱말 음소정확도, 음운변동, 문장명료도 등
중등도-중도 (moderate-severe)	50~64.9	
중도(severe)	<50	• 독립 분석: 음소 목록, 어절 · 음절 구조 등 • 관계 분석: 음운변동, 낱말 · 문장명료도, PMLU (Phonological Mean Length of Utterance, 평균음운길이) 등

의 종류를 나열하고 분석하여 목록을 늘려 갈 수 있도록 해야 할 것이다. 또한 모음정확도에 대해서도 관심을 가져야 한다. 그뿐만 아니라 말실행증이나 마비말장애 등 기질적인 원인이 동반된 경우, AAC 도구를 함께 적용하기 위한 노력과 함께 조음정확도보다는 명료도를 향상시키기 위한 치료적 지원이 요구된다.

말소리장애 중증도가 아주 경미한 경우, 즉 1~2개의 음소에서만 오류를 보이는 경우라면 음운변동 분석이나 명료도 분석 등은 불필요하다. 말소리 목록 검사와 자극반응도 검사, 문맥검사만을 실시하면 될 것이다. 특히 왜곡에 대해 예민하게 진단할 수 있는 정밀 전사나 객관적 평가도구가 도움이 될 것이다(장선아, 김수진, 신지영, 2007). 진단과정에서의 평가방법은 바로 치료과정에서의 목표 설정과 직간접적으로 연결된다. 중증도에 따라 추천하는 분석방법은 절대적인 기준이 될 수 없으며, 장애의 원인이나 대상의 연령 등 다른 요인들도 함께 고려하여 탄력적으로 적용해야 할 것이다.

(3) 연령

한국어 조음음운의 발달에 대한 연구결과(김민정, 2006; 김민정, 배소영, 2000; 엄정희, 1994; 전희정, 이승환, 1999)에서는 정상적인 발달을 보이는 아동의 연령별 음소 산출 특성을 보여 주고 있다. 이러한 연구결과들은 진단 상황에 매우 중요한 지표로 활용되고 있기는 하지만 구체적인 진단 과제의 개발로 연결되고 있지는 못하다. 현장에서 사용되고 있는 조음음운검사들은 모두 단어 수준에서 말소리 목록의 산출정확도를 평가하는 검사다(김민정, 배소영, 박창일, 2007; 김영태, 신문자, 김수진, 2014; 석동일, 박상희, 신혜정, 박희정, 2008). 국내에서 표준화된 조음음운검사는 3개에 불과하며, 모두가 학령전기 아동을 중심으로 학령기 초기까지의 연령대를 위해 개발된 것이다.

언어병리학의 역사가 오래된 미국의 경우, 현장에서의 적용을 위해 출판된 지침서들을 살펴보아도 학령전기를 위한 지침서 혹은 학령기를 위한 지침서, 성인을 위한 지침서 등으로 나뉘어 출판되는 것을 볼 수 있다. Williams(2003)의 『학령전기 아동을 위한 말장애 자료 안내(Speech Disorders: Resource Guide for Preschool Children)』를 보면 해당 연령대에 적합한 각종 검사가 다양하게 개발되어 있음을 알 수 있다.

언어병리학의 모든 주제에서는 연령 변수를 매우 중요하게 다루고 있다. 특히 어린 아동의 말소리장애는 다른 의사소통장애의 전조인 경우가 많다. 따라서 말소리장애 아동의 진단과정에서는 말소리에 대한 관심 외에도 사전면담과 언어검사들의 중요성이 강조되고 있다. 이 외에도 어린 아동의 경우, 평가도구의 종류뿐 아니라 검사가 이루어지는 장소 등에도 영향을 받으므로 학교나 집 등에서 자료를 구하는 것이 더 정확한 진단을 가능하게 한다고 제안하고 있다.

연령 요인은 진단도구의 선택뿐 아니라 분석방법이나 적용해야 할 검사에도 영향을 준다. 학령전기의 말소리장애 아동은 읽기와 철자 발달에 중요한 기술인 음운인식에 위험을 보일 가능성이 크고, 이러한 어려움이 학령기 이후에도 지속될 수 있다(Preston, Hull, & Edwards, 2013). 학령전기부터 학령기 초기까지의 아동에게는 음운인식평가를 실시하고, 학령기 아동이라면 읽기 과제도 실시해야 한다.

(4) 언어의 특수성

국내에서 개발되어 널리 사용되고 있는 조음음운검사는 모두 말소리목록검사다. 검사해야 하는 말소리 목록은 기본적으로 해당 언어권의 음소 목록과 자발화에서의 산출 빈도를 기반으로 하여 구성되어야 한다. 조음음운검사 개발과 진단모형이 한국어에 맞게 새로이 정립되어야 하는 가장 큰 이유는 바로 말소리 목록이 외국어와 다르기 때문이다. 또한 언어에 따라서 유사한 음소들이 있어도 그 사용 빈도에 차이가 있다. 언어마다 다른 음운론의 지배를 받으며 다른 문법적 형태소를 사용하므로 자음 사용 비율에 있어 큰 차이를 수반하게 되는 것이다(박서린, 2000; 신지영, 2005).

앞서 언급했듯이, 언어마다 음소 목록이 다르고 사용 빈도가 다를 뿐 아니라 음소들에 적용되는 변별 자질들도 다르다. 게다가 적용되는 음운 규칙도 모두 다르다. 예를 들어, 영어권의 아동들이 보이는 음운변동 중 가장 많은 것이 자음군축약이지만, 우리말 음운 규칙에는 자음군이 올 수 없다. 그러므로 조음음운 평가도구로 외국의 것을 그대로 번역하여 사용할 수는 없다.

3) 진단평가 방법 및 과정

말소리장애의 진단과정은 다양한 맥락에서 다양한 검사가 수행되어야 한다. 음절이나 단어단위 검사에서는 발견되지 않았던 오류들이 검사 자극의 언어 단위가 길어지면서 출현할 수도 있고, 자발화 분석을 통해 발견한 조음음운 오류들은 실제 의사소통 상황에서 더 중요한 영향을 미칠 수도 있기 때문이다. 전형적인 말소리장애의 진단과정은 다음과 같은 절차로 수행된다.

(1) 면담

면담은 진단 대상이나 보호자가 호소하는 증세와 그 지속 기간, 배경정보, 병력과 수술력 등에 대해서 조사하는 과정이다. 일반적으로 각 기관에서 사용하는 의사소통장애 진단을 위한 사례 면담지를 활용한다. 특히 말소리장애가 있는 아동을 진단하는 경우에는 아동의 전반적인 운동능력, 청각능력, 언어 발달 및 말소리 발달력에 대한 보호자의 보고 내용을 정확하게 기록해 둔다.

(2) 조음기관 구조 · 기능 선별검사

조음기관의 구조와 기능을 점검하는 과정을 통해 조음기관의 구조적 · 신경학적 조절 문제로 인한 조음음운장애인지를 구별할 수 있다. 조음기관은 턱, 치아, 혀, 경구개, 연구개, 인두 및 후두로 정지 상태에서 구조의 크기와 모양 및 대칭 상태를 관찰하는 것이다. 또한 비구어 동작을 하도록 지시하여 신경학적인 운동 조절에 문제가 있는지 관찰해야 한다.

최근 아동을 위한 조음기관의 구조와 기능을 평가하고 규준을 제공한 검사들이 개발 · 보급되었다. 3세부터 12세까지 아동의 조음기관의 구조와 기능을 선별하기 위한 검사로 '조음기관 구조 · 기능 선별검사-아동용(Speech Mechanism Screening Test for Children: SMST-C)'(김재옥 외, 2021)이 있다. 구조와 기능 문제가 의심되는 경우에는 전체 검사를 실시하고, 선별과정에서는 일부 문항만 실시할 수도 있다. 또한 '한국 조음음운 프로파일(Korean Articulation Phonology Profile: K-APP)'(하승희, 김민정, 서동기, 피민경,

2021)의 하위 검사로 조음기관의 구조와 기능을 보다 간편하게 선별 평가할 수 있다.

(3) 청감각 및 청지각 평가

또한 청력검사와 청지각적 변별평가를 통해 말소리의 입력과정 문제로 인한 말소리 장애인지 알 수 있다. 청각 관련 진단평가는 제10장에서 상세히 다루고 있다. 조음장애의 원인을 밝힐 수 있다면 원인과 관련된 증상에 대해서 심화 평가 절차를 적용해야 할 것이다.

(4) 표준화 조음음운검사

국내 표준화 조음음운 공식검사 중 말소리목록 검사도구들을 요약해서 살펴보면 〈표 5-5〉와 같다. 최초로 표준화되어 출판된 공식검사는 우리말 조음 · 음운 평가(Urimal-Test of Articulation and Phonology: U-TAP; 김영태, 신문자, 2004)다. 30개 낱말의 이름을

표 5-5 국내 표준화 말소리목록 검사도구 비교

약칭	출판 연도	검사문항	자음문맥/모음	음운변동 분석	특징
(U-TAP) U-TAP2	(2004) 2020	낱말 30개, 문장 11개	어두 어중초성, 어중 어말종성/ 7개 단모음	발달적 오류 패턴에 기반한 임의적 분류	• 문장검사 표준화 • pcc, 단어단위지표 등 자동계산
APAC	2007	낱말 37개, 문장 8개	어두 어중초성, 어중 어말종성/ 모음 검사 없음	일반발달 과정과 말소리장애에서 빈번한 오류 패턴에 기반한 임의적 분류	• 음소 빈도 반영 • 전형적인 발달적 패턴 분석 도입
KS-PAPT	2008	선별낱말 30개, 정밀낱말 75개	어두 어중초성, 어중 어말종성/ 7개 단모음	음운체계 내 기계적 분류	• 선별과 정밀 검사를 나누어 실행 • IPA 기호 사용 도입

* U-TAP2: 우리말조음음운검사 2(Urimal-Test of Articulation and Phonology; 김영태, 신문자, 김수진, 하지완, 2020), APAC = 아동용 발음평가(Assessment of Phonology and Articulation for Children; 김민정, 배소영, 박창일, 2007), KS-PAPT = 한국어 표준 그림 조음음운검사(The Korean Standard Picture of Articulation and Phonological Test; 석동일 외, 2008).

말하는 과정을 통해 한국어의 자음과 모음 산출정확도를 검사할 수 있으며, 같은 낱말을 문장맥락에서 그림을 보고 이야기하는 과정을 통해 검사하였다. 낱말평가에서 자음정확도를 구하여 표준화된 준거와 비교할 수 있도록 되어 있어 많은 연구에서도 자음정확도(Percentage of Consonants Correct: PCC)의 기준으로 자리매김해 오다가, 최근 연구 경향을 반영하여 평가와 분석 절차를 수정하여 우리말조음음운검사 2(Urimal-Test of Articulation and Phonology2: U−TAP2; 김영태 외, 2020)를 출판하였다. 개정판은 30개의 낱말 이름대기와 11개의 문장 따라말하기 과제를 2세 6개월부터 7세까지 대상으로 하여, 전국 규모로 표준화 절차를 진행하였다. 또한 자음정확도와 다양한 단어단위 평가지표를 자동 계산할 수 있도록 전산화하였으며, 비일관성 평가를 할 수 있도록 하였다.

'아동용 발음평가(Assessment of Phonology and Articulation for Children: APAC)'(김민정, 배소영, 박창일, 2007)는 검사 낱말이 모두 37개로, 이전 검사와 비교하여 검사 낱말의 선정과정에서 실제 음소 빈도를 반영하고, 후행하는 모음환경과 어중종성 맥락을 고려하였으며, 모음은 따로 검사하지 않는다. 2세에서 6세를 대상으로 표준화하였지만 6개월 단위로 표준화 자료를 제공하였다. 음운변동에서 실제로 우리말 화자의 언어발달 과정에서 나타나는 발달적 오류와 말소리장애 아동이 자주 산출하는 오류변동을 중심으로 유목화할 수 있도록 하는 분석틀과 규준을 제공하였다. 문장검사는 낱말검사와 다른 맥락에서 그림자료와 지연모방을 통해 발화를 유도하여 검사한다.

'한국어 표준 그림 조음음운검사(The Korean Standard Picture of Articulation and Phonological Test: KS−PAPT)'(석동일 외, 2008)다. 이 검사의 가장 특징적인 면은 선별검사와 심화검사가 함께 포함되어 있는 것으로 선별검사 문항은 30개며, 심화검사는 선별검사 문항에 45개를 더하여 총 75개로 구성되어 있다. 아동 발음의 전사체계는 IPA 기호의 사용이 용이하도록 기록지에 표준어를 기본으로 한 IPA 전사기호가 제공되어 있다. 3세에서 6세를 대상으로 표준화되어 있으며 문장검사는 실시하지 않는다.

이 검사들은 표준화 과정을 거치면서 2세에서 7세 사이 아동의 우리 말소리 산출능력이 발달하는 과정을 보여 주고 있으며, 그 내용은 바로 우리 말소리 산출의 난이도를 반영하여 주고 있으므로 진단과 치료 모든 절차에 매우 중요한 기여를 하고 있다. 그뿐만 아니라 단어 단위에서 수행된 이 검사의 장점은 다음과 같다. 첫째, 짧은 시간 안에 아

동 혹은 성인의 우리 말소리 체계를 파악할 수 있다. 둘째, 검사과정이 간편해서 신뢰도가 높다. 셋째, 낱말검사에서 나온 결과뿐 아니라 이 검사들은 단서를 통해 역동적 검사로 재활용하거나, 문장맥락과 비교하거나, 음운변동을 분석하거나, 음절수에 따른 수행수준을 비교하는 등 치료과정에 활용할 수 있는 정보들도 함께 얻을 수 있다. 그러나 표준화된 검사도구의 한계점으로는 제한된 산출기회로 변이가 큰 반응은 관찰하기 어려우며, 문법형태소와 같은 자연스러운 발화에서 볼 수 있는 요소들을 관찰하기 어렵고, 억양이나 말속도 등과 같은 초분절적 요소를 충분히 평가할 수 없는 등의 한계를 갖고 있다. 따라서 자발화 평가와 같은 추가적인 노력을 필요로 한다.

최근에 출판된 표준화된 평가도구 가운데 한국 조음음운 프로파일(Korean Articulation Phonology Profile: K-APP; 하승희 외, 2021)은 말소리목록 평가에 그치지 않고 다양한 말소리 문제의 원인을 추정하기 위한 하위 검사들로 구성되어 있다. 조음기관의 구조와 기능을 평가하고, 의미낱말 평가를 하는 데 있어서 일음절낱말과 다음절낱말 및 1-2-3음절 낱말검사와 일관성검사를 하고 무의미 낱말 따라말하기와 연결발화 평정까지 수행하여 다양한 평가 상황의 프로파일을 통해 말소리장애의 하위 유형을 나눌 수 있도록 제안하였다.

(5) 자발화를 이용한 평가

조음정확도, 문맥에 따른 오류 패턴, 말명료도 등을 평가한다. 대부분의 평가방법 혹은 평가 맥락(낱말, 문장, 자발화 등) 간에는 높은 상관관계가 있다. 그러나 어떤 평가방법을 쓰는지에 따라 진단결과는 달라질 수 있으며, 검사자에게 주는 정보도 다를 수 있다. 또한 자발화는 말소리뿐 아니라 어휘와 구문 및 화용 등 언어발달을 평가할 수 있다. 말소리장애 아동의 60%는 언어발달 문제를 동반하고 있으므로 자발화의 언어수행평가를 실시해야 한다.

자발화를 이용한 평가는 가장 자연스러운 형태의 말소리 산출체계를 파악할 수 있다. 또한 정확도가 매우 낮은 경우부터 거의 오류가 없는 경우에 이르기까지 광범위하게 적용된다. 오류가 많은 경우에는 산출 가능한 어절 길이와 각 어절의 음절 내 자모음 구조, 음소의 목록 및 각 음소의 산출 문맥까지 파악할 수 있다. 또한 낱말 수준에서 오류가 거의 없는 경우에도 길거나 어려운 발화에서 지속적인 혹은 간헐적인 오류가 있는지 확인해야 한다.

자발화를 통한 말소리 평가방법은 낱말검사와 다음과 같은 점에서 차별화된다. 첫째, 자발화 표본을 통한 분석은 다양한 음소 문맥에 사용된 음소들을 전사할 수 있게 해 준다. 둘째, 반복적으로 산출되는 것을 분석하여 오류 패턴을 파악할 수 있게 해 준다. 셋째, 말의 속도, 운율, 강세, 음절 구조와 같은 다른 구어 요소들과의 관계를 함께 고려한 상태에서 보여 준다(Bernthal, Bankson, & Flipsen, 2012). 또한 아주 어리거나 과제에 대한 집중도가 낮아서 표준화 평가가 어려운 경우에 말과 언어 수행을 볼 수 있는 가장 적절한 문맥이기도 하다. 예를 들어, 2세 아동의 표준화 자료 준거는 상대적으로 주의력이 좋고 지시를 잘 따르는 일부 아동만이 반영된 결과일 수 있다. 따라서 2세 이하 아동의 말소리는 자발화를 이용하여 평가하는 것이 가장 적절하다.

앞에서 언급한 바와 같이, 자발화를 평가하는 것의 최대 강점은 다양한 요소와 문맥의 영향력하에서 음소의 산출을 살펴볼 수 있다는 것이다. 여기에서 영향을 미칠 수 있는 요소와 문맥이란 이야기나 대화 등과 같은 담화적 문맥, 어휘형태소 및 문법형태소와 같은 의미적 · 통사적 문맥, 음소의 위치나 후행하는 모음의 영향력과 같은 음운적 문맥 모두를 일컫는다. 우리말소리에서 음소가 사용되는 음운론적 문맥으로 중요한 것을 나열해 본다면 어절 내 위치(어두, 어중, 어말), 음절 내 위치(초성, 중성, 종성)뿐 아니라 발화 안에서 강세구 내 위치가 있다. 특히 음운변동의 패턴과 전반적인 말에 미치는 영향은 자발화 분석을 통해 가장 정확하고 타당하게 평가할 수 있다. 예를 들어, 낱말검사에서 치경마찰음을 구개음화하는 아동이 있다고 할 때, 자발화를 통해 확인해 보면 구개음화하기도 하고 파열음화하기도 하며, 파열음 중에서도 어떤 때에는 기식파열음으로 대치하고 또 어떤 경우에는 평음으로 대치하는 경우가 있다. 이렇게 가변적으로 보이는 변동 현상도 자발화에서 보면 아동 나름대로의 음운변동 규칙을 갖고 있는 경우가 있다. 말소리장애 아동은 어휘형태소에서 정확하게 치경마찰음으로 발음하는 음소도 문법형태소에서는 파열음화하는 경우를 쉽게 관찰할 수 있다.

일반 아동의 말소리 발달과정을 살펴보아도 이러한 문맥의 영향이 그대로 나타난다. 예를 들어, 치경마찰음, 유음과 같이 어려운 음소들이 습득되는 초기인 3~4세까지의 아

동을 대상으로 한 연구에서 중요한 어휘형태소에서는 비교적 정확하게 발음하지만, 상대적으로 의도를 전달하는 데 덜 중요한 문법형태소에서는 오류가 훨씬 많았다(김수진 외, 2012). 이러한 형태소 유형에 따른 수행 차이는 자발화 문맥에서만 관찰할 수 있다. 또한 말소리장애 아동의 경우에도 전체적인 자음정확도나 중증도 평정에서는 문맥의 차이가 크지 않았지만, 구체적인 오류 패턴에서는 평가 문맥의 영향이 매우 중요한 것으로 나타났다. 마찰음의 파열음화나 유음생략 연구개음 전방화와 같은 빈번한 발달적 변동은 두 가지 문맥 모두에서 유사하게 관찰할 수 있었지만 후방화나 기식음화와 같은 비전형적 오류변동은 자발화 조건에서 더 많은 아동에게 나타났으며, 같은 말소리장애 아동이라 할지라도 자발화 조건에서 더 빈번하게 관찰되었다(박가연, 김수진, 2015).

자발화가 중요하다는 공감대가 형성되어 있음에도 불구하고 임상장면에서 분석과정이 번거롭다는 이유로 적용되지 못하는 경우가 많다. 자발화의 수집량에 대해서도 많을수록 타당한 평가결과를 유도할 수 있겠지만, 수집과 분석에 걸리는 시간을 고려한다면 합리적인 수준에서 그 양을 결정해야 할 것이다. 말소리를 평가하는 데 있어서 최소한으로 타당한 정도의 자발화의 양은 어느 정도인가를 살펴보면 다음과 같다. 지표의 종류에 따라서 차이가 있겠지만, Shriberg, Kwiakowski와 Hoffmann(1984)은 90-70-225로 적절한 평가를 위해 수집해야 할 말표본 길이 기준을 제시한 바 있다. 90-70-225는 발화자료에서 처음 90개의 단어(first-occurrence words) 혹은 70개의 발화나 총 225개의 단어(total words)를 의미하는 것으로, 평균적으로 6~8분 정도의 발화에 해당된다. 70개의 발화가 부담스럽다면 대략 새로운 90어절이라도 분석하여 비교해 보아야 한다.

자발화 분석에서는 음소들에 대한 평가와 더불어 단어단위 평가지표들을 통해서도 다양한 음운능력을 살펴볼 수 있다. 전반적인 정확도나 중증도를 잘 보여 주는 지표로서 가장 간단한 단위로 단어단위 정확률(Percentage of Whole-Word Correctness: PWC)이 있다. 이것은 단어 전체가 정확하게 발음된 비율로, 다시 말해서 전체 단어 중 정확하게 산출한 단어의 비율이다. 우리말 자발화에서는 단어보다 어절단위에서 계산하는 것이 일반적이다(윤미선 외, 2013; 하승희, 황진경, 2013). 예를 들어, 아동이 "저기 코끼이 자동차 타꺼야."라고 발화한 4개의 어절 중 2개의 어절은 정확하게 산출되었으므로 단어단위 정확률 PWC는 2/4, 즉 .5다. 정확률 외에도 통단어에서 평균적으로 몇 개의 음운을 모아서 발화할 수 있는지를 볼 수 있는 평균음운길이(Phonological Mean Length of Utterance: PMLU), 그리고 PMLU를 성인형과 비교한 단어단위 근접률(Proportion of Whole-Word Proximity: PWP)이 있다. PMLU는 어절(음운단어)당 음운 점수를 의미하는데, 모음에 1점씩, 자음에 1점씩 주고 정조음된 자음과 활음에 1점씩 추가해 준다. 성인형을 근거로 추가된 음소에는 점수를 주지 않는다. 구체적인 계산방법은 김수진과 신지영(2015)을 참고하도록 한다. 자발화에서의 연령별 단어단위 음운발달 지표는 〈표 5-6〉과 같다.

표 5-6 연령별 단어단위 음운발달 지표 평균(SD)

연령	PMLU	PWP	PWC
2세 전반	6.37(1.02)	.86(004)	.45(.09)
2세 후반	6.87(1.02)	.89(.06)	.53(.15)
3세 전반	7.75(.59)	.92(.04)	.59(.15)
3세 후반	8.31(.67)	.96(.04)	.78(.16)
4세 전반	8.45(.46)	.97(.01)	.82(.05)
4세 후반	8.52(.70)	.98(.02)	.89(.07)

출처: 윤미선 외(2013).

(6) 자극반응도

오조음된 음소에 대하여 모방 등 다양한 촉진책을 통해 다양한 문맥에서 정조음을 유도한다. 자극반응도를 알아보기 위해서 진단자는 두 가지 조건을 염두에 두어야 한다. 하나는 '촉진 단서' 조건이고, 다른 하나는 '문맥' 조건이다. 촉진 단서는 그림이나 글자 혹은 음소나 낱말 전체에 대한 모방 단서를 비롯한 제공방법과 시간 등으로 난이도를 조절할 수도 있다. 문맥 조건의 종류로는 독립음소부터 무의미 음절, 특히 자음의 경우 이웃하는 모음의 종류와 음절 구조 낱말 등으로 다양하다.

(7) 독립 분석과 관계 분석

아동의 말소리 산출 수준에 따라서 아동의 현재 가능한 수행능력을 분석하는 독립 분석과 성인형과 비교하면서 분석하는 관계 분석이 있다. 앞에서 살펴본 자음정확도나 단

어단위 음운 분석이나 음운변동 분석은 모두 관계 분석이다. 독립 분석은 아동이 산출한 음소 목록 중 자음 또는 모음의 종류를 나열하거나, 최대 음절 길이와 평균적인 음절 길이를 분석할 수도 있으며, 자음과 모음의 결합형태를 보는 음절 구조 분석을 수행할 수 있다. 또한 한 음운단어 안에서 최대 몇 개의 자음 목록 혹은 몇 개의 모음 목록을 사용할 수 있는지 등을 분석할 수 있다. 아동의 음소 목록이 매우 제한적으로만 나타나는 경우라면 독립 분석이 적절한 분석형태다. 제한적이라고 하는 것의 분명한 기준을 정하기는 어렵지만 아동이 사용하는 어휘가 대략 50개 미만이거나 18개월 수준 혹은 평균발화길이가 2 미만이라면 독립 분석이 적절하다. Stoel-Gammon과 Dunn(1985)은 50개 이상의 어휘를 안정적으로 사용하는 아동이라면 음운변동 분석 등 관계 분석의 적용이 가능하다고 제안한 바 있다.

독립 분석 가운데 가장 간단하게 살펴볼 수 있는 자음 목록은 말소리에서 가장 초기 발달 수준의 아동이나 심각한 말장애를 갖고 있는 경우에 사용할 수 있는 지표다. 우연히 산출된 소리를 배제하기 위하여 Stoel-Gammon과 Dunn(1985)은 3회 이상 안정적으로 산출된 자음만 목록에 포함할 것을 제안하였다. 어절 내 위치와 음절 내 위치를 고려하여 어두초성과 어중초성, 어중종성과 어말종성에서 어떤 자음을 사용했는지 기술할 수 있다. 문희원과 하승희(2012)는 12~24개월 일반 유아와 비교하여 구개열 유아의 자음 목록을 비교하였는데, 일반 유아는 평균 6~7개의 자음을 사용한 반면에, 구개열 유아는 2~3개의 자음을 사용하여 구개열 유아의 음운 발달이 지체되고 있음을 보여 주었다.

(8) 오류 패턴 분석(음운변동 분석)

표준화된 검사와 자발화 맥락에서 보인 오류의 공통된 유형을 분석한다. 오류 패턴 분석과 음운변동 분석은 말소리장애의 진단과정에서 유사한 용어로 사용된다. 음운변동 분석은 아동이 성인의 발화를 단순화하는 변동 규칙을 사용한다고 보고, 음운치료를 통해 그 규칙을 찾아 제거해 주어야 한다고 보는 것이다.

음운장애 아동의 오류를 발달적 음운변동 분석의 시각으로 접근하는 방법은 매우 다양하다. 이를 반영하듯이 음운장애를 평가하기 위해서 영어권에서 사용하고 있는 음운 패턴의 공식 평가도구는 그 종류가 다양하다(Bankson & Bernthal, 1990a; Grunwell, 1986;

Hodson, 1986; Khan & Lewis, 1986; Lowe, 1995; Shriberg & Kwiatkowski, 1980; Smit & Hand, 1996; Weiner, 1979). 주로 3~9세의 아동을 대상으로 표준화되어 있다는 점에서는 유사하지만, 검사마다 분석방법에서 제안하는 음운변동의 종류는 차이가 있다. 검사들이 공통적으로 포함하고 있는 변동들을 살펴보면, 초기에 사라지는 변동으로는 '비강세 음절 생략, (어말)종성자음 생략, 자음동화, 반복' 등이 있으며, 후기까지 남는 변동으로는 '과도음화, 탈파찰음화, 탈마찰음화, 자음군 축약(단순화)' 등이 대표적이다(Bernthal, Bankson, & Flipsen, 2013). 음운변동이라는 용어가 일반 음운론에서 다른 의미로 사용되고 있는 만큼, 최근 언어치료 분야에서는 변동보다는 패턴이라는 용어를 선호하는 경향이 있다. 오류 패턴 분석은 단어단위변동(whole-word processes)과 분절음 대치변동(segment substitution processes)으로 다시 나누어 볼 수 있다.

단어단위변동은 통단어변동 혹은 전체단어변동이라고 할 수도 있는데, 음소 차원의 변화가 아니고 음운단어 안에서 오류가 생긴다는 의미다. 단어단위변동 안에는 생략과 첨가 같은 음절구조변동과 도치, 동화 등이 포함된다. 우리말소리에서 발달적 오류 가운데 생략의 경우, 일반적으로 어절 내 위치나 음절 내 위치에 따른 생략이 나타나는 것과 비교할 때, 유음의 경우는 음소 특정적인 사건으로 볼 수 있어서 구분하여 분석할 필요가 있다(김수진, 2014). 또한 어중종성의 생략은 대부분의 경우가 역행동화의 결과로 나타난 현상(김민정, 2006; 김수진, 2010)이지만 최종적으로 발음된 형태 그대로 기술할 수 있다. 일반적인 발달을 하는 과정에서 보이는 우리말소리의 발달적 변동 중 단어단위변동은 다음과 같다.

① 음절구조변동

- 음절 생략: 축약 혹은 음절의 생략(예: 하비/하라버지)
- 어중초성 생략: 유음을 제외한 어중초성의 생략(예: 머으면/머그면)
- 어중종성 생략: 유음을 제외한 어중종성의 생략(예: 어떠/업써)
- 어말종성 생략: 유음을 제외한 어말종성의 생략(예: 우도/우동)
- 유음 생략: 초성의 탄설음 생략(예: 이어케/이러케)
  종성의 설측음 생략(예: 힌바/신발)

② 동화변동

동화변동의 경우 분절음 대치변동인지 동화변동인지 판단하기 위해서는 가설을 수립하고 검증하는 추가적 절차가 필요하다. 목표음소가 분석하는 문맥 이외의 경우에 정조음으로 산출되는 증거가 있는 경우에만 동화변동이라고 분석하는 것이 적절하다. 영어권 아동의 경우 동화변동은 2세 후반, 즉 초기에 사라지는 변동이지만, 우리말에서는 어중종성의 역행동화(전형적 어중단순화)가 후기까지 나타나는 변동이다. 어중종성의 역행동화는 어중종성 폐쇄음과 비음의 조음 장소가 후행하는 초성과 같은 조음 장소로 바뀌는 현상이다. 어중종성의 역행동화를 제외한 동화변동은 우리말에서도 초기에 사라지는 변동이다.

- 순행동화: 뒷소리가 앞에 오는 소리의 영향으로 같은 음소 혹은 유사한 음소로 산출 (예: 고꾸잠따디/고추잠자리)
- 역행동화: 앞소리가 뒤에 오는 소리의 영향으로 같은 음소 혹은 유사한 음소로 산출 (예: 지차/기차, 완잔님/왕잔님)

음운대치변동(segment substitution processes)은 분절음대치변동 혹은 대치변동이라고 하는데, 목표낱말의 특정 음소를 다른 음소로 산출하는 것을 말한다. 변동의 명칭은 분석의 기준에 따라서 달라질 수 있어 목표음소를 기준으로 앞에 '탈'을 붙여서 기술하거나 대치된 음소를 기준으로 기술할 수 있다. 일반적으로 아동이 대치하는 음소는 자신이 갖고 있는 음소 목록 가운데 목표음소와 청각적으로 유사하게 들리는 소리로 산출하는 경향이 있으며, 대부분 조음방법변동, 조음위치변동, 발성방법변동, 특정 음소 선호에 따라서 기술한다.

㉠ 조음방법변동

- 탈유음화: 유음의 활음화, 비음화, 파열음화(예: 바요/바로, 호낭이/호랑이, 고예/고래)
- 탈치경마찰음화: 치경마찰음의 파열음화, 파찰음화(예: 업떠요/업써요, 체명/세명)
- 탈파찰음화: 파찰음의 파열음화 혹은 다른 음소로 산출[예: 도/조(줘), 후카해/추카해]

㉡ 조음위치변동

- 연구개음 전방화: 연구개음의 조음 장소가 앞으로 이동되어 치경음 혹은 경구개음으로 산출(예: 여디/여기, 짐/김)
- 탈치경마찰음화(왜곡 포함): 치경마찰음의 조음 장소가 전방화 혹은 후방화되어 산출(예: 헤개, ʃㅔ개, θㅔ개/세 개)

㉢ 발성방법변동

- 경음화: 평음과 격음이 경음으로 산출(예: 이쫑/이층)
- 평음화: 격음과 경음이 평음으로 산출(예: 반/판)

㉣ 특정 음소 선호

언어습득 초기에는 산출할 수 있는 음소 목록이 제한되어 있어 1~2개의 소리로 대부분의 소리를 대치하여 산출할 수 있다.

말소리장애 아동이 보이는 대표적인 오류로, 조음방법변동으로는 치찰음과 유음변동이 있으며, 조음위치변동으로는 전방화와 후방화가 나타난다. 자발화와 단어검사 조건에서 말소리장애 아동 15명이 보이는 오류 패턴을 분석한 결과, 대상 아동 15명 모두에게서 발달적 변동이 빈번하게 관찰되었으며, 추가로 비발달적 패턴을 분석한 결과에서 15명 중 10명이 후방화를 보이는 것으로 나타났다(박가연, 김수진, 2015). 비발달적 패턴 가운데 가장 높은 빈도를 보인 것이 후방화였으며, 그 외에도 음소 첨가, 기식음화 등이 나타났다.

(9) 음운인식, 읽기 및 언어 평가

말소리장애 중 출현율이 가장 높은 경우는 원인을 모르는 말소리장애다. 원인을 모르는 말소리장애는 동반하고 있는 문제나 특성, 말소리의 증상, 말 처리과정 등이 매우 다른 이질적인 집단의 통칭이라고 할 수 있다. 이러한 이질적인 집단을 하위 유형으로 분류하고 특성을 밝혀내고자 노력하는 이유는 각 유형별로 발달과정과 치료효과를 예측

하고, 차별적인 평가 및 중재 접근을 적용하는 데 중요하기 때문이다. 이질적인 말소리장애집단의 동반 문제를 파악하는 것은 문제의 특성을 확인하고 동반하고 있는 문제들 사이의 관계를 이해하며 궁극적으로는 이를 중재에 적용하기 위한 것이다(Bernthal, Bankson, & Flipsen, 2013).

원인을 모르는 말소리장애는 순수하게 말소리 산출상의 문제만을 보이는 경우보다 인지, 심리, 사회, 의사소통 등의 문제를 동반하고 있는 경우가 더 많다. 동반 문제의 유형을 살펴보면, 의사소통 문제 중에서 특히 언어 · 음성 · 유창성 문제가 동반 문제로 나타날 수 있다. 말소리장애 아동이 가장 빈번하게 동반하고 있는 문제로는 언어 문제가 있으며, 어휘, 음운인식, 문해기술 등에서도 어려움을 보일 수 있다(김민정, 김수진, 하지완, 하승희, 2015). 특히 언어와 어휘, 음운인식 문제가 언급되는 이유는 말소리장애 아동의 이후 문해기술을 예측하고 문해 문제를 예방하는 데 중요한 요인이기 때문이다. 학령전기의 말소리장애 아동은 읽기와 철자 발달에 중요한 기술인 음운인식에서 위험을 보일 가능성이 크고, 이러한 어려움은 학령기 이후에도 지속될 수 있다(Preston, Hull, & Edwards, 2013). 24명의 말소리장애 아동을 대상으로 음운인식과 언어장애를 동반한 비율을 연구한 결과(서은영, 고유경, 오경아, 김수진, 2017), 2/3에 해당하는 16명의 아동이 음운인식에 어려움을 보였으며, 이 중 절반인 8명은 어휘검사 결과에서도 지체된 것으로 나타났다. 또한 24명 중 16명의 아동이 언어발달 지체를 보였고, 언어장애를 동반한 16명 중 절반인 8명이 음운인식에서도 문제를 보이는 것으로 나타났다. 고유경 등(2017)은 92명의 말소리장애 아동의 언어장애를 동반한 문제를 연구한 결과에서 약 60%의 아동이 표현 혹은 수용언어 발달에서 지체되었다고 하였다.

이와 같이 동반 비율이 높은 동시에 학령기의 말소리 문제와 읽기 문제 등의 예후에 중요한 언어와 음운인식 심화검사를 실시하는 데 부담을 느낀다면, 우선 언어 선별검사와 음운인식 선별검사라도 꼭 실시해야 할 것이다. 〈부록 5-2〉에 임상에서 사용하기 편리하도록 개발된 음운인식 선별검사(김수진, 오경아, 고유경, 서은영, 2018)의 한 예를 제시하였다. 언어검사 중에는 임상에서 간편하게 우선 '취학전 아동의 수용언어 및 표현언어 발달척도(Preschool Preceptive-Expressive Language Scale: PRES)'(김영태, 성태제, 이윤경, 2004) 등의 검사를 수행한 뒤, 특정 언어 영역에 대한 평가가 필요하다면 더 추가할 수 있다.

3. 진단평가 사례

진단평가를 계획할 때에는 말소리 외에도 앞에서 살펴본 말소리장애의 원인이 된 청각, 조음기관 구조, 신경조절의 문제, 그리고 관련 요인과 동반 문제들에 대한 정보를 수집하고 면밀하게 분석해야 한다. Miccio는 말소리장애의 진단과정을 통해 다음의 여섯 가지 목표를 달성할 수 있어야 한다고 제안하였다(Miccio, 2002; Justice & Redle, 2014에서 재인용).

① 아동의 가정 특성을 포함한 전반적 발달 배경 특성을 파악할 수 있다.
② 아동의 청력 상태, 구강 구조 및 기능 특성을 파악할 수 있다.
③ 현재의 음운 및 언어 수행 특성을 파악할 수 있다.
④ 말소리장애의 특성과 중증도를 알 수 있다.
⑤ 음운 변화의 예후를 알 수 있다.
⑥ 중재과정을 결정할 수 있다.

다음의 말 · 언어 평가보고서는 기능적 말소리장애가 있는 6세 아동에 대한 진단보고서다. 일반적으로 시행하는 절차의 결과를 요약하였으며, 공식 검사결과와 함께 말소리 목록 분석, 명료도 평가, 자극반응도, 음운변동 분석을 실시하였다. 또한 언어 선별검사와 음운인식 선별검사도 수행하였다.

말 · 언어 평가보고서

이름(성별)	정○아(여)	평가자	김○영
생년월일 (연령)	2020년 7월 24일(4;2)	평가일	2024년 9월 24일 ~2024년 9월 29일
진단명	말소리장애(SSD)	정보제공자	대상자 모

I 배경정보

정○아(여, 4;2)는 발음이 부정확하다는 것을 주 호소로 평가가 의뢰되었다. 어머니의 보고에 따르면 임신 및 출산 과정에서 이상은 없었으며 38세에 자연분만으로 출산했다고 한다. 아동은 걷기 16개월, 대소변가리기 3~4세로 조금 느리지만 정상적인 신체발달 수준을 보이고 있었다.

아동의 옹알이는 정상적이었으며, 첫 낱말은 11개월경에 '엄마'라고 하였다고 한다. 그러나 돌이 지난 이후 말이 별로 늘지 않았고, 4세까지 물건의 이름을 이해하고 간단한 심부름과 긴 이야기도 이해할 수 있었다고 한다. 40개월까지 구어가 별로 나타나지 않았으며 그 이유는 잘 모른다고 하였다. 40개월 이후 말이 늘기 시작하였고, 현재 아동은 글을 읽고, 말로 놀이 및 대화가 충분하다고 한다. 아동은 부모와 함께 살고 있으며 외동이다. 현재 어린이집에 다니고 있으며 또래관계는 좋은 편이라고 하였다.

II. 평가 태도

아동이 편안함을 느낄 수 있도록 집에서 어머니와 함께 있는 상태에서 평가를 진행하였다. 처음 보는 평가자에 대해 낯을 가리지 않았으며 상호작용이 잘 되었다. 자신이 어려움을 느낄 때 집중이 흐트러지는 경우가 종종 있었지만, 평가자가 환기시키면 다시 집중하였으며 지시를 잘 수행하였다.

Ⅲ. 실시한 검사

- Ling 6 Test
- 수용 · 표현 어휘력 검사(REVT; 김영태 외, 2009)
- 아동용 조음기관 구조 기능 선별검사 일부 문항(SMST-C; 김재옥 외, 2020)
- 세 문장 따라말하기 선별검사(김수진, 2016)
- 우리말조음음운검사 2(U-TAP2; 김영태 외, 2020)
- 자발화 분석
- 음운인식검사(김수진 외, 2018)

Ⅳ. 평가결과

(1) 청각

Ling 6 검사를 실시한 결과, 아동은 6개의 말소리에서 모두 정반응을 보였다.

(2) 말기관

아동은 앞니 사이가 약간 벌어져 있었는데 어머니는 오랜 빨대 사용이 원인인 것 같다고 하였다. 아동의 조음기관 구조 및 기능에는 이상이 없는 것으로 나타났다.

(3) 언어

① 어휘력(REVT)

표현어휘 검사결과, 원점수 45점으로 백분위수 30%ile로 일반적인 발달 수준에 속하였다. 수용어휘 검사결과, 원점수 60점으로 백분위수 94%ile이다.

(4) 조음

① 세 문장 따라말하기

세 문장 따라말하기 선별검사를 변형하여 2~3어절씩 따라 말하도록 한 결과, 음절구조변동으로는 유음 탈락 1회, 어중종성 탈락이 3회 나타나고, 대치오류는 마찰음의 파찰음화 5회, 경음화 5회 유음의 비음화가 1회 나타났다(〈표 5-6〉 참조). 유음은 탈락

되거나 비음화되기도 하지만, /호랑이/나 /노리동짜네/에서 바르게 산출되기도 한다. 자음정확도는 67%로 나타났다.

표 5-6 세 문장 따라말하기와 단어 검사에 나타난 음운변동

음운변동	세 문장 따라말하기/단어 검사 오류 예	문장	단어
어중종성 생략	칭구들도 → 치꾸도, 왕잔님 → 왕짜님도, 공준니미 → 공쭈님/책상 → 채짱, 짹짹 → 째째	3/10	2/12
어중종성 역행동화	참새 → 찬새	–	1/12
어말종성 생략	눈썹 → 눈쩌, 사탕 → 사타, 짹짹 → 째째	–	3/12
유음 탈락	코끼리 → 코끼이/꼬리 → 꼬이	1/9	1/7
유음의 비음화	우리는 → 우니는	1/9	–
마찰음의 파찰음화	노리동사네 → 노리동짜네, 가써요 → 가쩌여, 이써써요 → 이쩌쩌여(2), 나써요 → 와쩌여/책상 → 채짱, 풍선 → 풍전, 눈썹 → 눈쩌	5/9	3/7
경음화	노리동사네 → 노리동짜네, 칭구들도 → 치꾸도, 왕잔님 → 왕짜님도, 공준니미 → 공쭈님, 거처럼 → 꺼처럼	5/25	–

② 단어 수준 표준화 검사

U-TAP2 검사결과, 아동의 자음정확도는 86%(37/43)로 나타났으며 2%ile 이하로 나타났다. 모음에는 오류가 나타나지 않았다. 단어 수준에서는 마찰음의 파찰음화가 가장 빈번하게 나타났으며, 어말종성 생략 및 어중종성 역행동화가 나타났다. 유음 탈락도 1회 나타났고, 문장 수준에서 빈번하게 나타난 경음화는 나타나지 않았다. 말소리목록 분석결과는 〈표 5-7〉과 같다.

표 5-7 U-TAP2에서 보인 아동의 말소리목록표

	ㅂ	ㅃ	ㅍ	ㅁ	ㄴ	ㅎ	ㄱ	ㄲ	ㅋ	ㄷ	ㄸ	ㅌ	ㅇ	ㅅ	ㅆ	ㅈ	ㅉ	ㅊ	ㄹ
어두 초성	+	+	+	+	+	+	+	+	+	+	+	+		+	+	+	ㄸ	+	+
어중 초성	+	+	+	+	+	+	+	+	+	+	+	+		ㅈ	ㅉ	+	+	+	∅
어중 종성	+			+	+		∅						+						+
어말 종성	∅			+	+		∅			+			+						+

③ 자발화 분석

놀이 상황에서 아동이 산출한 발화 50어절을 수집하여 분석한 결과, 평균음운길이(PMLU)는 8.64이며 단어단위 근접률(PWP)은 0.93으로 나타났다. 단어단위 정확률(PWC)은 0.6로 나타났으며 자음정확도(PCC)는 69%로 나타났다.

자발화에서의 자음정확도는 단어수준의 검사결과보다 낮게 나타났으며, 4세 전반 일반 아동의 자발화 자음정확도 평균이 거의 100%인 것과 비교할 때 자음정확도가 매우 낮고, 단어단위 정확률(PWC)도 평균 .82인 데 비해 .6으로 매우 낮다. 그러나 4세 전반 평균음운길이(PMLU)는 8.45, 근접률(PWP)이 .97이므로 일반적인 발달을 하는 아동들과 유사한 수준의 음운길이를 사용하는 것으로 볼 수 있다. 말소리들을 응집하여 사용하는 것에는 어렵지 않지만 정확한 음소를 사용하는 데 어려움을 보인다고 할 수 있다.

자발화 50어절에서 주로 보인 오류로는 '집'을 [찝], '내가'를 [내까]라고 하는 등의 경음화 6회, '이써요'를 [이쩌여], '장수풍뎅이'를 [장주풍뎅이]라고 하는 등 마찰음의 파찰음화 4회, '무당벌레'를 [무단벌레]라고 하는 등의 어중종성 역행동화가 4회였다.

④ 자극반응도 및 문맥검사

치경마찰음 /ㅅ, ㅆ/에 대해서 자극반응도를 살펴보고 문맥검사를 실시하였다. /ㅅ, ㅆ/이 포함된 단어 수준과 문장 수준의 평가 낱말에 대하여 청각적 및 시각적 단서를 주고 모방하도록 한 결과, 자극반응도는 42.6%(3/7)로 나타났다. 모음 문맥검사를 실시한 결과, /ㅏ, ㅓ/ 모음 앞에서는 파찰음화되었다. 다른 모음 앞에서는 정반응하였다.

유음과 평음 및 격음 및 어말종성은 모방조건에서 대부분 정반응하였으나, 어중종성 /ㄱ/ 음소는 모방하지 못하였다.

⑤ 비일관성 검사

U-TAP2에 포함된 비일관성 검사 실시결과, 10개 단어 중 2개에서 비일관성을 보여서, 40% 이상을 비일관적이라고 판단하는 기준에는 미치지 못하였다.

⑥ 음운인식검사

음운인식검사 결과, 원점수 17점으로 또래보다 높은 점수로 나타났다.

⑦ 명료도와 용인도

자발화에서 아동의 명료도는 거의 모두 이해 가능한 수준으로 명료도는 100%로 평가되었다. 그러나 용인도에 있어서는 5점 척도로 평정했을 때, 파찰음화와 경음화가 심해서 4점 수준으로 평가되었다.

(5) 음성 및 유창성

평가 시 관찰한 결과, 음성 및 유창성에 특별한 이상이 없었다.

V. 요약 및 결론

정○○ 아동의 전반적인 말 · 언어능력을 평가한 결과, 원인을 모르는 말소리장애(SSD)로 진단되었다. 어휘능력, 특히 수용어휘는 94%tile 수준으로 우수하며 음운인식, 또래와의 상호작용 등 다른 동반 문제는 없는 것으로 판단된다. 말늦은 아동(Late-talker)이었으나 언어발달은 일반발달 수준이 되었다.

조음음운 공식 검사 수행결과를 보면, 단어 수준에서 자음정확도 87%로 2%tile 미만으로 말소리발달지체이다. 세 문장 따라말하기 과제에서는 자음정확도 67.1%, 자발화에서는 자음정확도 69%로 나타타서 단어 수준에 비해 연결발화에서 자음정확도가 떨어진다. 세 가지 문맥에서 공통적으로 많이 나타난 오류 패턴은 마찰음의 파찰음화 어중과 어말의 종성오류였으며, 문장과 자발화에서만 경음화가 두드러졌다. 문맥검사에서 치경마찰음과 어중종성의 자극반응도는 10% 이하로 낮았으며, 유음과 어말종성 /ㄱ/은 40% 이상의 자극반응도로 비교적 높은 자극반응도를 보였다. 비전형적 오류 패턴을 보이지 않고 대부분의 오류가 전형적 오류 패턴을 보이고, 오류의 비일관성이 높지 않으므로 일관된 음운장애 유형으로 분류할 수 있다. 아동의 연령을 고려할 때 치찰음과 유음의 정확도를 높이고 발성 유형과 종성을 정확히 구분하여 산출하도록 하는 훈련이 필요하다.

4. 맺음말

이 장에서는 말소리장애의 진단모형을 제시하였다. 진단과정에 영향을 미칠 수 있는 요인들을 요약하고, 우리말을 진단하기 위해 개발된 조음음운 평가도구와 분석틀을 비교하였다. 진단과 치료의 과정에는 치료사와 보호자, 그리고 대상자의 모든 요인이 영향을 미친다. 진단은 장애 여부나 중증도를 결정하는 것에도 중요하지만 치료의 방향이나 구체적인 목표를 설정하는 것에도 중요하다. 따라서 진단과정 역시 치료사와 보호자, 그리고 대상자의 모든 요인이 영향을 미칠 수 있다. 그럼에도 불구하고 가장 중요한 요인은 대상자의 장애 특성이라고 할 수 있다. 이 장에서는 장애의 원인, 중증도, 대상자의 연령에 초점을 맞추어 진단과정을 논의하였다.

진단과정에 대한 모형을 수립하는 중요한 이유는 바로 진단과정에서 고려해야 하는 다양한 요소를 치료사가 점검하게 할 수 있는 목록 혹은 지침이 될 수 있을 것이라는 기대 때문이다. 또한 진단모형은 진단도구의 개발이나 연구의 방향을 안내할 수 있을 것이라고 기대된다. 이 장에서는 전체 의사소통장애의 진단모형 가운데 말소리장애 영역에서의 진단과정과 진단도구 선택 및 분석 과정에 대하여 살펴보고 실제 적용 사례를 살펴

보았다.

조음음운장애 평가 분야에서 가장 큰 변화는 진단명과 그 기준의 변화다. 기능적 조음음운장애라고 불리던 진단명은 2015년 DSM-5를 통해 원인을 모르는 말소리장애라는 진단명으로 바뀌었다. 이는 현장에서 기능적 조음음운장애라는 진단기준 안에 포함되지 못했던 언어와 인지 문제를 동반한 말소리장애 아동이 모두 말소리장애 영역 안으로 포함되는 획기적인 변화였다. 따라서 말소리장애의 진단 절차에 있어서 언어, 인지, 그리고 음운처리 능력과 관련된 평가의 중요성이 매우 증대되었다. 이러한 변화는 또한 원인을 모르는 말소리장애라고 진단된 아동들이 동질적으로 묶이지 않고, 다양하고 이질적인 하위 집단으로 다시 분류되어야 함을 의미한다. 진단과정을 통해서 하위 집단으로 분류되어야 이에 따라서 적절한 중재를 제공할 수 있기 때문이다. 그런 의미에서 부족하지만 간편하게 기억능력과 언어능력, 조음능력을 함께 보고 선별할 수 있는 세 문장 따라 말하기 검사와 음운인식 선별검사를 부록으로 제공하였다. 선별과제에서 어려움이 관찰된다면 언어 · 인지 · 음운처리 관련 영역의 심화검사를 진행해야 할 것이다. 앞으로 말소리장애의 진단모형은 이러한 하위 집단으로의 분류에 기여할 수 있도록 보다 다양한 모형으로 발전시켜 나가야 할 것이다.

용어해설

- 교대운동 과제: 상이한 조음기의 최대 반복 속도를 평가하는 데 이용하는 과제. 반복 과제는 대개 음절로 구성하며 말운동 통제의 지표가 됨
- 대치: 목표말소리를 다른 말소리의 조음 위치 혹은 조음방법으로 바꾸어 산출하는 오류
- 말운동장애: 말소리 산출에 필요한 운동계획, 근육 움직임의 협응, 움직임의 타이밍 또는 움직임 패턴의 시행(또는 이 문제들의 조합)에 문제를 보이는 신경학적 말소리장애. 조음 문제 외에도 호흡, 발성, 공명, 운율과 같은 생체 의사소통 체계의 문제도 보일 수 있음
- 명료도: 평가대상자(화자)가 산출하는 자발적인 구어를 청자가 이해하는 정도
- 문맥검사: 대상자의 목표음 산출이 정확하게 산출된 것으로 지각되는지 알아보기 위해 음성 환경을 이용하여 정밀하게 검사하는 방법

- 발달적 오류: 모국어의 말소리체계를 습득해 가는 아동들의 말에서 흔히 발견되는 정상적 변이. 이러한 말소리 오류는 성도의 해부학적 조건이나 생리적 조건의 변이 때문에 나타나는 것이 아니며, 나이가 들면서 없어지거나 발달 시기 이후에도 지속되어 치료가 필요해지기도 함
- 보상적 오류: 성문파열음 등 의도한 말소리나 말소리 부류를 대신하여 산출하는 말소리체계 오류. 연인두 폐쇄부전이나 구개누공이 있는 아동의 말에서 자주 나타남
- 설소대 단축증: 설소대(혀 소대)의 삽입 위치로 인해 혀의 움직임이 제한된 것. 이러한 해부학적 상태를 '혀유착증(tongue-tie)'이라고도 함
- 아동기 말실행증(CAS): 말 산출에 요구되는 숙련운동의 계획 및 프로그래밍에 영향을 미치는 신경학적 결함으로 정의할 수 있는 발달적 말운동장애. 말 산출 오류와 운율변이가 주된 특징으로 나타남
- 왜곡: 변이음이라 볼 수 없고, 다른 음소로도 볼 수 없는 목표음 변이
- 전형적 어중단순화: 우리말 어중에서 종성이 생략되거나 이어지는 어중초성의 영향을 받아 역행동화되는 경우
- 동화: 문맥에 민감한(문맥의 영향을 쉽게 받는) 말소리 변화를 의미하는 음운변동 오류. 낱말 내에서 대조되는 목표자음 중 하나가 동일한 낱말 내에 위치하는 다른 자음의 자질을 띠게 됨
- 초분절적 요소(운율): 음절, 낱말, 구, 절과 같은 음성학적 단위 위에 얹히는 자질. 초분절적 요소는 강세, 억양, 강도, 음도, 연접, 말 속도 등이 있음
- 치열 교합: 위아래 치열궁 간의 관계. 상악과 하악의 제1대구치의 위치를 기준으로 판단함
- 필연적 오류: 구조적 문제로 인해서 생기는 생리학적 움직임 혹은 정확한 소리의 산출에 필요한 움직임의 문제. 일반적으로 언어치료의 대상이 아니며, 간혹 '수동적 말 특징'이라고도 함
- 활음: 동일한 음절 내에서 하나의 조음 위치에서 다른 조음 위치로 미끄러지듯 전환하여 산출되는 말소리. '구강 반모음'으로 분류하기도 함. 활음에는 /w, j/가 있음

참고문헌

고유경, 김수진, 오경아, 서은영(2017). 말소리장애 아동의 성별, 연령별, 중증도에 따른 언어장애 동반 비율. 언어치료연구, 26(4), 99-109.

김민정(2006). '아동용 조음검사'에 나타난 취학전 아동의 음운 오류 패턴. 언어청각장애연구, 11(2), 17-31.

김민정, 김수진, 하지완, 하승희(2015). 말소리장애의 동반장애 유형 및 말-언어 특성에 관한 설문조사. *Communication Sciences & Disorders*, *20*(3), 446-455.

김민정, 배소영(2000). 정상아동과 기능적 음운장애 아동의 음운 오류 비교: 자음정확도와 발달유형을 중심으로. 음성과학, 7(2), 7-18.

김민정, 배소영(2005). '아동용 조음검사'를 이용한 연령별 자음정확도와 우리말 자음의 습득연령. 음성과학, 12(2), 139-149.

김민정, 배소영, 박창일(2007). 아동용 발음평가(APAC). 휴브알앤씨.

김수진(2010). 기능적 조음음운장애 아동의 종성 음운변동 분석. *Communication Sciences & Disorders*, *15*(4), 549-560.

김수진(2014). 자발화에 나타나는 발달적 음운 오류 패턴. *Communication Sciences & Disorders*, *19*(3), 361-370.

김수진(2016). 말소리장애 선별검사 개발 및 6세 아동의 출현율 조사. *Communication Sciences & Disorders*, *21*(4), 580-589.

김수진, 고유경, 서은영, 오경아(2016). 6세 아동의 말소리장애 출현율. 제7회 한국아동패널 국제 학술대회 아동 발달의 종단적 접근과 국제적 흐름. 육아정책연구소.

김수진, 김민정, 하승희, 하지완(2015). 임상현장의 말소리장애 현황. *Communication Sciences & Disorders*, *20*(2), 133-144.

김수진, 김정미, 윤미선, 장문수, 차재은(2012). 자발화에 나타난 형태소 유형에 따른 3~4세 아동의 치경마찰음 오류. 말소리와 음성과학, 4(3), 129-136.

김수진, 신지영(2015). 말소리장애. 시그마프레스.

김수진, 신지영(2020). 말소리장애2. 시그마프레스.

김수진, 오경아, 고유경, 서은영(2018). 연령과 성에 따른 음운인식 탈락 과제 수행력: 학령전기 아동을 위한 음운인식 선별검사 개발. 말소리와 음성과학, 10(2), 61-68.

김영태, 성태제, 이윤경(2003). 취학전 아동의 수용언어 및 표현언어 발달척도(PRES). 서울장애인종합복지관.
김영태, 신문자(2004). **우리말 조음 · 음운 검사(U-TAP)**. 학지사.
김영태, 신문자, 김수진, 하지완(2020). **우리말조음음운검사 2(UTAP2)**. 인싸이트.
김영태, 홍경훈, 장혜성, 김경희, 이주연(2009). **수용 · 표현 어휘력 검사(REVT)**. 서울장애인종합복지관.
김재옥, 신문자, 송윤경, 김양선, 서민희(2021). **조음기관의 구조기능선별검사-아동용**. 인싸이트.
김효정, 최선영, 하지완(2015). 아동기 말실행증 조음음운장애 및 일반 아동의 말-운동프로그램/프로그래밍능력 비교. *Communication Sciences & Disorders*, *20*(1), 60-71.
문희원, 하승희(2012). 12~24개월 구개열 유아와 일반 유아의 음운 발달. *Communication Sciences & Disorders*, *17*(1), 118-129.
박가연, 김수진(2015). 말소리장애 아동의 단어와 자발화 문맥의 음운 오류 패턴 비교. **말소리와 음성과학**, 7(3), 165-173.
박서린(2000). 성인의 일상대화에 나타난 음운빈도. 이화여자대학교 대학원 석사학위논문.
박희정, 석동일(2006). 발달성 말실행증 아동과 조음음운장애 아동의 문미 억양 강세 산출에 대한 청지각, 음향학적 특성 연구. **언어치료연구**, 15(3), 1-18.
서은영, 고유경, 오경아, 김수진(2017). 말소리장애 아동의 음운인식과 어휘 특성. *Communication Sciences & Disorders*, *22*(2), 318-327.
석동일, 박상희, 신혜정, 박희정(2008). **한국어 표준 그림 조음음운검사(KS-PAPT)**. 학지사.
신지영(2005). 3~8세 아동의 자유 발화 분석을 바탕으로 한 한국어 말소리의 빈도 관련 정보. **한국어학**, 27(27), 163-200.
엄정희(1994). 정상 말소리 발달(II): 3 · 4 · 5세 아동. 한국언어병리학회 편저, **언어장애의 이해와 치료 1-아동의 조음장애 치료**. 군자출판사.
우혜경, 김수진(2013). 자발화에 나타난 3~4세 아동의 어중종성 습득. **말소리와 음성과학**, 5(3), 73-81.
윤미선, 김수진, 김정미, 장문수, 차재은(2013). 평균발화길이 분석을 위한 발화 표본의 크기. *Communication Sciences & Disorders*, *18*(4), 368-378.
장선아, 김수진, 신지영(2007). 말지각능력이 우수한 인공와우 착용 아동들의 조음 특성: 정밀전사 분석방법을 중심으로. **말소리**, 62(62), 33-49.
전희정, 이승환(1999). 2~7세 정상아동의 /ㅅ/와 /ㅆ/ 말소리 발달 연구. **언어청각장애연구**, 4, 37-59.
최민실, 김수진(2013). 자발화에 나타난 3~4세 아동의 형태소 유형별 유음 발달 특성.

Communication Sciences & Disorders, *18*(1), 76-85.

하승희, 김민정, 서동기, 피민경(2021). **한국 조음음운 프로파일**. 휴브알엔씨.

하승희, 황진경(2013). 18~47개월 아동의 자발화 분석에 기초한 말소리 측정치에 관한 연구. *Communication Sciences & Disorders*, *18*(4), 425-434.

홍진희, 배소영(2002). 2세부터 5세 아동의 종성 발달에 관한 연구: 낱말 내 음절 위치와 어중초성의 마찰음을 고려하여. **언어청각장애연구**, 7(2), 294-304.

American Speech-Language-Hearing Association. (2007). Childhood apraxia of speech. http://www.asha.org/public/speech/disorders/ChildhoodApraxia

Bankson, N., & Bernthal, J. (1990a). *Bankson-Bernthal Test of Phonology(BBTOP)*. Pro-Ed.

Bankson, N., & Bernthal, J. (1990b). *Quick Screen of Phonology*. The Riverside Publishing Company.

Bernthal, J., Bankson, N., & Flipsen, P. (2012). **조음 · 음운장애: 아동의 말소리장애**(6판) [*Articulation and phonological disorders: Speech sound disorders in children* (6th ed.)]. (김영태, 심현섭, 김수진 공역). 박학사. (원저는 2009년에 출판).

Bernthal, J., Bankson, N., & Flipsen, P. (2013). *Articulation and phonological disorders* (7th ed.). Pearson.

Bernthal, J., Bankson, N., & Flipsen, P. (2016). *Articulation and phonological disorders* (8th ed.). Pearson.

Fluharty, N. B. (1978). *Fluharty Preschool Speech and Language Screening Test*. Pro-Ed.

Grunwell, P. (1986). *Phonological Assessment of Child Speech(PACS)*. College-Hill Press.

Hodson, B. W. (1986). *Assessment of Phonological Processes-Revised(APP-R)*. Pro-Ed.

Justice, L., & Redle, E. (2014). **임상근거기반 의사소통장애**(3판) [*Communication science and disorders: A clinical evidence-based approach* (3rd ed.)]. (박현주, 이은주, 표화영, 한진순 공역). 시그마프레스. (원저는 2013년에 출판).

Khan, L., & Lewis, N. (1986). *Khan-Lewis Phonological Analysis(KLPA)*. American Guidance Services.

Kinzler, M. C. (1992). *Joliet 3-Minute Preschool Speech and Language Screening*. Communication skill builders.

Kinzler, M. C., & Johnson, C. C. (1992). *Joliet 3-Minute Speech and Language Screening-*

Revised. The Psychology Corporation.

Lowe, R. (1995). *ALPHA Test of Phonology-Revised*. Alpha Speech & Language Resources.

Miccio, A. W. (2002). Clinical problem solving: Assessment of phonological disorders. *American Journal of Speech-Language Pathology*, *11*(3), 221-229.

Mecham, M. J., Jex, J. L., & Jones, J. D. (1970). *Screening Speech Articulation Test*. Communication Associates, Inc.

Preston, J. L., Hull, M., & Edwards, M. L. (2013). Preschool speech error patterns predict articulation and phonological awareness outcomes in children with histories of speech sound disorders. *American Journal of Speech-Language Pathology*, *22*(2), 173-184.

Shriberg, L. D., & Kwiatkowski, J. (1980). *Natural Process Analysis(NPA)*. John Wiley.

Shriberg, L. D., Kwiatkowski, J., & Hoffmann, K. (1984). A procedure for phonetic transcription by consensus. *Journal of Speech and Hearing Research*, *27*(3), 456-465.

Shriberg, L. D., Tomblin, J. B., & McSweeny. J. L. (1999). Prevalence of speech delay in 6-years-old children and comorbidity with language impairment. *Journal of Speech, Language, and Hearing Research*, *42*(6), 1461-1481.

Smit, A., & Hand, L. (1996). *Smit-Hand Articulation and Phonology Evaluation(SHAPE)*. Western Psychological Services.

Stoel-Gammon, C., & Dunn, C. (1985). *Normal and disordered phonology in children*. University Park Press.

Templin, M., & Darley, F. L. (1969). *Templin-Darley Test of Articulation*. Speech Bin.

Watts, S. A., & Paynter, E. T. (1973). Watts articulation test for screening: Evaluation of a screening test. *Perceptual and Motor Skills*, *36*(3), 721-722.

Weiner, F. (1979). *Phonological Process Analysis(PPA)*. Pro-Ed.

Williams, A. L. (2003). *Speech disorders: Resource guide for preschool children*. Thomson.

부록 5-1 세 문장 따라 말하기 선별검사

이름(ID): ( ) 생년월일: (:) 성별: 검사일: 검사자:

	오류 반응 기록							조음오류 횟수	
								어절	자음
1	자동차를	타고	노리동사네	가써요				1/4	1/16
	+(자동찰)	+(타구)	노**이**동사네	+(가써)					
2	호랑이	코끼리	사슴	가튼	동물	칭구들도	이써써요	2/7	2/24
	호**앙**이	코끼**이**	+	+	+	+	+		
3	왕잔님	공준니미	됭(된) 거처럼	우리는	시니	나써요		2/7	2/24
	완잔님	**곤**준님	+ +	+(우린)	+(신)	+			
총합								6/18	5/64

⊙ 실시방법

1. 5세 이상이면 한 문장씩 들려주어 바로 따라 말하도록 하고 기록한다.
2. 5세 미만이면 4어절씩 끊어서 들려주어 바로 따라 말하도록 하고 기록한다.
3. 1, 2번 수행 후에 3음절 이상을 빼고 말하거나 언어적 오류(조음 오류가 아님)를 보인 경우는 2어절씩 끊어서 들려주어 따라 말하도록 하고 기록한다.

⊙ 채점방법

1. 아동의 반응 중 발음에 오류가 있는 경우에는 오류 발음 그대로 적고, 정확한 발음은 '+'로 기록한다.
2. 스스로 교정해서 말할 때 교정한 것이 맞으면 맞는 것으로, 틀리면 틀린 것으로 채점한다.
3. 아동이 지시문과 다르게 반응한 어절 및 자음 오류의 개수를 '조음오류 횟수'에 기록한다.
4. 언어적 오류(예: 다른 말로 대치하거나 생략)가 있는 경우 1회에 한해 다시 들려주고 따라 하도록 한다. 단, 호랑이, 코끼리, 사슴, 왕잔님, 공준님의 발화 순서는 바꾸되 발음이 정확한 경우 정반응으로 한다.

5. 문법형태소를 축약하거나 생략하는 네 가지 경우(예: 자동찰/자동차를, 우린/우리는, 공준님/공준니미, 신/신이)와 문장마다 종결어미 '요'를 생략한 경우는 모두 정반응으로 간주한다.

◉ 결과 해석

1. 음운오류 패턴을 분석하고 자음정확도(PCC)를 계산하여 단어 수준 혹은 자발화 수준과 비교한다.
2. 5~6세 아동인 경우는 일반 아동의 자음정확도와 비교할 수 있다. 5~6세 아동의 PCC 평균은 97.9(SD 2.06)이므로 −1SD 미만인 95% 이하(오류 자음 3개 이상)이면 심화검사를 실시한다.

부록 5-2 음운인식 선별검사

1. 연습단계

1) 아동에게 '꽃' 그림과 '병' 그림을 보여 주고, 합하여 '꽃병'을 말하게 한다.
2) 아동이 반응하면 검사자는 '꽃' 그림을 가린 후, "이번에는 꽃병에서 '꽃'을 빼고 말해 보세요."라고 지시한다.
3) 이 절차를 '종이컵(종이와 컵 그림)' '딸기우유(딸기와 우유 그림)'에서 반복한다.
4) 아동이 실패했을 경우, 검사자는 적절한 반응을 알려 준다.
5) 3개의 연습낱말에서 그림 없이 진행한다. "이번에는 그림 없이 단어를 들려줄 거예요. 선생님이 빼라는 소리를 빼고 말해 보세요." "꽃병에서 /꽃/을 빼고 말해 보세요." "종이컵에서 /종이/를 빼고 말해 보세요." "딸기우유에서 /딸기/를 빼고 말해 보세요."
6) 아동이 실패했을 경우, 검사자는 적절한 반응을 알려 준다.

2. 검사단계

1) 음운인식검사 지시문
   – "자, 이제 시작해 봐요. 선생님이 단어를 들려주면 잘 듣고, 빼라는 소리를 빼고 말해 주세요."
2) 음운인식검사 요령
① 검사자는 목표낱말을 읽어 준 뒤, 밑줄 친 부분을 빼고 각각의 검사 항목을 말하게 한다(예: "야구방망이에서 /야구/를 빼고 말해 보세요.").
② 검사 항목은 그림을 사용하지 않고, 실패해도 피드백을 주지 않는다.
③ 연속해서 5개 문항에서 실패하면 검사를 종료한다.

3. 채점 요령

1) 검사자는 아동의 반응을 정반응(+), 오반응(−)으로 기입한다.
2) 총 20개의 문항 중 맞게 반응한 항목의 수를 세어 원점수로 계산한다.

3) 조음에 오류가 있지만 각 검사 항목에 맞게 정반응하였다면 맞는 것으로 채점한다.

음운인식 선별검사 채점지

이름(ID): 생년월일(연령): 성별: 검사일: 검사자:

	검사 항목	반응		검사 항목	반응		검사 항목	반응
1	야구방망이		8	비옷		15	휴지통	
2	동전지갑		9	창문		16	호랑이	
3	손톱깎이		10	놀이터		17	축구공	
4	소고기		11	코끼리		18	유리창	
5	책가방		12	수요일		19	오토바이	
6	신발장		13	풍선		20	안녕하세요	
7	물총		14	바지		총점		/20

제 6 장

유창성장애의 진단

1. 들어가는 말
2. 진단평가
3. 진단평가 사례
4. 맺음말

COMMUNICATION DISORDERS

1. 들어가는 말

'유창성장애'를 다룬다고 하면 사람들은 대부분 어리둥절한 표정을 짓는다. 그러나 '말더듬'이라고 바꿔 말하면, "아, 말더듬!"이라고 하며 고개를 끄덕인다. '말더듬'이라는 말은 사람들에게 상당히 친숙한 표현으로 보인다. 하지만 잠시 후 조심스럽게 "그런데…… 저도 좀 말이 많이 어눌한데……."라고 조심스러워하며 자신의 말은 어떤 것 같은지 묻는 사람들이 많은 것을 보면 말더듬이 어떤 문제인지를 정확하게 알고 있는 사람은 드문 것 같다. 그러므로 말더듬이란 어떤 장애인지 그 정의부터 살펴보기로 하자.

객관적이고 구체적이어서 여전히 사용되고 있는 Wingate(1964)의 정의를 살펴보면, 그는 다음과 같이 말을 더듬는 사람들에게서 관찰할 수 있는 행동과 감정의 종합적인 목록을 제시하여 '말더듬'을 정의하고자 하였다. ① 구어(말) 산출에서 유창성이 와해되며(disruption), ② 음소, 음절, 단음절 단어와 같은 짧은 말 단위에서 불수의적이면서 들리거나(audible) 들리지 않는(inaudible) 반복 또는 연장이 나타나며, 이러한 와해가 ③ 자주 발생하거나 눈에 띄며, ④ 쉽게 통제되지 않는다. 때때로 이러한 유창성의 와해에 ⑤ 말기관과 관련되거나 관련되지 않은 신체 일부의 부수행동이나 상투적인 발화가 동반된다. 자주 ⑥ 흥분, 긴장과 같은 일반적인 상태와 함께 두려움, 부끄러움, 짜증과 같은 보다 구체적인 부정적 감정 상태도 나타난다. 말더듬의 직접적인 원인은 말초적 구어 기제에서 나타나는 불협응이다. 현재 근본적인 원인은 완벽하게 알려져 있지 않으나 매우 복잡한 것으로 여겨지고 있다. Wingate의 정의에는 말을 더듬는 사람의 말에서 나타나는 비유창성(①~④), 겉으로 드러나는 부수행동(⑤), 당사자의 심리적 반응(⑥) 등이 포함되어 있어 매우 종합적이다.

말더듬 아동의 부모들은 같은 단어인데도 아동이 어떨 때에는 더듬고 어떨 때에는 유창하게 말하기 때문에 더 당황스럽다고 말한다. 세계보건기구(WHO)의 말더듬에 대한 정의에는 이러한 특성이 잘 드러나 있다. WHO(1977)는 말더듬을 "말을 더듬는 사람은 자신이 무슨 말을 하고 싶은지를 정확히 알지만 불수의적이고 반복적인 연장 또는 소리의 멈춤으로 인해 말할 수 없게 되는 말의 리듬장애"라고 정의하였다.

또한 말더듬의 정도나 표현되는 방식은 사람에 따라 달라지는데, 그 이유는 말더듬을 경험하는 사람들의 심리적 반응에 따라 말더듬의 양상이 변하기 때문이다. Van Riper(1982)는 "말더듬은 음소, 음절, 단어를 말할 때 일어나는 근육 운동의 와해(motoric disruption)로 인해 혹은 그에 대한 화자의 반응에 의해 말의 흐름이 방해받을 때 발생한다."라고 정의함으로써 화자의 반응이 중요함을 강조하였다.

말더듬은 '말(speech)'을 할 때 나타나는 문제이므로 구어장애(speech disorder)로 분류되지만, 말은 뇌에서 계획된 '언어(language)'를 음성으로 실현시키는 과정이므로 언어와 무관할 수 없다. 단순하고 짧은 문장보다는 복잡하고 긴 문장을 말할 때, 또 쉽고 익숙한 단어보다는 길고 익숙하지 않은 단어를 말할 때 말을 더 더듬는 경향은 말더듬이 언어와 깊은 연관성이 있음을 의미한다. Peters와 Guitar(1991)가 정리한 말더듬의 정의는 말더듬과 언어, 구어(말), 그리고 말을 더듬는 사람의 반응 사이의 관련성을 포함하고 있다. 그들은 말더듬을 "언어 산출의 상호작용 과정에 따른 영향을 받으며 복잡한 학습과정에 의해 심화되는 구어 신경-운동의 통제 장애"라고 정의하였다.

이상의 다양한 정의를 종합하면, 말더듬은 뇌에서 계획된 언어를 음성으로 산출하는 과정에서 나타나는 불수의적인 현상이고, 말더듬에 대한 화자의 반응이 문제를 심화시키며, 드러나는 증상은 다양한 언어 단위에서의 반복, 막힘, 연장, 그리고 다양한 부수행동이다.

그런데 지금까지 살펴본 '말더듬'은 유창성장애 중에서도 '발달성 말더듬(developmental stuttering)'에 해당한다. 후천적 말더듬으로 분류되는 신경성 말더듬과 심인성 말더듬, 그리고 말빠름증(속화)와 같은 다른 유형의 유창성장애도 있지만 발달성 말더듬이 유창성장애의 대표적인 유형이기 때문에 이 장에서는 주로 발달성 말더듬에 초점을 맞추어 설명하였다.

임상에서 유창성장애를 효과적으로 치료하기 위해서는 정확하게 평가하고 진단하는 것이 우선되어야 한다. 이 장에서는 전반적인 유창성장애 평가 및 진단 과정을 살펴보고 앞으로 나아갈 바를 논의하고자 한다.

2. 진단평가

1) 의뢰 및 선별검사

대상자가 아동일 경우, 대부분 아동의 부모, 그리고 어린이집과 유치원 교사가 유창성장애 평가를 의뢰하며, 의사나 언어치료사, 심리치료사 등과 같은 다른 전문가가 의뢰하기도 한다. 반면에 대상자가 성인일 경우, 본인이 스스로 평가를 요청하는 경우가 대부분이며, 대상자의 부모나 배우자가 평가를 의뢰하기도 한다.

일반인도 유창성 문제를 쉽게 인식할 수 있기 때문에 다른 장애나 어려움을 동반하지 않은 경우에는 처음부터 '유창성 문제'를 주된 문제로 평가를 의뢰하는 경우가 대부분이다. 하지만 유창성장애는 말소리장애, 언어장애, 학습장애, 읽기장애, 주의력결핍장애, 정서 · 행동장애, 음성장애, 구개열, 뇌성마비 등의 다양한 장애가 동반되는 비율이 매우 높기 때문에(Arndt & Healey, 2001; Blood et al., 2009; Blood, Ridenour, Qualls, & Hammer, 2003; Blood & Seider, 1981; Kelly et al., 1997) 다른 문제로 의뢰되었다가 평가과정에서 평가자가 유창성 문제를 진단하게 되는 경우도 종종 있다.

앞에서 언급하였듯이, 거의 모든 사람이 말하면서 자연스럽게 다양한 유형의 비유창성을 보이기 마련이므로, 평가자는 먼저 말더듬과 정상적 비유창성을 구별할 수 있어야 한다. 여러 연구자가 말더듬과 정상적 비유창성을 구별하는 기준을 제시하고 있으므로, 평가자는 이러한 기준을 참고하여야 한다(Haynes & Pindzola, 2008). 가장 널리 사용되는 기준은 음소나 음절, 단어의 반복, 음소의 연장이나 막힘과 같은 작은 언어 단위에서의 비유창성 유형의 출현 여부와 횟수에 관련되어 있다(Zebrowski, 1994).

특히 대상자가 학령전기 아동일 때에는 우선 아동의 유창성 문제가 정상적인 발달과정에서 나타나는 것인지 혹은 유창성장애로 진행되어 가고 있는지를 판단하는 것이 중요하다. 대상자가 유창성 문제를 갖고 있는 것으로 판단되면, 다음으로는 그 문제가 전형적인 문제인지 혹은 비전형적인 문제인지를 결정해야 한다. 유창성장애의 거의 대부분이 전형적인 '발달성 말더듬(developmental stuttering)'이고, 언어치료 관련학과에서도 발달성 말더듬을 중심으로 교육이 이루어지기 때문에 많은 경우 평가자들은 유창성 문제의 감별진단을 무심하게 지나치기 쉽다. 그러나 유창성장애 평가 시에는 늘 이러한 감별진단의 필요성을 유념하여야 한다. 비전형적인 유창성장애 중 신경학적 말더듬이나 심인성 말더듬은 주로 병원 세팅의 치료실에서 발견되는 경우가 많다.

이러한 감별진단과 중증도의 판단을 위해서 심화검사를 실시하게 된다.

2) 진단평가 방법 및 과정

평가자는 일반적으로 평가 및 진단 과정을 통해 대상자가 갖고 있는 문제의 본질을 구체적이고 통합적으로 파악하고자 한다. 나아가 대상자와 대상자의 환경에 대한 깊이 있는 이해를 통해 앞으로 진행될 치료에 영향을 미칠 수 있는 긍정적이거나 부정적인 조건을 파악하고자 한다. 즉, 평가 및 진단 과정은 이어질 치료과정과 따로 떼어 놓을 수 없는 밀접한 연속선상에 있다.

Guitar(1998), Manning(2013), Zebrowski와 Kelly(2002) 등은 유창성장애의 평가와 관련하여 특히 대상자의 연령을 고려하는 것이 중요하다고 보았다. 이는 평가자가 평가를 준비할 때 주로 알고 있는 정보가 대상자의 연령이라는 단순한 사실과도 관계가 있지만, 그보다는 유창성장애 평가 시 대상자의 연령에 따라 상당히 다른 절차가 요구된다는 것을 의미한다. 또한 대상자의 연령은 평가과정의 계획뿐만 아니라 '진단'과정에도 중요한 차이를 가져온다. 예를 들어, Manning(2013), Zebrowski와 Kelly(2002)는 아동 평가의 주 목표는 말더듬 여부와 자연회복의 가능성 정도를 판단하는 것이며, 성인의 경우에는 각 개인의 말더듬 문제의 특징, 치료의 필요성, 치료 시 예후, 치료의 목표 등을 파악하는 것이라고 보았다.

평가 목표를 달성하기 위해서는 필요한 정보를 수집하거나 측정하여야 한다. 그러나 말더듬 문제는 Manning(2013)이 지적하였듯이, '외현적인' 특징만으로 이루어지는 것이 아니며, 말더듬 문제의 한 축으로 강조되는 '감정 및 태도' 또는 '내면적인' 특징을 함께 포함하고 있다. 그러므로 각 개인의 외현적인 문제와 내면적인 문제를 함께 파악하여야만 말더듬 문제를 제대로 이해했다고 할 수 있다. 즉, 대상자의 발화에서 나타나는 비유

창성의 양적 특징과 질적 특징을 파악함으로써 '외현적인' 특징을, 그리고 전반적인 사례력 수집과 의사소통 태도 평가, 면담 등을 통해 '내면적인' 특징을 파악할 수 있다. 따라서 유창성장애 검사도구는 이러한 다양한 정보를 수집하기에 적절하도록 구성되어야 한다.

또한 유창성장애 검사도구에 포함된 과제는 '개인 내 변이성(variability)'을 충분히 파악할 수 있을 만큼 다양해야 한다. 유창성은 개인 간 혹은 개인 내적으로 때로는 극적이기까지 한 '변이성'을 보이는 것이 주된 특징이라 할 수 있다. 이러한 변이성은 때로는 대상자의 '전형적인' 발화능력을 파악하는 것을 가로막기도 하고, 때로는 문제의 크기를 과소평가하거나 과대평가하게 하기도 한다. 그러므로 가능한 다양한 과제를 실시하는 것이 이러한 위험을 줄이는 방법이 될 수 있다. 그러나 평가자는 시공간적으로 다양한 발화 상황을 평가 과제에 모두 반영할 수 없는 실질적인 제약조건하에 있다. 따라서 몇 가지 대표적인 발화 과제를 일단 평가 과제로 반영하게 되며, 미진한 부분은 계속되는 치료 상황에서 반드시 확인하여 보완하여야 한다.

다음에서는 대상자가 학령전기인 경우와 학령기 이후인 경우로 나누어 자세히 살펴보고자 한다.

(1) 학령전기 아동

유창성 문제 때문에 치료실을 찾게 된 학령전기 아동을 평가할 때에는 다음과 같은 질문에 대한 답을 찾아야 한다.

① 아동이 말을 더듬는가?
② 아동이 말을 더듬는 것 같지 않다면 말을 더듬게 될 위험이 있는가?
③ 아동이 말을 더듬는 것 같다면 말더듬이 만성화될 가능성이 있는가?
④ 아동이 말을 더듬는다면 어떤 중재가 요구되는가?

앞서 언급하였듯이, 아동의 말더듬 문제를 평가할 때 평가자가 생각하는 주된 목표는 '말더듬 여부'와 '자연회복의 가능성 정도'를 판단하는 것이다. 아동기의 '정상적 비유창성' 시기와 상대적으로 높은 '자연회복률'을 고려하지 않고는 아동의 문제를 제대로 판단할 수 없기 때문에 반드시 평가과정에서 이러한 목표를 염두에 두어야 한다.

우선, 정상적 비유창성은 모든 사람의 말에서 나타날 수 있으며, 특히 언어발달기의 어린 아동의 말에서는 더욱 빈번하게 나타난다. 따라서 비유창성 문제는 단순히 양적으로 판단해서는 안 되는 문제다. 어떤 비유창성이 어떤 방식으로 출현하는가와 같은 질적인 판단도 매우 중요한 기준이 된다. 많은 연구자가 비유창성의 유형을 분류하는 방식을 제안해 왔다. 이러한 분류 방식은 서로 크게 다르지 않지만 말더듬 문제를 다루기 위해서는 이러한 분류 방식들에 대한 이해가 필요하며, 평가자는 설명 가능한 기준에 따라 나름의 방식을 선택하여야 할 것이다.

누구에게나 비유창성이 나타날 수 있기 때문에 개개인의 말더듬 여부를 진단하기 위해서는 양적 기준과 질적 기준이 모두 필요하다. 평가자는 말더듬을 평가하고 진단할 때 어떤 기준을 사용하고 어떤 수치를 적용하여 말더듬 여부와 정도를 판단할 것인가를 선택하여야 한다. 신뢰할 수 있는 판단기준을 사용하려면 표준화된 검사도구에서 제시된 규준을 적용하거나 최근까지 발표된 연구 중 신뢰할 만한 연구결과들을 참조하여야 한다.

다음으로, '자연회복'은 말더듬 아동의 치료 필요성이나 치료 시작 시기를 결정하고자 할 때 평가자의 판단을 어렵게 하는 현상이다. 최근의 연구결과들에 따르면, '성별, 가족력, 말더듬 시작 시기, 말더듬 지속 기간, 말더듬 변화 양상, 동반된 문제의 유무 등'이 자연회복에 관련된 요인들이다. 즉, 여자이거나, 가족력이 없거나, 회복된 가족력이 있거나, 말더듬이 어려서 시작되었거나, 말더듬이 지속된 기간이 짧거나, 말더듬이 약화되고 있거나, 동반된 문제가 없을 때 자연회복의 가능성이 커진다고 한다. Zebrowski(1997)는 이러한 자연회복 관련 요인을 체계적으로 고려하여 아동의 중재 방향을 신중하게 결정할 것을 권하였다.

(2) 학령기 이후의 아동, 청소년, 성인

자기 자신이 말을 더듬는다고 여기는 학령기 이후의 아동, 청소년, 성인을 평가할 때에는 다음과 같은 질문에 대하여 답을 찾아야 한다.

① 말더듬의 정도는 어떠한가?
② 비유창성과 부수행동의 특징은 어떠한가?
③ 태도 및 느낌, 그리고 말더듬에 대처하는 사회적 적응 전략은 어떠한가?
④ 어떤 중재가 요구되는가?

앞에서 성인의 경우, 각 개인의 말더듬 문제의 특징, 치료의 필요성, 치료 시 예후, 치료의 목표 등을 파악하는 것이 평가 목표가 되어야 한다고 언급하였다. 이미 말더듬 문제가 만성적으로 자리 잡은 성인의 경우는 아동과는 달리 좀 더 구체적이고 실제적인 목표가 초점이 될 수밖에 없기 때문이다.

말더듬의 특징 또는 성격을 파악하기 위해서는 다음의 세 가지 작업이 필요하다. 첫째, 아동의 경우와 마찬가지로 발화에서 나타난 비유창성을 양적으로 측정하고 질적으로 관찰하여 기술하여야 한다. 둘째, 치료 경험을 포함한 사례력을 자세히 파악하여야 한다. 셋째, 말과 말더듬, 그리고 말을 더듬는 자신에 대한 당사자의 느낌 및 태도를 파악하여야 한다.

평가 및 진단 과정에 이어 치료를 권고할 것인가를 결정할 때에는 지금까지 파악한 정보와 함께 대상자 본인의 '동기'를 파악하여야 한다. 즉, 왜 '지금' 평가를 받고자 하며 치료를 필요로 하는지 분명하게 파악하는 것이 필요하다. 이러한 과정을 통해 대상자에게 치료를 권할 것인지, 어떤 치료목표를 설정할 것인지, 어떤 치료방법으로 치료해 나갈 것인지 등을 결정할 수 있게 된다.

우리나라에는 현재 유창성장애를 평가할 수 있는 도구로서 '파라다이스-유창성검사 2판(Paradise-Fluency Assessment-Second edition: P-FA-II)'(심현섭, 신문자, 이은주, 2010)이 표준화 과정과 2판 개정 작업을 거쳐 사용되고 있다. 따라서 다음에서는 이 검사의 구성 내용을 살펴보는 것으로 유창성장애 진단과정을 다루고자 한다.

(3) 면담

유창성장애의 평가과정에서는 대상자 본인 혹은 가족과의 면담이 매우 중요한 부분을 차지한다. 연령에 따라 사례면담지의 내용을 달리하며, 면담 역시 연령에 따라 피면담자와 면담방법 등을 조절해야 한다. 사례면담을 통해 인적사항, 전반적 발달사항(신체, 언어, 인지, 사회성 등), 말더듬 사례력, 현재 말더듬 상태, 병력이나 가족력, 성격, 대인관계 특징 등을 자세하게 파악하여야 한다.

'P-FA-II'의 사례면담지에는 이름, 주소, 가족사항 등과 같은 기초 정보에서부터 신체, 언어, 인지, 사회성 등을 포함한 전반적 발달사항, 그리고 말더듬 시작 시기와 말더듬 양상의 변화, 말더듬 가계력, 말더듬 치료 경험과 같은 말더듬 관련 정보들을 수집하기 위한 질문이 포함되어 있다. 아동의 경우는 보호자가 사례면담지를 작성하게 하며, 중학생 이상의 경우는 본인이 작성하도록 하고 필요한 경우는 보호자나 가족의 의견과 기억을 반영하도록 한다. 면담지에 답한 내용들을 그대로 진단과정에 반영하기보다는 반드시 별도의 면담 시간을 갖고 확인 또는 보충 질문, 심화 질문을 통해 답의 신뢰성을 확인하거나 좀 더 구체적이고 정확한 정보를 얻도록 해야 한다.

(4) 구어평가: 다양한 상황 및 과제에 따른 유창성 평가

유창성장애의 정확한 진단을 위해서는 치료실과 치료실 외의 상황에서 말 샘플을 다양하게 수집하는 것이 바람직하다. Costello와 Ingham(1993)은 표준화된 말 샘플을 구하는 것이 중요하다고 하였는데, 이러한 샘플의 주된 조건은 시간이 흐른 뒤에 비교할 수 있도록 다시 반복하여 실시할 수 있어야 한다는 것이다. 그리고 이러한 샘플은 녹음 또는 녹화하여야 한다. 요구되는 샘플의 길이는 연구자에 따라 다른데, 대부분 최소 200음절 이상이다.

'P-FA-II'의 구어평가는 학령전기 아동, 초등학생, 중학생 이상과 같이 연령에 따라 세 가지 검사 과제 세트가 마련되어 있다. 검사 과제는 총 여덟 가지로, 낱말그림, 따라말하기, 문장그림, 읽기, 이야기그림, 그림책, 말하기그림, 대화를 포함한다. 특히 문장그림과 그림책은 학령전기 아동에게만 실시하는 과제며, 읽기는 초등학생과 중학생 이상에게 실시하는 과제다. 'P-FA-II'는 이와 같은 공식 과제 외에도 여러 가지 비공식 과제를 통해 다양한 말·언어 반응을 요구함으로써 유창성 문제에 관여하는 요인들을 파악할 수 있도록 하고 있다.

(5) 말에 대한 심리 및 태도

말과 관련된 의사소통 태도의 평가 방식으로 가장 많이 쓰이는 것은 자기보고에 의한 방식이다. 이는 말더듬 치료의 종결 여부를 결정하는 데 중요한 기준이 될 수 있기 때문에 말더듬 성인의 진단 및 치료 등 임상적인 면에서 매우 의의가 있다(Guitar & Bass, 1978). 'P−FA−II'에 포함된 의사소통 태도 검사는 초등학생을 대상으로 한 검사지와 중학생 이상을 대상으로 한 검사지로 나뉘어 있다. 검사에는 말하기 또는 말더듬에 대한 생각과 그로 인한 심리적 부담감, 실제 생활에서의 어려움 등을 평가할 수 있는 문항들이 포함되어 있다.

'P−FA−II'에는 학령전기 아동에게 실시할 수 있는 의사소통 태도 평가는 포함되어 있지 않다. 지필형 의사소통 태도 평가를 실시하기에는 읽기이해능력이 충분히 발달하기 이전의 연령이기 때문이다. 말더듬 아동이 자기 자신의 말더듬 문제에 대해 보이는 인식이 말더듬의 진행과 치료에 중요한 요소라는 점에는 누구나 동의하지만, 직접적이거나 객관적으로 그 인식의 정도를 평가할 수 있는 방법을 마련하기는 쉽지 않다. 또한 부모의 보고나 아동을 관찰하는 것과 같이 어린 아동의 의사소통 태도를 간접적으로 평가하는 방법이 보다 안전하다고 여겨지고 있기 때문이기도 하다. 그러므로 임상현장에서 학령전기 아동이나 초등학교 저학년 아동의 의사소통 태도를 평가하고자 할 때에는 아동을 주의 깊게 관찰하고 부모의 보고를 참고하는 것이 필요하다. Ambrose와 Yairi(1994), Ezrati-Vinacour, Platzky와 Yairi(2001), 민경미와 심현섭(2003)이 인형을 이용하여 평가하였듯이 간접적인 방법을 사용해 볼 수도 있다. 그리고 3~6세 아동의 의사소통 부담감을 평가하기 위해 개발된 검사인 KiddyCAT(이지숙, 이수복, 심현섭, 2013; Vanryckeghem & Brutten, 2007)을 사용하여 평가할 수 있다.

구어평가를 실시한 후 수집한 발화 자료를 검사지침에 따라 전사하고 비유창성 유형을 분석하여 비유창성 비율을 구하면 과제별로 점수를 산출할 수 있다. 의사소통 태도 평가는 문항별 기준에 따라 채점한다. 구어평가와 의사소통 태도 평가결과를 검사지침서에 제시된 점수분포표를 참고하여 유창성장애 중증도를 파악할 수 있다.

3) 기타 유창성장애 감별진단

앞서 언급하였듯이, 대상자가 유창성 문제를 지니고 있다고 판단하였더라도 어떤 유창성장애인지를 감별진단하고, 유창성 문제에 영향을 미치고 있는 동반 장애가 있는지를 파악하는 것이 앞으로의 치료계획을 수립하는 데 매우 중요하다.

발달성 말더듬이 아닌 유창성장애를 임상현장에서 경험한 적이 있는 유창성장애 전문가들은 유창성 문제로 의뢰된 대상자들을 평가할 때 반드시 감별진단을 염두에 두어야 한다고 조언한다. 그렇지 않으면 대상자의 문제를 발달성 말더듬에 한정하여 판단함으로써 정확한 진단의 기회를 놓칠 수 있기 때문이다. 평가 초기부터 감별진단이 이루어져야만 각 개인의 문제에 대하여 적절한 치료계획을 세울 수 있다.

(1) 후천적 말더듬

신경학적(신경인성, 신경성) 말더듬(neurogenic stuttering)과 심인성 말더듬(psychogenic stuttering)은 '후천적 말더듬(acquired stuttering)'에 해당한다. 후천적 말더듬은 발달성 말더듬보다 훨씬 드문 유형이면서 많은 공통점을 갖고 있기 때문에, 후천적 말더듬의 감별진단은 쉬운 일이 아니다. 또한 후천적 말더듬에 대한 연구는 발달성 말더듬 연구에 비해 활발하지 않고, 평균적인 연구대상자 수도 많지 않기 때문에 연구결과를 더욱 신중하게 받아들여야 하며, 단순하게 일반화하는 것을 주의하여야 한다.

먼저, 신경학적 말더듬은 후천적 신경장애와 관련된 말더듬(stuttering associated with acquired neurological disorders)이라고도 하는데, 이 말더듬은 언어 및 심리 문제가 아닌 다른 문제로 발생한 유창성 문제다(Manning, 2013). 신경학적 말더듬은 중추신경계의 손상과 관련이 있는 경우가 있으나 그렇지 않은 경우도 있다. 두뇌외상, 뇌졸중, 저온(냉동) 수술, 약물 사용, 산소결핍증 이후에 갑자기 시작되기도 하며, 퇴행성장애, 혈관 질병, 치매, 바이러스성 뇌막염 등의 경우처럼 서서히 진행되기도 한다. 한쪽 반구 또는 양쪽 반구 모두 관련되어 있을 수 있고, 보조운동 영역(supplementary motor area)과 관련되어 있을 수도 있다. 마비말장애, 실행증 및 실어증과 동반하여 나타나기도 한다.

지금까지 보고된 바에 따르면, 신경학적 말더듬은 비유창성의 빈도와 형태에서 발달

성 말더듬과 다른 양상을 보인다(신명선, 2008; 신명선, 권도하, 윤치연, 2006). 의미와 상관없이 음절(가끔은 거의 모든 음절)에서 높은 빈도로 말을 더듬으며, 비유창성이 언어단위의 시작 부분에서뿐만 아니라 중간이나 마지막 부분에서도 일어난다. 말하는 상황, 시간적 압력, 문법적 복잡성과 같은 요소에 관계없이 말더듬 현상이 일관되게 일어나며, 대체적으로 2차적 회피행동을 거의 보이지 않는 것으로 보고되어 있다. 발달성 말더듬과 달리 적응효과(adaptation effect)가 나타나지 않으며, 대체로 내재적인 특징은 보이지 않는다고 보고되었다. 그러나 앞에서 언급하였듯이, 국내외에서 발표된 연구가 아직 많지 않고, 포함된 사례 수가 극히 소수이며, 보고된 증상이 서로 일치하지 않는 경우도 있기 때문에 신경학적 말더듬의 특성을 일반화하여 적용하기 어렵다는 점을 늘 유의하여야 한다.

다음으로, 심인성 말더듬은 발달성 말더듬과 달리 남성과 여성에게서 거의 같은 비율로 나타나는 것으로 알려져 있다. 무엇보다도 대상자는 정서적 문제를 겪고 있거나 겪은 적이 있을 가능성이 크다. 심각하고 장기적인 문제가 아니더라도 때때로 큰 사건에 대한 일시적인 반응으로 말더듬 문제를 보일 수도 있다. 즉, 심인성 말더듬에 정신병리적인 문제가 항상 동반되는 것이 아니라, 자기가 경험한 사건에 대한 예상이나 경험에 대한 자연스러운 반응으로 나타날 수 있다. 발달성 말더듬이 진행될 때 복잡성과 중증도 측면에서 점진적인 증가를 보이는 것과 달리, 심인성 말더듬은 급격히 심화되는 것으로 보고되었다. 또한 말하는 상황이나 과제에 상관없이 일관되게 더듬는 경향을 보인다고 한다. 또한 신경학적 말더듬과 마찬가지로 적응효과가 나타나지 않으며, 일반적으로 유창성을 증진시키는 것으로 알려진 상황에서도 비유창성이 여전히 나타나는 것으로 알려져 있다. 앞에서 언급했듯이, 국내외에서 심인성 말더듬에 대한 연구나 사례 보고가 극히 적은 상황이며, 국내에서 이루어진 심인성 말더듬에 대한 언어치료 사례 보고는 이혜란(2009)의 교통사고 이후 발증한 후천적 말더듬치료 사례 보고가 거의 유일하다. 그러므로 후천적 말더듬으로 의심할 수 있는 대상자를 평가하게 되면 연구결과나 보고된 사례에만 의지하지 않고 사례력과 양상을 세밀하게 살펴보아야 한다.

신경학적 말더듬과 심인성 말더듬의 감별진단은 임상에서 치료사가 직면하게 되는 다양한 결정 중 매우 어려운 과제다. 신경학적 말더듬은 신경학적 외상을, 심인성 말더듬은 심리적 외상을 동반하는 것으로 알려져 있지만, 두 가지 병인을 동반하는 경우도 흔히 찾아볼 수 있기 때문이다. 그러므로 후천적 말더듬의 평가에서는 사례력을 주의 깊게 청취하는 것이 더욱 중요하다. Baumgarther(1999)는 치료대상자의 말 문제와 신경학적 손상의 관계, 그리고 치료대상자가 생활에서 경험한 감정 문제와 같은 일시적이거나 장기적인 사건의 관련성을 판단하기 위해서 매우 주의 깊고 체계적인 '심리적 면담'과정이 중요하다고 하였다. 그리고 신경학적 말더듬의 감별진단을 위해서는 표준화된 검사를 사용하여 실어증, 말실행증, 부전실성증, 비구어적 운동신경장애 등의 가능성을 평가하여야 한다. 김향희 등(1999)의 사례 보고에서도 알 수 있듯이, 신경학적 손상으로 인해 발생하는 다양한 증상을 감별진단하는 것은 상당히 까다롭지만 치료방향 결정을 위해 피할 수 없는 중요한 문제다. 신경학적 말더듬의 병인에 따라서 기억이나 주의력, 인지능력에서 문제가 있을 수 있으며, 이는 진단과 치료 결정에 영향을 미칠 수 있기 때문에 추가적인 평가를 실시해야 한다.

(2) 말빠름증

아쉽지만 아직까지 국내에는 말빠름증(cluttering)에 관한 체계적인 연구결과나 책이 출판되지 않았기 때문에 여기에서는 국외에서 널리 알려진 Manning(2013)의 내용을 중심으로 살펴보기로 하겠다. 말빠름증 문제를 갖고 있는 대상자의 말은 매우 빠르고 혼란스럽다. 비유창성 때문이라기보다는 형태통사적 오류, 조음 오류, 극단적으로 빠른 말 속도 때문에 듣는 사람이 말빠름증 화자의 말을 이해하기 어렵다. 말과 쓰기 영역을 포함해서 표현언어의 모든 영역에 걸쳐 문제가 나타나지만, 그들은 일반적으로 자신의 문제에 대해 별로 의식하지 않는 모습을 보인다고 한다. 말빠름증의 경우 흔히 자신의 문제를 의식하지 못하는 것으로 알려져 있지만, 말빠름증과 말더듬의 복합적인 증상을 나타내는 사람들은 회피행동뿐만 아니라 특정 소리와 단어에 대한 공포를 나타내기도 한다. 그러므로 단순하게 판단하지 말고 대상자의 표정과 행동을 주의 깊게 관찰하여야 한다.

앞서 말했듯이, 말빠름증 화자들 중에는 순수하게 말빠름증 증상만을 보이는 경우도 있지만 말빠름증과 말더듬의 복합적 특성을 보이는 경우도 상당히 많다. 일반적으로 말빠름증에서 주로 나타나는 비유창성은 단어나 구의 반복, 단음절 단어와 다음절 단어의

첫소리나 음절의 빠른 반복이다. 그리고 말빠름증의 경우에는 말더듬과 비교했을 때 반복하지 않을 때와 비교해 반복할 때에 더 심한 긴장이 나타나지 않는 편이다.

말빠름증은 표현언어뿐만 아니라 인지, 학습, 그리고 비언어적 표현의 많은 영역과도 관련되어 있기 때문에 아동의 학업과 사회성 발달에 지대한 영향을 미칠 수 있다. 때문에 말빠름증 아동을 조기에 정확하게 평가 진단하여 적절한 치료를 제공하여야 한다. Daly(1992)에 따르면, 말빠름증의 가장 본질적인 특징은 빠른 말 속도, 문법적 오류, 말 · 언어발달지체, 읽고 이해하는 능력의 부족, 구조화되지 않은 글쓰기 등이다. 그러므로 말빠름증의 감별진단을 위해 평가과정에서 글을 읽고 써 보도록 하는 과제를 함께 실시하여야 한다. 임상에서 대상자에게 말빠름증이 의심된다면 말빠름증의 주된 문제 영역인 화용, 말운동, 언어와 인지, 운동협응-쓰기 문제가 포함되어 있는 말빠름증 체크리스트(Daly, 2006)를 평가에 활용할 수 있다.

4) 진단평가 결과 해석

'P-FA-II'에서는 먼저 구어평가의 비유창성 점수와 부수행동 정도, 그리고 의사소통 태도 평가 점수에 따라 말더듬 정도를 각각 독립적으로 파악하도록 하고 있다. 말더듬 증상의 주된 특징인 비유창성과 부수행동, 의사소통 태도가 서로 선형적으로 비례하는 관계가 아니며, 특히 표면적으로 모순되는 양상을 보일 수도 있기 때문이다. 그러므로 평가자는 말더듬의 여러 측면을 독립적으로 평가하는 동시에 평가한 결과를 통합적으로 해석하여 치료의 방향을 설정해야 한다. 말더듬을 치료하고자 할 때에 치료사는 다양한 임상적 결정을 내려야 하는데, 이러한 결정에 검사의 영역별 평가결과가 중요한 정보로 사용될 수 있다. 즉, 각 대상자의 문제가 주로 어떤 측면에서 드러나는지, 어떤 측면이 주된 치료 대상이 되어야 하고, 치료목표를 어떻게 설정할 것인지를 결정하는 데에 도움을 줄 수 있다.

전문가들은 말더듬의 세 가지 중요한 구성요소로 알려진 행동(behavior) 특성, 정서(affective) 특성, 인지(cognitive) 특성을 파악하는 것만큼이나 말더듬에 직간접적으로 영향을 미치는 변수(언어능력, 기질 혹은 심리적 특성, 부모와 같은 환경적 특성 등)를 파악하는 것이 치료계획과 수행 및 성과에 더욱 중요하다고 언급하기도 한다. 그러므로 사례면담 과정에서 대상자의 성장배경과 특성을 자세히 파악하여야 하며, 유창성 영역 외에 어떤 영역에 대한 평가나 의뢰가 필요한지를 신중하게 살펴서 필요한 평가를 빠뜨리는 일이 없도록 하여야 한다.

유창성장애를 최종적으로 진단하기 위해서는 장애(impairment) 혹은 중증도를 파악하는 것만큼이나 핸디캡(handicap)의 정도와 양상을 파악하는 것이 중요하다. 최근에 국내외의 연구 동향 역시 말더듬의 외현적 증상보다는 말더듬으로 인해 말을 더듬는 사람들이 실제 생활에서 겪는 어려움과 장벽을 파악하고 이를 감소시키는 것이 중요하다고 보고 있다. 즉, 개인에게서 '말더듬 문제'만을 따로 떼어서 볼 것이 아니라 말을 더듬는 개인 전체를 고려하는 것이 치료를 위해 무엇보다 중요하다는 것이다.

유창성장애 전문가들은 유창성장애의 평가 및 치료를 위해 관련 분야 전문가들의 도움이 필요할 때가 많으며, 따라서 도움을 요청하는 것을 주저해서는 안 된다고 말한다. 심리적 측면의 연관성 때문에 놀이치료, 심리치료, 미술치료, 소아정신과, 신경정신과 등에 의뢰해야 하는 경우가 많으며, 음성장애의 동반으로 음성언어치료사의 도움이 필요할 경우도 있다.

또한 유창성장애의 평가 시에 인지적 어려움, 관계 형성의 어려움, 매우 낮은 연령 등과 같은 여러 가지 이유로 인해 공식 검사를 실시하기 어려울 수 있다. 이럴 때에는 공식 검사와 비공식 검사를 융통성 있게 변형해 활용하거나 부모와 아동의 놀이 등과 같이 관찰 가능한 상황들을 이용해 유창성 정도를 파악하여야 한다.

3. 진단평가 사례

1) 유창성장애 아동 사례

(1) 배경정보

3세 10개월의 남아로, 부모의 의뢰에 의해 말더듬을 주호소로 치료실을 방문하였다.

어머니의 보고에 따르면, 말더듬이 시작된 것은 작년 5월경이며, 말더듬의 양상이 주기적으로 변화하는데, 3개월 정도는 말더듬 빈도가 증가하고 1개월은 말더듬 빈도가 약간 감소하는 경향을 보여 왔다. 특별히 말을 더 더듬는 상황은 질문할 때, 질문에 대답할 때, 가족 · 친구 · 사람들 앞에서 말할 때, 피곤할 때, 전화할 때 등으로 집에서는 그 증상이 더 심해지며, 말더듬형태로는 막힘, 반복 등이 주로 나타나고 있다고 한다. 아동이 자신의 말 · 언어 문제를 인식하고 있으며, 말더듬 증상이 나타나면 말을 피하거나 멈추는 것으로 보고되었다. 가족력은 할아버지가 말을 더듬었지만 아동과 함께 생활한 적은 없다고 한다.

(2) 실시한 검사

공식 검사인 'P-FA-II'를 실시하였으며, 그 결과는 다음과 같다.

(3) 검사결과

① 구어평가

- 낱말그림: 총 23음절 중 막힘, 반복(R2)과 같은 비정상적 비유창성(Abnormal Disfluency: AD)이 3회 출현하였다.
- 따라 말하기: 총 111음절 중 막힘, 반복(R2)과 같은 비정상적 비유창성(AD)이 28회 출현하였다. 반복(R2)은 긴장을 동반하는 것이 특징이고, 눈 깜박임, 한숨 쉬기 등과 같은 부수행동이 관찰되었다.
- 문장그림: 총 96음절 중 간투사와 같은 정상적 비유창성(Normal Disfluency: ND)이 1회, 막힘, 반복(R2)과 같은 비정상적 비유창성(AD)이 30회 출현하였다. 반복(R2)은 모두 긴장을 동반하였고, 들숨과 같은 부수행동이 관찰되었다.
- 말하기그림: 총 647음절 중 간투사, 미완성/수정, 주저 등의 정상적 비유창성(ND)이 9회, 막힘, 반복(R2)과 같은 비정상적 비유창성(AD)이 151회 출현하였다. 반복(R2)의 80%가 긴장을 동반하였고, 들숨과 같은 부수행동이 관찰되었다.
- 그림책: 총 145음절 중 간투사, 주저 등의 정상적 비유창성(ND)이 6회, 막힘, 반복

(R2)과 같은 비정상적 비유창성(AD)이 26회 출현하였다. 들숨과 같은 부수행동이 관찰되었다.

② 부수행동 정도

부수행동으로는 눈 깜박임, 호흡과 발성의 협응 실패로 인한 한숨 내쉬기나 들숨 등이 관찰되었다.

표 6-1 검사결과 요약표

	영역	ND 점수	AD 점수	총점수	백분위수(%ile)	말더듬 정도
필수 과제	① 문장그림	1.0	46.9	47.9	–	–
	② 말하기그림	1.4	35.0	36.4		
	③ 그림책	4.1	26.9	31.0		
	필수 과제 점수 ((①+②+③))	6.5	108.8	115.3	90~100	심함
선택 과제	④ 낱말그림	0	19.6	19.6	70~80	중간
	⑤ 따라 말하기	0	37.8	37.8	90~100	심함
부수행동 정도		0−1−2−3−4			70~80	중간

(4) 검사결과의 요약 및 제언

아동의 말더듬 문제는 '심함' 정도로 나타났으며, 비정상적 비유창성이 주로 나타나고 부수행동이 자주 출현하고 있다. 또한 말을 더듬을 때 나타나는 아동의 표정이나 부모의 보고에 따르면, 아동이 자신의 말더듬 문제를 인식하고 있는 것으로 보인다. 아동의 말 · 언어능력이나 인지능력 등은 또래와 비슷한 것으로 보이므로 아동의 문제는 발달성 말더듬으로 판단된다.

아동이 자신의 말더듬 문제를 인식하고 있으므로 말에 대한 자신감을 회복시킬 수 있는 중재계획이 요구되며, 부모교육과 간접치료를 통한 의사소통 환경의 개선이 요구된다.

2) 유창성장애 성인 사례

(1) 배경정보

직장생활을 하고 있는 28세 성인 남자로, 말더듬을 주호소로 치료실을 방문하였다. 본인의 보고에 따르면, 말더듬이 시작된 시기는 정확하지는 않으나 초등학교 2~3학년 때인 것으로 기억하고 있다. 가족력에 대한 질문에 왕래가 거의 없는 사촌형이 말을 더듬는다고 하였다. 특히 말을 더듬는 상황으로는 상사나 낯선 사람에게 말할 때, 어려운 질문에 대답할 때, 전화할 때 등을 선택하였으며, 주로 특정 음소인 /ㄱ/, /ㄷ/, /ㅈ/ 계열의 음소로 시작되는 단어에서 반복, 막힘, 주저 등의 비유창성이 나타난다고 하였다. 그뿐만 아니라 영어에서도 이와 유사한 음소들로 시작하는 단어에서 말을 더듬는다고 하였다. 말더듬으로 인해 직장생활이나 일상생활에서 많은 스트레스를 받고 있는 것으로 나타났으며, 치료를 받아 말더듬을 개선하고자 하는 의지를 보이고 있다.

(2) 실시한 검사

공식 검사인 'P-FA-II'를 실시하였으며, 그 결과는 다음과 같다.

(3) 검사결과

① 구어평가

- 낱말그림: 총 35음절 중 비정상적 비유창성(AD)인 시각적 긴장을 동반한 음절 반복(R2)이 2회 출현하였다.
- 따라 말하기: 총 133음절 중 정상적 비유창성(ND)인 주저(H)가 1회 출현하였다.
- 읽기: 총 800음절 중 주저, 미완성/수정, 반복과 같은 정상적 비유창성(ND)이 총 3회, 반복(R2), 막힘(DP)과 같은 비정상적 비유창성(AD)이 총 7회 출현하였다.
- 말하기그림: 총 496음절 중 정상적 비유창성(ND)이 17회, 비정상적 비유창성(AD)이 9회 출현하였다. 주저(H)가 2회, 간투사(I)가 8회, 미완성/수정(Ur)이 4회, 반복(R1)이 3회, 반복(R2)이 7회, 막힘(DP)이 2회 출현하였다.

- 대화: 총 320음절 중 정상적 비유창성(ND)이 6회, 비정상적 비유창성(AD)이 9회 출현하였다. 주저(H)가 1회, 간투사(I)가 4회, 반복(R1)이 1회, 반복(R2)이 9회 출현하였다.

② 부수행동 정도

눈에 띄는 부수행동은 없었다.

③ 의사소통 태도 평가

25점(30점 만점)으로 말에 대한 부담감이 '심함'(80~90%ile) 정도로 나타났다.

(4) 검사결과의 요약 및 제언

대상자는 과제 수행 시 말 속도가 빠르지 않은 편이었으나, 검사자의 질문에 급하게 대답해야 하는 상황에서 비유창성이 증가하는 경향을 보였다. 'P-FA-II' 결과에 의하면, 필수 과제에서 '중간' 정도의 말더듬(40~50%ile)을 나타냈다. 말더듬 유형으로는 첫음절 반복과 간투사가 가장 많이 나타났고, 음절 반복은 /ㄱ/, /ㄷ/, /ㅈ/ 계열의 음소에서 일관적으로 나타나고 있으며, 음절 반복 시 간헐적으로 시각적 긴장을 동반하고 있는 것으로 나타났다. 부수행동은 검사 시에는 나타나지 않는 것으로 육안으로 관찰되었으나 본인은 몸에 힘이 들어간다고 보고하였다. 의사소통 태도 평가결과는 25점으로 '심함' 정도이며, 말에 대한 부담감이 크고 부정적 감정이 있는 것으로 나타났다.

그러므로 말에 대한 부정적 감정과 심리적 부담감을 감소시키는 중재가 필요하며, 특정 음소에서 일관적으로 나타나는 첫음절 반복을 감소시킬 수 있도록 새로운 말하기 기법을 익혀 다양한 상황에서 말하기 연습이 필요한 것으로 판단되었다. 따라서 주 2회 유창성완성 치료법과 말더듬수정 치료법을 병행한 통합적 접근 방식의 개별 언어치료를 받을 것을 권고하였다.

4. 맺음말

유창성장애는 그 특성상 평가하는 데 여러 가지 어려움이 있고, 언어치료사에게 주어지는 요구 또한 감당하기 쉽지 않으며, 다양한 지원이 요구된다. 전문가들은 유창성장애 평가를 위해 공식 검사와 함께 대상자에게 적합한 비공식 검사 과제를 개발하여 실시할 것을 권한다. 비공식적인 평가 과제는 어린 아동일 때와 성인인 경우에 따라 크게 달라진다. 아동인 경우는 부모와의 면담, 아동-부모 상호작용을 주로 실시하며, 성인의 경우는 성인이 어렵다고 보고한 상황들을 직접 혹은 간접적으로 관찰하거나 일반적으로 말하기의 어려움이 더욱 커지는 것으로 알려져 있는 상황들을 실시해 보는 것이 좋다. 따라서 대상자마다 개별화된 평가계획을 세우고 실행에 옮기는 것이 매우 중요하다.

그뿐만 아니라 유창성장애 아동이나 성인을 평가할 때 비유창성 유형이나 부수행동, 의사소통 태도 외에 관련된 영역들을 평가해야 한다. 말 산출이나 유창성에 영향을 미칠 수 있는 인지능력, 구강 구조 및 말 산출 관련 기관의 운동능력, 언어이해 및 표현 능력 등과 같은 다양한 영역에 대하여 관찰 또는 평가를 시행해야 한다.

유창성장애는 관련된 변수가 다양하고, 유창성장애의 특징 역시 외현적인 모습뿐만 아니라 느낌 및 태도와 같은 내면적 모습도 중요하다. 때문에 유창성장애의 정확하고 전반적인 평가를 위해서는 다양한 평가도구가 필요하지만 국내에는 개발되어 있거나 유용한 검사도구가 많지 않다. 특히 유창성장애인들이 보이는 여러 가지 문제가 간단한 선별검사로 판별될 수 있을 만큼 크거나 두드러진 문제가 아니기 때문에 더욱 세밀한 심화검사가 필요하다. 그러므로 유창성장애의 평가과정에 공식 검사뿐만 아니라 비공식적인 과제를 포함시키고, 기타 관련 영역에 대한 언어치료사 및 관련 분야 전문가들의 관찰 및 평가를 포함시키는 것을 신중하게 고려하여야 할 것이다.

이 장에서 기술한 내용을 토대로 언어치료사가 유창성장애를 다루기 위해 요구되는 능력과 역할을 정리해 보면 다음과 같다. 첫째, 유창성장애를 평가하기 위해서는 비유창성 자체에 대한 변별능력, 타당한 평가 계획 능력, 신뢰성 있는 결과 분석 능력, 그리고 얻어진 자료들을 통합적으로 분석하여 진단할 수 있는 능력 등이 요구된다. 둘째, 유창성장애에 영향을 미치는 심리적 측면과 환경적 측면을 파악하고 다룰 수 있는 능력이 요구된다. 셋째, 유창성장애를 평가하고 치료하는 과정에서 발견되는 다양한 문제에 관하여 관련 전문가들에게 협조를 의뢰하고, 그들과 지식을 공유하거나 전달하고 상호 이해와 협력을 촉진해야 하며, 당사자 및 가족을 설득하고 안내하는 일을 해야 한다.

유창성장애의 평가 및 치료 과정에서 요구되는 이러한 지식과 기술은 교과서만을 통해서는 얻을 수 없으며, 상당한 경험과 훈련이 필요하다. 앞으로 학교 안에서의 교육 프로그램도 더 확충되어야겠지만, 이러한 부분들을 졸업 이후에도 지속적으로 개발할 수 있도록 다양한 형태의 보수교육 프로그램이 개발되고 보급되기를 기대한다.

용어해설

- 말더듬(stuttering): 높은 빈도의 비유창성 출현, 힘들여 말하는 모습과 더듬지 않기 위한 여러 가지 행동을 주된 특징으로 하는 유창성장애
- 말빠름증(cluttering): 매우 빠른 말과 조음오류가 특징이며, 사고와 언어표현 및 글쓰기에서도 비조직화된 모습을 나타내는 유창성장애
- 발달성 말더듬(developmental stuttering): 언어습득 시기부터 사춘기 이전에 주로 발생하며, 반복, 막힘, 연장 등의 비유창성과 부수행동이 주된 특징인 말더듬
- 부수행동(associated behavior): 말더듬 순간에서 빠져나오기 위해 혹은 말더듬을 예측하고 회피하기 위해 나타나는 다양한 말 및 비구어 행동
- 비유창성(disfluency): 유창한 말의 흐름을 방해하는 다양한 유형(반복, 막힘, 연장, 멈춤, 간투사 등)
- 신경학적 말더듬(neurogenic stuttering): 언어적 · 심리적 문제가 아닌, 후천적인 신경학적 문제와 주로 관련되어 갑작스럽거나 점진적으로 나타나는 말더듬
- 심인성 말더듬(psychogenic stuttering): 심하고 장기적인 정서적 문제, 감당하기 어려운 충격이나 스트레스에 대한 반응으로 갑작스럽게 나타나는 말더듬
- 유창성(fluency): 말할 때 편안하고, 불필요한 노력 없이, 연속해서, 일정한 속도를 유지하는 상태
- 유창성장애(fluency disorders): 다양한 이유로 말의 유창성 유지에 어려움을 나타내는 장애

- 자연회복(spontaneous recovery): 전문적인 도움을 받지 않고 자연스럽게 말더듬에서 벗어나는 현상
- 정상적 비유창성(normal disfluency): 말을 더듬지 않는 사람들에게서도 쉽게 관찰되는 '단어 및 구의 반복, 주저, 수정, 간투사' 등과 같은 비유창성

참고문헌

김향희, 조수진, 이원용, 나덕렬, 이광호(1999). 동어반복증 2예. **대한신경과학회지**, 17(2), 303-308.

민경미, 심현섭(2003). 학령전기 말더듬아동과 정상아동의 비유창성 인식 비교. **언어청각장애연구**, 8(2), 163-178.

신명선(2008). 신경인성 말더듬의 구어 반복 특성. **언어치료연구**, 17(4), 19-31.

신명선, 권도하, 윤치연(2006). 신경인성과 발달성 말더듬의 비유창성 발생 자리에 대한 연구. **음성과학**, 13(3), 185-195.

심현섭, 신문자, 이은주(2010). **파라다이스-유창성 검사 II**. 파라다이스복지재단.

이지숙, 이수복, 심현섭(2013). 3~5세 일반 아동과 말더듬 아동의 의사소통태도 특성. **특수교육**, 12(3), 5-22.

이혜란(2009). 교통사고 이후 발증한 후천적 말더듬 치료 사례 보고. **재활심리연구**, 16(2), 24-35.

Ambrose, N. G., & Yairi, E. (1994). The development of awareness of stuttering in preschool children. *Journal of Fluency Disorders*, *19*(4), 229-245.

Arndt, J., & Healey, E. C. (2001). Concomitant disorders in school-age children who stutter. *Language, Speech, and Hearing Services in Schools*, *32*(2), 68-78.

Blood, G. W., Blood. I., Kreiger, J., O'Connor, S., & Qualls, C. D. (2009). Double jeopardy for children who stutter: Race and coexisting disorders. *Communication Disorder Quarterly*, *30*(3), 131-141.

Blood, G. W., Ridenour, V. J., Qualls, C. D., & Hammer, C. S. (2003). Co-occurring disorders in children who stutter. *Journal of Communication Disorders*, *36*(6), 427-448.

Blood, G. W., & Seider, R. (1981). The concomitant problems of young stutterers. *American Speech-Language-Hearing Association*, *46*(1), 31-33.

Baumgartner, J. M. (1999). Acquired psychogenic stuttering. In R. Curlee (Ed.), *Stuttering and related disorders of fluency* (2nd ed., pp. 269-288). Thieme Medical Publishers.

Costello, J. M., & Ingham, R. J. (1993). Behavioral treatment of stuttering children. In R. Curlee (Ed.), *Stuttering and related disorders of fluency* (pp. 68-100). Thieme.

Daly, D. A. (1992). Helping the clutterer: Therapy considerations. In F. Myers & K. St. Louis (Eds.), *Cluttering: A clinical perspective* (pp. 27-41). Singular Publishing Group.

Daly, D. A. (2006). *Predictive Cluttering Inventory(PCI)*. https://associations.missouristate.edu/ICA/Resources/Resources%20and%20Links%20pages/clinical_materials.htm

Ezrati-Vinacour, R., Platzky, R., & Yairi, E. (2001). The young child's awareness of stuttering-like disfluency. *Journal of Speech, Language, and Hearing Research*, *44*(2), 368-380.

Guitar, B. (1998). *Stuttering: An integrated approach to its nature and treatment* (2nd ed.). Williams & Wilkins.

Guitar, B., & Bass, C. (1978). Stuttering therapy: The relation between attitude change and long-term outcome. *Journal of Speech and Hearing Disorders*, *43*(3), 392-400.

Haynes, W. O., & Pindzola, R. H. (2008). Disorders of fluency. In *Diagnosis and evaluation in speech pathology* (7th ed.). Pearson Education.

Kelly, E. M., Martin, J. S., Baker, K. E., Rivera, N. I., Bishop, J. E., Krizizke, C. B., Stettler, D. S., & Stealy, J. M. (1997). Academic and clinical preparation and practices of school-language pathologists with people who stutter. *Language, Speech, and Hearing Services in Schools*, *28*(3), 195-206.

Manning, W. H. (2013). (Dr. Manning의) 유창성장애 [*Clinical decision making in fluency disorders* (3rd ed.)]. (심현섭, 신문자, 이은주, 이경재 공역). 센게이지러닝코리아. (원저는 2009년에 출판).

Perkins, W. H. (1983). The problem of definition: Commentary on "stuttering". *Journal of Speech and Hearing Disorders*, *48*(3), 246-249.

Perkins, W. H. (1990). What is stuttering? *Journal of Speech and Hearing Disorders*, *55*(3), 370-382.

Peters, T. J., & Guitar, B. (1991). *Stuttering: An integrated approach to its nature and treatment*. Williams & Wilkins.

Van Riper, C. (1982). *The nature of stuttering* (2nd ed.). Prentice-Hall.

Vanryckeghem, M., & Brutten, G. J. (2007). *Communication attitude test for preschool and kindergarten children who stutter*. Plural Publishing.

Wingate, M. E. (1964). A standard definition of stuttering. *Journal of Speech and Hearing Disorders*, *29*(4), 484-489.

World Health Organization. (1977). *Manual of the international statistical classification of disease, injuries, and causes of death (Vol. 1)*. World Health Organization.

Zebrowski, P. M. (1994). Duration of sound prolongation and sound and syllable repetition in children who stutter: Preliminary observation. *Journal of Speech and Hearing Research*, *37*(2), 254-263.

Zebrowski, P. M. (1997). Assisting young children who stutter and their families: Defining the role of the speech-language pathologist. *American Journal of Speech-Language Pathology*, *6*, 19-28.

Zebrowski, P. M., & Kelly, E. M. (2002). *Manual of stuttering intervention*. Singular Thompson Learning.

제 7 장

음성장애의 진단

1. 들어가는 말
2. 진단평가
3. 진단평가 사례
4. 맺음말

1. 들어가는 말

음성장애는 거의 모든 사람이 경험했고 또 앞으로도 경험할 수 있는, 우리 주위에서 가장 흔하게 관찰되는 의사소통장애 중 하나다. 그렇다면 음성 문제가 의사소통에 미치는 영향은 무엇인가?

미국언어청각협회(American Speech-Language-Hearing Association: ASHA)(2024)은 음질, 음도, 강도가 개인의 성(性), 연령, 문화적 배경 혹은 지리적 위치에 맞지 않는 경우에 음성장애가 발생한다고 하였다. 또한 이들은 다른 사람이 목소리가 다르다거나 문제가 있다고 지적하지 않더라도 본인이 생각하기에 자신의 음성이 일상생활의 필요(needs)를 충족시키지 못하는 경우에도 음성장애가 있다고 보았다.

Boone, McFarlane, Von Berg와 Zraick(2010)는 정상음성의 조건으로 '듣기에 충분할 정도로 커야 한다.' '성대에 부담을 주지 않는 방법으로 산출되어야 한다.' '듣기에 상쾌해야 한다.' '감정을 표현하기에 충분할 정도로 유동적이어야 한다.' '화자의 성별과 연령을 나타내 줄 수 있어야 한다.'라고 제시하고 있다. 이를 정리하면 우리가 일상생활에서 음성을 사용하는 목적, 즉 소리를 이용해서 원활하고 효율적인 의사소통을 하고자 하는 목적을 달성하는 데 적절한 음성을 정상음성이라고 볼 수 있겠다. Van Riper와 Irwin(1958)도 말소리(speech)에 비정상적인 문제가 있는 경우를 '의사소통을 방해할 때' '의도와 달리 다른 사람의 주목을 끌게 될 때' '화자가 발화를 적절히 조절하지 못할 때'라고 하여 정상음성의 판단기준을 '의사소통 기능'에 두었다(Boone et al., 2010에서 재인용). 또한 숙련된 음성치료 전문가들은 음성치료 종결의 기준으로 병소의 완전한 혹은 그에 필적하는 제거가 아니라 목소리를 내는 데 불편함이 없을 때로 보고 있다(표화영, 2011). 즉, 내가 원하는 소리를 내고 싶을 때 내고 싶은 만큼 낼 수 있는 것을 정상음성의 기준으로 보는 것이다.

이와 같이 정상음성이란 우리가 일반적으로 생각하는 것처럼 '깨끗한 음성'이라기보다 '기능적인 음성', 즉 의사소통 기능을 충실히 수행해 줄 수 있는 음성으로 볼 수 있다.

비정상적인 음성이란 결국 산출하고자 하는 음성을 원하는 대로 산출하지 못해서 의사소통 기능에 부적절한 영향을 미치는 음성으로 볼 수 있다. 그렇다면 음성 문제를 호소하는 환자를 대상으로 한 음성평가는 이들의 음성이 정상 범주에 포함되는지, 비정상 범주에 포함되는지를 구분하는 것부터 시작해야 할 것이다. 이 구분은 단기적으로는 치료 여부를 결정하는데, 장기적으로 치료가 필요한 경우 어떤 목표로 진행할 것인지를 결정하는 데 중요한 단서를 제공한다. 결국 적절한 평가는 적절한 치료의 전제조건이 된다.

이 장에서는 전반적인 음성장애 진단 및 평가 과정에 대해 알아볼 것이다. 우리나라에서 주로 시행되는 다양한 평가방법에 대해 알아보고, 이를 현장에서 활용할 때 어떤 점을 유의해야 하는지 알아보고자 한다.

2. 진단평가

1) 의뢰 및 선별검사

(1) 의뢰

음성장애 환자의 가장 큰 특징인 '쉰 목소리'는 전문가가 아니어도 누구든지 쉽게 구분할 수 있으므로, 음성장애가 의심되는 환자가 의뢰되는 경로는 매우 다양하다. 일반적으로 아동은 부모나 교사의 권유로 병원에 내원하는 경우가 많고, 성인은 자발적으로 혹은 친구나 동료들의 권유로 병원을 찾는 경우가 많다.

처음 환자가 의뢰되었을 때 사전에 반드시 확인해야 하는 것은 이비인후과 의사, 그중에서도 특히 후두 전문의에게 의학적 검사를 받았는지 여부다. 쉰 목소리는 가볍게는 후두염부터 심각하게는 후두암에 이르기까지 모든 음성장애 환자가 보이는 가장 공통적이고 기본적인 증세다. 따라서 이것만으로는 환자가 가지고 있는 질환에 대해 정확히 판단할 수 없으며, 환자에 대한 정확한 진단 없이는 환자를 위한 정확한 처치가 이루어질 수 없다. 그렇기 때문에 이비인후과 의사가 환자를 직접 진찰하고 의학적 진단을 내리는 선행과정이 매우 중요하다. 이러한 과정을 통해서 환자를 위한 일련의 처치과정을 현명하

게 결정할 수 있다.

현재 국내에서는 환자가 음성치료 전문가를 만나기 전에 이비인후과 의사에게 진단을 받는 경우가 대부분이지만, 다른 문제로 내원하였다가 의뢰되는 경우도 있다. 예를 들어, 구개열을 동반한 환자가 조음 문제로 검사를 받으러 왔는데 평가자가 음성 문제를 의심하고 그에 대한 의학적 진단을 의뢰하기도 한다. 그러므로 본격적인 음성평가 전에 후두에 대한 정확한 의학적 진단을 꼭 확인해야 한다.

(2) 선별검사

'목소리가 많이 쉬었다.' '별로 안 쉬었다.' 등의 판단은 전문가가 아닌 일반인도 누구나 할 수 있다. 그렇기 때문에 그동안 음성장애 환자의 평가에 있어 심화검사가 필요한 환자 구분을 목적으로 하는 선별검사는 그다지 고려되지 않았던 것이 사실이다. 그러나 최근 들어 음성장애 환자에 대해서도 선별검사가 필요하다는 주장이 제기되어 왔으며, 이에 따라 다양한 선별검사가 제시되었다.

Wilson(1987; Boone et al., 2010에서 재인용)은 1부터 10까지 세기, 1분간의 자발화 샘플, 1분간의 낭독 샘플, 5개 모음(고모음에서 저모음)의 5초간 연장발성 샘플을 수집하여 심화검사의 여부를 판단하도록 하였다.

Boone(1993; Boone et al., 2010에서 재인용)이 개발한 음성선별검사지는 아동과 성인 모두에게 적용이 가능하다. 이 검사는 음도, 강도, 음질, 비강공명 및 구강공명이 정상인지, 과다한지, 과소한지를 평가하고, s/z 비율을 측정하여 심화검사의 필요 여부를 판단하도록 되어 있다. 이 중 s/z 비율 측정은 우리나라 환자에게 적용하기에는 다소 무리가 있는데, 여기에 사용되는 두 음소 중 /s/는 우리말 음소이지만 /z/는 우리말 음소가 아니어서 동일선상에서 두 음소를 비교할 수 있을 정도로 산출하기가 어렵기 때문이다.

Lee, Stemple, Glaze와 Kelchner(2004)는 6개 항목의 선별검사를 통해 심화검사의 여부를 판단하도록 하였다. '호흡'에서는 호흡 양상뿐만 아니라 음성 강도도 확인하도록 했으며, '발성'에서는 음질에 대한 판단 외에도 음성 강도 및 음도 조절에 대해서도 파악하도록 하였다. '공명'에서는 비강공명과 구강공명의 적절성을 파악하는 것 외에 구강호흡에 대해서도 관찰하도록 하였다. '이'의 연장발성을 통해 음도 및 강도의 정상성을 파악하도록 하고, '아'의 연장발성을 통해 최대연장발성지속시간(Maximum Phonation Time: MPT)을 측정하도록 하였다. 또한 고음에서 저음으로, 저음에서 고음으로 발성하도록 한 후에 음도 변화가 적절히 나타나는지, 음질이 양호하게 유지되는지 파악하도록 하였다.

이러한 여러 형태의 선별검사를 통해 앞으로 보다 더 심도 깊은 검사가 필요한지를 판단하도록 한다. 선별검사 결과 비정상성이 관찰된 경우, 선별검사의 평가자가 음성치료 전문가라면 심화검사를 실시하고, 평가자가 음성치료 전문가가 아니라면 선별검사 결과 기록지와 함께 음성치료 전문가에게 의뢰하도록 한다. 이때 의학적 진단을 아직 받지 않은 환자라면 이비인후과 의사의 진단을 먼저 받도록 한다.

2) 진단평가 방법 및 과정

음성에 문제가 생겼다고 판단하면 대부분의 사람은 이비인후과 병원을 방문하여 이비인후과 전문의, 특히 후두 전문의로부터 후두 및 후두 주변기관의 의학적·병리적 문제가 없는지 진단을 받는다. 내원한 환자가 비정상적인 음성 소견을 보이면 후두 전문의는 음성치료 전문가에게 평가를 의뢰한다. 음성치료 전문가는 음성사용, 음성상태 및 음성산출 방법에 대해 다양한 방법으로 평가를 진행한다. 정리를 하자면 후두 전문의가 후두 및 관련기관의 해부생리적 측면의 병리성에 초점을 두어 평가를 한다면 음성치료 전문가는 음성 및 음성산출 방법에 초점을 두어 평가를 한다. 이후 후두 전문의의 의학적 평가결과와 음성치료 전문가의 음성평가 결과를 종합하여 치료 여부 및 치료방법에 대한 결정을 한다. 후두의 해부생리적 측면과 음성산출의 측면은 불가분의 관계이므로 음성장애 환자에 대한 최선의 평가는 이비인후과 의사와 음성치료 전문가가 서로 협력하여 평가하는 것이다.

여기서는 음성치료 전문가가 시행하는 평가에 초점을 맞추어 설명할 것이다. 음성장애의 평가는 크게 면담과 청지각적 평가, 기계적 평가와 환자 보고에 의한 자기보고식 평가의 네 부분으로 나뉘므로 이에 따라 설명할 것이다.

(1) 면담

면담은 환자가 호소하는 증세와 지속 기간, 환자의 배경정보, 병력과 수술력 및 음성 사용 사례에 대해서 조사하는 과정이다. 최초의 면담은 선별검사를 할 때 시행되는데, 선별검사는 심화검사가 필요한지를 결정하는 것이 주목적이므로 대개 세부적이고 전문적인 질문을 하지는 않는다. 그러한 질문과 답변은 심화검사 과정에서 이루어져야 한다.

영유아기(0~3세) 아동은 적절한 검사가 이루어지기도 어렵고, 검사가 이루어진다 해도 치료를 시도하기가 어렵기 때문에 의뢰되는 경우는 매우 드물다. 그러나 일단 의뢰된다면 부모와의 면담을 통해 검사를 해야 한다. 이들의 자발화를 듣고 음성 상태를 확인할 수 있다면 매우 좋지만 무리하게 자발화를 유도하고자 노력할 필요는 없다. 모든 의사소통 평가와 마찬가지로 편안한 상태에서 발화를 유도해야 일상생활에서 사용하는 평상시 음성을 평가할 수 있기 때문이다.

학령전기(4~6세) 아동은 부모와의 면담이 주(主)가 되기는 하나, 반드시 아동 본인의 답변도 구해야 하며, 아동이 다니고 있는 유치원이나 어린이집 교사의 의견도 구할 수 있다면 더욱 좋다. 학령기 아동은 학령전기 아동과 기본적으로는 비슷하게 진행하게 되지만, 아동의 과외 활동이나 취미 활동에 대한 정보도 필요하다. 청소년기부터는 면담 대상의 주요 비중이 부모로부터 환자 본인으로 이동하지만, 질문 자체는 학령기 아동의 경우와 큰 차이가 없다. 다만, 시간제 근무를 병행하는 경우라면 어떤 일을 하는지 알아보는 것도 중요하다.

성인 환자의 경우는 그들이 직업적 음성사용자인지 파악하는 것이 중요하다. 음성을 직업적으로 사용하는 경우라면, 직종과 직무 환경에 대해서 세부적으로 조사하는 것이 중요하다. 예를 들어, 중학교 교사라면 무슨 과목을 맡고 있는지, 한 주에 몇 시간 정도의 수업을 하고 있는지, 담임을 맡고 있는 경우라면 한 학급의 인원이 몇 명 정도인지, 교실의 규모와 교실 분위기는 어떤지 등에 대해 세부적으로 질문하도록 한다. 직업적 음성사용자라면 직업뿐 아니라 직장 환경도 중요하다. 중학교 교사를 예로 든다면, 학교나 교실 주변의 공기가 탁한지, 주변 소음이 큰지 등에 대해서도 세세히 확인해 볼 필요가 있다.

음성장애는 대증치료(對症治療, symptomatic therapy)를 원칙으로 한다. 즉, 치료접근법을 선정함에 있어 최우선해야 할 것은 환자가 보이는 증세다. 그러므로 환자가 음성과 관련해서 호소하는 모든 증세를 자세히 파악해야 하며, 증세가 얼마나 오래 지속되었는지 파악하는 것도 중요하다. 특히 중증도(severity)가 심각하지 않은 환자는 음성의 개선 여부를 파악할 수 있는 유일한 방법이 증세의 감소이므로 증세와 관련해서 매우 세밀한 질문을 해야 한다. 이러한 환자들의 음성에 대한 기계적 검사결과는 대개 정상 범주 안에 포함되므로 이를 기준으로 해서는 개선 여부를 판단할 수 없기 때문이다.

일반적으로 가족에 대해서 조사한다고 하면 다른 언어장애군은 유전력 등 가족력의 여부를 파악하기 위한 목적이 크지만, 음성장애는 선천적이거나 유전적으로 타고나는 경우가 매우 드물기 때문에 그와는 목적이 다르다. 음성 평가에 있어서는 가족력을 알아보는 것보다는 가족 구성원과 가족의 분위기를 파악함으로써 가정에서 음성을 많이 사용할 소지가 있는지를 파악하는 것이 더 중요하다.

음성장애는 과거 및 현재의 병력과 수술력이 현재의 음성 문제와 직접적인 관련이 있는 경우가 많으므로 특별히 음성장애와 관련이 없다고 하더라도 세밀하게 파악하는 것이 중요하다. 음성장애의 전력이 있다는 것은 상대적으로 음성사용을 절제하지 못하는 측면이 아직도 많이 남아 있다고 볼 수 있으므로 중요한 정보가 된다. 위산역류가 성대결절이나 성대용종, 육아종 등에 많은 영향을 미친다는 것이 일반적인 견해이므로 위장장애의 전력이 있는지 파악하고, 후두결핵(혹은 결핵성 후두염)을 유발할 수 있는 폐결핵의 병력에 대해서도 확인하도록 한다. 목소리를 내는 근원이 폐의 공기이므로 호흡기에 문제가 있으면 성대가 정상적이어도 정상적인 목소리를 낼 수 없다. 따라서 폐결핵뿐 아니라 그 외 호흡기 질환의 병력이 있는지도 확인한다. 환자 본인이나 주변인이 청각 문제를 가지고 있는 경우 음성을 과도하게 사용해야 하는 일이 생길 수 있으므로 이에 대해서도 확인하도록 한다. 성대마비는 폐나 갑상선, 심장 등의 수술 중 성대를 지배하는 되돌이후두신경(recurrent laryngeal nerve)이 손상됨으로써 생길 수 있고, 삽관 육아종은 전신마취를 위한 튜브 삽입 시 성대를 손상시킴으로써 생길 수 있으므로 수술력에 대한 조사도 중요하다. 또한 사고로 목 부위를 다쳐서 후두가 손상을 입을 수도 있고, 머리를 다쳤을 경우 후두를 지배하는 미주신경(vagus nerve)의 손상으로 성대 기능에 문제가 생길 수도 있으므로 사고력도 조사하도록 한다.

병력 조사와 더불어 확인해야 하는 것은 현재 복용하고 있는 약물의 종류에 대한 것이다. Thompson(1995)은 음성에 부정적인 영향을 미칠 수 있는 약물로 항히스타민제(antihistamines), 교감신경 작용제(sympathomimetics), 진해거담제(antitussives), 항고혈압 약물(antihypertensives), 향정신성 약물(psychotropic agents), 항콜린성 약물(anticholinergics), 비타민 제제, 호르몬 제제 등이 있다고 하였다. 이 약들은 주로 성대를 건조하게 하며, 이로 인한 객담의 증가로 헛기침 등 음성남용을 유발할 수 있다. 그러나 대부분의 환자는 질환의 치료 목적으로 이런 약물을 복용하기 때문에 그것이 음성에 영향을 미친다고 해서 복용을 금지하는 일은 절대로 해서는 안 된다. 대신에 이를 복용하는 환자에게는 물을 많이 마시게 하는 등의 다른 대안을 제시해야 한다.

음성의 사용은 사회 속에서 이루어지며, 음성에 문제가 생겼을 경우 가장 문제가 되는 것은 다른 사람과의 의사소통이다. 따라서 현재의 음성 문제가 환자 자신에게 어떤 문제를 야기하고 있는지, 주변인과의 의사소통에 어떤 영향을 미치고 있는지 알아보는 것도 중요하다. 또한 현재 음성에 대해서 환자 스스로는 어떻게 생각하고 있는지, 자주 접하는 주변인이 환자의 음성에 대해 어떤 식으로 표현하는지도 중요하다. 특히 자신의 목소리에 대한 통찰이 매우 부족한 아동 환자의 경우 이런 부분은 더욱 중요하다. 그러므로 아동이 주 양육자와 함께 내원하지 못했을 때에는 주 양육자와 통화 혹은 문자메시지 교환 등의 방법을 통해 반드시 이러한 사실을 확인해야 한다.

음성 클리닉을 내원하는 환자는 대부분 목소리 사용의 양적 측면에서도 많은 문제를 가지고 있다. 특히 음성의 과다사용이 주요 원인인 질환으로 내원하는 환자들은 음성사용의 양을 줄이지 않으면 음성이 개선될 수가 없으므로 그들의 음성 남용 및 오용 사례에 대해 자세히 파악해야 한다. 아동의 경우 자신의 음성사용에 대한 통찰이 부족할 때가 많으므로 부모에게서 가능한 한 많은 정보를 얻어 내도록 한다. 검사자는 환자 본인 혹은 보호자를 통하여 소리 지르거나 비명 지르기, 시끄럽거나 공기 나쁜 곳에서 말하기, 헛기침, 목청 가다듬기, 흡연 및 음주, 오랫동안 말하거나 노래 부르기, 큰 소리로 울거나 웃기, 무거운 물건 들기, 첫소리 크게 내기, 쥐어짜듯이 말하기, 큰 소리로 말하기, 큰 소리로 노래 부르기, 지나치게 높거나 낮은 소리로 말하기, 탄산음료 혹은 카페인 음료 마시기, 속삭이는 소리 내기 등 성대에 부담을 주는 습관이 있는지 확인해야 한다.

(2) 청지각적 평가

음성에 대한 청지각적 평가는 가장 간단하지만, 가장 중요하고 평가자의 숙련성을 가장 많이 요구하는 작업이다. 일반적으로 사용하는 '목이 쉬었다'라는 한 가지 표현만으로는 치료에 필요한 정보를 충분히 얻을 수 없으므로 여러 연구자가 타당도 높은 지각적 평가도구를 제시하고 있다. 이러한 지각적 평가도구로는 Hammarberg의 Hammarberg Scale, Wilson의 The Buffalo Voice Profile, Laver의 The Vocal Profile Analysis Scheme 등이 있다(Wuyts, De Bodt, & Van de Heyning, 1999에서 재인용).

우리나라에서 가장 널리 쓰이는 청지각적 평가도구는 일본 음성언어의학회가 제작한 GRBAS 척도평정법과 미국 ASHA에서 제작한 CAPE-V(the Consensus Auditory-Perceptual Evaluation of Voice)다. 이에 대해 좀 더 자세히 알아보겠다.

① GRBAS 척도평정법

청지각적 평가방법 중 우리나라에서 가장 많이 쓰이는 것은 일본의 저명한 이비인후과 의사인 Isshiki 교수와 그 동료들이 1969년에 처음 발표한 GRBAS 척도평정법이다. 이 평가방법이 1969년에 처음 발표되었을 때에는 17개 항목을 가지고 있었으나 최종적으로 일본 음성언어의학회에서 수정・발표한 도구는 G(grade), R(rough), B(breathy), A(asthenic), S(strained)의 다섯 가지 척도에 4점 점수체계(0은 정상, 1은 경도, 2는 중등도, 3은 중도)를 포함하고 있다. 여기서 G는 전체적인 쉰 목소리의 정도를 나타내며, R은 조조성, 즉 거친 소리, B는 기식성, 즉 바람 새는 소리, A는 무력성, 즉 기운 없는 소리, S는 긴장성, 즉 쥐어짜는 소리의 정도를 나타낸다. GRBAS 척도평정법은 1981년 일본의 유명한 이비인후과 의사인 Hirano 교수가 논문에서 인용한 후 전 세계적으로 널리 쓰이기 시작했으며, 현재 국내에서도 가장 많이 쓰이는 지각적 평가도구다.

GRBAS 척도평정법은 수치를 통해 평소 목소리의 음질이 어느 정도인지 판단할 수 있게 해 주며, 치료 전후를 비교해서 설명할 때 사용할 수 있다. 이 평정법을 실시하기 위해 필요한 검사도구는 평정자의 '귀'가 전부이므로 경제적인 비용절감 효과가 클 뿐 아니라 평정자가 귀로 들을 수 있는 모든 발화가 분석 대상이 되므로 상황에 따른 융통성 있는 판단이 가능하다. 앞서 언급한 바와 같이, 이 평정법은 이비인후과 의사가 처음 만들었

기 때문에 의사와 의사소통을 할 때 별다른 문제없이 쓸 수 있다는 것도 큰 장점이다.

그러나 GRBAS 척도평정법이 가지고 있는 단점으로 가장 많이 지적되는 것은 신뢰도다. 이는 사실 모든 주관적인 검사의 단점이기도 하다. 그 외에 자주 지적되는 문제점으로는 G, R, B, A, S의 척도 안에 수용되지 않는 특성도 많이 존재한다는 것이다. 예를 들어, 음도가 비정상적으로 높다거나 말 속도가 지나치게 빠르다든가 하는 측면은 이 평정법으로는 표기할 수가 없는 부분들이다. 또한 이 평정법은 정수로 점수를 주는 것이 원칙인데, 다양한 음성이 보이는 다양한 중증도를 0, 1, 2, 3의 4개의 숫자 중에서만 선택해야 한다는 것이 매우 어렵다는 점도 지적된다.

② CAPE-V

현재 미국에서는 ASHA가 2002년에 만든 CAPE-V를 널리 사용하고 있다. 이는 대상자가 발화한 모음 연장, 문장 낭독, 자발화를 듣고 전반적인 중증도, 조조성, 기식성, 긴장성의 정도와 음도 및 강도의 상태를 시각적 아날로그 척도(Visual analog scale: VAS)를 사용해 평가한다(Boone et al., 2010). VAS 평정법은 100mm 선 중 점수에 해당하는 부위에 표시를 하고 0점에서 그 거리를 측정하여 점수를 내는 방법으로 의미상 0~100점의 범위에서 점수를 준다. CAPE-V는 VAS를 사용하여 비정상성의 정도뿐 아니라 그러한 정도의 문제가 일관적으로 나타나는지 혹은 간헐적으로 나타나는지도 평가하며, 구강 및 비강공명에 대해서도 기록하게 되어 있다. 이 방법은 0~100점의 점수 범위를 사용하므로 등간척도로 평정하는 방법보다 더욱 세밀하게 점수를 줄 수 있는 것이 장점이다. 그러나 국내에서는 아직 GRBAS 척도평정법만큼 널리 쓰이지는 않고 있다.

(3) 기계적 평가

앞서 언급한 바와 같이, 음성평가에 있어 기계적 평가는 중요한 부분을 차지한다. 일반적으로 기계를 사용하는 경우는 환자 음성의 음질 상태를 객관적으로 파악하고자 하는 경우, 발성 시 공기 사용의 효율성에 대해 파악하고자 하는 경우, 그리고 성대의 진동 양상을 파악하고자 하는 경우 등이다. 음질 상태는 지각적인 평가방법으로도 충분할 수 있으나 산출된 음성의 찰나성, 순간성은 보다 더 객관적이고 숙련된 판단을 요구하기 때문에 기계적 평가를 보완적으로 사용한다.

① 음향학적 평가

음질에 대한 기계검사 결과로 우리가 얻을 수 있는 측정치는 기본주파수(fundamental frequency), 주파수의 변화폭(perturbation)을 보여 주는 주파수변동률(jitter), 진폭의 변화폭을 보여 주는 진폭변동률(shimmer), 정상음과 잡음 간의 비율을 보여 주는 소음대배음비(Noise-to-Harmonic Ratio: NHR), 신호음대소음비(Signal-to-Noise Ratio: SNR), 배음대소음비(Harmonic-to-Noise Ratio: HNR) 등이 있다. 이 외에도 여러 가지 기계에서 다양한 측정치가 제시되지만 가장 일반적으로 사용되고 인용되는 측정치는 이 네 가지 종류다. 이들을 측정할 수 있는 기계로 가장 널리 쓰이는 것은 PENTAX Medical사에서 만든 Computerized Speech Lab(CSL) 중 MDVP(Multidimensional Voice Program)다.

그러나 최근에는 주파수변동률 혹은 진폭변동률의 신뢰성에 대한 의문이 종종 제기되고 있다. 이들은 시간 영역을 기반으로 음성 분석을 하기 때문에 시간에 따른 주기성이 확보되지 못하는 대부분의 장애음성을 분석하는 방법으로는 적합하지 않다는 것이다. 그래서 이에 대한 대안적 방법이 꾸준히 제시되고 있는데, 최근 가장 많이 사용되는 방법으로 켑스트럼 분석(cepstral analysis)이 있다. 켑스트럼 분석은 시간 영역이 아닌 주파수 영역을 기반으로 하여 고주파수대 및 저주파수대의 음향에너지 분포를 비교하기 때문에 주기성과 상관없이 음성 분석을 가능하게 한다(Heman-Ackah et al., 2003). 켑스트럼 분석은 공개 소프트웨어인 Praat이나 PENTAX Medical사의 CSL을 기반으로 하는 ADSV(Analysis of Dysphonia in Speech and Voice)를 주로 이용한다. 이를 통해 전체 켑스트럼의 회귀선과 켑스트럼 곡선 정점 간의 차이를 나타내는 켑스트럼 피크 현저성(Cepstral Peak Prominence: CPP), 유성음 구간 중 4,000Hz를 기준으로 그 위와 아래의 평균 에너지 비율을 나타내는 L/H 비율(L/H ratio), CPP, L/H 비율 등의 수치들을 이용한 공식으로 산출하는 측정치로서 성별 등에 대한 가중치가 있는 켑스트럼-스펙트럼 발성장애지수(Cepstral Spectral Index of Dysphonia: CSID) 등을 통해 음성의 비정상성을 판단한다(최성희, 최철희, 2014).

② 음역검사

음역(voice range, voice register)이란 개인이 산출할 수 있는 음도(주파수) 및 강도(진폭) 범위를 말한다. 음성장애 환자는 높은 음은 물론 낮은 음도 예전처럼 내기 어렵다는 호소를 종종 하기 때문에 전체적으로 정상 성대를 가진 사람들에 비해 음역이 좁다. 이를 분석하기 위해 널리 쓰이는 기기는 CSL에 연동하여 사용하는 VRP(Voice Range Profile)가 있다. 이 기기는 특정 음을 산출했을 때 그 음도를 x좌표로, 강도를 y좌표로 하여 찍히는 점의 누적을 통해 음도 및 강도의 범위를 측정한다.

③ 공기역학적 평가

목소리를 편안하게 내기 위해서는 호흡 지지가 필수적인데, 발성 시 호흡 지지가 충분히 이루어지는지를 확인하고자 시행하는 평가가 공기역학적 평가다. 근본적인 폐기능은 호흡기내과의 검사실에서 측정할 수 있으나 발성 시의 공기효율성은 특별히 제작된 기계로 이비인후과에서 측정한다.

이러한 기계를 통해서 우리가 얻을 수 있는 측정치 중 가장 대표적이며, 간단하고 비교적 신뢰성도 높은 것은 최대연장발성지속시간(MPT)이다. 이것은 기기를 이용하여 잴 수도 있지만 초시계만으로도 충분히 측정이 가능하기 때문에 고가의 장비 구입이 어려운 개인 언어치료실에서도 쉽게 측정할 수 있다. 이 외에도 초당 성대 사이를 빠져나가는 공기량의 평균치를 보여 주는 평균호기류율(Mean Airflow Rate: MFR 혹은 MAR), 폐에서 끌어들인 공기를 음성산출에 얼마나 잘 활용하는지를 보여 주는 음성효율(Voice Efficiency), 발화를 위한 성대내전 시 성문하부에서 형성되는 압력을 보여 주는 성문하압(Subglottal Pressure) 등이 있다. 이러한 측정치들을 측정하기 위해 현재 가장 널리 사용되는 기기는 PENTAX Medical사에서 만든 PAS(Phonatory Aerodynamic System)다.

④ 성대진동검사

성대의 진동 양상을 파악하는 것은 간접적으로 이루어질 수도 있고 직접적으로 이루어질 수도 있다. 간접적으로 이루어지는 것은 전기나 빛을 이용해서 성대의 개폐 정도 및 그 양상을 파악하는 방법이고, 직접적으로 이루어지는 것은 육안으로 성대의 상태나 운동성을 확인하는 방법이다. 간접적으로 성대의 진동 양상을 파악하는 검사도구로는 전기성문파형검사(electroglottography: EGG)가 대표적이다.

전기성문파형검사는 말 그대로 전기의 특성을 이용한 검사로, 성대 양쪽에 부착한 센서가 전기 흐름을 감지하면 성대가 붙어 있는, 즉 닫혀 있는 상태로, 전기 흐름을 감지하지 못하면 성대가 떨어져 있는, 즉 열려 있는 상태로 가정함으로써 성대의 개폐를 확인한다. 이를 통해서 우리가 얻을 수 있는 측정치로는 전체 성대개폐시간 중 성대가 닫히는 시간의 비율을 보여 주는 성문폐쇄율(혹은 성대접촉지수, Close Quotient: CQ)과 성대가 열리는 시간의 비율을 보여 주는 성문개방률(혹은 성대개방지수, Open Quotient: OQ), 성대가 닫혀 있는 부분을 성대가 닫혀 가는 부분과 성대가 열려 가는 부분으로 나눌 때 그 둘 사이의 비율을 보여 주는 성대접촉속도율(혹은 속도지수, Speech Quotient: SQ)이 있다.

⑤ 내시경검사

성대를 육안으로 직접 관찰하는 방법으로는 내시경을 이용하는 방법이 있다. 내시경을 통하여 정지해 있는 성대의 길이와 색깔, 병소의 위치 및 크기, 모양의 대칭성 등과 움직이고 있는 성대의 진폭, 움직임의 대칭성 · 동시성 · 규칙성 등을 확인할 수 있다. 내시경검사의 종류로는 경직형 후두내시경, 굴곡형 후두내시경 혹은 섬유내시경, 스트로보스코피, 카이모그래피, 초고속디지털 후두내시경 검사 등이 있다.

후두내시경 중 경직형(rigid type)은 상이 비교적 크고 시야가 넓으나 구강 내로 삽입하므로 구역반사가 유발되기 쉽고, 모음 산출 시의 성대 상태만 관찰할 수 있다. 굴곡형(flexible type) 혹은 섬유내시경은 비인두강으로 삽입하므로 구역반사를 막아 주고 자발화 산출 시의 상태도 관찰 가능하나, 경직형에 비하면 시야가 좁다. 후두 스트로보스코피는 성대의 진동주기에 맞춰 광원을 단속적으로 제공하고 광원을 50Hz 이상 제공하면 빛의 깜빡임을 느끼지 못하게 하는 플리커-프리 현상과 정지해 있는 사진을 초당 17 프레임 이상의 속도로 제시하면 움직이는 영상으로 보이는 현상을 이용하여 성대진동을 슬로우 모션으로 보여 줌으로써 성대의 점막파동을 관찰할 수 있게 한다. 카이모그래피는 중점적으로 관찰하고자 하는 부위를 고속촬영하여 양쪽 성대의 대칭성, 성대 가장자리의 모양 등을 관찰할 수 있게 한다. 초고속디지털 후두내시경 검사는 성대진동을 초당

수천 프레임으로 캡처하여 분석함으로써 발성 시작 시 성대진동 양상, 성대경련 등을 관찰할 수 있게 한다.

의학적 진단을 목적으로 실시하는 내시경검사는 이비인후과 의사의 권한이다. 음성치료 전문가가 내시경검사를 실시하는 경우는 의학적 진단의 목적이 아니라, 진전 정도를 파악하고자 하는 목적으로 주로 사용한다.

⑥ 기타 검사

앞서 언급한 검사 외에도 그 특성상 음성치료 전문가가 실시하기는 어렵지만 근전도 검사, CT 및 MRI 검사 등이 해당 전문의에 의해서 시행될 수 있다. 이때 음성치료 전문가는 그 분석 결과를 치료접근법을 선정하는 데 활용할 수 있다.

기계적 평가의 장점 중 하나는 측정결과를 기기가 분석하여 제시하므로 분석 자료가 입력된 뒤에는 누가, 언제, 어떤 상황이든 일관적인 결과를 제시해 준다는 것이다. 환자에게 음성 분석 결과에 대한 시청각 자료를 제시해 주고 평가자의 주관이 배제된 객관적인 수치를 제공해 줄 수 있다는 것도 큰 장점이다. 또한 대부분의 기기가 기록 및 저장이 가능하기 때문에 필요한 경우 쉽게 불러내어 이전 자료와 비교해 볼 수 있다.

반면, 기계적 평가의 단점으로 현장의 음성치료 전문가가 지적하는 것들 중 하나는 환자의 '연출'이다(표화영, 2011). 환자가 자신의 목소리가 좀 더 나쁘게 혹은 좀 더 좋게 나오도록 평상시와는 다른 목소리를 내기도 한다는 것이다. 그러나 환자가 의도하지 않았으나 익숙하지 않은 상황에서 평소와 다른 음성산출이 유도되는 경우도 많다. 이 경우 평가자가 해야 할 일은 평상시의 편안한 상황에서 산출되는 음질을 유도하는 것인데, 이때 평가자의 숙련성이 요구된다. 기계적 평가 자체는 누구든지 할 수 있지만 환자의 일상적인 음성 상태를 반영하는 가치 있는 자료를 얻으려면 그만큼의 숙련성이 필요하다. '아'의 연장발성 샘플 하나를 분석하더라도 어느 부분을 분석 대상으로 하느냐에 따라 결과가 다르게 나올 수 있다. 평가자의 목적에 따라 보다 더 나은 구간 혹은 보다 더 나쁜 구간을 선택하여 분석하게 되면 검사결과가 크게 달라질 수 있다. 이런 경우가 흔하지는 않지만 현장 전문가가 항상 유념해야 하는 내용이다.

그 밖에도 기계적 평가에서 나타나는 측정치가 우리의 생각하는 범위를 한정시키곤 한다는 단점도 있다. 숙련된 음성치료 전문가는 기계적 측정치와 자신이 판단한 결과가 다르면 본인의 숙련된 귀를 신뢰하나 아직 숙련성이 부족한 언어치료사는 기계적 측정치를 우선하여 자신의 판단과는 다른 결정을 하기도 한다.

(4) 환자 보고에 의한 자기보고식 평가

과거 음성장애 평가의 초점은 평가자 중심이었고, 환자는 수동적 입장에서 평가자의 지시에 따라 평가를 수행해야 하였다. 이는 음성장애군이 다른 장애군에 비해 기계적 평가의 비율이 높고, 음성의 문제는 환자 스스로가 느끼는 것과 타인이 느끼는 것이 다른 경우도 많기 때문에 어느 정도는 필수불가결한 부분이다. 그러나 최근 들어 환자 참여의 비중을 높여야 한다는 주장이 꾸준히 제기되고 있고, 이에 부응하여 환자 보고에 의한 다양한 평가방법이 제시되고 있다.

이러한 자기보고식 평가방법 중 가장 널리 쓰이는 것은 Jacobson 등(1997)이 제작한 음성장애지수(Voice Handicap Index: VHI)다. VHI는 음도, 강도 등 음성 자체의 문제에 대해 묻는 신체적(physical) 측면, 음성 문제가 일상생활에 미치는 영향에 대해 묻는 기능적(functional) 측면, 음성 문제가 환자의 정서에 미치는 영향에 대해 묻는 정서적(emotional) 측면의 세 가지 영역에 대한 질문을 포함하고 있다. 전체 문항은 3개 영역에서 10개 문항씩 총 30개 문항으로 구성되어 있으며, 5점 척도(0: 전혀 그렇지 않다~4: 항상 그렇다)로 평정한다(박성신, 2003). 이를 우리말로 번안한 한국어판 음성장애지수(Korean Voice Handicap Index: K-VHI)가 널리 사용되고 있는데(윤영선, 2007), 임상에서의 시간적 경제성 및 효용성을 위해 VHI-30을 10개 문항으로 축약한 VHI-10도 VHI-30과 마찬가지로 높은 신뢰도 및 타당도를 보이는 것으로 보고되었다(윤영선, 김향희, 손영익, 최홍식, 2008).

이 외에도 Hogikyan과 Sethuraman(1999)의 음성관련 삶의 질 평가(Voice-Related Quality of Life: VR-QOL)를 한국어로 번안한 한국어판 음성관련 삶의 질 평가(김재옥 외, 2007), Nanjundeswaran 등(2015)의 음성피로지수(Voice Fatigue Index: VFI)를 한국어로 번안한 음성피로도 검사(김민주, 2017) 등이 임상에서 널리 사용되고 있다.

(5) 녹음

환자의 현재 음성 상태를 기록하기 위해서는 환자의 음성 샘플을 녹음해 두어야 한다. 일반적으로는 다섯 가지 기본모음('아, 에, 이, 오, 우')의 연장발성, 단어 목록 낭독, 짧은 문장 낭독, 문단 낭독, 자발화를 녹음해 둔다.

Dejonckere(2000)는 녹음 시 표본추출 비율(sampling rate)은 최소 20,000Hz 이상이어야 하고, 환경 잡음은 50dB 이하인 것이 좋으며, 마이크로폰과 입의 거리는 10cm를 유지하는 것이 좋다고 권하고 있다. 녹음 시 사용하는 마이크로폰은 머리에 쓸 수 있는 것이 좋으며, 마이크로폰과 입의 각도는 45~90° 정도 되어야 파열음 조음 시 발생하는 잡음이 들어가지 않을 수 있다고 하였다.

Titze와 Winholtz(1993)는 어떤 마이크로폰을 사용하고 입과 마이크로폰의 거리 및 각도가 어느 정도인지에 따라 실제 음성에 대한 민감도(sensitivity)가 달라지며, 이는 음성의 변이성 측정에 영향을 미친다고 보고하였다. 이들은 다이내믹형(dynamic type)의 마이크로폰보다는 콘덴서형(condenser type)을, 무지향형(omnidirectional type)보다는 카디오이드형(cardioid type)의 경우를 추천하였고, 입과 마이크로폰의 각도는 45°, 입과 마이크로폰의 거리는 10cm 이내를 추천하였다.

최근에는 디지털 음성녹음 시 스마트폰을 많이 사용한다. 스마트폰 녹음과 CSL 하드웨어 녹음 샘플의 음향적 측정치를 비교한 이승진, 이광용과 최홍식(2018)은 스마트폰 녹음을 통해 얻은 측정치의 선별능력이 CSL과 유의한 차이를 보이지 않아 선별검사 시 스마트폰 녹음은 충분히 유용하다고 하였다.

3) 진단평가 결과 해석

(1) 진단결과의 활용

다양한 검사를 거쳐 음성치료 전문가의 손에 들어온 결과 자료는 기본적으로는 평가보고서를 작성하고 음성장애의 진단명을 확정 지을 때 사용된다. 이와 더불어 치료 전후의 진전사항을 비교할 자료로 쓰이기도 하며, 환자에게 상황을 설명할 때 쓰이기도 한다.

평가의 가장 궁극적인 목적은 치료 시행 여부의 판단 근거와 치료 진행 시 치료기법 선정의 근거를 제공하는 것이다. 음성치료로 환자를 치료할 경우 환자 개개인이 가지고 있는 비정상적인 음성산출 양상을 개선시켜야 하므로 환자마다 접근 방식은 천차만별이다. 소위 환자 맞춤형 음성치료를 실시하려면 환자 개인의 음성사용 특성에 근거를 두어야 하고, 그러한 자료는 평가를 통해서만 얻을 수 있다. 따라서 평가결과는 치료기법 선정의 중요한 자료가 된다.

그 외에도 진단결과는 의사와 함께 환자를 위한 최선의 치료방법을 탐색할 때 근거 자료로 활용될 수도 있고, 다른 의사나 음성치료 전문가에게 환자를 의뢰하고자 할 때 작성해야 하는 보고서의 자료로 활용될 수도 있다. 또한 보다 나은 평가 및 치료를 위한 연구 자료로 활용될 수도 있다.

(2) 상황별 고려사항

성대결절이나 성대용종 등 성대과다사용군을 평가할 때에는 이 환자군의 가장 큰 원인, 즉 음성사용 양상에 대한 세밀한 조사가 필요하다. 이러한 환자들에게는 음성 남용 및 오용의 습관을 제거하기 위한 행동주의적 치료가 중요하기 때문에, 이를 위한 기초 자료로서도 음성사용의 실태 파악은 매우 중요하다. 음성 오남용 사례 중에는 무거운 물건 들기와 같이 환자가 보기에는 성대와 상관없는 일이라고 생각하는 경우도 있기 때문에 환자의 보고에만 의지하지 말고 검사자가 구체적으로 질문하여 확인하도록 한다.

성대과다사용군 중 직업적 음성사용자가 음성 문제를 보일 때 상당히 많은 음성치료 전문가가 이들이 보이는 모든 음성사용 문제의 원인을 직업적 음성사용으로 보는 경우가 많다. 그러나 직업적 음성사용자도 직업과 상관없이 말을 하기 좋아하는 사람도 많고 노래 부르기를 좋아하는 사람도 많고 금방 언성을 높이는 사람도 많다. 직업적 음성사용자에 대한 선입견으로 객관적인 판단이 방해받으면 안 된다.

성대기능저하 환자의 음성 문제는 후두 및 성대의 기질적 문제에 기인하므로 관련 분야 전문의와의 연계가 매우 중요하다. 기질적 문제를 보이는 경우는 후두 및 주변기관의 병변이 음성산출에 영향을 미치기 때문에 음성산출에 주로 초점을 맞추는 음성치료 전문가만으로는 충분한 평가를 할 수 없으므로, 관련 분야의 전문가와 협력하여 평가를 하는 것이 중요하다.

이비인후과 의사 외에도 환자와의 면담 시 환자가 소화기 계통의 질환을 가지고 있고 그것이 음성에 영향을 미친다고 보고될 경우, 위산역류의 가능성을 확인하기 위하여 소화기내과 의사에게도 의뢰할 수 있다. 그리고 발화 시 환자의 호흡 양상이 비정상적인 소견을 보일 때, 예를 들어 환자가 숨을 쉴 때 목에서 잡음이 난다든가 숨이 차서 말을 길게 하기 어려워하는 양상을 보일 때에는 호흡기내과에 의뢰할 수도 있다. 또한 시간의 흐름에 따라 음성산출의 양상이 급격히 달라지는 증세를 보이는 환자에 대해서는 신경과적 질환의 동반을 의심할 수 있으므로 신경과로 의뢰할 수도 있다.

심인성 음성장애 질환의 환자는 성대 상태도 정상이고, 음성 남용 및 오용 사례가 없음에도 비정상적인 음성을 산출한다. 이런 경우에는 심리적 충격이 기저의 원인으로 작용할 수 있으므로 정신과 의사나 임상심리학자와의 협력이 필요하다. 이러한 경우에는 기질적 원인을 보이는 경우와 구분이 어려울 수도 있으므로 먼저 기질적 문제가 동반되어 있지 않은 것이 확실한지를 명백히 해야 한다. 예를 들어, 성대 양쪽의 수직적 높이가 다르다든가 성대 양쪽의 움직임이 동시적이지 않은 경우는 명백히 후두의 운동성에 문제가 동반되어 있는 것임에도 관찰자의 숙련성이 부족하여 놓칠 수도 있다. 그러므로 관련 전문가와 더불어 기질적 문제의 동반 여부를 확실히 점검해야 한다.

연령별로 고려해 볼 때 학령전기 및 학령기 아동의 중요한 정보는 대개 아동과 함께 동반한 보호자로부터 얻을 수 있는데, 보호자가 아동의 주 양육자가 아닌 경우에는 문제가 생길 수 있다. 주 양육자가 아닌 보호자로부터는 아동의 배경정보, 특히 병력 등의 과거력에 있어 중요한 정보를 얻기 어려울 뿐 아니라, 심지어 평가결과를 주 양육자에게 잘못 전달하는 경우가 생길 수도 있다. 그러므로 가능하면 주 양육자와 더불어 평가를 하도록 하고, 어쩔 수 없이 주 양육자가 함께 내원하지 못한 경우에는 반드시 주 양육자와의 접촉을 통하여 불확실했던 정보를 재확인하고 평가결과를 정확히 전달해 주도록 해야 한다.

성대의 노화는 대개 50세를 전후하여 시작된다(von Leden & Alessi, 1994). 이에 따라 50세 이후 환자를 노년기 환자로 간주할 때 이들이 보이는 음성의 문제가 노화의 영향인지, 성대에 생긴 병변 때문인지를 명확히 구분해야 한다. 예를 들어, 노년기 여성 환자가 보이는 성대의 부종이 노화에 의한 부종인지, 성대의 기질적 문제로 생긴 부종인지 명확히 구분해야만 최선의 조처가 이루어질 수 있다.

내시경검사를 하는 데 있어 영유아기 환자는 직경 2mm의 섬유내시경을 통해 내시경검사를 실시할 수도 있다. 그러나 아기의 협조를 기대하는 것이 불가능하고, 보호자의 동의를 구하는 것도 매우 어려우므로 실제 시행되는 경우는 매우 드물다. 그러므로 이 시기에는 보호자의 특별한 요청이 있기 전에는 내시경검사를 실시하지 않는 것이 일반적이다. 일반적으로 4세 이후에는 충분히 내시경검사를 시도할 수 있다고 보고 있다. 그러나 사실, 내시경검사는 성인에게도 쉽지 않은 검사이므로 아동이 협조적이지 않으면 굳이 강제하지 않는 것이 좋다.

 3. 진단평가 사례

1) 배경정보

39세의 박○○ 환자(여)는 중학교 영어교사로 재직하고 있다. 평소 쉰 목소리가 많이 나고 2, 3시간 연이어 수업을 하고 나면 목이 따끔거리고 아프다는 것을 주호소로 본 치료실에 내원하였다. 본 치료실로 내원하도록 의뢰한 사람은 평소 환자와 친분이 있는 언어치료사였다. 의뢰자의 보고에 의하면, 쉰 목소리가 나는 정도가 점점 심해지는 것 같아 Lee 등(2004)의 음성선별검사를 실시해 본 결과, 한숨에 말을 너무 길게 하여 말이 끝날 무렵에는 숨이 가빠하는 것을 관찰했다고 한다. 또한 쉰 목소리가 심하게 나고 간혹 목소리가 끊기기도 하는 양상이 관찰되었다고 하였다. MPT를 초시계로 측정해 본 결과, 5초 안팎으로 나타나 정상 평균치에 많이 못 미치는 것이 보였다고 한다. 또한 저음에서 고음으로 서서히 음을 올려 보도록 했을 때 '시'부터 음이 잘 올라가지 않고 갈라지는 소리를 냈다고 한다. 비강공명 및 구강공명의 측면에서는 특기할 만한 문제를 발견하지 못했다고 한다.

박○○ 환자는 본 치료실로 내원하기 전, 본 병원의 이비인후과 외래에서 후두내시경검사를 통해 양측성 성대결절로 진단받았으며, 성대 양쪽의 발적(충혈)이 심해서 그에 대

한 약을 처방받았다고 한다. 목이 쉰 지는 올해 초 겨울부터 약 6개월 정도가 경과되었다고 한다.

이 환자는 현재 배우자 및 3세인 아들과 함께 살고 있는데, 가족 중 음성 문제로 오래 고생했거나 고생하고 있는 사람은 없다고 보고하였다. 어렸을 때 앓은 중이염의 병력이 있으나 약을 먹고 치유되었으며, 그로 인하여 청력에 영향을 받은 일은 없다고 한다. 그 외의 병력은 없으며, 음성장애의 전력도 없다고 하였다.

환자는 스스로의 목소리가 많이 쉬어서 듣기에 매우 거북하고, 특히 소리를 지를 때에는 쇳소리가 날 정도여서 듣는 사람으로 하여금 불쾌감을 갖게 한다고 하였다. 주변에서는 쉰 목소리가 좀 나긴 하지만 그렇게 심하지는 않은데, 예전보다는 확실히 나빠졌다는 반응을 주로 보인다고 하였다.

하루에 대개 3, 4시간의 수업을 진행하며, 이전에는 학급 담임을 맡기도 했으나 올해는 목소리 때문에 맡지 않고 있다고 하였다. 수업 외에도 평소에 말을 하는 것을 좋아하는 편이며, 말 속도도 빠른 편이라고 보고하였다. 수업 때는 자기도 모르게 목소리가 커지는 일이 자주 나타나며, 학생들을 야단칠 때 소리를 지르는 경우도 종종 있다고 하였다. 노래 부르기를 좋아하지는 않지만 아들이 노래를 불러 달라고 하는 경우가 종종 있다고 한다. 아들과 같이 있을 때 아들이 책을 읽어 달라고 하는 등 음성남용 기회가 많다고 한다. 헛기침을 상당히 자주 하는 편이며, 집안일을 하면서 무거운 물건을 옮기는 경우가 종종 있다고 한다. 커피를 좋아하여 하루에 3, 4잔씩 마시며, 탄산음료는 별로 좋아하지 않는다고 한다. 음주 및 흡연의 이력은 없으며 배우자 또한 비흡연자여서 간접흡연은 거의 없다고 보고되었다.

2) 실시한 검사 및 검사결과

(1) GRBAS 척도평정법

GRBAS 척도평정법을 이용한 주관적 음질 평정 결과는 G_3 R_2 $B_{2.5}$ $A_{0.5}$ S_2로 심각한 저하가 있는 것으로 나타났다. MDVP를 이용한 객관적 음질 분석 결과, 주파수변동률(jitter) 8.218%, 진폭변동률(shimmer) 15.407%, 소음대배음비(NHR) 0.385로 이 또한 매우 심각한 저하 양상을 보였다. ADSV를 이용한 켑스트럼 분석결과, 켑스트럼 피크 현저성(CPP) 수치는 모음연장 시 6.75dB였고 L/H 비율은 18.6dB로 나타나 역시 정상 범주를 벗어나는 수치를 보였다.

(2) PAS를 이용한 공기역학적 검사

PAS를 이용한 공기역학적 검사는 PAS 중 Maximum Sustained Phonation(MSP) 검사와 음성효율검사를 통해 이루어졌다. MSP 검사 결과, MPT는 4.94초, 평균호기류율(Mean Expiratory Airflow: MEA)은 0.24 l/sec로, 높은 MEA로 인해서 상대적으로 짧은 MPT를 산출하는 것으로 관찰되었다. 음성효율 검사 결과, 성문하압이 13.54cmH_2O로 나타나 발화 시 목에 힘을 많이 주는 습관이 있음을 짐작할 수 있었다.

(3) 전기성문파형검사

EGG 검사결과, CQ는 46.54%로 정상 범주를 크게 벗어나지는 않는 것으로 나타났다.

(4) K-VHI를 이용한 자기보고식 평가

K-VHI 검사결과, 기능적(F) 영역 17점, 정서적(E) 영역 13점, 신체적(P) 영역 24점, 총점 54점으로 모든 영역에 걸쳐 현저히 정상 범주를 벗어나 있는 것으로 나타났다.

(5) VRP를 이용한 음역검사

VRP를 이용하여 음역검사를 해 보고자 하였으나 기식성 및 조조성이 심한 목소리를 기기가 감지하지 못하여 중단하였다.

3) 검사결과의 요약 및 제언

환자는 학생지도 및 자녀교육을 위해 말을 많이 하고 소리를 지르기도 하며 헛기침을 많이 하는 음성남용으로 인하여 양측성 성대결절이 발생하였다. 또한 심각한 성대 폐쇄부전으로 인해 음질 저하 및 발성 시 공기역학적 측면의 심각한 기능저하가 동반되었다.

이를 보완하기 위해 목에 힘을 주고 말하는 습관이 생기면서 높은 성문하압을 보이는 것으로 판단되었다. 이에 음성남용을 제거하고 부드러운 음성산출을 유도하며 발성 시 공기 사용의 효율성을 높이는 호흡훈련을 통한 음성치료를 실시하기로 하였다. 학교 측에도 이러한 사실을 알려 교사로서의 직업 활동 시 음성남용을 감소시키는 데 협조를 구하도록 하였다.

4. 맺음말

일반적으로 부모나 교사 혹은 친구나 동료로부터 권유를 받거나 본인 스스로 문제를 느껴 환자가 병원으로 내원하게 되면 관련 분야 전문의로부터 의학적 진단을 받는 한편, 간단한 면담과 선별검사 과정을 통해 심화검사의 필요 여부를 결정하도록 한다. 선별검사를 통해 비정상 소견이 관찰되어 심화검사가 필요하다고 결정되면 보다 더 심층적인 면담, 청지각적 평가, 기계적 평가와 자기보고식 평가를 실시하도록 한다. 이러한 과정을 거쳐 도출된 결과는 치료 및 보고서 작성의 기본 자료나 연구용으로 활용될 수 있다.

Hirano(1991)는 음성 기능의 모든 측면을 평가할 수 있는 단일한 평가척도(single scale)는 없으므로 현장 전문가에게는 일련의 검사도구 '세트'가 필요하다고 하였다. 하나의 검사도구만으로 환자의 음성 특성을 모두 파악했다고 판단하는 것은 매우 위험하다. 다양한 검사도구를 활용하여 음성산출의 다양한 측면을 세밀하게 평가해야 한다.

다른 언어장애군에 비해 국내에서 본격적으로 시행된 지 얼마 되지 않은 음성장애는 지금까지도 계속 발전사항을 모색하며 발전을 이루고 있는 분야다. 현장에서의 경험과 연구기관에서의 분석을 잘 활용하여 현장 전문가들이 원하는 도구를 연구기관에서 제작해 내고, 다시 현장 전문가들의 피드백을 거쳐 보완해 나간다면 음성장애 검사도구의 개발에 있어 더 없이 좋은 네트워크를 형성할 수 있다. 이러한 과정을 통해 보다 더 다양한 환자에게 적용할 수 있는 타당하고도 신뢰로운 검사도구의 개발이 꾸준히 이루어져야 할 것이다.

용어해설

- 강도(loudness): 음성의 크기. 주관적 기준에 따라 판단할 때 사용함
- 기본주파수(fundamental frequency): 1초당 평균적으로 나타나는 성대의 진동 횟수
- 기식성(breathiness): 성대가 덜 닫힘으로 인해 나타나는 바람 새는 소리
- 긴장성(strain): 후두 주변에 지나치게 힘이 들어가면서 나는 소리
- 성대접촉속도율(Speech Quotient): 성대폐쇄구간(성대진동의 한 주기 중 성대가 닫혀 있는 구간) 중 성대가 닫혀 가는 시간과 열려 가는 시간 사이의 비율
- 성문폐쇄율(Close Quotient): 성대진동의 한 주기 중 성대가 닫혀 있는 시간의 비율
- 성문하압(Subglottal Pressure): 성대내전 시 성문하부에서 형성되는 압력
- 소음대배음비(Noise-to-Harmonic Ratio): 잡음과 정상음 간의 비율
- 음도(pitch): 음성의 높낮이. 주관적 기준에 따라 판단할 때 사용함
- 음성효율(Voice Efficiency): 발성을 위해 확보한 공기량을 음성산출에 활용하는 정도
- 조조성(roughness): 목소리 속에 포함된 거친 소리의 특성
- 주파수변동률(jitter): 음의 높낮이가 단시간 동안 변화하는 양상을 보여 주는 측정치
- 진폭(amplitude): 성대진동 시 성대가 벌어지는 폭
- 진폭변동률(shimmer): 음의 크기가 단시간 동안 변화하는 양상을 보여 주는 측정치
- 최대연장발성지속시간(Maximum Phonation Time): 최대한 숨을 들이마시고 모음을 최대한 길게 연장했을 때 그 지속시간
- 켑스트럼 분석(Cepstral analysis): 파형의 푸리에 변환 후 얻은 스펙트럼을 다시 푸리에 변환하여 소리를 분석하는 방법
- 평균호기류율(Mean Airflow Rate): 1초에 평균적으로 성대 사이를 빠져나가는 공기의 양
- 켑스트럼 피크 현저성(Cepstral Peak Prominence): 전체 켑스트럼 회귀선과 켑스트럼 곡선 정점(peak) 간의 차이
- L/H 비율(L/H ratio): 켑스트럼 분석 시 유성음 구간 중 4,000Hz를 기준으로 그 위와 아래의 음향에너지 비율을 측정한 값

참고문헌

김민주(2017). 직업적 음성사용인의 음성피로도 검사와 음성장애지수의 상관도 연구. 이화여자대학교 대학원 석사학위논문.

김재옥, 임성은, 박선영, 최성희, 최재남, 최홍식(2007). 한국어판 음성장애지수와 음성관련 삶의 질의 타당도 및 신뢰도 연구. **음성과학**, 14(3), 111-125.

박성신(2003). 초등학교 여교사를 대상으로 한 음성위생법(vocal hygiene) 효과성. 이화여자대학교 대학원 석사학위논문.

윤영선(2007). 한국어판 음성장애지수(Korean-Voice Handicap Index) 번안본 검증 및 새 지수 개발. 연세대학교 대학원 박사학위논문.

윤영선, 김향희, 손영익, 최홍식(2008). 한국어판 음성장애지수(Voice Handicap Index, VHI)의 타당도 및 VHI-10의 임상적 유용성. **언어청각장애연구**, 13(2), 216-241.

이승진, 이광용, 최홍식(2018). 음성장애 선별검사 도구로서 스마트폰을 이용한 음성녹음의 임상적 유용성. *Communication Sciences and Disorders*, *23*(4), 1065-1077.

최성희, 최철희(2014). 음성 신호 분류에 따른 장애 음성의 변동률 분석, 비선형 동적 분석, 캡스트럼 분석의 유용성. **말소리와 음성과학**, 6(3), 63-72.

표화영(2011). 직업적 음성사용인의 음성에 대한 질적 연구(2): 음성치료. **언어청각장애연구**, 16(4), 437-448.

American Speech-Language-Hearing Association. (2024). *Voice disorders* (Practical Portal). Retrieved August, 2, 2024, from www.asha.org/Practive-Portal/Clinical-Topics/voice-Disorders

Boone, D. R., McFarlane, S. C., Von Berg, S. L., & Zraick, R. I. (2010). *The voice and voice therapy*. Pearson.

Dejonckere, P. H. (2000). Perceptual and laboratory assessment of dynamics. *Otolaryngologic Clinics of North America*, *33*(4), 731-750.

Heman-Ackah, Y. D., Heuer, R. J., Michael, D. D., Ostrowski, R., Horman, M., Baroody, M. M., Hillenbrand, J., & Sataloff, R. T. (2003). Cepstral peak prominence: A more reliable measure of dysphonia. *Annals of Otology, Rhinology & Laryngology*, *112*(4), 324-333.

Hirano, M. (1991). Clinical applications of voice tests. In National Institute of Health (Eds.),

NIDCD monograph: Assessment of speech and voice production: Research and clinical applications. NIH Publications.

Hogikyan, N. D., & Sethuraman, G. (1999). Validation of an instrument to measure voice-related quality of life(V-RQOL). *Journal of Voice*, *13*, 557-569.

Jacobson, B. H., Johnson, A., Grywalski, C., Silbergleit, A., Jacobson, G., Benninger, M. S., & Newman, C. W. (1997). The voice handicap index(VHI): Development and validation. *American Journal of Speech-Language Pathology*, *6*(3), 66-69.

Lee, L., Stemple, J. C., Glaze, L., & Kelchner, L. N. (2004). Quick screen for voice and supplementary documents for identifying pediatric voice disorders. *Language, Speech, and Hearing Services in Schools*, *35*(4), 308-319.

Nanjundeswaran, C., Jacobson, B. H., Gartner-Schmidt, J., & Verdolini, A. K. (2015). Vocal Fatigue Index(VFI): Development and validation. *Journal of Voice*, *29*(4), 433-440.

Thompson, A. R.(1995). Medications and the voice. In J. S. Rubin, R. T. Sataloff, G. W. Korovin, & W. J. Gould (Eds.), *Diagnosis and treatment of voice disorders*. Igaku-Shoin.

Titze, I. R., & Winholtz, W. S. (1993). Effects of microphone type and placements on voice perturbation measurements. *Journal of Speech and Hearing Research*, *36*(6), 1177-1190.

von Leden, H., & Alessi, D. M. (1994). The aging voice. In M. S. Benninger, B. H. Jacobson, & A. F. Johnson (Eds.), *Vocal arts medicine: The care and prevention of professional voice disorders*. Thieme Medical Publishers.

Wuyts, F. L., De Bodt, M. S., & Van de Heyning, P. H. (1999). Is the reliability of a visual analog scale higher than an ordinal scale? An experiment with the GRBAS scale for the perceptual evaluation of dysphonia. *Journal of Voice*, *13*(4), 508-517.

제 8 장

공명장애의 진단

1. 들어가는 말
2. 진단평가
3. 진단평가 사례
4. 맺음말

1. 들어가는 말

호흡, 발성, 공명 및 조음 과정을 거쳐 최종 결과물로 산출된 말을 듣고 공명 문제를 포착하여 조음이나 음성 문제와 분리하여 판단하기란 매우 어려운 일이다. 실제로 공명 문제만으로 진단평가에 의뢰되는 경우는 매우 드물다. 심한 경우, 호흡 지지력도 약하고 음성과 조음 문제를 동반한 공명 문제도 보일 수 있으므로 말의 어떤 특성이 음성 · 공명 · 조음 문제에 해당하는지 구별하여 판단하는 것은 초보 임상가뿐만 아니라 임상 경험이 다소 있는 전문가에게조차 쉬운 일이 아니다.

1) 공명과 공명장애

공명은 개별 말소리(분절음)와 관련된 특성보다는 전반적인 '음질'과 관련된 특성으로 인식되어 왔기 때문에 말 산출과정의 하위 영역 중의 하나임에도 음성이나 조음만큼 집중을 받지 못하였다. 공명장애 역시 음성장애나 말소리장애(조음음운장애)에 비해 명확하게 정의되어 있지 못하다. 대개는 구개열이 대표하는 선천성 두개안면기형을 갖고 태어난 사람들에게서 가장 두드러지는 말 특성으로 여러 다른 말 문제와 구분 없이 기술되거나 말소리장애, 마비말장애나 말실행증과 같은 신경학적 말장애 또는 청각장애에 동반될 수 있는 특성으로 기술되거나 '공명 특성과 관련된 음성장애'로 기술되어 왔다. 독립된 장애로 기술된 경우에도 그 원인과 특성이 매우 다양하고 다소 추상적인 개념으로 설명되어 명확한 개념 정립이 어려웠다. 실제로 공명장애가 '음성장애'로 부적절하게 진단되는 경우가 많은데(Riski & Verdolini, 1999), 그 원인이 후두에 있는 것이 아니므로 음성장애보다는 공명장애로 분류하는 것이 더 적절할 것이다(Kummer, 2016).

호흡과정을 통해 날숨의 형태로 폐에서 올라온 기류가 성대를 통과하면서 성대의 진동에 의해 음성이 시작된다. 이렇게 시작된 소리는 성대 위의 빈 공간을 지나면서 그 공간을 울리는데, 이 빈 공간을 성도라 한다. 성도는 공명관 또는 공명강으로 기능한다.

즉, 성대의 진동에 의해 산출된 음성을 이루고 있는 복합파는 인두강을 지나 비강 또는 구강을 지나면서 복합음을 구성하고 있는 다양한 주파수 중 일부가 성도가 이루는 관의 크기, 모양 및 두께 등의 특성에 따라 증폭되고 또 다른 주파수는 감쇠되는 변화를 겪는다(Kummer, 2016). 이렇게 후두에서 생성된 음성이 공명강을 지나면서 특정 주파수가 선택적으로 증폭되며 변화되는 과정을 '공명'이라 한다. 대부분의 문헌은 후두에서 생성된 음성이 후두 위의 성도를 지나면서 성도의 모양, 크기의 변화에 따라 주파수 특성이 변화하는 과정을 공명으로 정의하고 있다(Boone, McFarlane, & Von Berg, 2005; Kummer, 2016; Raphael, Borden, & Harris, 2013). '공명장애'는 말소리를 산출하는 동안 구강, 비강 혹은 인두강에서 소리 에너지가 비정상적으로 전달되는 경우를 말한다(Kummer, 2001). 다시 말해, 공명기관의 구조적 또는 신경학적 결함이나 기능적 원인에 의해 정상적인 공명을 달성하지 못하는 경우로 정의할 수 있다(박미경, 2003; 이은경, 2003; 한진순, 2003; Jones & Hardin-Jones, 2002; Kuehn & Henne, 2003). 즉, 공명장애는 공명에 관여하는 인두강, 구강, 비강 및 연인두 밸브와 같은 구조에 해부학적 결함이 있거나 신경학적 손상 등을 입은 경우 또는 기능적 원인이나 학습 요인에 의해 나타날 수 있는 공명 기능의 결함을 말한다. 그러나 공명장애는 중증도가 명확하게 구분되기보다는 공명장애의 여부에 따른 연속체의 개념으로 설명할 수 있다. 또한 임상에서 문제가 되는 경우로 한정한다면, 공명장애만 단독으로 출현하는 경우는 거의 없고 대부분 다른 말장애와 중복되어 나타난다.

2) 공명장애의 하위 유형

공명장애는 크게 구강공명장애와 비강공명장애로 구분할 수 있다(Boone, McFarlane, & Von Berg, 2005; Peterson-Falzone, Hardin-Jones, & Karnell, 2001; Shprintzen & Bardach, 1995). 구강공명장애는 성문 위로 올라온 기류가 인두강을 지나 닫힌 연인두 밸브로 인해 구강으로 전달되면서 구강 내의 혀의 전후 위치 및 높낮이 변화에 따라 공명 특성이 청지각적으로 문제가 되는 경우를 말한다. 구강공명장애는 다시 가는 공명, 맹관 공명, 약한 공명으로 세분할 수 있다. 가는 공명(thin resonance)은 혀를 적절한 위치보다 과하게 앞으로 이동하여 말소리를 산출할 때 나타나는 공명 특성을 말한다. 반대로 맹관 공명(cul-de-sac resonance)은 혀를 과하게 뒤로 이동하여 상대적으로 구강공명이 감소하는 경우를 말한다. 이때는 주로 구인두 쪽에서 공명이 일어나는데, 소리가 바깥으로 나오지 못하게 무엇인가를 덮어 놓은 듯하며, 분명하지 않은 소리로 지각된다(Pindzola & Haynes, 2017). 이는 한쪽은 막혀 있고 다른 한쪽은 열려 있는 통로 안에 소리가 갇혀서 음향 에너지의 전달이 막히면서 나타나는 특성이다(Kummer, 2016). 약한 공명(weak resonance)은 말을 산출할 때 아래턱을 거의 움직이지 않아 구강공명이 약화되는 경우를 말한다.

비강공명장애는 성문 위로 올라온 기류가 인두강을 지나면서 연인두 밸브의 개폐 상태에 따라 비강 내에서의 울림 특성이 과하거나 약해지는 경우를 말한다. 이는 다시 과다비성, 과소비성, 혼합 공명으로 세분할 수 있다.

첫째, 과다비성(hypernasality)은 비강 자음(/m, n, ŋ/)을 제외한 구강음(즉, 모음, 유음 및 유성 자음)을 산출할 때 비강공명이 비정상적으로 과하게 일어나는 경우를 말한다. 과다비성은 모음을 산출할 때 쉽게 지각되는데, 모음 중에서도 저모음보다 고모음을 산출할 때 더 두드러지게 들린다. 매우 뚜렷하게 들리는 경우도 있고, 식별 가능한 정도로만 가볍게 나타나기도 한다. 그것은 구강음을 산출할 때마다 일관되게 나타나기도 하고, 간헐적으로 나타나기도 한다. 간헐적으로 나타나는 과다비성과 함께 고압력 자음(즉, 파열음, 파찰음, 마찰음)의 산출 시 비누출(콧구멍으로 바람이 새는 경우)이나 비강 스침소리가 동반되기도 한다. 비누출 현상은 과다비성을 보이는 화자(특히 구개열 화자)가 함께 나타내는 경우가 많기 때문에 공명장애, 특히 과다비성의 하위 유형으로 보는 경우도 있으나, 비누출은 비강에서 일어나는 공명 특성이라기보다 기류(특히 고압력 자음)가 비강으로 부적절하게 새는 경우에 해당하기 때문에 조음 문제로 보는 것이 더 타당하다.

둘째, 과소비성(hyponasality)은 비음을 산출할 때 정상적인 비음성이 부족한 경우를 말하는데, 마치 코감기에 걸린 채 말하는 것과 같은 인상을 준다. 비음성이 매우 부족하여 비음 /m, n, ŋ/이 구강 동족음 /b, d, g/로 지각되는 정도를 무비성(denasality)이라고 한다.

셋째, 혼합 공명(mixed resonance)은 과다비성과 과소비성이 혼재되어 나타나는 경우를 의미한다. 동일한 화자가 발화 중 시간을 달리하여 구강음을 산출할 때에는 과다비성을, 비음을 산출할 때에는 과소비성을 보이는 것이다.

구강공명장애 중 가는 공명과 약한 공명은 대개 임상적으로 크게 문제가 되지 않는다. 따라서 구강공명장애 중 맹관 공명, 비강공명장애의 과다비성, 과소비성, 혼합 공명으로 공명장애의 하위 유형을 구분하는 것이 일반적이다(한진순, 심현섭, 2006). 실제로 임상에서 진단 및 치료에 역점을 두는 공명장애의 하위 유형에는 과다비성, 과소비성, 맹관 공명, 혼합 공명이 있다(Kummer, 2016). 공명장애의 여부 외에 하위 유형을 구분하는 것은 임상적으로 매우 중요하다. 그에 따라 관련된 원인, 진단 절차, 치료적 접근방법이 달라지기 때문이다.

3) 공명장애의 원인

공명강의 길이나 모양에 영향을 미치는 요인이 무엇이든 공명강의 변화는 음질에 영향을 미칠 수 있다. 특히 연인두 밸브의 구조와 기능 문제로 인해 소리 에너지와 기류가 구강과 비강으로 흐를 수 있게 조정하는 데 문제가 생기면 공명 불균형이 발생하게 되고, 이러한 불균형이 말명료도나 의사소통을 방해할 경우 공명장애라 할 수 있다. 구강공명장애는 대부분 학습 오류에 기인한다. 즉, 말을 습득하는 과정에서 잘못 길들인 습관이 굳어져서 지속된다. 그러나 비강공명장애는 그 하위 유형에 따라 원인이 다양하다.

과다비성은 말 산출 시 (연인두 밸브가 완전히 폐쇄되지 않아서) 구강과 비강이 비정상적으로 연결되어 소리 에너지가 공유되면서 나타나는데, 비강과 구강의 분리와 연인두 폐쇄를 담당하는 구조의 기능적 결함을 유발할 수 있는 구조적 장애, 신경학적 손상, 학습 오류를 그 원인으로 들 수 있다. 연인두 밸빙 구조의 해부학적·기능적 손상과 관련된 장애를 총칭하는 용어에는 연인두 폐쇄부전(Velopharyngeal Inadequacy: VPI) 또는 연인두 기능장애(Velopharyngeal Dysfunction: VPD)가 있다(Kummer, 2001). 이는 다시 연인두 구조의 부족 또는 결함으로 인해 연인두 폐쇄를 달성하지 못하는 연인두 형성부전(Velopharyngeal Insufficiency), 연인두 밸빙 근육의 운동을 담당하는 신경의 손상에 따른 근육의 마비, 약화, 불협응으로 인한 연인두 기능부전(Velopharyngeal Incompetence),

연인두 학습 오류(Velopharyngeal Mislearning)로 세분할 수 있다. 구조적인 원인으로는 경구개나 연구개 파열, 점막하구개열, 구개천공, 짧은 연구개 길이, 너무 깊은 인두강(인두의 전후 길이), 편도절제술 후의 일시적 또는 장기적 증상을 들 수 있다. 신경학적으로는 마비말장애, 말실행증이 공명장애와 연관될 수 있다. 뇌성마비, 다발성 경화증(Multiple Sclerosis: MS), 중증 근무력증(myasthenia gravis), 근위축증, 회백질척수염(소아마비, poliomyelitis), 파킨슨병, 대뇌 혹은 뇌간 종양도 연인두 기능에 영향을 미쳐 과다비성을 유발하기도 한다(Kummer, 2016; Pindzola & Haynes, 2017). 학습 오류로 인한 공명장애는 특정 음소 관련 공명장애(phoneme-specific VPI), 청각장애 관련 공명장애 등을 들 수 있다. 여기에는 뚜렷한 구조적 결함이나 신경학적 손상이 없는 경우도 해당된다(Bzoch, 2004; Kummer, 2001).

과소비성은 비인두나 비강 통로의 부분적인 막힘이나 폐색 때문에 나타난다. 이러한 원인으로는 아데노이드비대증, 편도비대증, 비중격만곡증, 비강 점막 충혈, 비강 폴립 등을 들 수 있다. 청각장애로 인하여 보청기를 착용하거나 인공와우 이식술을 받은 아동의 경우 공명음을 산출할 때 비일관된 과소비성 증상을 보이기도 한다. 이들은 정상적으로는 비음으로 산출되어야 할 /m, n, ŋ/을 무비성의 말소리로 대치하기도 한다(Pindzola & Haynes, 2017; Teoh & Chin, 2009). 기능적 말소리장애 아동 중에도 '엄마' '누나' '안 먹어' 처럼 비음이 상대적으로 많은 단어(음운구)를 말할 때에는 문제가 감지되지 않으나, '안 봐' '안 돼' '안 가'처럼 종성 비음 뒤에 구강음을 이어 말해야 하는 단어나 구에서는 탈비음화를 확연히 보이는 아동도 있다. 이 경우는 아데노이드나 편도 비대, 비폐색을 의심할 수도 있지만, 음절핵(모음) 사이에서 비강 자음과 구강 자음의 연쇄를 허용하지 않는 음운변동이 사라지지 않고 남아 있는 것일 수도 있다.

혼합 공명은 구개열 화자의 경우 연인두피판술 후에 과다비성과 과소비성이 혼재되어 나타날 수 있다. 또한 보철장치를 착용할 경우, 항상 비강통로가 폐쇄되므로 비음의 산출과 관련하여서는 과소비성이, 구강음의 산출과 관련하여서는 과다비성이 나타날 수 있다. 또한 말실행증이나 비일관된 패턴의 연인두 폐쇄로 혼합 공명이 나타날 수도 있다. 이는 조음 시 혀 위치의 후진이나 편도나 아데노이드 비대가 있는 경우 흔히 나타나는 현상이다. 맹관 공명은 구강공명장애와 관련되어 나타날 수 있으나, 수술을 받거나 받지 않은 구개열 화자의 비강 내 통로의 부분적 폐쇄로 인해 나타날 수도 있다. 맹관 공명은 청각장애, 이완형 및 경직형 마비말장애, 무정위운동형 뇌성마비, 말실행증 화자에게서뿐만 아니라 여러 기능적인 원인에 의해서도 나타날 수 있다(Boone, 2014; Prater & Swift, 1984).

2. 진단평가

1) 의뢰 및 선별검사

(1) 의뢰

공명장애는 주로 '콧소리가 난다.' '코 막힌 소리가 난다.' 또는 '코맹맹이 소리가 난다.'는 것을 주호소로 진단평가에 의뢰된다. 코 막힌 소리나 코 안에서 웅얼거리는 소리로 묘사되는 것은 소리 에너지가 인두강을 통과하였다가 막혀 있는 구강에서는 반공명 현상(구강은 막혀 있고 인두강이 열려 있어서 소리 에너지의 강도가 줄어드는 현상)이 일어나고, 비강에서는 비갑개를 통과하면서 비강이 이루고 있는 공간이 구강보다 크고 비강 점막으로 인해 소리가 흡수되기 때문에 생긴다(Kummer, 2016). 공명장애만 단독으로 나타나는 경우보다는 조음이나 음성 등 다른 말 문제와 섞여 나타나는 경우가 더 많기 때문에 조음 문제(예: '발음이 부정확하다.' '무슨 말을 하는지 알아들을 수 없다.')나 음성 문제(예: '목소리가 이상하다.' '쉰 목소리가 난다.')가 있는 것으로 먼저 인식되어 의뢰되었다가 언어치료사의 지적으로 공명 문제를 인지하게 되는 경우도 흔히 있다.

이러한 문제가 말에 대한 전반적인 인상(예: 말 용인도 또는 사회적 수용도)에 부정적인 영향을 미치고 의사소통(예: 말명료도 또는 이해 가능도)을 방해하여 화자나 청자가 불편을 느끼게 되면 병원의 여러 진료과를 경유하거나 직접 언어치료실을 방문하여 말·언어 평가를 위한 면담을 받게 된다. 공명장애는 주로 이비인후과, 소아과를 내원하였다가 의뢰되는 것이 대부분이다. 그러나 구개열(연인두 폐쇄부전 등)과 같은 선천성 두개안면 기형으로 인한 경우에는 정기적인 재평가과정에서 성형외과, 치과 또는 악안면교정과를

내원하였다가 의뢰되기도 한다. 청각장애의 경우에는 이비인후과, 다운 증후군이나 지적장애 또는 발달장애의 경우에는 소아청소년정신과를 통해 의뢰되기도 하며, 뇌병변에 의한 경우와 뇌졸중 후에 나타난 경우에는 신경과 또는 재활의학과를 통해 의뢰되기도 한다. 이렇게 의뢰 경로가 다양한 것은 그만큼 공명장애가 다양한 원인에 의해서 나타날 수 있기 때문이다.

공명장애가 있는 사례들은 의학, 수술, 심리정서, 의사소통의 측면에서 다양한 문제를 동반할 수 있으므로 한 분야의 전문가가 이러한 모든 문제를 전담하는 것은 불가능하다. 따라서 공명장애에 대한 체계적인 진단 및 평가, 효율적인 치료 절차의 수행 및 치료효과의 극대화를 위해서는 팀 접근에 의한 관리가 이상적이다(ACPCA, 1993). 미국의 경우에는 공명장애의 임상 서비스를 위한 팀 접근이 활성화되어 있으며, '구개열 팀(cleft palate team)' '악안면 팀(craniofacial team)' 또는 '연인두 기능장애 팀(velopharyngeal dysfunction team)'과 같은 명칭의 다영역 전문가 팀이 서비스를 제공하고 있다(Strauss, 1999). 팀의 구성원과 담당 전문 영역 및 운영에 관한 정보는 미국 구개열두개안면기형협회(American Cleft Palate-Craniofacial Anomalies: ACPCA)의 공식 출판물(ACPCA, 2018)과 『Standards for Approval of Cleft Palate and Craniofacial Teams』(ACPCA, 2022)에서 확인할 수 있다. 국내에서는 구개열과 악안면기형을 포함한 공명장애 사례가 종합병원의 경우에도 팀 접근보다는 의뢰와 협진체제를 통해 관리되고 있다(한진순, 심현섭, 2006).

이렇게 여러 경로를 통해 면담(또는 초기 상담)에 의뢰되면 공명장애의 평가에 도움이 될 만한 개인정보를 조사한다. 또 내담자의 목소리를 청취하여 공명장애의 여부를 판정하고, 문제의 여부, 의심되는 원인 등에 대한 임시적 판단에 따라 필요하다고 여겨질 경우에 관련 전문가에게 의뢰할 수 있다. 예를 들어, 2차 검사에서 실시하게 될 비인두내시경검사나 비디오투시조영검사가 권장되고, 이비인후과나 진단방사선과 의료진과의 협진이 필요하다고 여겨질 경우 내담자가 필요한 검사를 받을 수 있도록 의뢰한다.

(2) 선별검사

대체로 3세 무렵이면 다양한 말소리로 이루어진 연속발화로 의사소통할 수 있으므로 아동이 직접 산출한 말을 바탕으로 한 포괄적인 말·언어 평가가 현실적으로 가능해진다(Kummer, 2016). 구개열을 갖고 태어난 아동이거나 연인두 기능장애가 있는 아동이라 할지라도 이 시기가 되면 말을 포함한 언어발달상에서 나타나는 개인차가 줄어들기 때문에 2차 수술(생후 12개월 전후로 이루어지는 구개성형술 이후에 연인두 기능장애 개선 또는 치료를 위한 수술)과 언어치료 등 차후에 이루어져야 할 서비스에 대한 임상적 판단이 비교적 명확해진다. 그러나 말소리와 표현언어 발달이 현저히 지연되어 있는 경우에는 공명 및 연인두 기능에 대한 보다 정확한 판단을 위해 평가를 뒤로 미루어야 할 수도 있다.

선별검사의 목적은 대상자의 공명이 정상인지 비정상적인지를 판단하고, 비누출이나 보상조음 산출과 같은 연인두 기능장애와 관련된 다른 특징도 보이는지 여부를 판단하는 것이다(Kummer, 2016). 따라서 공명장애의 선별과정에서는 공명장애의 유무와 대략적인 하위 유형 및 동반되는 말 특성을 파악한 후 좀 더 포괄적이고 자세한 공명 평가와 말 평가, 나아가서는 언어 및 의사소통 수준에 대한 평가가 필요한지 여부를 판단하는 것이 중요하다.

공명 기능에 대한 선별검사는 대개 말 선별검사 과정의 일부로 진행된다. 대상자가 산출한 말소리를 검사자가 들어서(필요한 경우 시각적 판단도 포함) 공명 기능을 평가하게 되므로 문제 여부를 파악하기에 적절하면서도 빠른 시간 안에 문제를 드러내 줄 수 있는 말 샘플을 표집하는 것이 중요하다. 발달적으로 적절한 어휘를 선정하여 따라 말하기, 이름대기를 유도하거나 선택형 의문문에 반응하도록 유도할 수 있다. 대개는 임상현장 또는 기관마다 공명장애 선별과 관련된 나름대로의 프로토콜이 있어서 말 산출에 대한 전반적인 선별과정에서 공명 기능에 문제가 있는 것으로 의심될 경우는 공명 선별검사를 추가로 또는 별도로 실시한다.

공명 기능에 대한 선별검사는 주로 검사자의 지각적 판단에 의존하여 이루어진다. 따라서 특정 유형의 공명장애가 '있다' 또는 '없다'와 같은 이분 판단 과제 형식의 지각적 판단을 이용하는 경우라면, 검사자가 받은 지각적 평가의 훈련 정도나 지각적 판단에 영향을 미칠 수 있는 다양한 말 관련 변인에 대한 내적 기준의 견고성 등이 달라져도 검사자간 신뢰도나 검사자 내 신뢰도에 그다지 큰 영향을 미치지 않을 수도 있다. 그러나 공명장애의 중증도를 여러 수준으로 나누어 평가하고자 할 경우에는 다양한 변인이 지각적 판단의 신뢰도에 영향을 미칠 수밖에 없다. 따라서 임상현장에서 공명 기능을 선별하고

자 할 때에는 검사자가 이 분야에 대한 임상적 경험 정도를 숙고하여 어떤 척도를 적용하여 판단할 것인지 스스로 결정해야 할 것이다.

아직 공식화된 지각적 공명 선별검사는 개발되어 있지 않다. 여러 문헌에 대한 검토와 임상 실제에 대한 조사 결과, 주로 고모음 연장 또는 반복, 구강음 단어나 비음 단어를 반복하게 하여 공명장애의 여부를 청진(auditory detection) 또는 촉진(tactile detection)하여 판정하는 방법이 널리 이용되고 있다(최성희, 최재남, 최홍식, 2005; Dotevill, Lohmander-Agerskov, Ejnell, & Bake, 2002; Kummer, 2001; Peterson-Falzone, Hardin-Jones, & Karnell, 2001). 예를 들어, 고모음 연장 또는 반복 과제의 경우, 대상자로 하여금 /i/와 /u/ 모음을 길게 연장하거나 번갈아 가면서 산출하도록 하여 콧소리가 나는 것으로 지각되는지 여부를 판단하는 것이다. 자소의 이름을 순서대로 소리 내어 말할 수 있다면 '니은, 미음, 이응'은 과소비성의 유무를 판단하는 데 이용하고, 그 외의 자소 이름은 과다비성의 유무를 판단하는 데 이용할 수 있다. 들어서 판단하기 쉽지 않을 경우에는 대상자가 모음을 산출하는 동안 비식경(nasal mirror)이나 작은 손거울, 치경(dental mirror)이나 후두경(laryngeal mirror)을 콧구멍 아래에 대어 해당 말소리를 산출할 때 김이 서리는지 여부를 판단하거나 엄지와 검지로 대상자의 양쪽 콧날개를 집었다 풀었다를 반복하여(이하 콧구멍 개폐검사) 모음의 음질에 변화가 있는지 여부를 들어서 판단할 수 있다. 콧구멍을 막지 않았을 때와 막았을 때의 음질에 변화가 없어야 정상이고, 콧구멍을 막았을 때의 음질이 콧구멍을 막지 않았을 때의 음질과 확연히 다르거나 코가 막힌 것같이 음질이 변화되면 과다비성이 있는 것으로 판단할 수 있다. 한진순과 심현섭(2008)은 보호자가 '콧소리가 난다'는 호소를 하였던 구개열 아동으로 하여금 모음 /ɑ/와 /i/를 연장하도록 유도하여 맹관검사(cul-de-sac test) 또는 비강 조동검사로도 알려져 있는 콧구멍 개폐검사(nasal flutter test)를 통해 콧구멍을 막지 않았을 때와 막았을 때의 음질 차이가 1회 이상 나타나고, 비식경검사(mirror test)에서도 1회 이상의 비누출이 나타나는 것으로 확인되는지 여부를 선별기준으로 정하였다. /바바바-/, /비비비-/, /파파파-/, /피피피-/와 같이 조음 위치가 다른 무의미 파열음 음절을 반복하게 하여 콧구멍 개폐검사를 실시하였을 때 코가 막힌 것 같은 음질의 변화가 지각되면 과다비성이 있는 것으로 판단할 수 있다. Bzoch(2004)는 파열음-모음-파열음 음절을 이용하여 콧구멍 개폐검사를 실시할 것을 제안하였다. beet, bit, bait, bet, bat, bought, boat, boot, but, Bert와 같이 /b_t/ 문맥에서 10개의 모음을 검사한다. 연인두 폐쇄가 정상적인 경우는 코를 막았을 때나 열었을 때의 음질이 동일하다. 공식적 조음음운검사 중 구강 자음으로만 구성된 문장 따라 말하기 과제, 1~2분 정도 아동과의 대화를 통해 아동에게서 직접 반응을 유도하여 녹음한 발화를 바탕으로 7점 등간척도(1점=정상, 2점=미비, 3점=경도, 4점=경중도, 5점=중도, 6점=심중도, 7점=심도)로 과다비성과 조음 문제의 중증도를 평가하여 7점 등간척도상 경중도(4점) 이상의 중증도를 보일 경우, 언어치료 또는 2차 구개성형술이 필요하다고 판단한 연구도 있다(하승희, 정승은, 문희원, 고경석, 2014).

과소비성을 평가할 때에는 콧구멍 개폐검사에 비음을 이용한다. /mɑ/, /mi/(또는 /nɑ/, /ni/)와 같은 무의미 음절을 반복하게 하면서 콧등 옆면을 만져 보는 방법으로 촉진하였을 경우 진동이 없거나 약하게 느껴질 때, 콧구멍 개폐검사에서 콧소리의 변화가 없거나 약할 때, 과소비성이 있는 것으로 판단할 수 있다. 무비성의 경우는 비음을 산출하도록 지시하고 비식경 등을 콧구멍 아래에 대어 보면 콧김이 서리지 않기도 한다. 입을 다물고 콧노래를 부르라고 지시하거나 '허밍'으로 '으흠'을 모방하게 하였을 때 콧소리를 전혀 내지 못하거나 손가락으로 대상자의 콧등 옆면을 만져 보았을 때 진동이 느껴지지 않는다면 과소비성이 있는 것이다.

콧구멍 개폐검사에서 모음이나 구강음 과제와 비음 과제에서 과다비성과 과소비성이 모두 나타날 때 혼합 공명이 있는 것으로 판단할 수 있다. 이렇게 지각적 공명 선별검사를 통해 공명 문제가 있는 것으로 판단되면 2차 검사가 진행될 수 있도록 필요한 절차를 밟는다.

2) 진단평가 방법 및 과정

앞에서도 언급하였듯이, 공명 문제만으로 평가에 의뢰되는 경우는 매우 드물기 때문에 조음음운 평가나 음성 평가 또는 말 평가의 일부 과정으로 공명 영역을 평가하게 된다. 공명장애의 평가는 전반적으로 면담, 관련 구강 구조 및 기능검사, 청지각적 공명 평

가, 장비를 이용한 간접적 평가, 연인두 구조 및 기능에 대한 직접적 평가로 구분할 수 있다. 여기서 간접적이라 함은 연인두 구조와 기능을 직접 관찰하지는 않고, 음향학적 평가 장비나 공기역학적 평가 장비를 이용하여 얻은 결과로 공명장애의 여부와 유형 및 중증도를 판단함을 의미한다. 직접적 평가는 연인두 구조의 해부학적 · 기능적 적절성을 말을 산출하는 과정 동안 직접 관찰할 수 있는 장비를 이용하여 검사하는 것을 의미한다. 여기에서는 국내 임상현장에서 흔히 이루어지고 있는 것으로 조사된 평가 절차를 중심으로 살펴보고자 한다.

(1) 면담

면담은 내담자가 호소하는 증세와 그 지속 기간, 내담자의 배경정보, 병력과 수술력 및 음성 사용 사례에 대해 조사하는 과정이다. 전반적인 면담과정에서 공명과 관련된 정보를 수집할 수 있는 질문을 제공한 후 관련 과거력에 대한 세부조사를 실시한다. 내담자가 아동일 경우에는 보호자에게서 정보를 수집하고, 청소년 또는 성인일 경우에는 본인이 인지하고 있는 문제와 배경정보를 수집하게 된다. 이때 공명 문제가 내담자에게 가장 우려되는 말 문제인지 확인하게 되는데, 공명 문제가 주호소인지, 그러한 문제를 언제, 어떻게 인지하게 되었는지, 누가 먼저 평가를 받아 볼 것을 권장하였는지 등을 질문할 수 있다.

공명 기능에 대한 질문은 말할 때 콧소리가 많이 나는지, 콧소리가 난다고 여겨질 경우 코로 말하는 것 같은지, 아니면 감기 걸렸을 때처럼 말하는 것 같은지 물어볼 수 있다. 언제 콧소리가 많이 난다고 인지하게 되었는지, 증상이 갑자기 시작되었는지 아니면 점진적이었는지도 질문한다. 또한 증상이 날씨, 알레르기, 피로 등의 요인에 따라 변화하는지 물어볼 수 있다. 그리고 아동이 말을 할 때 공기가 코로 나오는 것을 들어 본 적이 있는지 확인할 수 있다.

의학적 과거력에 대해서는 선천적 문제를 가지고 태어났는지, 어떤 문제였는지, 어떻게 그리고 언제 치료를 받았는지에 대해 질문한다. 현재의 의학적 문제, 수술력, 정기적으로 복용 중인 약물이 있다면 무엇 때문인지 질문한다. 또한 청력이 정상인지, 이전에 받았던 청력검사 결과는 어땠는지, 중이염 이력이 있었다면 그 빈도와 치료방법에 대해서도 질문할 수 있다. 그 외에도 공명과 관련된 의학적 과거력에 대해 충분히 조사한다.

발달력에 대한 조사 외에도 삼키기와 구강운동 기능에 문제가 없는지, 평소 호흡을 입으로 하는 것 같지는 않은지, 수면 중 코골이는 없는지, 일과 중에 숨소리가 거칠게 들리지는 않는지, 알레르기나 천식과 같은 질병은 없는지 질문하여 공명장애와 관련되어 있을 수 있는 원인들에 대해 조사한다.

그 외에도 이전에 받은 말 평가와 치료 이력에 대한 조사, 현재 말 또는 언어치료를 받고 있다면 치료목표는 무엇인지, 최근 6개월 동안 말 산출능력이 좋아지고 있다면 어떻게 좋아지고 있는지 등에 대한 조사도 면밀히 실시한다.

(2) 구강 구조 및 기능 검사

말 산출과 관련된 구강 구조 및 기능 검사는 경구개와 연구개 구조를 육안으로 살펴보고 직접 만져 봄으로써 구조적 결함의 여부를 판정하고, 불기, 구강음 산출 시 기류의 비강 유출 여부를 비식경이나 다른 시각적 도구를 이용하여 관찰하며, 구강음 산출 시의 연인두 구조의 기능을 살펴보는 과정이다. 먼저, 휴식 상태와 '아'와 같은 모음을 산출할 때 육안으로 관찰 가능한 구조들이 어떻게 움직이는지 관찰함으로써 공명장애와 관련되어 있을 수 있는 구조 및 기능 문제를 유추한다. 이 과정에서 위생장갑, 플래시 라이트, 설압자, 치경(dental mirror) 또는 후두경(laryngeal mirror) 등을 이용할 수 있다.

이 과정에서는 특히 치열(dentition), 교합 상태(occlusion), 구개의 촉진(palpation)을 통한 경구개 틈(palatal notch) 또는 구개천공(oronasal fistula)의 유무 및 위치, 구개근육의 마비 또는 약화 여부 및 양상, 편도비대 여부 및 정도, 발성 시 연구개의 운동 여부 및 양상 등을 주의 깊게 살펴보아야 한다(Bzoch, 2004; Kummer, 2001). 특히 구개천공과 연인두 기능부전이 동시에 나타나는 것으로 여겨질 경우에는 껌이나 치과용 왁스 등을 이용하여 구개천공을 임시로 막아 준 뒤에도 이전과 동일한 공명 특성이 나타나는지 여부를 확인하여 구개천공이 공명 문제에 기여하고 있는지 여부를 확인하여야 한다.

구강 구조 및 기능 검사는 의사소통장애 또는 말장애 선별과정에서 의례적으로 실시하는 공식적인 검사도구[예: 조음기관 구조·기능 선별검사(SMST; 신문자, 김재옥, 이수복, 이소연, 2010), 조음기관 구조·기능 선별검사: 아동용(SMST-C; 김재옥, 신문자, 송윤경, 김양선,

서민희, 2021)]의 전체 또는 일부 관련 항목만 적용할 수도 있으나, 공명장애의 원인 또는 지속 요인일 가능성이 높은 구조 및 기능 관찰 항목에 역점을 둔 비공식적 검사를 고안하여 적용할 수도 있다. 비록 언어치료사의 주관적인 판단에 의해 이루어지는 구강 구조 및 기능 검사라 할지라도 가능한 한 과학적 근거가 높은 항목으로 검사를 구성해야 한다. 구조 및 기능상의 차이점이나 문제가 대상자가 보이는 말 문제와 연관되어 있음을 확인할 수 있어야 추가적인 객관적 검사의 필요성 여부나 치료방법(수술, 보철, 언어치료 등)에 대한 임시적인 판단을 내릴 수 있기 때문이다.

(3) 청지각적 공명 평가

청지각적 공명 평가는 공명 문제의 평가에 있어 최선의 방법으로 알려져 있는데(Kuehn & Moller, 2000), 평가자의 귀로 대상자의 음성을 듣고 장애의 유무, 유형, 중증도를 평가하는 방법을 말하며, 언어치료사가 공명장애의 평가에 있어 1차적으로 실시하는 방법이다(Lee, Whitehill, & Ciocca, 2009). 대상자의 공명 특성에 해당하는 하위 유형에 있어서 그 유무와 정도를 평정척도로 판정하는 방법을 주로 이용하거나 전체 검사어 중 해당 공명 문제가 나타난 검사어의 비율을 산출하는 방식으로 이루어진다. 청지각적 판단 외에도 코를 번갈아 막았다가 떼었다가 하면서 비음과 구강음을 산출하도록 유도하는 콧구멍 개폐검사로, 청지각적 판단을 보충하거나 콧등 옆에 손가락을 대고 울림의 여부를 촉진하는 방법으로도 보충할 수 있다. 음료 섭취를 위한 빨대나 '청취관(listening tube)' 또는 '공명증진도구(Nasonance tube)'(김선희, 심현섭, 권순만, 2011)도 과다비성의 증폭에 이용할 수 있다.

공명 문제를 명목척도, 서열척도, 등간척도 등 평정척도를 적용하여 청지각적으로 그 정도를 판단하여 산출한 것을 비음도(nasality)라고 한다. 검사어로는 단모음, 단어, 문장 및 문단을 적용할 수 있다. 과다비성의 평가에는 구강음만으로 이루어져 있는 검사어를, 과소비성의 평가에는 모음과 비강자음만으로 이루어져 있는 검사어를 주로 이용한다. 특히 문단 수준에서는 비음이 전혀 포함되어 있지 않는 문단, 일부만 포함되어 있는 문단(약 11~15%), 비음이 상대적으로 많이 포함되어 있는 문단(약 35%)을 산출하도록 하여 평가하기도 한다. 문장 수준에서 우리말 자료로 저모음 /아/가 주로 많이 포함된 '바다에서 자라와 가재와 소라 잡아 보자.', 고모음 /이/가 주로 많이 포함된 '이 집이 이 호고 여기 이 집이 이십이 호야.'(김민정, 심현섭, 최홍식, 2000)를 이용하여 모음의 환경과 화자의 성별에 따라 비음도 평가결과에 차이가 있는지 살펴본 연구(조성현, 하승희, 2015)가 있다. 비강자음 없이 구강자음만 들어 있고, 고모음과 저모음이 균형 있게 들어간 문장 '바다에 파도가 치고 여기 거북이가 기어가.'(김민정, 심현섭, 1999)를 이용하기도 하였다. 과소비성을 평가하기 위한 검사어를 고안할 때에는 음운 환경에 따라 지각된 과소비성의 정도가 크게 달라질 수 있으므로 주의하여야 한다. 우리말에서는 '못, 목, 말, 물'과 같이 비음이 초성에 오는 단어를 산출할 때 비음성이 줄어들어, 각각 영어의 /bot, bok, bal, bul/처럼 들리기도 한다. '안 봐, 안 돼, 안 가'가 각각 /아빠, 아때, 아까/처럼 들리지는 않는지, '엄마, 누나'가 /어빠, 두다/처럼 들리지는 않는지 주의하여 판단해야 한다.

공명 문제를 판단할 척도로 공명 문제가 '있다/없다'의 이분체계를 적용하고, 공명 문제가 있을 경우 그 유형이 과다비성인지, 과소비성인지 아니면 혼합 공명인지 판단하는 방법이 가장 간단하면서도 신뢰도가 높은 유형이다. 그러나 공명 문제, 특히 과다비성의 경우에는 과도한 비강공명이 '있다/없다'를 떠나 그 정도를 구분하여 판단해야 할 필요도 있다. 이때 가장 많이 사용하는 척도는 4점 또는 7점 범위의 등간평정척도(Equal-Appearing Interval Scale: EAI)다. 4점 척도의 경우 1점은 정상, 2점은 경도, 3점은 중등도, 4점은 중도의 과다비성을 의미한다. 7점 척도는 경도, 중등도, 중도를 다시 두 단계로 나누어 1점은 정상, 2점은 경계선에서 경도(경미, 미비), 3점은 경도, 4점은 경도에서 중등도, 5점은 중등도, 6점은 중등도에서 중도, 7점은 중도의 과다비성을 의미한다. 이 외에도 직접평정법(Direct Magnitude Estimation: DME)이나 시각적 아날로그 척도(Visual Analogue Scale: VAS)를 적용하기도 한다. 앞의 비음도 연구(조성현, 하승희, 2015)에서는 7점 EAI와 외적 기준을 제시한 DME(외적 기준음성의 비음도를 100으로 두고, 그보다 비음도가 높으면 100보다 높게, 낮으면 100보다 낮게 평가하는 점수체계)를 이용하였다. 과다비성에 대한 청지각적 평가척도인 EAI와 DME의 타당성과 신뢰성에 대한 논의를 위해서는 하승희(2009)의 연구를 참조하기 바란다.

그러나 과다비성에 대한 청지각적 평가는 신뢰도의 문제가 끊임없이 논의되고 있다. 과다비성의 청지각적 평가에는 평가자의 경험, 음운 환경, 일관성, 사회적 수용도(말 용

인도), 말명료도 등 다양한 변인이 작용할 수 있기 때문이다. 김선희(2013)는 과다비성의 중증도에 대한 청지각적 평가에 관한 서술적 기준을 정리하여 과다비성 청지각적 프로파일(Hypernasality Perceptual Profile: HNPP)을 개발하여 과다비성에 대한 일관성 있는 평가기준을 서술적으로 제시하였다. 이후 김선희, 심현섭과 하승희(2015)는 HNPP의 전반적 인상, 음소의 종류, 일관성, 지속성, 사회적 수용도, 말명료도 변인 중 과다비성의 청지각적 판단에 주된 영향을 주는 변인이 사회적 수용도와 음소의 종류이며, 사회적 수용도가 가장 강력한 영향을 주는 변인임을 발견하였다.

과소비성에 대한 평정도 과소비성이 '있다/없다'로 판정하거나, 3등급으로 나누어 평정하기도 한다. 이때 1점은 경도로 비음이 비음의 특성을 약간 잃은 경우, 2점은 중등도로 비음이 비음의 특성을 다소 많이 잃은 경우, 3점은 중도로 비음이 비음의 특성을 완전히 잃어버린 경우에 해당한다. 때로는 과소비성과 과다비성을 분리하지 않고 동일한 척도를 이용하여 평정하기도 한다. 이러한 경우, 과다비성 평정에 이용되었던 척도의 왼쪽에 과소비성을 배정하여 평정한다. 예를 들어, −1점은 과소비성, 0점은 정상, 1점은 경계선, 2점은 경계선에서 경도, 3점은 경도, 4점은 경도에서 중등도, 5점은 중등도, 6점은 중등도에서 중도, 7점은 중도의 과다비성을 배정하는 척도를 이용할 수 있다.

공명 문제는 평정척도를 이용하여 평가할 수도 있으나, 과소비성과 과다비성을 평가하기 위해 개발된 표준화된 어음 자료를 이용하여 전체 단어 중 과다비성 또는 과소비성이 나타난 단어의 비율을 산출하는 방법을 적용할 수도 있다. Bzoch(1991)는 아동을 위한 과다비성 검사 단어 10개와 과소비성 검사 단어 10개를 고안하여 과다비성이 감지된 단어의 비율과 과소비성이 감지된 단어의 비율을 산출하는 프로토콜을 적용하였다(Bzoch, 2004에서 재인용). 말을 못하는 영유아의 경우, 간단히 적용할 수 있는 검사어로 과다비성 검사에서는 /i/, /u/ 모음을, 과소비성 검사에서는 /m/, /n/를 번갈아 10회 산출하도록 하여 평가하기도 하였다.

어떤 측정방법을 적용하여 공명 문제를 평가하든 주관적인 청지각적 평가결과로 공명장애의 여부와 유형 및 중증도를 판정한 이후에는 장비를 이용한 간접적 평가나 직접적 평가를 실시하게 된다. 보다 타당하고 신뢰할 수 있는 평가를 위해 청지각적 평가결과를 객관화할 수 있는 방법으로 반드시 하나 이상의 간접적 평가와 하나 이상의 직접적 평가를 실시하는 것이 바람직하다(ACPCA, 1993, 2018; Kuehn & Henne, 2003; Kuehn & Moller, 2000; Strauss, 1999).

(4) 비음치 측정

공명장애에 대한 객관적이면서 간접적인 평가방법으로 다양한 음향음성학적 검사와 공기역학적 검사가 이루어질 수 있는데, 임상 목적을 위해 비교적 널리 이용되고 있는 평가방법은 비성(nasality)의 정도를 정량적으로 분석하여 시각화해 주는 비음치 측정검사를 들 수 있다. 임상현장에서 비음치 측정에 널리 이용되고 있는 장비로는 'Nasometer II'가 있는데, 이는 말 산출 시 비강과 구강으로부터 산출되는 음향 에너지의 비율을 측정하는 장치로, 음향신호 분리격판에 연결된 비강 마이크와 구강 마이크를 통해 코와 입에서 나오는 음향 에너지 중 비강 에너지가 차지하는 양을 백분율로 표시해 주는 컴퓨터 장비다.

미국에서는 다양한 연령층을 대상으로 연령별 수준에 맞는 검사어로 비음치를 측정하여 산출된 규준 자료가 있으며, 특히 어린 아동을 대상으로 간편하게 검사할 수 있는 간편검사(Simplified Nasometric Assessment Procedures: SNAP)와 그 규준치가 제시되어 있다(MacKay & Kummer, 1994).

그러나 우리나라에는 다양한 연령 범위의 대상에게 적용할 수 있는 공식적인 비음치 규준이 마련되어 있지는 않다. 대부분의 임상현장에서는 서로 다른 언어학적 단위 및 길이의 검사어를 이용하여 제한된 연령층의 대상에게서 수집한 비음치를 임상적 판단에 이용하고 있다. 그 예로는 10대 전후의 일반 아동(남 20, 여 10)과 구개열 아동(남 5, 여 5)을 대상으로 kSNAP 테스트를 고안하여 비음치를 측정함으로써 제시한 자료(신효근, 2002)를 들 수 있다. 또한 무의미 음절 반복 검사어와 문장 검사어를 제작하여 5, 6, 7세 일반 아동 60명을 대상으로 비음치를 측정하여 제시한 연구(임성은, 심현섭, 김향희, 최홍식, 2005), 정상적인 조음 산출을 보이는 108명의 7~11세 아동과 108명의 18~29세 성인을 대상으로 구강음 문단, 구강음-비강음 문단, 비음 문단을 표집하여 비음치를 제시한 연구(Park et al., 2014), 57명의 4~6세 아동과 17명의 성인을 대상으로 모음 /a/와 /i/에 따라 길이를 달리한 구강자음 문장을 산출하게 하여 비음치를 측정한 연구(Ha & Cho, 2015)를 참조하여 검사어 표집 및 비음치 측정검사 결과의 해석에 이용할 수 있다.

Nasometer를 이용하여 검사를 실시할 때에는 사용하는 검사어(어음 자료)가 매우 중요한데, 청지각적 공명 평가에서 사용하였던 검사어를 동일하게 이용할 경우, 청지각적 평가결과로 산출된 비음도의 신뢰성을 확인할 수 있을 뿐만 아니라 규준의 평균 비음치와 표준편차를 이용하여 공명장애의 여부 및 유형, 중증도를 판정할 수 있다. 임성은 등(2005)은 자음의 조음 위치 및 방법과 모음의 종류(저모음 대 고모음)를 달리한 무의미 음절 반복 검사어, 고압력자음, 저압력자음, 비음 검사어로 구분한 문장 검사어를 이용하였다. 문장 수준에서는 최홍식과 그 동료들이 개발한 구강자음만 넣어 구성한 '아빠 문장'과 비강자음만으로 구성한 '엄마 문장'을 적용할 수 있고(김민정, 임성은, 최홍식, 2000; 최성희, 최재남, 최홍식, 2005), 문단 수준에서는 홍기환(1995)이 개발한 비음 비율이 0%인 '토끼와 거북이 문단', 비음 비율이 11.7%인 '아기 문단', 비음 비율이 34.7%인 '엄마 문단'을 이용할 수 있다(최성희, 최재남, 최홍식, 2005에서 재인용). 저모음 /아/가 주로 많이 포함된 '바다에서 자라와 가재와 소라 잡아 보자.', 고모음 /이/가 주로 많이 포함된 '이 집이 이 호고 여기 이 집이 이십이 호야.'(김민정, 심현섭, 최홍식, 2000)를 이용하여 정상 성인을 대상으로 비음치를 측정하여 저모음 환경의 검사어에서는 평균 8.60%(SD 5.39), 고모음 환경의 검사어에서는 평균 18.36%(SD 9.19)의 비음치를 얻었다.

객관적인 비음치 자료를 어떤 기기로 얻든 간에 공명장애가 강하게 의심되는 대상자에 대한 진단 확정과 공명장애 유형의 확인에 유용할 뿐만 아니라 시간의 경과나 치료(수술, 보철, 말치료 등) 전후의 변화를 정량화하고, 그 변화가 유의한 것인지 평가하는 데에도 유용하다(이재훈 외, 2010; 최주석 외, 2005). 공명장애의 진단이나 치료효과 검증 등 어떤 목적으로 비음치를 측정하든지 규준(비교) 집단과의 차이나 치료 전후의 개인내차를 평가할 때에는 동일하거나 일관된 검사어와 판단 기준을 적용하는 것이 중요하다.

(5) 비인두내시경검사와 비디오투시조영검사

말을 산출하는 동안의 공명기관, 특히 대상자가 말을 하는 동안 연인두 구조와 기능을 직접 관찰하면서 평가하는 데 이용할 수 있는 여러 검사(디지털감산촬영술, 자기공명영상검사 포함) 중 비용-효과 측면에서 효율성이 높고, 비교적 어린 공명장애 대상자에게도 적용 가능성이 상대적으로 높은 검사에는 비인두내시경(nasopharyngoendoscopy)검사와 비디오투시조영(multiview videofluoroscopy)검사가 있다. 비인두내시경검사는 굴곡성이 있는 내시경을 콧구멍(대개 중비도)을 통해 비강 내부로 삽입하여 연인두 구멍을 위에서 아래로 비스듬히 내려다보는 시야에서 비인두강의 해부학적 이상뿐만 아니라 말을 산출하는 동안의 연인두 구멍(velopharyngeal port)의 운동을 직접 관찰하면서 평가할 수 있다. 비디오투시조영검사는 방사선을 이용하여 연인두 기능장애의 원인을 진단하는 데 이용할 수 있는 영상검사로, 말을 산출하는 동안 여러 관찰 면을 통해 연인두 구멍의 모든 측면을 시각적으로 관찰할 수 있다. 비인두내시경검사와 비디오투시조영검사는 연인두 기능장애를 유발하는 해부학적 · 생리적 결함을 평가하는 데 이용할 수 있기 때문에 공명장애의 원인이 판명되면 최적의 수술 또는 보철방법을 결정하는 데 많은 도움이 된다.

이러한 검사 절차를 수행하는 데 있어서는 의학적 지식과 전문성이 요구되기 때문에 의료진과의 면밀한 협력체계가 필요하다. 언어치료사의 경우는 이러한 검사 절차를 직접 수행하지 못하는 경우에도 공명장애의 원인과 관련되어 있는 해부학적 · 생리적 검사의 관찰을 통해서라도 공명장애의 원인을 밝혀낼 필요가 있다.

또한 이러한 직접적인 검사 절차에서도 연인두의 운동 양상을 관찰하기 위해서는 적절한 검사어의 제시가 매우 중요한데, 대부분 지각적 공명 평가과정에서 이용한 자극어와 동일한 자극어를 이용하거나, 대상자의 최상의 연인두 기능을 유도할 수 있는 다양한 자극어를 제시하여 관찰한다. 두 검사의 사전준비사항, 검사과정, 검사결과의 판독 및 해석에 대해서는 Kummer(2016)를 참조하기 바란다.

이상적인 평가 절차는 지각적 평가를 통해 공명장애의 여부와 중증도를 판정하고, 장비나 기기를 이용한 객관적 평가를 통해 공명장애의 여부 및 중증도를 확인하고 필요한 객관적 수치를 얻으며, 공명장애를 유발하는 원인을 판정할 수 있는 생리적 평가를 통해 치료방법을 선택하는 것이다.

3) 진단평가 결과 해석

(1) 고려사항

국내에서 이루어지고 있는 공명장애 진단 및 평가 절차는 여러 기관이나 임상가가 일

관성 있게 공통적으로 적용하고 있는 프로토콜이 부재하며, 임상적 판단에 도움이 되는 다양한 연령층 및 집단을 대상으로 표준화한 규준 자료가 부족하다는 것이 임상 실제의 가장 큰 문제점이다. 현재로서는 소수의 제한된 연령층을 대상으로 하여 발표된 연구 자료를 비공식적 평가 과제로 이용하는 수준에 머물러 있다. 따라서 공명 평가를 포함한 지각적 말 평가, 비음치 측정, 비인두내시경검사 또는 비디오투시조영검사에 공통적으로 적용할 수 있는 공인된 말 샘플의 개발이 요구되며, 그에 따른 표준화 연구를 통한 기준 자료의 수집이 필요하다. 특히 비인두내시경검사와 비디오투시조영검사 절차에서 연인두 밸빙 기능에 대한 평가 지침 및 결과 보고방법의 통일이 요구된다.

공명장애는 중증도나 장애 유형에 따라 평가 절차가 달라지는 것이 아니다. 적용되는 절차는 동일하나 평가결과에 따른 치료방법의 결정 및 치료목표의 수립에 있어서 차이가 나는 것이다. 앞서 언급하였듯이, 공명장애는 주로 연인두 폐쇄부전 또는 연인두 기능장애로 인식되고 있고, 하위 유형은 그 원인에 따라 연인두 형성부전, 연인두 기능부전, 연인두 학습 오류로 구분할 수 있다(Bzoch, 2004; Kummer, 2001; Peterson-Falzone, Hardin-Jones, & Karnell, 2001). 공명 평가과정에서 공명장애의 특성에 따라 하위 유형을 판정하는 것도 매우 중요하지만, 진단 및 평가 이후 공명장애에 대한 적절한 치료방법의 선정, 예후 예측, 치료목표의 수립을 위해서는 공명장애의 원인에 대한 판정이 이루어져야 한다. 원인에 대한 판정이 정확히 이루어져야만 공명장애의 개선을 위해 수술, 보철, 말치료 중 어떤 절차를 권장할 것인지, 나아가 장기적인 치료과정에 있어 어떤 순서로 여러 가지 치료법을 제공해 갈 것인지 결정할 수 있기 때문이다. 무엇보다 중요한 것은 지각적 · 생리적 공명 평가를 통해 잘못된 학습에 의한 공명장애로 판명된 경우, 치료적 접근법을 선택할 때 수술이나 보철을 권장하기보다는 말치료를 우선에 두어야 한다는 것이다. 또한 학습 오류에 의한 공명장애가 연인두 결함이나 연인두 무능력에 의한 공명장애와 결합되어 나타나는 경우는 평가결과의 해석이나 적용에 주의가 요구된다.

공명장애는 연인두 기능장애가 공명에 미치는 영향에 따라 과다비성, 과소비성, 혼합공명, 맹관 공명으로 구분할 수 있는데, 특히 과다비성의 경우에는 그 중증도에 따라 경계선급, 경도, 중등도, 중도로 구분할 수 있다. 다양한 중증도의 공명장애 평가에 있어서, 경계선급과 같은 비교적 경미한 수준의 과다비성의 경우에는 과다비성이 일관되게 나타나는지, 음소 환경에 따라 비일관되게 나타나는지, 그렇다면 어떤 음소 환경에서 그러한지 파악할 필요가 있다. 전체적인 비음치나 비음도로 판정할 경우에는 치료적 접근법이 달라질 수가 있기 때문이다. 예를 들어, 마찰음과 같은 특정 음소가 포함된 단어 또는 문장에서만 과다비성을 보이는 특정 음소 관련(음소 특정적) 과다비성의 경우에 수술적 처치나 보철로 접근하는 것은 적절하지 못하다.

앞서 제시한 청지각적 공명 평가, 구강 구조 및 기능 검사, 비음치 측정, 비인두내시경검사 또는 비디오투시조영검사가 모든 연령의 대상에게 적용되는 것은 아니다. 이러한 평가 절차의 수행에는 여러 가지 변수가 작용한다. 먼저, 연인두 기능은 4세 이후에야 비교적 안정되기 때문에 4세 이전에 이루어진 공명 평가결과로 치료적 접근법을 선택하는 데 있어서 주의가 요구된다. 또한 비음치 측정과 직접적인 평가는 대상 아동의 연령이 4~5세 이상이면서 검사에 대한 협조력이 있어야 가능하며, 그래야만 검사결과의 해석도 신뢰할 수 있다. 언어표현 수준이 단어 수준에 머물러 있거나 장비의 이용이 용이하지 않은 어린 아동의 경우는 보다 객관적인 공명 평가가 제한될 수밖에 없다.

또한 언어 자극 요인도 다양하게 영향을 미치게 되는데, 예를 들어 비음치와 같은 수치는 모음의 종류에 따라서도 다양하게 나타날 뿐만 아니라 다양한 어음 자료에 따라 일관된 기준을 얻기 힘든 경우가 많다. 동일한 어음 자료를 이용한다 할지라도 검사의 상황에 따라 그 결과가 달라질 수 있기 때문에 어음 자료의 통일을 통한 완벽한 표준화 자료는 제한될 수 있다.

또 다른 요인 중 하나는 환경 요인으로, 공명장애를 평가하는 환경에 따라 접근할 수 있는 검사 종류에 제한이 따를 수 있다. 실제로 의료기관에 소속되어 있는 언어치료사가 아닌 경우는 대부분 의료기관에서 구비할 수 있거나 구비가 가능한 장비가 제한되어 있다는 현실적인 한계점 때문에 장비를 이용한 객관적인 검사는 보완할 수 없고, 지각적인 말 평가에 국한되어 있는 경우가 대부분이다.

앞서 언급하였듯이, 공명장애는 구조적 결함이나 신경학적 손상이 없음에도 잘못된 학습에 의해서 나타날 수도 있다. 청력 손실이 심한 농(deaf) 아동의 경우도 과다비성, 과소비성 또는 혼합 공명을 흔히 보인다. 그러나 그들의 공명장애의 원인은 구조적이거나 생리적인 결함에 의한 것이 아니라 청각적인 피드백이 부족하여 연인두 기능을 적절하

게 조절하지 못하기 때문이다.

지적장애의 경우도 공명장애가 흔히 나타날 수 있는데, 이들의 경우도 구조적 · 생리적인 문제보다 연인두 기능을 적절하게 조절하지 못하여 나타나는 경우가 대부분이다. 그러나 학습 오류에 의해 공명장애를 보이는 경우도 구조적 · 생리적 결함이 동반되어 나타날 수 있기 때문에 그들에 대한 일련의 공명 평가결과는 주의 깊은 해석이 요구된다.

(2) 진단결과의 활용

공명장애 치료접근법의 결정은 평가결과와 밀접하게 연관되어 있다. 공명장애의 치료는 크게는 수술적 접근, 보철, 행동치료로 구분할 수 있다. 수술적 접근은 구개연장술, 인두피판술, 인두괄약근성형술, 인두벽보완술(ACPCA, 2004), 아데노이드 및 편도절제술, 비중격막재건술 등을 예로 들 수 있으며, 보철은 구개폐쇄 장치, 구개올림 장치(ACPCA, 2004) 등을 예로 들 수 있다. 행동치료는 여러 장비를 시각적 피드백 자료로 이용하여 최대한의 공명 기능을 달성할 수 있도록 치료하는 공명치료 혹은 조음치료 과정의 조정을 통해 지각되는 공명 특성을 변화시키는 방법 등을 말한다. 이러한 평가의 결과는 치료접근법의 선정에 이용될 뿐만 아니라, 시간의 경과와 치료의 제공 이후 나타나는 변화의 추이를 관찰하고 특정 치료법 제공 전후의 효과를 비교하는 데 이용될 수도 있다.

공명 평가결과, 공명장애의 여부, 중증도, 원인이 판정되면 공명장애가 내담자의 전반적인 말 산출에 미치는 영향을 분석하고, 수술이나 보철을 위해서는 관련 의료진에게 의뢰하며, 행동치료 또는 말치료가 필요하다고 여겨질 경우에는 그에 따른 치료목표를 선정하고 치료계획을 구상하게 된다.

3. 진단평가 사례

1) 배경정보

6세 3개월의 남자 아동으로 일측성완전구순구개열을 가지고 태어났다. 어머니의 보고에 따르면, 생후 100일경에 모 종합병원 성형외과에서 왼쪽의 구순열에 대한 구순열 성형술을 받았고, 14개월경에 구개열성형술을 받았다고 한다. 동일한 병원에서 3세경에 받은 말 · 언어 평가결과, 조음장애가 있는 것으로 판정되어 조음치료를 권장받았으나 아동이 치료과정에 잘 협조하지 않아 받지 못하였다고 한다. 아동이 성장해 감에 따라 발음 문제와 콧소리가 심해져 아이가 무슨 말을 하는지 알아듣기 힘들어짐을 인지하게 되었고, 이러한 문제가 구순구개열과 관련되어 있는 문제라 여겨 본원 성형외과를 내원하였다가 말 · 언어 평가에 의뢰되었다.

2) 실시한 검사 및 검사결과

외래(의뢰) 당일 이루어진 보호자와 아동에 대한 1차 면담과정에서 말 · 언어장애에 대한 선별검사를 실시하였다. 언어발달장애를 의심할 만한 특이사항은 없었다. 자발화와 모음 연장 및 반복 과제, 파열음을 포함한 무의미 음절 반복 산출 과제 등을 이용하여 공명 기능을 유도하여 모음 및 자음 산출 특성을 지각적으로 판단한 결과, 일관된 과다비성과 구강음 산출 시 기류의 비누출(nasal emission of air), 일부 보상조음 양상 및 조음 오류가 발견되었다. 조음장애를 동반한 공명장애를 확인하여, 2차 검사를 실시하기로 결정하고 일정을 잡았다. 2차 검사에서는 조음, 음성, 공명에 대한 지각적 평가와 함께 비음측정검사(Nasometer IITM, 6400)와 비디오투시조영검사를 실시하였다.

2차 검사에서 말에 대한 지각적 평가결과, 조음장애와 공명장애를 확인하였으며, 공명장애의 원인으로는 구개열과 관련된 연인두 폐쇄부전이 유력한 것으로 여겨졌다. 조음검사 결과와 종합할 때, 고모음과 저모음 등 모든 모음과 구강자음의 산출에서 비누출(압력자음 산출 시 들리는 비누출도 나타남)과 심한 과다비성이 확인되었으며, 압력자음의 약화와 함께 성문파열음, 인두마찰음과 같은 보상조음도 산출하는 것으로 확인되었다. 검사어 및 자발화에서 판단되는 전반적인 말 특성은 구개열 화자 특유의 음성, 조음 및 공명 문제를 모두 동반한 전형적인 구개열 화자의 말로 판단되었다. 이러한 말 특성으로 인한 말명료도는 맥락 정보를 모르는 상황에서 낯선 사람들은 알아듣기 어려울 정도이며, 말 용인도 또한 다소 낮아 청자의 주의를 끄는 부자연스러운 말로 인지될 정도였다.

Nasometer를 이용하여 검사를 실시한 결과, 모든 유형의 검사 문장에서 또래 기준치를 참조하고 검사 상황에서 나타날 수 있는 측정오차 및 변이성을 감안하더라도 유의한 차이를 보이는 아주 심한 과다비성을 보이는 것으로 나타났다. 자음의 종류에 따른 검사어 간의 차이는 두드러지지 않아 음소 비특정적으로 중도의 일관된 과다비성을 보이는 것으로 판단되었다. 이후 실시한 비디오투시조영검사 결과, 측면상(laterall view)에서 구강음 산출 시 짧은 연구개가 인두후벽에 근접하지 못하는 것이 확인되었고, 정면상(frontal view)에서 인두측벽의 중앙측 운동도 제한되어 있는 것으로 나타났다. 적정 자세 유도가 어려워 저면상(basal view)은 확보하지 못하여 연인두 폐쇄의 전반적인 양상을 파악할 수 없었다. 그러나 측면상과 정면상의 최대 폐쇄 시도 시의 연인두운동으로 추정하면 원형의 폐쇄 양상을 보이는 것으로 여겨진다.

3) 검사결과의 요약 및 제언

공명 평가결과, 구개열과 관련된 연인두 폐쇄부전을 보이는 것으로 나타났고, 연인두 폐쇄부전은 중도의 과다비성뿐만 아니라 보상조음 문제와도 관련되어 있는 것으로 나타났다. 보상조음 양상이 있으므로 최대의 연인두운동 정도와 연인두 간격의 크기를 해석하는 데 주의가 요구되나, 대부분의 구강음 산출에서 연구개 후상방운동이 0.6 정도로 제한되어 있고, 인두측벽의 움직임 거리도 0.7 정도로 제한되어 있어 연인두 간격의 보완을 위해서는 인두성형술이 추천된다. 수술 전 시도 치료를 통해 보상조음의 제거를 위한 조음치료가 권장되며, 수술 후 반흔 회복 기간 이후 재평가를 권장한다.

4. 맺음말

공명장애 분야는 음성장애나 말소리장애(조음음운장애)와 같은 다른 말 영역에 비해 국내에서는 그 진단 및 평가 절차가 활발히 연구되어 있지 못한 영역이라 할 수 있다. 대부분의 임상현장에서 언어치료사가 접근 가능한 단계는 주로 면담, 구강 구조 및 기능 관찰, 청지각적 공명 평가에 국한되어 있는 경우가 많고, 종합병원의 공명장애를 전문적으로 담당하는 의료 환경에서 비음측정검사나 직접적인 평가(예: 비인두내시경검사)가 가능한 경우가 대부분이다. 이렇게 공명장애를 진단하는 데 필수적인 최소한의 절차도 한 사람의 언어치료사에 의해 진행되기 어려운 상황인데, 검사과정에 대한 일관된 프로토콜도 합의되어 있지 않아 평가결과를 공유하는 데 많은 제한이 따르고 있다. 또한 검사과정에서 이용하고 있는 검사 자극어도 통일되어 있지 않고, 일부 제한된 연령층과 인원을 대상으로 한 자료가 있는 경우도 있으나, 이러한 기준만을 가지고 다양한 연령층과 원인에 따른 공명장애 화자들을 적절히 평가하고 그에 따라 치료법을 선정하는 것은 무리가 있다. 그러므로 최소한의, 그리고 단기간의 진단 및 평가 절차를 통해 치료방법을 선정하기보다는 언어치료사나 의료진의 임상적 경험이나 임상적 선호에 따라 치료법을 결정하며, 필요 이상의 보수적인 접근으로 인하여 장기간의 말치료를 통해서도 증상이 개선되지 않고 대상자와 보호자가 치료과정에서 지치는 경우가 생길 수도 있음을 유의해야 한다.

보다 효율적인 공명장애 진단을 위해서는 다양한 원인에 의해 다양한 특성으로 나타날 수 있는 여러 관련 요인을 적절히 감별하고 효율적으로 배제할 수 있는 포괄적인 평가 절차를 구성하여야 할 것이다. 지나치게 지각적인 판단에 의존하기보다는 지각적 판단을 검증하고 필요한 다른 진단정보를 얻기 위해 음향학적 검사, 공기역학적 검사, 방사선검사, 내시경검사 등을 활용할 수 있어야 할 것이다. 따라서 국내에서 공명장애를 진단하고 평가하는 데 무엇보다 시급한 과제는 공명장애 진단 절차에 대한 협의 및 교육/훈련, 공인된 검사 자극어의 개발, 준거 자료의 표준화 등이라 할 수 있다.

용어해설

- 공명(resonance): 후두에서 생성된 소리가 공명강을 지나면서 특정 주파수가 선택적으로 증폭되며 변화되는 과정
- 공명장애: 공명기관의 구조적 결함, 신경학적 장애 또는 기능적 원인에 의해 정상적인 공명을 달성하지 못하는 경우

- 연인두 기능부전(Velopharyngeal Incompetence): 연인두 구조의 신경운동학적 혹은 신경생리학적 문제로 인하여 연인두 폐쇄를 제대로 달성하지 못하는 경우
- 연인두 기능장애(Velopharyngeal Dysfunction): 연인두 폐쇄를 달성하지 못하는 모든 경우를 총칭하는 용어
- 연인두 밸빙: 연구개와 인두근을 이용하여 비강과 구인두를 분리 및 폐쇄하는 과정
- 연인두 폐쇄부전(Velopharyngeal Inadequacy): 연인두 폐쇄를 달성하지 못하는 모든 경우를 총칭하는 용어
- 연인두 학습 오류(Velopharyngeal Mislearning): 잘못된 학습으로 인하여 적절한 조음 패턴을 발달시키지 못하여 부차적으로 부적절한 연인두 폐쇄가 나타나는 경우
- 연인두 형성부전(Velopharyngeal Insufficiency): 연인두 밸빙에 영향을 미치는 해부학적 · 구조적 문제로 인하여 연인두 폐쇄를 제대로 달성하지 못하는 경우

참고문헌

김민정, 심현섭(1999). 음운 환경이 정상 성인의 비음치에 미치는 영향. 대학음성언어의학회지, 10(2), 97-101.

김민정, 심현섭, 최홍식(2000). 음운 환경과 검사어 길이가 정상 성인의 비음치에 미치는 영향. 언어청각장애연구, 5(2), 91-105.

김민정, 임성은, 최홍식(2000). 성별 및 연령에 따른 비음치 비교. 대한음성언어의학회지, 11(2), 141-145.

김선희(2013). 구개열자 과다비성 청지각적 평가 프로파일 개발 및 판단 특성 연구. 이화여자대학교 대학원 박사학위논문.

김선희, 심현섭, 권순만(2011). 과대비성 평가를 위한 공명증진도구(Nasonance tube)의 임상적 타당성. 특수교육, 10(1), 361-375.

김선희, 심현섭, 하승희(2015). 과다비성 청지각적 평가 프로파일을 이용한 구개열 화자의 과다비성 청지각적 평정 시의 변인 연구. 언어청각장애연구, 20(1), 85-96.

김재옥, 신문자, 송윤경, 김양선, 서민희(2021). 조음기관 구조 · 기능 선별검사: 아동용. 인싸이트.

박미경(2003). 구개열의 말 평가, 치료 및 사례. 언어 · 청능장애 겨울연수회: 2003. 한국언어청각임

상협회.

신문자, 김재옥, 이수복, 이소연(2010). **조음기관 구조 · 기능 선별검사.** 학지사 심리검사연구소.

신효근(2002). 구개열 언어 평가의 표준화 연구: kSNAP 테스트를 중심으로. **대한구순구개열학회지**, 5(1), 1-9.

이은경(2003). 공명장애의 특징 및 원인. **언어 · 청능장애 겨울연수회: 2003.** 한국언어청각임상학회.

이재훈, 김주연, 이강대, 김승태, 노용현, 김경아, 서윤숙(2010). 비질환 환자에서 비강수술 후 비음도 변화. **대한음성언어의학회지**, 21(2), 128-132.

임성은, 심현섭, 김향희, 최홍식(2005). 5세, 6세, 7세 정상 아동의 비음치. **언어청각장애연구**, 10(3), 71-88.

조성현, 하승희(2015). 모음 환경과 화자의 성별에 따른 비성의 청지각적 평가와 비음치 간의 상관관계: 민감도와 특이도를 중심으로. **언어청각장애연구**, 20(1), 72-84.

최성희, 최재남, 최홍식(2005). 구개열 환자 말 평가 시 검사어에 대한 고찰: 임상현장의 말 평가 어음 자료와 문헌적 고찰을 중심으로. **대한후두음성언어의학회지**, 16(1), 33-48.

최주석, 임대호, 백진아, 김오환, 김현기, 신효근(2005). 점막하 구개열 환자의 수술 전후 비음도 변화에 대한 연구. **구순구개열**, 8(2), 53-62.

하승희(2009). 과대비성의 청지각적 평가의 등간척도와 직접 크기 측정법 비교 연구. **언어청각장애연구**, 14(4), 563-573.

하승희, 정승은, 문희원, 고경석(2014). 1차 구개성형술 이후 구개열 아동의 말 산출능력: 후향적 연구. **언어청각장애연구**, 19(3), 391-401.

한진순(2003). 공명장애의 평가. **언어 · 청능장애 겨울연수회: 2003.** 한국언어청각임상학회.

한진순, 심현섭(2006). 공명장애 진단모델 개발을 위한 질적 연구. **말소리와 음성과학**, 13(4), 157-173.

한진순, 심현섭(2008). 구개열 아동과 일반 아동 및 기능적 조음장애 아동의 자음정확도, 말명료도 및 말 용인도 비교. **언어청각장애연구**, 13(3), 454-476.

홍기환(1995). Aerophone II & Nasometer. **대한음성언어의학회 학술대회 워크숍.** 대한음성언어의학회.

American Cleft Palate-Craniofacial Association(ACPCA). (1993). Parameters for evaluation and treatment of patients with cleft lip/palate or other craniofacial anomalies. *The Cleft Palate-Craniofacial Journal*, *30*(suppl.), 1-16.

American Cleft Palate-Craniofacial Association(ACPCA). (2004). *Treatment option for better speech*. http://acpacares.org/wp-content/Uploads/2003/01/ACPA_Booklet_TreatmentBetterSpeech_Digital.pdf

American Cleft Palate-Craniofacial Association(ACPCA). (2018). *Parameters for evaluation and treatment of patients with cleft lip/palate or other craniofacial differences*. https://acpacares.org/parameters-of-care/

American Cleft Palate-Craniofacial Association(ACPCA). (2022). *Standards for approval of cleft palate and craniofacial teams*. https://acpacares.org/wp-content/Uploads/2023/01/Standards-for-Approval-2022.pdf

Boone, D. R. (2014). *The voice and voice therapy* (9th ed.). Pearson.

Boone, D. R., McFarlane, S. C., & Von Berg, S. L. (2005). *The voice and voice therapy* (7th ed.). Allyn & Bacon.

Bzoch, K. R. (2004). *Communicative disorders related to cleft lip and palate* (5th ed.). PRO-ED.

Dotevill, H., Lohmander-Agerskov, A., Ejnell, H., & Bake, B. (2002). Perceptual evaluation of speech and velopharyngeal function in children with and without cleft palate and the relationship to nasal airflow patterns. *The Cleft Palate-Craniofacial Journal*, *39*(4), 409-424.

Ha, S., & Cho, S. (2015). Nasalance scores for normal Korean-speaking adults and children: Effects of age, vowel context, and stimulus length. *International Journal of Pediatric Otorhinolaryngology*, *79*(8), 1235-1239.

Jones, D., & Hardin-Jones, M. A. (2002). Management of speech disorders related to cleft palate and velopharyngeal insufficiency. Paper presented at the Wyoming Speech and Hearing Association Annual Meeting, Jackson, WY.

Kuehn, D. P., & Henne, L. J. (2003). Speech evaluation and treatment for patients with cleft palate. *American Journal of Speech-Language Pathology*, *12*(1), 103-109.

Kuehn, D. P., & Moller, K. T. (2000). Speech and language issues in the cleft palate population: The state of the art. *The Cleft Palate-Craniofacial Journal*, *37*(4), 1-35.

Kummer, A. W. (2001). *Cleft palate and craniofacial anomalies: Effects on speech and resonance*. Singular Thomson Learning.

Kummer, A. W. (2016). 구개열 및 두개안면 기형: 말과 공명에 미치는 영향(3판) [*Cleft palate and craniofacial anomalies: Effects on speech and resonance* (3rd ed.)]. (표화영, 한진순 공역). 박학사. (원저는 2013년에 출판).

Lee, A., Whitehill, T. L., & Ciocca, V. (2009). Effect of listener training on perceptual judgement of hypernasality. *Clinical Linguistics & Phonetics*, *23*(5), 319-334.

MacKay, I. R. A., & Kummer, A. W. (1994). Simplified nasometric assessment procedures. In Kay Elemetrics Corp. (Ed.), *Instruction manual: Nasometer model 6200-3* (pp. 123-142). Kay Elemetrics Corp.

Park, M., Baek, W. S., Lee, E., Koh, K. S., Kim, B., & Baek, R. (2014). Nasalance scores for normal Korean-speaking adults and children. *Journal of Plastic, Reconstructive & Aesthetic Surgery*, *67*(2), 173-177.

Peterson-Falzone, S. J., Hardin-Jones, M. A., & Karnell, M. P. (2001). *Cleft palate speech* (3rd ed.). Mosby.

Pindzola, R. H., & Haynes, W. O. (2017). 언어장애 진단평가(원서 9판) [*Diagnosis and evaluation in speech pathology* (9th ed.)]. (김민정, 한진순, 이혜란 공역). 학지사. (원저는 2015년에 출판).

Prater, R. J., & Swift, R. W. (1984). *Manual of voice therapy*. Little, Brown & Company.

Raphael, L. J., Borden, G. J., & Harris, K. S. (2013). *Speech science primer: Physiology, acoustics, and perception of speech* (6th ed.). Lippincott Williams & Wilkins.

Riski, J. E., & Verdolini, K. (1999). Is hypernasality a voice disorder? *ASHA*, *41*(1), 10-11.

Shprinzten, R. J., & Bardach, J. (1995). *Cleft palate speech management: A multidisciplinary approach*. Mosby.

Strauss, R. P. (1999). The organization and delivery of craniofacial health services: The state of the art. *The Cleft Palate-Craniofacial Journal*, *36*(3), 189-195.

Teoh, A. P., & Chin, S. B. (2009). Transcribing the speech of children with cochlear implants: clinical application of narrow phonetic transcriptions. *American Journal of Speech-Language Pathology*, *18*(4), 388-401.

COMMUNICATION DISORDERS

제 9 장

신경말·언어장애의 진단

1. 들어가는 말
2. 의뢰 및 선별검사
3. 진단평가 방법 및 과정
4. 진단평가 결과 해석
5. 진단평가 사례
6. 맺음말

1. 들어가는 말

신경말 · 언어장애는 신경학적 손상으로 인해 발생하는 의사소통장애이며, 크게 신경말장애와 신경언어장애로 나눌 수 있다. 신경언어장애는 신경학적인 원인으로 인해 언어의 내용(content), 형식(form), 사용(use)에 어려움을 보이는 장애로, 순수하게 언어 문제에 장애의 초점이 맞추어지는 실어증(aphasia)과 기타 인지 기능장애가 의사소통에 크게 영향을 미치는 인지의사소통장애(cognitive communication disorders)로 다시 나눌 수 있다. 한편, 신경말장애는 언어의 내용이나 형식 및 사용에는 크게 문제를 보이지 않으나 구체적인 말소리의 산출에 어려움을 보이는 것으로, 크게 말운동장애(motor speech disorders)와 기타 신경말장애(other neurogenic speech disorders)로 다시 구분된다.

신경말 · 언어장애의 평가 목적은 다양한데, 각각의 목적에 따라 그에 가장 적합한 평가 방법 및 도구를 선택하고 적절한 절차로 평가를 시행하는 것이 숙련된 언어임상가로서의 역할일 것이다. 초기 평가에서 우선적인 평가 목적은 신경말 · 언어장애의 유무에 대한 판단이라고 할 수 있다. 이에 대한 간략한 정보만을 얻기 위해서는 선별검사를 이용하기도 한다. 선별검사는 짧은 시간 내에 적은 비용과 노력을 들여 시행할 수 있는 장점이 있으나, 제한적인 정보밖에는 얻을 수 없다는 단점이 있다.

장애의 유무 외에도 장애의 특성과 중증도를 파악하고 회복에 대한 예후(prognosis)를 추정하는 근거를 얻기 위한 목적 또한 중요하다. 나아가 평가를 통해 얻은 양질의 자료는 환자를 위한 적절한 치료 목표 및 방법을 찾아 효과적인 치료계획을 세우는 데 결정적인 역할을 한다. 또한 치료를 받은 환자의 회복 정도나 치료의 효과를 확인하기 위해서 평가가 이루어지기도 한다. 이러한 목적을 위해 가장 많이 사용되는 것은 표준화된 말 · 언어검사(standardized speech-language test)를 이용한 평가다. 그러나 표준화검사만으로 얻을 수 없는 다양한 정보에 대해서는 영역별로 특성화된 심화검사를 이용한다. 표준화검사가 장애 전반에 대한 종합적인 정보를 얻는 데 목적이 있다면, 심화검사는 특정 말 · 언어 영역이나 기저의 언어처리 과정에 필요한 기능을 자세하게 평가하기 위한 것이다.

2. 의뢰 및 선별검사

신경말 · 언어장애 환자의 초기 평가에 대한 의뢰는 대부분 환자가 내원한 병원의 담당의사를 통해 이루어진다. 이때 말 · 언어장애의 유무나 특성에 대한 정확한 진단이 매우 중요한데, 이러한 평가의 결과가 환자의 의학적 진단에 실마리를 제공하거나 진단을 확진하는 근거로 이용되기도 하기 때문이다. 원인을 알 수 없이 시작된 말 · 언어장애는 신경학적 질환의 초기 증상인 경우가 많다(Duffy, 2005). 신경말 · 언어장애에 대한 전체적인 평가의 흐름은 [그림 9-1]과 같다.

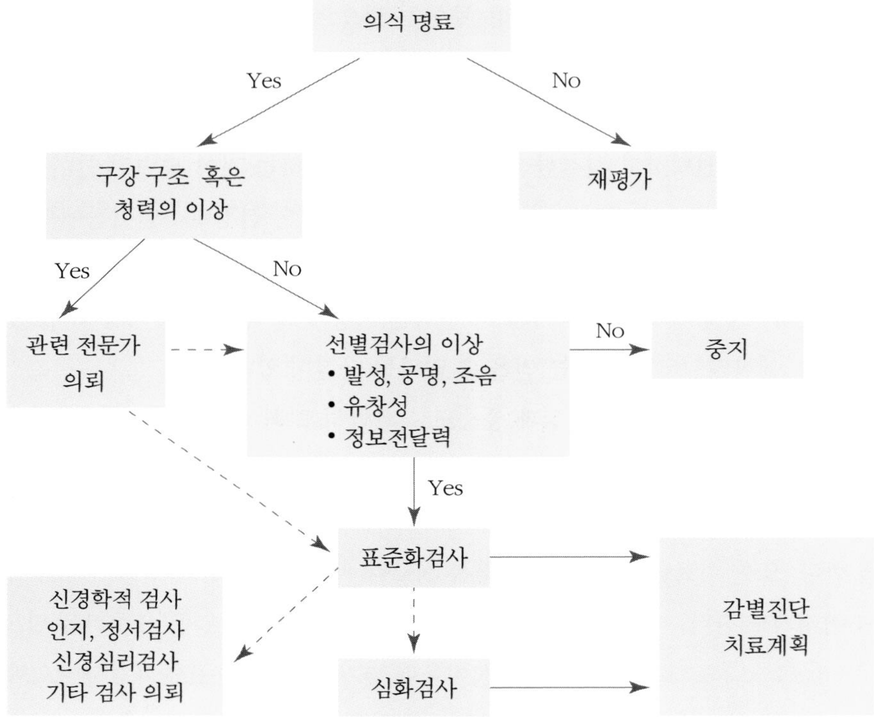

[그림 9-1] 신경말 · 언어장애 평가의 흐름도

* 점선은 필요한 경우에만 해당함.

출처: 권미선(2007).

1) 의뢰

검사는 환자에 대한 정보의 수집으로부터 이루어지는데, 담당의사로부터 의뢰된 사유를 바탕으로 환자의 말 · 언어장애에 관련된 정보 및 전반적인 환자의 병력, 현재 상태에 대한 정보를 수집한다. 이는 환자의 의무기록 검토와 더불어 환자나 보호자, 관련 전문가들과의 면담을 통해 이루어진다.

우선, 환자의 말 · 언어장애에 관련된 정보에 대해서는 환자나 보호자 혹은 관련 전문가로부터 주된 호소가 무엇인지, 그러한 말 · 언어장애 증상이 시작된 시기, 그 이후로 증상이 변화되어 온 양상(점점 호전되는지, 점점 악화되는지, 변동 폭이 있는지), 그리고 어떠한 특성을 보이는지에 대한 정보를 수집한다. 신경말 · 언어장애가 뇌졸중으로 인한 것이라면 환자는 갑작스러운 증세의 발현을 보이겠지만, 대부분 시간이 경과하면서 호전되어 갈 것이다. 반면, 말 · 언어장애가 서서히 시작되어 점차 진행되어 가는 양상이라면 전두측두엽 퇴행(frontotemporal degeneration), 알츠하이머병, 파킨슨병, 대뇌기저퇴행(cotocobasal degeneration) 등의 퇴행성 질환을 의심해 보아야 할 것이다. 또한 말 · 언어장애와 관련하여 보이는 다른 신체 및 행동 증상들이 있는지, 의사의 진료 후 현재 추정되는 의학적 진단이 무엇인지, 그리고 그러한 증상들이 말 · 언어장애에 미치는 영향에 관해 고려해 본다. 환자가 앓았던 병력과 복용 약물 등에 관해서도 살펴보아야 한다. 드물기는 하지만 약의 부작용으로 인하여 말 · 언어장애가 초래되기도 한다.

환자의 개인정보 부분에서는 성별, 나이, 직업, 교육 정도, 오른손잡이인지 왼손잡이인지와 같은 기본 정보와 말 · 언어에 영향을 미칠 수 있는 다른 요인들, 즉 발병 이전의 청력과 시력, 인지 기능 등에 대한 정보를 수집한다. 특히 환자가 왼손잡이인 경우, 오른손잡이에 비해 뇌의 언어 기능 관련 영역에 다소 가변성이 높아 어느 쪽 뇌가 손상이 되든 오른손잡이보다 실어증이 심하지 않고 예후가 더 좋을 것으로 추정된다(Goodglass, 1993). 경우에 따라서는 환자의 출생지나 방언의 사용, 외국어를 포함한 언어습득 과정, 언어사용의 숙련도나 특성 등에 대한 정보가 중요한 시사점을 제공해 주기도 한다.

2) 선별검사

선별검사는 말 · 언어장애의 유무 및 추후 진단검사를 필요로 하는지의 여부를 결정하기 위한 것으로, 짧은 시간 내에 적은 비용과 노력으로 이루어져야 한다. 그러나 선별검사를 통해 얻을 수 있는 정보는 제한적이다. 선별검사는 담당 의사나 간호사 등 언어장애 비전문가에 의해 이루어지기도 한다. [그림 9-1]에서도 볼 수 있듯이, 선별검사 시에는 환자의 의식 상태에 대한 점검이 먼저 이루어져야 하는데, 이는 의식이 명료하지 않을 경우 검사결과를 신뢰할 수 없기 때문이다. 환자와의 간단한 면담이나 대화를 통해 의뢰된 말 · 언어장애의 주된 호소에 중점을 두어 살펴보면서, 동시에 다음의 사항에 유념한다.

- 발성, 공명, 조음
- 유창성
- 내용 전달의 적절성 및 효율성

이러한 사항들에 대해 점검해 본 후, 만약 이상이 있다면 그것이 구강 구조의 이상이나 청력의 문제로 인해 야기된 것은 아닌지 살펴보아야 한다. 〈표 9-1〉과 같은 검사도

표 9-1 **인지-언어 기능 선별검사도구**

검사도구	출처
Korean version Mini-Mental State Exam(K-MMSE)*	강연욱, 나덕렬, 한승혜(1997)
Montreal Cognitive Assessment-Korean version(MoCA-K)*	Lee et al. (2008)
Korean version-Frenchay Aphasia Screening Test(K-FAST)*	편성범(2008)
Screeing Test for Aphasia & Neurologic-communication Disorders(STAND)*	김향희, 허지회, 김덕용, 김정완(2009)
Bedside Evaluation Screening Test-Second Edition(BEST-2)	Fitch-West & Sands (1998)
The Aphasia Screening Test(AST)	Whurr (1996)

*는 우리나라에서 표준화된 검사임.

구를 이용하여 환자의 인지 및 언어 기능에 대한 선별검사를 시행하기도 한다. 검사결과들을 종합하여 얼굴, 입술, 혀, 구개의 구조적 문제나 후두 기능의 이상, 청력의 문제 혹은 인지 기능의 장애가 의심되는 경우 관련 전문가에게 평가를 받도록 의뢰하며, 말·언어장애가 의심되는 부분에 있어서는 영역별 세부 진단계획을 수립한다. 환자의 초기 진료에서부터 뚜렷한 말·언어장애를 보일 경우는 별도의 선별검사 없이 바로 진단평가에 의뢰되기도 한다.

3. 진단평가 방법 및 과정

1) 신경언어장애의 평가

(1) 실어증의 특성 및 분류

신경언어장애는 크게 실어증과 인지의사소통장애로 나눌 수 있다. 실어증은 일반적으로 뇌졸중이나 뇌종양과 같은 국소적인 뇌손상에 의해 발생한 후천적인 언어장애로, 언어의 모든 영역에 걸쳐 장애가 나타난다(Schuell, Jenkins, & Jiménez-Parón, 1964). 따라서 언어의 이해나 표현의 특정 경로에만 국한되어 장애를 일으킬 수 있는 청각·시각 실인증(agnosia)이나 순수어농(pure word deafness) 등은 실어증으로 분류되지 않는다. 또한 치매(dementia)와 같이 인지 기능의 저하로 인한 영향이 두드러지는 언어장애는 인지의사소통장애에 속한다(Brookshire, 2007; Darley, 1978).

실어증의 분류는 다양하다. 환자가 언어의 이해 측면에 주로 장애를 보이는지(수용성/감각성/유창성 실어증) 혹은 표현 측면의 장애가 두드러지는지(표현성/운동성/비유창성 실어증)에 따라 크게 둘로 나누고 자세한 증상을 기술하는 방법도 있으며, 보스턴 실어증 학파의 분류에 따라 뇌손상 영역과의 관련성을 바탕으로 더 세분화하기도 한다(〈표 9-2〉 참조).

표 9-2 **실어증의 분류 및 언어장애 특성**

	수용성/감각성/유창성 실어증				표현성/운동성/비유창성 실어증			
	베르니케 실어증	전도 실어증	연결피질 감각 실어증	명칭 실어증	브로카 실어증	전 실어증	연결피질 운동 실어증	혼합 연결피질 실어증
유창성	좋음	좋음	좋음	좋음	나쁨	나쁨	나쁨	나쁨
듣고 이해하기	나쁨	좋음	나쁨	좋음	좋음	나쁨	좋음	나쁨
따라 말하기	나쁨	나쁨	좋음	좋음	나쁨	나쁨	좋음	좋음
이름 대기	나쁨	좋음	나쁨	나쁨	나쁨	나쁨	나쁨	나쁨

베르니케 실어증(Wernicke's aphasia)은 보통 왼쪽 측두엽 상부의 손상으로 인해 나타나며, 유창하게 말을 산출할 수 있다. 신체의 마비나 마비말장애와 같은 조음의 문제는 동반하지 않는 경우가 많아 그 나라 언어를 모르는 외국인이 들으면 마치 완벽한 언어를 구사하는 것 같기도 하다. 그러나 듣고 이해하는 능력은 상대적으로 저하되어 상황이나 질문의 내용과는 관계가 없는 무관련 발화(empty speech)를 보이기도 하며, 심한 경우 잦은 신조어(neologism)나 자곤(jargon)을 보이기도 한다. 잦은 착어(paraphasia)도 나타나지만 이는 다른 유형의 실어증에서도 관찰되는 특성이다.

반면, 브로카 실어증(Broca's aphasia)은 비유창하고 따라 말하기와 이름대기 능력은 저하되어 있으나, 듣고 이해하는 능력은 상대적으로 보존되어 있다. 문법적인 기능어들을 생략하고, 내용어를 중심으로 말을 산출하는 전보체 발화(telegraphic speech)는 대표적인 장애 특성 중 하나인데, 이러한 특징을 실문법증(agrammatism)이라고 한다. 마비말장애나 말실행증을 동반하는 경우도 많으며, 보통 왼쪽 전두엽 하부의 손상으로 나타난다.

전도 실어증(coduction aphasia)은 비교적 유창하며 듣고 이해하는 능력도 상대적으로 좋으나, 다른 사람의 말을 따라 하는 영역에서 장애가 두드러진다. 언어 산출과 이해를 담당하는 왼쪽 뇌의 브로카 영역과 베르니케 영역을 연결해 주는 활꼴다발(arcuate fasciculus)이라는 연결섬유 부분에 손상이 있을 때 나타난다.

연결피질감각 실어증(Transcortical Sensory Aphasia: TSA)은 베르니케 실어증과 많은 부분에서 유사한 특성을 보이지만 따라 말하기 능력이 상대적으로 보존되어 있다. 베르니케 영역 주변이나 피질하 영역의 손상으로 인한 경우가 많다. 반면, 연결피질운동 실어증(Transcortical Motor Aphasia: TMA)은 브로카 실어증과 유사한 특성을 보이지만, 따라 말하기 능력이 상대적으로 보존되어 있는 경우다. 왼쪽 전두엽이나 피질하 영역의 손상에 의해서 발생한다고 알려져 있다.

명칭 실어증(anomic aphasia)은 유창한 편이고 듣고 이해하기나 따라 말하기도 비교적 잘하지만, 주로 이름대기의 어려움이 두드러지는 유형이다. 그러나 이름대기 영역에서만 상대적으로 심한 어려움을 보이는 경우보다는 전 언어 영역에서 경미한 능력의 저하를 보이는 경우가 많다. 실어증이 회복되면서 명칭 실어증으로 남는 경우도 흔하며, 뇌의 어느 영역에 손상이 있든 이름대기 장애(anomia)가 관찰되기도 하여 이를 하나의 독립적인 실어증 유형으로 설정하는 것에 논란이 있기도 하다.

전 실어증(global aphasia)은 언어의 전 영역에 걸쳐 심한 능력의 손상을 보이며, 왼쪽 실비우스열 주변의 광범위한 영역의 뇌손상에 기인한다. 혼합연결피질 실어증(mixed transcortical aphasia)은 전 실어증과 유사하게 언어의 이해와 표현 측면에서 모두 심한 장애를 보이지만, 따라 말하기 능력만 상대적으로 보존되어 있는 경우다.

임상현장에서 많이 사용되는 보스턴 학파의 분류는 언어 영역 간에 나타나는 상대적인 중증도의 차이에 기초하고 있다. 이와 같은 실어증 유형의 결정에 도움이 되는 과정을 간단하게 나타내면 [그림 9-2]와 같다.

보스턴 분류모델과 함께 많이 언급되는 또 다른 실어증 평가의 모델로는 언어 정보처리과정모델(information processing model)에 기초한 접근법이 있다. 이 모델에서는 각 언어 양식(modalaity)별 처리과정에서 어떤 경로 및 단계에서 문제가 있는지를 분석하는 데 초점이 맞추어진다. 예를 들어, 단어를 소리 내어 읽는 과정은 의미 경로(semantic route)와 음운 경로(phonological route)의 두 가지로 나누어지는데, 우선 의미 경로에서는 글자에 대한 시각적 분석단계를 거쳐 시각 경로의 심성어휘집(lexicon), 의미체계에 도달하여 그 뜻을 파악하게 된다. 이후 말 산출 경로의 심성어휘집을 거치고 적절한 음소를 선택하여 소리로 구현하게 된다. 반면, 음운 경로에서는 심성어휘집을 거치지 않고 바로

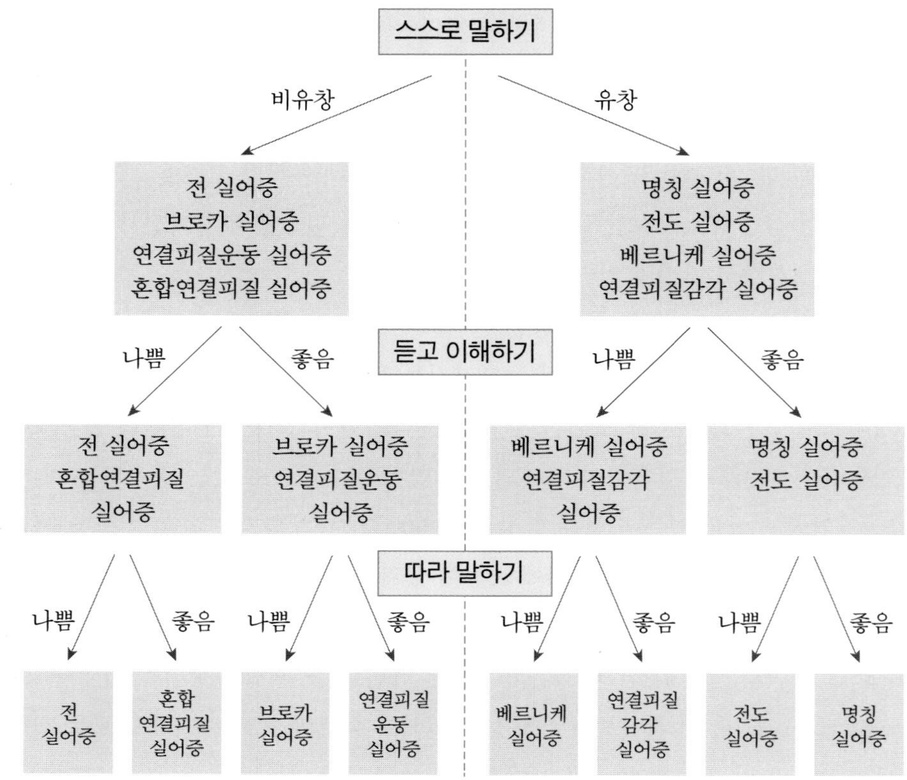

[그림 9-2] 실어증 특성의 유형 분류

출처: Helm-Estabrooks & Albert (1991).

자소(grapheme)와 음소(phoneme)의 대응 규칙에 따라 말소리를 산출하게 된다(Ellis & Young, 1994). 따라서 청각/시각, 수용/산출 등 어떤 경로에 문제가 있는지, 또한 음향/시각적 분석, 심성어휘집, 의미체계, 음소/자소 전환, 음소 선택 등 어떤 단계에 문제가 있는지에 따라 환자의 장애 특성은 다르게 나타날 것이다.

(2) 실어증의 평가

실어증의 평가는 보통 환자의 두 가지 양식(modality)에서 의사소통을 측정한다. 하나는 수용언어 양식에서 청각적 · 시각적으로 제시되는 언어를 이해하는 측면에 대한 것이

고, 다른 하나는 표현언어 양식에서 말하기, 쓰기, 제스처를 통한 표현의 측면에 대한 것이다. 이를 통해 의사소통에서 어느 부분이 어느 정도 손상되었는지 확인하며, 전체적인 중증도를 추정하고 예후를 예측하는 것을 돕는다. 대부분의 검사도구는 말하기, 듣기, 읽기, 쓰기 영역을 포함하고 있으며, 다음과 같은 하위 검사를 포함한다. 주요 검사도구의 내용은 유사하나 목적, 점수, 해석에 있어서는 차이가 있다.

- 말하기
  - 요일이나 달 등을 순서대로 말하기
  - 검사자가 제시하는 대상이나 사물/그림의 이름 말하기
  - 검사자가 제시하는 범주에 속하는 단어 말하기
  - 검사자가 말하는 불완전한 구나 문장 완성하기
  - 검사자가 말하는 단어, 구, 문장 따라 말하기
  - 문장을 만들어 산출하기
  - 이야기를 만들어 산출하기
- 듣고 이해하기
  - 구어 질문에 답하기
  - 검사자가 말하는 대상이나 사물/그림 가리키기
  - 구어 지시에 따르기
  - 이야기를 듣고 그에 대한 질문에 답하기
- 읽기
  - 사물/그림과 글자 짝짓기
  - 제시된 숫자, 글자, 단어, 문장을 소리 내어 읽기
  - 질문에 답하기
  - 제시된 문장이나 문단을 속으로 읽고 질문에 답하기
- 쓰기
  - 글자, 기하학적 도형, 단어 베껴 쓰기
  - 연속 숫자, 요일 등을 순서대로 쓰기

–검사자가 말하는 글자, 단어, 문장 받아쓰기
–문장이나 이야기 만들어 쓰기

실어증과 인지의사소통장애에 대한 검사도구를 〈표 9-3〉에 정리하였다. 표준화검사는 검사의 시행방법이나 채점, 결과의 해석을 말 그대로 표준화해 놓은 것으로, 검사자나 환경에 따른 영향을 최소화하고 대표성을 가진 정상표본의 자료를 제공하여 각 환자의 수행을 정상규준에 대조하여 해석할 수 있게 한 것이다. 종합적인 실어증검사라도 특성이 조금씩 다른데, 실어증의 유형을 판단하거나 동반장애의 평가에 초점을 둔 검사도 있고, 어휘나 구문 규칙 등 언어학적 측면에서 접근하는 검사도 있다. PICA는 특히 환자의 예후를 측정하는 데 유용하다고 알려져 있으며, CADL과 같이 언어 규칙보다는 실제적인 의사소통 기능평가에 중점을 둔 검사도 있다. 언어정보처리과정에 대한 대표적인 평가도구로는 PALPA를 들 수 있다.

언어의 영역별로 더 자세한 평가가 필요한 경우, 별도의 심화검사를 추가적으로 시행한다. 예를 들어, RTT는 듣고 이해하는 능력을, BNT는 이름대기능력을 선택적으로 자

표 9-3 **실어증 및 인지의사소통장애 검사도구**

	검사도구	출처
실어증 일반	Korean version-Western Aphasia Battery(K-WAB)*	김향희, 나덕렬(2001)
	실어증 감별진단검사*	박혜숙, 사사누마 스미코, 나은우, 선우일남(2004)
	대구실어증 진단검사*	정옥란(2006)
	Porch Index of Communication Ability(PICA)	Porch (1981)
	Minnesota Test for Differential Diagnosis of Aphasia (MTDDA)	Schuell (1965)
	Boston Diagnositic Aphasia Examination(BDAE)	Goodglass, Kaplan, & Barresi (2001)
	Boston Assessment of Severe Aphasia(BASA)	Helm-Estabrooks, Ramsberger, Morgan, & Nicholas (1989)

기능적 의사소통	Communication Activities of Daily Living-Second Edition(CADL−2)	Holland, Frattali, & Fromm (1999)
	Functional Assessment of Communication Skills for Adults(ASHA FACS)	Frattali et al. (1995)
언어정보 처리	Psycholinguistic Assessments of Language Processing in Aphasia(PALPA)	Kay, Lesser, & Coltheart (1992)
	Cognitive Linguistic Evaluation	Shipley & McAfee (2004)
영역별 심화검사	Korean version-Boston Naming Test(K−BNT)*	김향희, 나덕렬(1997)
	Revised Token Test(RTT)	McNeil & Prescott (1978)
	Reading Comprehension Battery for Aphasia-Second Edition(RCBA−2)	LaPointe & Horner (1998)
	Discourse Comprehension Test(DCT)	Brookshire & Nicholas (1993)
	Test of Written Language(TOWL)	Hammill & Larson (1996)
	Writing Process Test	Warden & Hutchinson (1992)
	The Verb and Sentence Test(VAST)	Bastiaanse, Edwards, Mass, & Rispens (2003)
	The Pyramids and Palm Trees Test	Howard & Patterson (1992)
관련 언어장애	Arizona Battery for Communication Disorders of Dementia(ABCD)	Bayles & Tomoeda (1993)
	The Right Hemisphere Language Battery(RHLB)	Bryan (1989)
	Ross Information Processing Assessment-Second Edition(RIPA−2)	Ross-Swain (1996)
	Scales of Cognitive Ability for Traumatic Brain Injury(SCATBI)	Adamovich & Henderson (1992)

*는 우리나라에서 표준화된 검사임.

세히 검사할 수 있는 도구다. 자발화 분석도 많이 활용되는 검사인데, 표준화검사에서 유창성의 평가를 위해 수집한 자료를 활용할 수도 있다. 예를 들어, 환자와의 면담이나 말하기 과제 중 그림 설명하기 등에서 환자가 자발적으로 표현하는 일정량의 발화를 이용하여 분당 산출한 단어 수(word per minute), 분당 산출한 올바른 정보를 지닌 단어 수

[correct information units(CIU) per minute], 올바른 정보전달의 백분율(CIU 비율: CIU 수/단어 수×100)을 산출할 수 있다(Nicholas & Brookshire, 1993). 이 검사는 표준화검사에서는 나타나지 않는 미세한 언어능력의 차이를 보여 주는 데 유용하게 사용되며, 기타 인지 기능장애 환자의 평가에도 활용된다. 한국 정상 성인의 자발화 분석 결과는 〈표 9-4〉와 같다. 이 연구결과에서 18세 이상 한국 정상 성인의 경우 성별과 연령에 따른 차이는 없었고, 교육의 정도에 따른 유의미한 수행의 차이가 나타났다(권미선 외, 1998). 또한 한국 정상 노인의 자발화 산출에서 정보전달능력은 특히 이름대기능력과 전두엽의 집행 기능과 관련이 높다고 보고되었다(최현주, 2015).

표 9-4 **한국 정상 성인의 자발화 분석 결과**

교육연수	검사대상자 수(명)	분당 음절 수 M (SD)	분당 낱말 수 M (SD)	분당 CIU 수 M (SD)	CIU 비율 M (SD)	분당 머뭇거림 수 M (SD)
무학	8	132.5(29.4)	76.8(19.1)	38.6(8.3)	51.8(12.0)	1.1(2.2)
1~6년	14	154.2(37.2)	85.2(24.1)	54.1(19.0)	63.7(14.0)	0.4(0.6)
7~12년	33	169.5(42.2)	89.9(22.5)	75.2(20.3)	83.8(10.0)	0.3(0.6)
13년 이상	25	207.6(36.0)	107.1(20.4)	90.2(21.2)	84.3(13.1)	0.2(0.6)

출처: 권미선 외(1998).

(3) 관련 장애의 평가

실어증에 동반되어 나타나는 장애는 다양하며, 실어증과 감별해야 하는 관련 장애도 있다. 예를 들면, 비유창성 실어증의 경우, 흔히 마비말장애나 말실행증, 구강안면실행증을 동반하는 경우가 많은데, 이는 비유창성 실어증을 보이는 환자의 뇌손상 영역이 대부분 앞쪽이기 때문일 것이다. 동반장애가 있는 경우 보통은 예후에 부정적인 영향을 미치게 되며, 치료 계획이나 방법 또한 달라져야 한다.

왼쪽 하부 두정엽의 손상이 있는 경우, 게르스트만 증후군(Gerstmann syndrome)이 합병되어 나타날 수 있다. 이 증후군은 실독증을 동반하지 않은 실서증(dysgraphia without dyslexia), 계산장애(acalculia), 좌우인식불능증(left-right disorientation), 그리고 손가락 실인증(finger agnosia)이 함께 나타나는 특성을 보인다. 실어증 환자에게 이 증후군이 동반

되어 있는지 감별할 때에는 반드시 환자의 언어장애 중증도를 고려해야 하는데, 가령 단어 수준의 이해능력도 갖추지 못한 경우는 이러한 증상에 대한 신뢰성이 떨어지므로 정확한 감별진단이 어려운 경우가 있다.

양쪽 두정엽 손상 혹은 한쪽 두정엽의 광범위한 손상으로 인해 시각적 자극에 대한 처리과정에 문제가 발생하는 발린트 증후군(Balint's syndrome)이 유창성 실어증을 보이는 환자에게 동반되어 나타날 수 있다. 이러한 환자들은 실어증검사 중에 제시된 자극을 정확하게 가리키는 데 어려움을 보이는 시각실조증(optic ataxia)과 그 외 시각운동실행증(oculomotor apraxia), 동시실인증(simultagnosia)을 흔히 동반하는데, 드문 증상이라고는 하지만 이로 인해 실어증검사에 미치는 영향을 전문가로서 숙지하고 있어야 할 것이다(권미선, 2010). 발린트 증후군뿐만 아니라 반맹(hemianopsia)이나 무시 증후군(neglect syndrome)이 있는 경우도 실어증검사에 영향을 미칠 수 있다 .

실어증 환자는 보통 구어능력장애와 비슷한 정도의 실독증(dyslexia), 실서증(dysgraphia)을 동반하는데, 구어장애를 동반하지 않는 순수 실독증, 순수 실서증의 경우도 간헐적으로 보고되고 있다. 언어의 한 영역에만 독립적으로 장애를 보이는 것으로는 순수 실독증과 순수 실서증 외에도 언어음에 대한 선택적인 처리과정의 장애인 순수어농(pure word deafness)이나 시각적으로 주어지는 정보에 대해서만 이름대기 장애를 보이는 시각 실어증(optic aphasia) 등이 있다.

치매와 같이 인지 기능의 장애로 인한 의사소통장애가 주를 이루는 경우는 언어평가 외에 인지 기능에 대한 평가가 함께 이루어져야 한다. 기억력이나 전두엽 기능, 시지각 기능 등 언어와 밀접한 관련이 있는 인지 기능에 문제가 발생하면 의사소통 기능에도 심각한 지장을 초래할 수 있다. 현재 국내에서 사용되고 있는 인지 기능 검사로는 SNSB-II(서울신경심리검사; 강연욱, 장승민, 나덕렬, 2018), CERAD-K(Consortium to Establish a Registry for Alzheimer's Disease-Korean version; Lee et al., 2002), CIST(Cognitive Impairment Screening Test; Dementia Care Center, 2021) 등을 대표적인 검사로 들 수 있다. 또한 문해능력이 낮은 대상자를 위해 LICA(Literacy Independent Cognitive Assessment; Choi et al., 2011) 검사도 개발되었다.

실어증 없이 인지의사소통장애만 있는 경우, 언어 규칙에 대한 평가에서는 큰 문제가 없을 것이다. 그러나 실어증과 인지 기능장애가 동반되어 나타나는 경우는 환자가 보이는 증상을 실어증으로 인한 장애와 인지 기능으로 인한 장애로 정확하게 구분 지어 평가하기가 쉽지 않다. 따라서 관련장애를 동반한 의사소통장애의 평가 시에는 각각의 인지 기능 문제로 인해 나타나는 증상에 대한 이해뿐만 아니라 그러한 인지 기능의 문제가 언어장애에 어떠한 영향을 미칠 수 있는지를 항상 염두에 두어야 한다.

2) 신경말장애의 평가

신경말장애는 크게 말운동장애와 기타 신경학적 말장애로 구분할 수 있다. 말운동장애는 다시 말실행증(Apraxia Of Speech: AOS)과 마비말장애(dysarthria)로 나누어지는데, 미국 메이요 클리닉(Mayo Clinic)의 통계를 보면 전체 신경말 · 언어장애 환자 중 말운동장애 환자가 차지하는 비율은 약 51%이며, 이는 성인 말 · 언어장애 전체 환자 중에서도 약 37%로 가장 높은 비율을 차지하는 장애다(Duffy, 2005).

(1) 말운동장애의 특성 및 분류

말실행증은 자발적인 말의 산출에 필요한 근육의 배치나 움직임을 위한 감각운동 명령을 프로그래밍하는 데 나타나는 장애로, 근육의 마비나 언어 및 인지 장애 없이 나타난다(Wertz, LaPointe, & Rosenbek, 1984). 이는 주로 뇌졸중에 의한 좌대뇌반구의 손상으로 인해 발생하며, 드물게 단독으로 나타날 수 있으나 대부분 비유창성 실어증에 동반되는 경우가 많다. 또한 말실행증 환자는 흔히 구강안면실행증(buccofacial apraxia)을 동반한다. 말실행증은 말의 산출 시 부적절한 끊김이나 탐색행동(groping)을 보이고 조음상의 오류가 많으나, 마비말장애와는 달리 비일관적이고, 대부분 왜곡보다는 낱말이나 어절 내에서의 도치나 대치가 주를 이루는 특성을 보인다. 이를 인식하고 수정하기 위한 시도를 반복하며 그때마다 다른 오류를 보이는 특징이 있다. 또한 숫자 세기나 요일 이름 말하기 등과 같은 자동발화에서 수행이 향상되기도 하며, 복잡한 연속자음의 산출에서 더 어려움을 보인다.

마비말장애는 중추 혹은 말초 신경계의 이상으로 인해 근육의 약화나 운동 속도, 운동

범위의 감소, 혹은 협응운동의 장애로 발생하는 말의 문제다. 마비말장애의 유형은 보통 DAB(Darley, Aronson, & Brown, 1969) 분류법을 따르는데, 이는 말장애의 특성을 일관적으로 평가할 수 있는 기준을 제시해 주며, 다른 전문가들과의 의사소통에도 도움이 된다. 하지만 숙련된 임상가들 내에서도 평가자 간, 평가자 내 신뢰도가 낮다는 문제점이 제기되기도 한다. 따라서 호흡, 발성, 공명, 조음의 단계별로 평가를 하고 치료적 접근을 해야 한다는 주장도 있다. 그러나 DAB 분류는 임상에서 마비말장애의 진단에 유용하게 사용되고 있다.

경직형 마비말장애(spastic dysarthria)는 양측 상부운동신경(upper motor neuron)의 손상에 기인하며, 기본적인 특징은 경직(spasticity)이다. 그 외에도 근육의 긴장 상태가 증가(hypertonia)하고, 간대성근경련증(myoclonus), 과잉반사(hyperactive reflexes)가 나타난다. 이 유형의 특징은 부정확한 조음, 단조로운 어조(monopitch/monoloudness), 강세저하(reduced stress), 거친 음성(harsh voice), 낮은 음높이(low pitch), 느린 말 속도(slow rate), 과다비성(hypernasality), 쥐어짜는 듯한 음성(strained-strangled voice quality), 짧은 어구(short phrases), 모음왜곡(distorted vowels), 음조일탈(pitch breaks) 등이다.

이완형 마비말장애(flaccid dysarthria)는 주로 하부운동신경(lower motor neuron)의 손상으로 인해 발생하며, 기본적인 특징은 신경운동의 약화(weakness)다. 그 외에도 과소반사(hypoactive reflexes), 근위축(atrophy), 미세섬유증(fasciculations/fibrillations)이 나타난다. 말소리상의 특징은 과다비성, 비강 방출(nasal emission), 부정확한 조음, 기식화 음성(breathiness), 단조로운 어조, 가청 흡기(audible inspiration), 거친 음성, 짧은 어구 등이다. 그중에서도 특히 발성과 공명의 장애가 두드러진다.

실조형 마비말장애(ataxic dysarthria)는 주로 소뇌의 손상에 기인하며, 기본적인 특징은 실조성(incoordination)이다. 그 외에도 근긴장도 저하(hypotonia), 거리측정장애(dysmetria), 교대운동장애(dysdiadochokinesis)를 보인다. 말소리상의 특징은 부정확한 조음, 일률적 과도강세(excess and equal stress), 불규칙성, 모음왜곡, 거친 음성, 음소 연장 등이다.

과소운동형 마비말장애(hypokinetic dysarthria)는 기저핵(basal ganglia)의 손상에 기인하며, 기본적인 특징은 강직(rigidity)과 전체적인 움직임의 범위가 감소하는 것이다. 그 외에도 휴식 시 진전(resting tremor), 운동 느림증(bradykinesia)을 보인다. 말소리의 특징은 단조로운 어조, 강세 저하, 부정확한 조음, 부적절한 쉼, 짧고 빨라지는 말, 거친 음성, 기식화 음성, 속도가 빨라지는 것 등이다.

과다운동형 마비말장애(hyperkinetic dysarthria)도 기저핵의 손상에 기인하며, 불수의적인 운동(involuntary movement)을 특징으로 한다. 그 외에도 운동장애(dyskinesia), 근대성간경련, 틱, 무도증(chorea), 본태성 진전(essential tremor) 등이 나타난다. 말소리의 특징은 부정확한 조음, 간격 연장(prolonged intervals), 불규칙한 말 속도(variable rate), 단조로운 어조, 거친 음성, 부적절한 쉼, 모음 왜곡 등이다.

일측상부운동신경형 마비말장애(unilateral upper motor neuron dysarthria)는 말 그대로 한쪽 상부운동신경의 손상에 기인한다. 약화(weakness)와 경직(spasticity)이 공존하고, 근육의 긴장도(muscle tone)가 증가하며, 중추형 안면마비(central type of facial palsy)가 나타난다. 말소리의 특징은 부정확한 조음, 불규칙적 조음 붕괴, 거친 음성, 느린 말 속도 등이다(Duffy, 2005).

혼합형 마비말장애(mixed dysarthria)는 앞서 말한 마비말장애의 유형 중 두 가지 유형 이상의 특징이 함께 나타나는 경우를 말하는데, 뇌졸중이 여러 번 일어나거나 파킨슨병 환자에게 뇌졸중이 일어난 경우와 같이 여러 곳에 병변이 있는 경우 또는 근육위축가쪽경화증(Amyotrophic Lateral Sclerosis: ALS)과 같은 운동신경세포 질환(motor neuron disease)에서 나타난다. 이 유형 중에는 이완형과 경직형이 혼합되어 나타나는 경우가 가장 많은 비율을 차지하며(Duffy, 2005), 실조형과 경직형이 혼합된 경우, 과소운동형과 경직형이 혼합된 경우, 실조형과 이완형 및 경직형이 혼합된 경우 등 다양한 조합을 이룰 수 있다. 말소리의 특징도 그 조합에 따라 혼합된 형태로 나타난다.

(2) 말운동장애의 평가

비구어 활동 시의 말 산출기관 평가. 말 산출에 관련된 구강안면 구조 및 기능의 평가는 얼굴과 턱, 입술, 볼, 혀, 구개, 후두를 포함한다. Darley, Aronson과 Brown(1975)은 말 산출과 관련된 신경근의 평가에서 중요한 자질로 강도(strength), 속도(speed), 움직임의 범위(range), 안정성(steadiness), 근긴장도(tone), 정확성(accuracy)을 강조하였다. 다음

과 같은 조건에서 이를 평가할 수 있다.

- 얼굴: 안정 시와 운동 시 대칭성, 감각 이상
- 턱: 안정 시 상태, 꽉 물기, 벌리기, 위-아래운동, 측면운동
- 입술: 안정 시 상태, 꽉 다물기, 오므리기, 양옆으로 당기기, 반복운동
- 볼: 부풀리기, 오므리기
- 혀: 안정 시 상태, 앞으로 밀기, 양옆으로 밀기, 위-아래운동, 혀 뒤 올리기, 반복운동, 감각 이상
- 구개: 안정 시 상태, 구개 올리기, 감각 이상
- 후두: 호흡 상태, 발성 상태, 기침

말소리 평가. 말소리 평가는 크게 세 부분으로 이루어진다. 대부분의 주요한 정보를 음성, 길항반복운동, 연속발화에 대한 평가를 통해 얻을 수 있다. 우선, '모음 연장 과제'는 가장 간단히 음성을 평가할 수 있는 방법이다. 숨을 크게 들이쉰 상태에서 최대한 길게 모음의 발성을 지속하게 하는 것이다. 과제는 간단하지만 검사자가 이 안에서 파악해야 하는 부분은 다양하다. 검사자는 최대발성지속시간 및 음성의 높이, 크기, 질, 안정성, 그리고 공명에 대한 평가를 한다.

길항반복운동(diadochokinesis)은 '교대운동(Alternating Motion Rate: AMR) 및 일련운동(Sequential Motion Rate: SMR) 과제'를 사용한다. 교대운동은 CV로 이루어진 각 음절('퍼' '터' '커')을 가능한 한 빠르고 정확하게 규칙적으로 계속 반복하도록 하고, 일련운동은 교

표 9-5 한국 정상 성인의 최대발성지속시간 및 AMR/SMR의 평균과 표준편차

연령	성별(명)	MPT(초)	AMR(회/초)			SMR(회/초)
			/p/	/t/	/k/	/ptk/
18~59세	남(80)	22.73±7.19	6.18±0.58	6.23±0.63	6.02±0.67	2.56±0.32
	여(80)	18.49±5.16	6.25±0.62	6.29±0.63	6.11±0.72	2.56±0.35
합계	160	20.61±6.59	6.22±0.60	6.26±0.63	6.06±0.69	2.56±0.33

출처: 신문자, 김재옥, 이수복, 이소연(2008).

표 9-6 **한국 정상 노인의 최대발성지속시간 및 AMR/SMR의 평균과 표준편차**

출처	검사대상자(명)		MPT(초)	AMR(회/초)			SMR(회/초)
				/p/	/t/	/k/	/ptk/
김은정 (2000)	60~79세	남(20)	13.0±2.9	29.3±3.0	28.8±2.9	27.5±3.0	10.1±1.1
		여(20)	12.5±4.3	26.2±2.2	26.7±2.5	26.7±2.0	9.8±0.9
천사라 (2007)	55~64세	남(30)	19.00±6.79	32.37±3.648	32.62±3.647	31.18±2.953	11.68±1.245
		여(29)	15.74±5.831	31.41±2.540	31.74±3.145	31.26±2.947	10.93±1.256
	65~74세	남(28)	17.71±7.286	30.26±3.106	30.30±3.174	28.97±2.684	10.65±1.336
		여(30)	14.02±4.872	29.27±2.958	29.15±2.996	28.76±2.456	10.52±1.553
	75세 이상	남(29)	13.77±5.478	28.02±3.211	27.71±3.513	26.67±3.599	9.52±1.477
		여(30)	11.29±4.529	26.90±5.643	27.67±3.462	27.14±3.354	9.23±1.496

대운동에서 사용했던 세 종류의 음절을 순서대로 계속 반복하게 하는 것으로서 속도 및 규칙성 · 정확성에 대한 평가가 중요하다. 〈표 9-5〉는 한국 정상 성인의 성별에 따른 수행 결과를, 그리고 〈표 9-6〉은 한국 정상 노인의 수행 결과를 정리한 것이다.

연속발화에 대한 평가는 주로 읽기, 대화 과제로 이루어지는데, 이는 가장 종합적인 평가를 내릴 수 있는 부분이다. 표준화된 문구를 읽도록 하는 것은 객관적인 비교 자료를 제공할 수 있다는 장점이 있으나, 정상인의 경우에도 다양한 수행을 보이는 면이 있으며, 자연스러운 대화에서 나타나는 운율 등은 평가하기 어렵다는 단점이 있다. 반면, 대화 상황에서는 그러한 단점을 다소 보완할 수 있으나 그 내용 면에서 대화의 상황이나 상대에 따라 변화의 정도가 심하다는 단점이 있다. 읽기나 대화상에서 검사자는 조음능력뿐만 아니라 말 속도, 쉼의 형태, 운율, 호흡과의 조화, 말소리의 높이와 크기, 말명료도에 대한 평가를 내린다. 조음정확도에 대한 별도의 평가가 필요할 경우, 아동의 조음검사를 위해 개발된 도구들(제5장 참조)을 이용해도 무방하나 자극그림은 환자의 연령에 맞게 수정하는 것이 좋다.

'피로효과(fatigue effect)검사'는 일명 스트레스검사(stress test)라고 하는데, 대부분의 말운동장애 환자의 경우 피로에 따른 효과가 나타나므로 환자의 감별진단검사에서 반드시 필요한 항목이라고 할 수는 없으나, 중증근무력증(Myasthenia Gravis)과 같이 환자

가 극적인 수행의 변화나 피로를 호소하는 경우 혹은 하부운동신경장애의 원인이 불분명한 경우는 진단에 중요한 정보를 제공할 수 있는 검사다. 환자에게 가능한 한 정확하고 강하게 숫자를 계속하여 세도록 하는 과제로서 시간의 변화에 따른 수행의 정도를 비교한다.

말실행증 평가. 말실행증 평가는 마비말장애의 평가와 마찬가지로 비구어 활동 시의 말 산출기관의 평가와 말소리의 평가로 이루어지지만, 몇 가지 추가적인 검사가 필요하다. 숫자와 요일을 차례대로 말하기 등과 같은 '자동발화(automatic speech)'와 의도적인 발화 사이에 수행의 차이가 있는지 혹은 음절이 덧붙여져 점차 증가하는 낱말 반복하기(예: 결혼-결혼식-결혼식장-결혼식 장소)나 같은 낱말 반복하기(예: 결혼식-결혼식-결혼식)와 같은 과제에서 비일관적 오류나 탐색행동(groping)과 같은 특징적인 오류를 보이는지 등을 평가한다. 또한 말실행증이 의심되는 경우에는 반드시 구강안면실행증을 동반하였는지를 함께 검사해야 한다. 검사자의 지시에 따라 구강-안면운동을 수행하도록 하는데, 환자의 언어이해능력이 저하되어 있는 경우는 모방하는 능력을 보는 것으로 대치하기도 한다.

- 입술: 오므리기, 양옆으로 벌리기
- 혀: 내밀기, 양옆으로 움직이기, 볼 밀기, 입술 핥기, 혀 차기, 구강고랑(sulcus)에 넣고 훑기
- 기타 활동: 뽀뽀하는 흉내, 휘파람 부는 흉내, 촛불 끄는 흉내, 껌 씹는 흉내, 시계 소리(똑딱똑딱) 내기, 기침하기, 목 가다듬기 등

(3) 기타 신경학적 말장애

신경학적 손상 이후 나타나는 신경학적 말더듬(neurogenic stuttering)이나 동어반복증(palilalia), 반향어(echolalia), 함묵증(mutism)은 전통적으로 말운동장애로는 분류하지 않는다. 그 이유 중 하나는 이러한 환자들이 보이는 말장애가 말운동장애 환자와는 달리 인지 상태 혹은 언어능력의 결함으로 인한 영향이 크기 때문이다. 또한 일부는 관례상

혹은 그 본질이 잘 알려져 있지 않은 이유에서 기타 신경학적 말장애의 범주에 포함하기도 한다.

운율장애(aprosodia)는 주로 우뇌의 손상으로 나타난다고 알려져 있다. 뇌손상 환자에게서 보이는 운율장애를 언어적 측면(linguistic prosody)과 정서적 측면(affective prosody)으로 나누어 보면, 어조의 변화로 인한 문장의 기능, 즉 의문문인지 평서문인지 등을 파악하는 언어-운율장애는 좌뇌가, 기쁨이나 슬픔, 놀람 등을 표현하는 정서-운율장애는 주로 우뇌가 담당한다. 우뇌 손상으로 인한 운율장애는 마비말장애나 말실행증과는 구분되어야 한다. 마비말장애나 말실행증으로 인해서도 운율(prosody)에 영향을 미칠 수는 있지만, 순수 정서적 운율장애 환자는 두드러진 조음이나 음성, 공명의 문제를 보이지는 않는다. 실어증과 비슷한 양상으로 운율장애도 손상 영역에 따라 다른 특성을 보인다(Ross & Monnot, 2008).

뇌손상 후, 드물게 말투가 바뀌어 다른 지역 방언의 억양을 보이거나(Kwon & Kim, 2006) 마치 외국인이 한국어를 말하는 것처럼 들리는 말장애를 외국억양증후군(foreign accent syndrome)이라고 한다. 주로 전두엽이나 피질하 영역에 손상이 있는 환자에게서 관찰되었고, 여러 나라에서 보고된 환자들에게서 공통된 말소리 변화의 특징을 찾아보기는 어려웠다. 따라서 이 증후군은 특정 억양이나 외국어의 특색을 나타내는 것이 아니라 청자들이 지각하게 되는 운율의 변화를 일반적으로 일컫는 용어로 사용된다고 하겠다(Carbary, Patterson, & Snyder, 2000; Hall et al., 2003; Kurowski, Blumstein, & Alexander, 1996).

표 9-7 신경 말장애 검사도구

검사도구	출처
Frenchay Dysarthria Assessment(FDA)	Enderby (1983)
Assessment of Intelligibility of Dysarthric Speech(AIDS)	Yorkston, Beukelman, & Traynor (1981)
Apraxia Battery for Adults-Second Edition(ABA-2)	Dabul (2000)

(4) 심인성/기능성 말장애

심인성/기능성(비기질적) 말장애는 기능성 신경학적 장애(functional neurologic disorders)의 하위 유형(Duffy, 2016)으로 환자가 호소하는 증상만을 볼 때 신경학적 원인을 의심하게 하지만 실제로는 심인성(psychogenic), 비기질적(nonorganic) 원인으로 인한 말장애다. 우울증, 불안증, 전환장애(conversion disorders), 신체화장애(somatization disorders)나 조현병(schizophrenia) 등의 정신장애로 인한 것이 주를 이루나 간혹 의도적 · 자발적 목적을 가지고 증상을 만들어 내는 경우도 있다(Duffy, 2005). 이 장애와 신경학적 말장애와의 감별진단은 매우 중요한데, 그 이유는 치료법이 근본적으로 달라질 수 있기 때문이다. 심인성/기능성 말장애가 신경학적 말장애와 구별되는 특징으로는 과제 내에서 혹은 과제 간에 설명이 되지 않는 비일관성과 변동성 · 불일치성이 있으며, 증상에 대한 치료 혹은 플라시보 효과가 큰 점 등을 들 수 있다.

4. 진단평가 결과 해석

검사가 끝나고 나면, 언어장애 전문가는 검사결과를 종합하여 평가보고서를 작성한다. 평가보고서 내에 반드시 포함되어야 할 내용은 우선 환자가 신경말 · 언어장애가 있는지의 여부다. 이는 표준화된 검사를 통해 정상인의 수행 정도를 기준으로 결정하는데, 숙련된 임상가라면 점수상으로는 정상 범위라고 해도 환자의 반응 양상이나 수행 패턴을 보아 장애가 있는 것을 알아차릴 수 있다. 반면, 평가 중 여러 면에서 저하된 말 · 언어 기능을 보이지만 그 원인이 말 · 언어 자체가 아니라 심리적인 요인이나 다른 이유에서 비롯된 경우도 파악해 낼 수 있어야 한다.

장애가 있는 것으로 평가된 경우, 그것이 언어장애인지, 말장애인지 혹은 두 가지가 모두 합병되어 있는지를 판별한다. 그리고 각각의 장애 영역에서 어떠한 특성을 보이며, 어느 정도 심한지에 대해 기술한다. 신경말 · 언어장애 환자의 경우 언어평가에 의뢰될 때 확실한 의학적 진단이 내려진 경우도 있으나, 언어평가에서 나타난 장애의 특성과 중증도에 대한 정보가 의학적 진단을 내리는 데 중요한 열쇠가 되기도 하며, 환자의 뇌손상 영역이나 신경학적 손상을 추정하는 데에 유용하게 사용되기도 한다. 또한 말 · 언어장애의 평가결과는 환자의 예후를 추정할 수 있는 근거가 되기도 하는데, 이때 의학적 진단명을 반드시 함께 고려하여 판단하여야 한다.

이러한 평가결과를 바탕으로 치료의 방침을 결정한다. 치료를 시행할지의 여부 및 어떠한 목표를 설정하고 어떠한 방법으로 치료를 하는 것이 가장 효과적인지에 대한 권고사항을 기술한다. 질환에 따라서는 집중적인 말 · 언어훈련이 오히려 역효과를 초래할 수도 있는데, 이러한 경우는 치료 대신 환자 및 보호자에 대한 교육이 제시되기도 한다.

5. 진단평가 사례

1) 배경정보

56세 남자 환자가 언어장애와 우측 편마비를 주호소로 종합병원에 내원하였다. 환자는 병원에 도착하기 약 5시간 전쯤, 아침에 일어나 옷을 갈아입다가 갑자기 우측 상하지의 위약감과 말을 잘 하지 못하는 증상이 발생하였고, 2차병원 응급실에 내원하여 시행한 뇌 MRI 검사결과, 좌측 중대뇌동맥 영역의 뇌경색이 관찰되어 다음날 3차 병원 응급실로 전원되었다. 신경과 입원치료를 받으며 발병 2일째 되는 날, 담당의사로부터 환자가 보이는 언어장애에 대한 평가가 의뢰되었다.

환자의 의무기록을 검토한 결과, 환자는 과거력상 약 10년 전에 타 병원에서 심방중격결손(atrial septal defect)으로 치료받았던 병력이 있었다. 환자는 담배를 하루에 한 갑씩 30년간 피웠으나 3년 전에 끊었고, 그 외에 고혈압, 당뇨, 심장병은 없었다. 신경학적 검사에서 의식 상태는 명료한 것으로 나타났고, 뇌신경검사에서 우측 중추성 안면신경마비가 보였으며, 운동 기능 검사상 우측 상하지에서 근력 저하(상지 grade 1/하지 grade 3)가 관찰되었다. 우측에서 심부건 반사(Deep Tendon Reflex: DTR)의 항진과 바빈스키 징후(Babinski sign)가 보였다.

보호자(딸) 면담을 통해 환자에 대한 추가적인 정보를 수집하였는데, 발병 전 환자의

시력이나 청력 등 감각 이상은 전혀 없었고, 정상적인 언어 및 일상생활을 유지해 왔으며, 부인 및 자녀들(1남 2녀)과 함께 충청남도 부여에 거주하고 있다고 하였다. 환자는 오른손잡이고, 초등학교 졸업 학력의 농부이며, 언어장애와 관련된 보고에 의하면 현재 말을 전혀 하지 못하지만 어느 정도 알아듣기는 하는 것 같다고 하였다.

2) 실시간 검사 및 검사결과

응급실에서 이루어진 선별검사에서 우선 환자의 의식은 명료하였고, 대화나 과제에 대한 주의집중이 잘 이루어졌다. 그러나 말의 유창성이 심하게 감소되어 '어-' 등과 같은 모음의 산출 정도만이 가능하였고, 말을 통한 의미 있는 내용의 전달은 전혀 이루어지지 않았다. 단, 산출되는 음의 왜곡이 있었던 점에서 마비말장애를 동반한 것으로 생각되었다. 환자는 여러 가지 입 모양을 만들어 가며 말을 산출하기 위한 노력을 보였으나, 의도한 대로 되지 않자 답답하다는 등의 제스처를 보였다. 구강 기능 검사에서 우측 안면마비가 있었고, 입술 모양이나 혀의 움직임에 대한 검사자의 지시에 적절하고 즉각적인 반응을 보이지 못하고 탐색행동을 보이며 매번 다른 양상의 오류를 보였다. 또한 불수의적으로는 목표행동이 가능했던 점으로 미루어 구강안면실행증(buccofacial apraxia)이 있는 것으로 판단되었다. 언어이해 면에서는 거주지나 현재 장소, 날짜, 계절 등에 관한 예/아니요 질문이나 간단한 1-2스텝 지시 따르기에는 적절한 반응을 보였다는 점에서 수용언어능력은 비교적 양호한 것으로 보였다. 사물 이름대기에서는 말을 통한 표현은 전혀 불가능하였으나, 쓰기를 통한 표현은 가능하였다. 이상의 결과, 환자의 수용언어능력 및 쓰기는 비교적 양호하고 마비말장애와 심한 실행증이 있다는 것이 확인되었다. 그러나 이것이 브로카 실어증에 동반된 것인지 혹은 순수한 말 산출만의 문제인지를 파악하기 위해 표준화된 검사로 언어의 영역별 장애 유무를 파악하고, 보다 자세한 장애 특성을 밝히기 위한 언어평가를 시행하였다.

발병 3일째 되는 날, 정확한 언어평가를 위해 한국판 웨스턴 실어증 검사(K-WAB)를 시행하였다. 검사 결과, 환자는 스스로 말하기(2/20)에서 자신의 성은 제대로 말했으나 이름은 "호지. 조흐."라고 하고, 주소는 "조야(충남). 조여에(부여시). 조야(충남) 오여으(부여시) 우저즈."라고 하는 등 무의미한 음절만을 나열하는 양상을 보여 정확한 정보 전달이 불가능하였다. 불편한 점을 묻는 질문에는 "아(말). 마(말)."라고 하였으며, 그림을 보고 설명하는 과제에서는 "아타 아저지 여패(아저씨 옆에), 조 애드(애들) 지여 피서 허…… 아조자 쇼쳐저저 쇼 어더자 어거혀 시이따 아저지어 애드 애저 바져저."와 같은 양상을 보였다. 그러나 듣고 이해하기 능력(9.5/10)은 정상적으로 보존되어 있어 10어절 이상의 복잡한 명령 수행도 가능하였다. 따라 말하기(0.7/10)에서는 '바아(밤)' '호(코)' '도자조 초재(돌아온 철새)'와 같이 음소착어(paraphasia)의 형태를 보이거나 '자자자(다람쥐)' '제제제(해바라기)'와 같이 동일한 음절을 반복하기도 하였다. 사물 이름대기 검사(confrontation naming)에서 환자가 이름을 말하지 못하는 항목들에 대해 글로 써보게 했을 때 20개 항목 모두 정반응을 보였다. 동물 이름대기를 이용한 생성 이름대기(generative naming) 과제에서도 1분 30초간 10개 동물의 이름을 쓰는 일이 왼손 쓰기로 가능하였다. 읽기에서 독해 문제 중 복잡한 지문을 읽고 답하는 2개 항목에서만 오반응을 보였다. 쓰기에서는 맞춤법상의 오류(명암[명함], 성랑[성냥], 손톱깍기[손톱깎기] 등)가 간헐적으로 관찰되었으나 환자의 연령 및 학력을 고려했을 때 읽기 · 쓰기능력은 보존되어 있는 것으로 판단하였다.

환자는 말을 할 때 항상 조음기관을 움직이기 위해 애쓰는 모습이 역력했고, 발음하기 전에 먼저 입술로 여러 번 입 모양을 만들어 보는 음의 탐색행동을 보였다. 환자는 자신의 표현상의 오류를 인식하고, 반복 시도를 통해 이를 수정하려는 노력을 했으나 매번 다른 양상의 오류가 반복되었다. 길항반복운동 과제(diadochokinetic task)에서 /퍼/, /터/, /커/를 각각 반복하게 했을 때 정확한 조음이 불가능하였고, 모두 '아'라는 모음의 산출만을 보였으며, 연속반복 과제인 /퍼-터-커/는 아예 수행하지 못했다. 따라서 환자는 실어증의 소견은 없으나, 뚜렷한 말실행증을 보이며, 중증도는 매우 심한 것으로 진단되었다. 환자는 또한 구강안면실행증이 동반되어 있어 '뽀뽀하기' '혀 차기(못마땅할 때 혹은 가엾을 때 하듯이)' '혀로 시계 소리(똑딱똑딱) 내기' '빨대로 빨기' '혀로 입술 핥기'에서 적절한 입 모양이나 구강기관의 움직임을 보이지 못하고 "조자조자(똑딱똑딱)"와 같은 말소리로 반응을 하기도 하였다. 환자가 말소리 산출에서 그 정도가 일관적이지 않은 왜곡(distortion)이 있는 점으로 미루어 볼 때, 마비말장애가 동반된 것으로 생각되었다.

그러나 말실행증이 워낙 심하여 이에 대한 정확한 평가는 어려웠다.

3) 검사결과의 요약 및 제언

환자의 청각적 이해력 및 읽기능력이 보존되어 있기 때문에 수용언어능력(receptive language ability)은 양호하다고 할 수 있고, 또한 쓰기능력이 보존되어 있기 때문에 표현언어(expressive language)의 문제도 보이지 않는다고 할 수 있다. 즉, 실어증을 동반하지 않는 순수한 말 산출장애인 말실행증으로 진단하였다. 단, 심한 구강안면실행증이 동반되어 있었으며, 마비말장애가 합병된 소견을 보였으나, 왜곡의 정도가 말명료도에 영향을 미칠 만큼 심하지 않고 오류가 비일관적이었다는 점에서 말 산출의 장애를 일으킨 주된 문제는 말실행증에 의한 것으로 판단되었다(조경희 외, 2006).

이 환자의 경우, 검사 초기에 실어증이나 마비말장애로 오인될 수도 있었으나 정확한 평가를 통해 효율적인 언어치료의 계획과 시행이 가능했던 사례다. 이와 같은 면밀한 언어평가를 통한 전문적인 진단평가 및 발병 초기의 적극적인 언어치료는 환자의 예후에 중요한 영향을 미칠 것이다.

6. 맺음말

최근 신경말 · 언어장애와 삼킴장애(dysphagia)는 의료언어병리학(medical speech pathology)의 주축을 형성하는 전문 분야로 확립되고 있다. 다른 의사소통장애의 경우도 그러하겠지만, 특히 신경말 · 언어장애 분야에서는 말 · 언어장애의 감별진단이나 관련 장애와의 감별진단이 매우 중요하다. 이를 위해 언어장애 전문가는 말 · 언어장애의 원인 및 특성에 대한 지식은 물론이고 신경생리학에 대한 기초적인 지식이나 관련 질환에 대해서도 잘 알고 있어야 한다. 이는 다른 의료 전문가들과의 원활한 의사소통을 위해서도 필수적이다. 또한 효과적인 치료를 제공하기 위해 반드시 선행되어야 하는 것이 정확한 진단이다. 따라서 평가의 목적에 맞는 적절한 검사를 선택하고 수행하는 능력과 평가

결과를 올바르게 해석하여 진단 및 치료에 적용하는 숙련된 전문가로서의 자질이 필요하다고 하겠다.

용어해설

- 마비말장애(dysarthria): 중추 혹은 말초 신경계의 이상으로 인해 근육의 마비나 약화, 협응운동 장애로 나타나는 말운동장애
- 말실행증(apraxia of speech): 말 산출에 필요한 근육운동을 계획하거나 프로그래밍하는 데 장애를 보이는 말운동장애
- 말운동장애(motor speech disorders): 신경학적 손상으로 인한 말장애로 마비말장애와 말실행증이 있음
- 신조어(neologism): 실어증 환자들이 낱말을 산출할 때 보이는 오류로 그 나라 언어의 어휘에 없는 말로 대치하는 것(예: '책상'을 '누번'으로)
- 실문법증(agrammatism): 문법적 기능어들을 생략하고 내용어가 중심이 되는 것으로, 주로 비유창성 실어증 환자의 언어장애 특성임
- 실어증(aphasia): 뇌손상에 의해 후천적으로 발생한 언어장애로 언어의 모든 영역에 걸쳐 장애가 나타남
- 실인증(agnosia): 1차적 감각 기능에 이상이 없음에도 입력된 감각 정보를 인지하는 데 어려움이 있음
- 인지의사소통장애(cognitive communication disorders): 인지 기능의 장애로 인한 영향이 의사소통에 주된 영향을 미치는 장애
- 자곤(jargon): 유창하지만 부적절하고 의미 없는 발화로, 억양은 정상처럼 들림
- 착어(paraphasia): 실어증 환자들이 낱말을 산출할 때 보이는 오류로 의미적으로 관련이 있는 낱말로 대치하는 의미착어(예: '책상'을 '의자'로)와 음소의 일부를 대치하는 음소착어(예: '책상'을 '칙상'으로)가 있음

참고문헌

강연욱, 나덕렬, 한승혜(1997). 치매환자들을 대상으로 한 K-MMSE의 타당도 연구. **대한신경과학회지**, 15(2), 300-308.

강연욱, 장승민, 나덕렬(2018). **서울신경심리검사 단축형(SNSB-C)**. 휴브알엔씨.

권미선(2007). 신경말 · 언어장애 진단모델에 관한 질적 연구. **언어청각장애연구**, 12(1), 52-76.

권미선(2010). 실어증의 평가. *Brain & NeuroRehabilitation*, *3*, 12-19.

권미선, 김향희, 최상숙, 나덕렬, 이광호(1998). 한국 성인의 자발화 분석에 관한 연구: CIU 분석법을 중심으로. **언어청각장애연구**, 3(1), 35-49.

김은정(2000). 정상 청년층과 노년층의 최대발성시간 및 조음교대운동 속도 비교. 연세대학교 대학원 석사학위논문.

김향희, 나덕렬(1997). **한국판 보스톤 이름대기 검사(K-BNT)**. 학지사 심리검사연구소.

김향희, 나덕렬(2001). **한국판 웨스턴 실어증 검사(K-WAB)**. 파라다이스복지재단.

김향희, 허지회, 김덕용, 김정완(2009). **실어증-신경언어장애 선별검사(STAND)**. 학지사.

박혜숙, 사사누마 스미코, 나은우, 선우일남(2004). **실어증 감별진단검사**. 대학서림.

신문자, 김재옥, 이수복, 이소연(2008). 정상 성인의 조음기관 구조 및 기능 선별검사 제작을 위한 예비 연구. **음성과학**, 15(4), 171-188.

정옥란(2006). **대구실어증 진단검사**. 시그마프레스.

조경희, 이재홍, 권순억, 송하섭, 권미선(2006). 뇌섬엽의 경색으로 발생한 순수 말실행증. **대한신경과학회지**, 24(5), 479-482.

천사라(2007). 노년층의 최대발성시간, 조음교대운동속도 및 표준문구발화속도. 연세대학교 대학원 석사학위논문.

최현주(2015). 일반 노인의 정보전달능력과 인지 기능과의 상관. *Communication Sciences & Disorders*, *20*(3), 435-445.

편성범(2008). **한국판 프렌차이 실어증 선별검사(K-FAST, 2판)**. 한미의학.

Adamovich, B. B., & Henderson, J. (1992). *Scales of Cognitive Ability for Traumatic Brain Injury(SCATBI)*. Riverside.

Bastiaanse, R., Edwards, S., Mass, E., & Rispens, J. (2003). Assessing comprehension and production of verbs and sentences: The Verb and Sentence Test(VAST). *Aphasiology*,

17(1), 49-73.

Bayles, K., & Tomoeda, C. (1993). *The Arizona Battery for Communication Disorders of Dementia(ABCD)*. Canyonlands Publishing.

Brookshire, R. (2007). *Introduction to neurogenic communication disorders*. Mosby.

Brookshire, R., & Nicholas, L. E. (1993). *Discourse Comprehension Test(DCT)*. Communication Skill Builders.

Bryan, K. L. (1989). *Right Hemisphere Language Battery(RHLB)*. Far Communications.

Carbary, T. J., Patterson, J. P., & Snyder, P. J. (2000). Foreign accent syndrome following a catastrophic second injury: MRI correlates, linguistic and voice pattern analyses. *Brain and Cognition*, *43*(1-3), 78-85.

Choi, S. H., Shim, Y. S., Ryu, S. H., Ryu, H. J., Lee, D. W., Lee, J. Y., et al. (2011). Validation of the literacy independent cognitive assessment. *Int Psychogeriatr.*, *23*, 593-601.

Dabul, B. (2000). *Apraxia Battery for Adults-Second Edition(ABA-2)*. Pro-Ed.

Darley, F. (1978). Appraisal of acquired language disorders. In F. Darley & D. C. Spriestersbach (Eds.), *Diagnositic methods in speech pathology*. Harper & Row.

Darley, F., Aronson, A., & Brown, J. (1969). Differential diagnostic patterns of dysarthria. *Journal of Speech Hearing Research*, *12*(2), 246-269.

Darley, F., Aronson A., & Brown, J. (1975). *Motor speech disorders*. W. B. Saunders Company.

Dementia Care Center. (2021). *Cognitive Impairment Screening Test(CIST) strips and standards*. Retrieved from https://ansim.nid.or.kr

Duffy, J. R. (2005). *Motor speech disorders: Substrates, differential diagnosis, and management*. Mosby.

Duffy, J. R. (2016). Functional speech disorders: Clinical manifestations, diagnosis, and management. In M. Hallett, J. Stone, & A. Carson (Eds.), *Handbook of clinical neurology*. Mosby.

Ellis, A. W., & Young, A. W. (1994). *Human cognitive neuropsychology*. Lawrence Erlbaum Associates, Publishers.

Enderby, P. (1983). *Frenchay Dysarthria Assessment(FDA)*. Pro-Ed.

Fitch-West, J., & Sands, E. S. (1998). *Bedside Evaluation Screening Test-Second Edition*

(BEST-2). Pro-Ed.

Frattali, C. M., Thompson, C. K., Holland, A. L., Wohl, C. B., & Ferketic, M. M. (1995). *Functional Assessment of Communication Skills for Adults(ASHA FACS)*. American Speech Language Association.

Goodglass, H. (1993). *Understanding aphasia*. Academic Press.

Goodglass, H., Kaplan, E., & Barresi, B. (2001). *The Boston Diagnostic Aphasia Exam(BDAE)*. Lippincott Williams & Wilkins.

Hall, D. A., Anderson, C. A., Filley, C. M., Newcombe, J., & Hughes, R. L. (2003). A French accent after corpus callosum infarct. *Neurology*, *60*(9), 1551-1552.

Hammill, D. D., & Larson, S. C. (1996). *Test of Written Language(TOWL)*. Pro-Ed.

Helm-Estabrooks, N., & Albert, M. (1991). *Manual of aphasia therapy*. Pro-Ed.

Helm-Estabrooks, N., Ramsberger, G., Morgan, A., & Nicholas, M. (1989). *Boston Assessment of Severe Aphasia(BASA)*. Pro-Ed.

Holland, A., Frattali, C., & Fromm, D. (1999). *Communication Activities of Daily Living-Second Edition(CADL-2)*. Pro-Ed.

Howard, D., & Patterson, K. E. (1992). *The pyramids and palm trees test: A test of semantic access from words and pictures*. Harcourt Assessment.

Kang, Y., Jahng, S., & Na, D. L. (2012). *Seoul Neuropsychological Screening Battery, 2nd Edition(SNSB-II)*. Human Brain Research & Consulting Co.

Kay, J., Lesser, R., & Coltheart, M. (1992). *Psycholinguistic Assessment of Language Processing in Aphasia(PALPA)*. Lawrence Erlbaum Associate.

Kurowski, K. M., Blumstein, S. E., & Alexander, M. (1996). The foreign accent syndrome: A reconsideration. *Brain and Language*, *54*(1), 1-25.

Kwon, M., & Kim, J. (2006). Change of dialect after stroke: A variant of foreign accent syndrome. *European Neurology*, *56*(4), 249-252.

LaPointe, L. L., & Horner, J. (1998). *Reading Comprehension Battery for Aphasia(RCBA-2)*. Pro-Ed.

Lee, J. H., Lee, K. U., Lee, D. Y., Kim, K. W., Jhoo, J. H., Kim, J. H., et al. (2002). Development of the Korean version of the Consortium to Establish a Registry for Alzheimer's Disease Assessment Packet(CERAD-K): Clinical and neuropsychological assessment batteries. *J Gerontol B Psychol Sci Soc Sci.*, *57*, 47-53.

Lee, J. Y., Lee, D. W., Cho, S. J., Na, D. L., Jeon, H. J., Kim, S. K., Lee, Y. R., Youn, J. H., Kwon, M., & Lee, J. H. (2008). Brief screening for mild cognitive impairment in elderly outpatient clinic: Validation of the Korean version of the Montreal Cognitive Assessment. *Journal of Geriatric Psychiatry and Neurology*, *21*(2), 104-110.

McNeil, M., & Prescott, T. (1978). *Revised Token Test(RTT)*. Pro-Ed.

Nicholas, L. E., & Brookshire, R. H. (1993). A system for quantifying the informativeness and efficiency of the connected speech of adults with aphasia. *Journal of Speech and Hearing Research*, *36*(2), 338-350.

Porch, B. E. (1981). *Porch Index of Communicative Ability(PICA)*. Consulting Psychologists Press.

Ross, E. D., & Monnot, M. (2008). Neurology of affective prosody and its functional-anatomic organization in right hemisphere. *Brain and Language*, *104*(1), 51-74.

Ross-Swain, D. (1996). *Ross Information Processing Assessment-Second Edition(RIPA-2)*. Pro-Ed.

Schuell, H. (1965). *The Minnesota Test for the Differential Diagnosis of Aphasia(MTDDA)*. University of Minnesota Press.

Schuell, H., Jenkins, J., & Jiménez-Pabón, E. (1964). *Aphasia in adults*. Harper & Row.

Shipley, K. G., & McAfee, J. G. (2004). *Assessment in speech-language pathology: A resource manual*. Delmar.

Yorkston, K., Beukelman, D., & Traynor, C. (1981). *Assessment of Intelligibility of Dysarthric Speech(AIDS)*. C. C. Publications.

Warden, M. R., & Hutchinson, T. A. (1992). *Writing Process Test*. Riverside.

Wertz, R. T., LaPointe, L. L., & Rosenbek, J. C. (1984). *Apraxia of speech in adults: The disorders and its management*. Grune & Stratton.

Whurr, R. (1996). *The Aphasia Screening Test(AST)*. Singular Publishing Group.

COMMUNICATION DISORDERS

제 10 장

청각장애의 진단

1. 들어가는 말

청각장애는 청각기관의 손상으로 소리를 듣지 못하여 발생하는 장애로, 1,000명당 1~2명의 신생아가 심각한 수준의 청력 손실을 갖고 태어나는 것으로 알려져 있다(장선오 외, 2002). 이러한 수치는 신생아기 아동에게 나타나는 선천성 질병이나 장애 중에서 높은 편에 속한다. 청각장애인, 특히 태어나면서부터 소리를 듣지 못하는 청각장애 아동은 청력 손실로 인해 듣기가 제한적이기에 언어습득에서 어려움을 겪고, 결과적으로 전반적인 의사소통에서 장애를 보인다. 이러한 언어와 의사소통의 문제는 학령기에 이르러서는 학습 문제로 연결되며, 학령기 이후에는 직업 선택의 제한, 사회 적응의 어려움 등으로 발전할 수 있다. 청각장애 아동이 겪게 되는 이러한 어려움을 최소화하는 방법은 조기에 청각장애를 진단하고 적절한 중재를 통해 장애의 정도를 최소화하는 것이다.

청각장애의 진단과 치료는 그 특성상 진단과 중재 과정에서 다학문적인 접근과 전문가의 팀 접근이 필수적으로 요구된다. 청각장애의 진단과 중재에 직접 관여하는 학문 분야는 특수교육학, 언어치료학, 의학, 청각학의 네 분야로, 특수교사, 언어재활사, 이비인후과 의사, 청능사와 같은 전문가가 각각의 영역에서 청각장애의 진단과 치료 중재에 참여하게 된다.

신생아청각선별검사가 도입되기 전, 청각장애의 진단은 부모가 자녀의 청력 손실 여부를 의심하고 이비인후과를 찾는 것으로 시작되었다. 그러나 전 세계적으로 신생아청각선별검사의 확산에 따라 부모가 아동의 청력에 대한 의심을 갖기 전에 이미 신생아가 출생한 병원에서 진단이 시작되고 있다. 국내에서도 2018년 신생아청각선별검사가 의료보험 수급 항목으로 지정되어 병원에서 출생하는 대부분의 신생아는 저렴한 가격에 신생아실에서 청력검사를 받게 되었다. 신생아청각선별검사를 통해 심화검사가 의뢰된 경우나 부모가 아동의 청각장애를 의심하여 직접 병원을 찾은 경우 모두, 이비인후과 전문의는 청력 손실의 유무와 정도를 알기 위해 필요한 검사를 시행하도록 청능사에게 요청하고 검사결과에 따라 청각장애의 진단을 내린다. 청각장애로 진단받은 아동은 보청기나 인공와우 등을 착용하고, 언어치료실이나 특수학교 등에서 언어재활사와 특수교사의 중재를 받는다.

「장애인복지법」에서는 청각장애인의 판정 기준을 두 귀에 들리는 보통 말소리의 최대 명료도가 50% 이하인 사람, 두 귀의 청력 손실이 각각 60dB인 사람, 한 귀의 청력 손실은 80dB 이상이며 다른 귀의 청력 손실은 40dB 이상인 사람, 그리고 평형 기능에 상당한 장애가 있는 사람으로 정하고 있다. 국립특수교육원에서는 청각장애를 '청각의 이상으로 귀만으로 말을 듣는 데 어려움이 있어 학습활동이나 일상생활에서 특별한 지원을 요구하는 자'로 정의한다.

청각장애의 진단과 장애 판정은 이비인후과에서 이루어지며, 이때 기본이 되는 것은 청력검사 결과다. 그러나 의학적 판단에 기초한 청력 손실 위주의 장애 진단은 청각장애인이 갖고 있는 가장 큰 문제인 의사소통능력을 대변하기에 한계가 있다. 같은 정도의 청력 손실을 보이는 아동이라도 진단 시기, 중재방법, 사용하는 보장구의 종류, 부모의 관심과 참여도, 아동의 개인적 특성 등 여러 요인에 의해 언어발달 수준이 달라진다. 선천성 청각장애 아동의 경우 후천성 청각장애 아동이나 성인에 비해 이러한 요인의 영향을 더욱 많이 받고, 언어발달 수준이 달라짐에 따라 그들이 실생활에서 겪는 의사소통장애의 정도 또한 차이가 있게 된다. 따라서 청각장애의 적절한 진단과 평가는 의사소통 전반에 관한 평가결과를 토대로 하는 것이 보다 타당하다(윤미선, 2007). 이 장에서는 청각장애 아동의 진단과정에서 실시하는 청력검사와 청각장애 아동의 의사소통능력 평가를 위한 검사 및 언어 진단평가 사례를 소개한다. 청각장애인의 진단은 아동뿐 아니라 성인까지 해당이 되지만, 이 장에서는 언어치료와 특수교육의 주 대상인 아동으로 한정하였다.

2. 의뢰 및 선별검사

1) 신생아청각선별검사

신생아청각선별검사는 아기의 출생 직후 산부인과에서 이루어진다. 국내의 신생아청

각선별검사는 지역 단위에서 시작하여 현재 전국으로 확대되었고(박수경, 이준호, 오승하, 2007), 2018년 10월 1일부터 모든 신생아에게 건강보험 급여가 인정되었다.

신생아청각선별검사의 시행은 전 세계적으로 미국영아청각협회(Joint Committee on Infant Hearing: JCIH, 2007)의 지침을 따르고 있다. JCIH는 1-3-6의 원칙을 제시한다. 선별검사로 건강한 신생아는 이음향방사검사(OAE)를, 조산아나 신생아 중환자실을 거치는 신생아는 자동화 뇌간유발반응청력검사(AABR)를 생후 1개월 이내에 받고, 여기에서 정상적인 반응을 보이지 않은 아동은 3개월 이내에 재검사를 하여 청각장애 확진을 받을 것을 권장한다. 청각장애 확진을 받은 아동은 생후 6개월 이내에 조기중재를 받도록 하는데, 이것은 생후 6개월 이내에 조기중재를 시작한 아동의 언어발달이 그보다 늦게 조기중재를 시작한 아동보다 유의하게 빠른 것으로 확인되었기 때문이다(Yoshinaga-Itano, Synder, Coulter, & Mehl, 1998). 최근 JCIH는 새로운 지침을 발간했는데 여기서는 기존 1-3-6보다 앞서가는 1-2-3, 즉 1개월 내 선별검사, 2개월 내 진단검사, 3개월 내 중재 시작을 제안하고 있다(JCIH, 2019).

2) 언어 진단평가 시의 청각선별검사

(1) Ling's 6 Sound Test

언어 진단평가 시 이미 병원에서 청각장애의 진단을 받고 언어평가가 의뢰된 아동의 경우 배경정보나 의뢰서를 통해 아동의 청력 수준을 알고 언어평가를 하게 된다. 그러나 청력에 대한 사전 검사가 이루어지지 않은 아동이라면 언어 진단평가 시 언어재활사는 검사대상자가 말소리를 들을 수 있는지에 대한 최소한의 검증을 하고 평가를 진행하여야 한다. 이러한 목적으로 Ling's 6 Sound Test(Ling, 1976)를 선별검사로 실시한다. 또한 청력검사를 받고 보청기나 인공와우를 착용하고 있는 아동이라 할지라도 현장에서 보장구가 제대로 작동하는지, 보장구가 말소리를 충분히 전달하는지를 확인하기 위해 Ling 검사를 실시한다.

Ling 검사에서는 6개의 음소(/a, u, i, ʃ, s, m/)를 입 모양을 안 보여 주고 아동에게 들려준 후 아동의 말소리 감지(detection)와 확인(identification) 여부를 평가한다. Ling 검사의

6개 음소는 회화음의 주파수 대역을 대표하는 소리로, 가장 높은 주파수 대역에 위치하는 마찰음 /s/까지 듣고 따라서 말할 수 있으면 일단 아동이 모든 말소리의 감지와 확인이 가능하다고 판단한다. 어린 아동의 경우에는 따라 말하기까지 유도하지 않고 소리를 듣고 반응을 보이는 말소리의 감지 검사로 사용한다. Ling 검사를 실시하는 데에 있어 주의할 점은 자음을 들려줄 때 [si] 또는 [ʃi]와 같이 모음을 첨가하면 안 되고 마찰음의 특성을 살려 자음만을 들려주어야 한다. 만일 [si]로 소리를 들려주었을 때 아동이 감지 반응을 보인다면, 아동이 목표 음소였던 마찰음 /s/의 4,000Hz 대역을 들었는지 그보다 낮은 모음 /i/의 주파수 대역을 듣고 반응을 하는 것인지를 구분할 수 없기 때문이다.

(2) 나사렛선별검사

이미 청각장애의 진단을 받은 사람의 청지각능력을 평가하는 선별검사로 나사렛선별검사(윤미선, 2012)를 사용할 수 있다. 나사렛선별검사는 학령기 이상 청각장애인의 청지각능력을 선별하여 수준에 맞는 청각재활을 하기 위해 고안되었다. 나사렛선별검사는 소리 감지, 보기가 있는 조건의 단어(closed set word), 보기가 있는 조건의 문장(closed set sentence), 보기가 없는 조건의 문장(open set sentence) 검사로 구성되어 있다.

 3. 진단평가 방법 및 과정

1) 병원에서 이루어지는 청력평가

대한청각학회(2017)에서 발간한 『청각검사지침(2판)』에 따르면 병원에서 이루어지는 청각검사는 기본검사와 특수청각검사로 나눌 수 있다. 기본검사에는 순음청력검사(pure tone audiometry), 어음청각검사(speech audiometry), 임피던스청력검사(impedence audiometry), 이관기능검사가 속하며 이비인후과에서 기본적으로 이루어지는 검사다. 특수청각검사는 청성유발반응검사(auditory evoked potential), 이음향방사검사(otoacoutic emission), 신생아청각선별검사, 유소아청력검사, 이명검사, 기능성청각검

사, 보청기적합확인검사 등이 포함된다. 이 중 청각장애의 진단과 직접 관련이 있는 검사들을 〈표 10−1〉에 정리하였다.

표 10−1 **청각검사**

검사명	검사 설명
순음청력검사	단일한 주파수로 이루어진 순음을 250Hz부터 8000HZ까지 들려주며 역치를 찾는다. 소리 자극을 기도와 골도의 두 통로로 제공하고 각각 청력을 평가한다.
어음청각검사	말소리에 대한 듣기를 평가하는 검사로 어음인지역치검사와 단어인지도검사가 있다. 어음인지역치검사는 음성학적으로 균형을 맞춘 단어 목록을 들려주고 역치를 찾는다. 단어인지도검사는 역치에서 30~40dB 크게 단어를 들려주고 어느 정도를 알아듣는지 평가한다.
임피던스청력검사	중이의 상태를 평가한다. 고막의 운동성을 측정하여 중이의 상태를 보는 고막운동성검사와 등골근반사의 유무를 확인하는 등골근반사검사가 있다. 등골근반사검사는 큰 소리가 뇌간까지 전달되었을 때 반사로 등골근이 수축되는 현상을 평가하는 검사로 중이, 청신경, 안면신경, 뇌간하부까지를 간접적으로 평가할 수 있다.
청성유발반응검사 1: 청성뇌간반응	소리가 들릴 때 뇌간에서 발생하는 뇌파를 측정하여 청각 역치를 찾는 검사다. 피검사자의 반응을 요구하지 않고 객관적으로 생리적인 반응을 관찰하는 검사이므로 어린 아동들의 청각장애 진단을 위한 확진 검사로 사용된다.
청성유발반응검사 2: 청성지속반응	자극음의 종류에 따라 대뇌피질부터 뇌간에서 발생하는 뇌파를 평가한다. 청성뇌간반응검사보다 큰 소리에 대한 반응을 볼 수 있다.
이음향방사검사	자발적으로, 또는 외부 소리에 대한 반응으로 내이에서 발생하는 미세한 소리를 고막 밖에 위치한 마이크를 통해 측정한다. 청성유발반응검사에 비해 조작이 간편하여 신생아청각선별검사의 일차 검사로 사용된다.
유소아청력검사	순음청력검사에서 성인과 같은 반응을 보이지 못하는 어린 유소아를 위한 검사다. 0~4개월 영아는 행동관찰청력검사로 소리를 듣고 아동이 보이는 반사 반응을 관찰한다. 시각강화청력검사는 6개월부터 2세 아동까지 가능하며, 소리가 들리면 아동이 쳐다보는 시각 반응을 조건화시켜서 청력을 검사한다. 놀이청력검사는 장난감 등을 이용해 소리가 들리면 반응을 하도록 조건화를 유도하는 검사다.

2) 말지각능력의 평가: 말지각검사

말지각검사(Speech Perception Test)를 실시하는 목적은 청력검사도에 나타나는 결과만으로는 알기 어려운 정보, 즉 청각장애인이 실제 의사소통 상황에서 얼마나 상대방의 말소리를 알아듣고 이해할 수 있는가를 보는 것이다. 특수학교나 일반 학교의 교사, 병원이나 복지관, 언어치료실의 언어재활사는 실제 현장에서 청각장애 아동이 자신의 말을 어느 정도 알아듣는가에 따라 교육계획과 언어치료계획을 수립하여야 한다. 그러나 단순히 청력 손실의 정도만을 보여 주는 청력검사 결과나 장애등급으로는 해당 아동의 의사소통 수준을 가늠하기가 어렵다. 따라서 치료사의 말을 듣고 지각하여 이해하는 정도를 평가하는 말지각검사를 통해 의사소통능력을 진단하고 나아가 교육과 치료 계획을 세우게 된다. 이러한 말지각검사는 인공와우이식이 상용화되기 전까지는 잔존청력이 비교적 많이 남아 있는 일부 청각장애인을 대상으로 하였고, 심도 청각장애인은 검사 대상이 되지 못했다. 그것은 보청기를 사용하여 소리를 듣더라도 그들이 갖고 있는 말지각능력이 너무 낮아서 검사에 반응하는 것이 어려웠기 때문이다. 1990년대에 인공와우이식이 활발해지자 듣기능력 평가를 위해 다양한 말지각검사가 개발되었다.

(1) 피험자 관련 요인

말지각검사 결과에 영향을 주는 다양한 요인 중 가장 먼저 살펴볼 것은 피험자 관련 요인이다. 말지각검사는 말/언어 자극을 들려주고 이를 얼마나 지각하는가를 보는 검사이기 때문에 대상 아동의 언어/인지능력, 청력 손실 정도, 성숙도, 주요 의사소통 방법 등은 검사결과에 중대한 영향을 준다. 따라서 임상가는 아동의 수준을 고려하여 가장 적합한 말지각검사를 선정하여 실시한다. 예를 들어, 아동이 모르는 어휘로 구성된 말지각검사를 시행한다면 이는 아동의 언어능력 평가이지 말지각능력 평가가 아니게 된다.

(2) 자극 단위 및 실시과정 관련 요인

말지각검사에서 사용하는 언어 자극의 단위는 음소 수준, 단어 수준, 문장 수준으로 다양하므로, 아동의 언어능력과 검사 목적에 따라 적합한 자극 단위의 말지각검사를 선

정한다.

- 자음/모음검사: 자음/모음검사는 한국어의 자음과 모음을 무의미음절의 상태로 검사하는 것이다. 언어적 영향력을 배제하고 음소 수준의 지각능력을 평가할 수 있다는 장점이 있으나, 실제 생활에서의 의사소통능력을 반영하지 못한다는 단점이 있다. 일반적으로 자극은 자음검사 시는 'VCV'로, 모음검사 시는 'CVC'의 형태로 제시한다. 음소 수준의 검사에서 보기를 제시하지 않고 자극소리를 들려준 후 말하거나 받아 적게 하는 방법과 보기를 준 후 듣고 고르게 하는 방법이 모두 사용될 수 있다.
- 단어검사: 단어검사는 음소균형을 맞춘 1음절이나 2음절의 단어를 자극으로 사용한다. 단어검사 결과에는 단어의 음소균형 외에도 단어의 빈도나 친숙도와 같은 요인이 영향을 줄 수 있으므로 이러한 요인과 피검사자의 언어 수준과 발달 수준을 고려하여 검사를 선택한다. 단어검사 시 보기가 없는 검사형식을 사용할 때는 오류의 원인이 분명히 나타나도록 해야 한다. 일례로 조음오류가 심한 청각장애 아동이라면, 단어검사의 반응으로 따라 말하기를 시켰을 때 오류가 말지각 과정에서 나타난 것인지 혹은 말산출 과정에서 비롯된 것이지를 판단할 수 없게 된다. 이런 경우를 고려하여 가능하면 듣고 받아 적게 하는 방법이 좋다. 또한 평가방법은 단어 전체의 정확도를 보는 단어 점수와 단어를 구성하는 음소의 정확도를 보는 음소 점수로 구분하여 평가한다.
- 문장검사: 문장은 실생활에서 가장 많이 사용되는 언어형태이기에 말지각능력 검사 중 사회적 타당도가 가장 높다. 그러나 피검사자의 언어능력과 같은 말지각능력 외 다른 요인의 영향을 가장 많이 받는 검사이기도 하다. 문장검사를 할 때는 아동의 언어 수준에 적합한 문장으로 구성된 검사를 선정하는 것이 중요하다. 문장검사의 평가는 문장 전체가 맞은 문장 점수, 그리고 문장 전체를 듣지는 못했어도 문장을 이루고 있는 어휘 중 맞은 어휘 점수를 산출하는 두 가지 방법으로 한다.

말지각검사를 선정한 후 실시 단계에서도 고려할 요인들이 많다. 먼저, 검사 자극 제시를 청각만으로(Audition Only: AO), 시각만으로(Vision Only: VO), 청각과 시각을 함께

(Audition Plus Vision: AV)의 세 조건 중 선택한다. 여기서 시각은 독화(speech reading)를 의미한다. 말지각검사는 AO 상황이라고만 생각하기 쉬우나, 대상자의 청력이 매우 나쁜 상태로 AO로는 의사소통이 어려운 사람이라면 진단과 중재를 위해 AV 상황에 대한 정보가 필요하다. 검사에 반응하는 양식도 고려 요인이다. 어린 아동이나 청력 수준이 낮은 경우에는 보기가 있는 조건(closed set)의 검사를 실시하고, 그보다 상위 검사에서는 보기가 없는 조건(open set)의 검사를 선택한다. 검사 자극의 제시방법으로는 녹음 자료를 사용하는 방법(recorded voice)과 실제 음성(live voice)으로 제시하는 방법이 있다. 전자의 경우 객관적 신뢰성 확보에서 추천하는 방법이나, 아동이 어리거나 치료실에 필요한 기기 등이 준비되지 않은 경우에 언어치료실에서는 실제 음성으로 제시하는 경우가 많다. 이때 언어재활사는 음성의 크기, 빠르기 등에 주의해서 신뢰성 확보에 노력해야 한다(Tye-Murray, 2009).

(3) 현장에서 사용하는 검사

한국어 말지각검사로는 언어 수준과 무관하게 사용할 수 있는 설문검사와 척도검사, 언어 단위에 따라 음소, 단어, 문장 수준으로 말지각능력을 평가하는 검사도구들이 개발되었다. 〈표 10-2〉는 현재 국내에서 사용하고 있는 말지각검사를 정리한 목록이다. 표에 수록한 검사 외에도 각 병원이나 센터에서 개발하여 사용하고 있는 검사들이 다수 있다. 이들 검사에 대한 자세한 정보는 대한청각학회에서 발행한 『말지각검사의 실제(2판)』에서 찾아볼 수 있다(대한청각학회, 2021).

표 10-2 말지각검사

도구명	세부검사	단계	대상	출처
나사렛선별검사	소리감지	감지	학령기 이상	윤미선 (2012)
	단어검사I	확인		
	문장검사I	확인		
	단어검사II	확인		
	문장검사II	확인		
	문장검사III	확인		

어음청각검사(KSA)	어음인지역치검사	확인	학령전기	이정학 외 (2010)
			학령기	
			일반용	
	단어인지도검사	확인	학령전기	
			학령기	
			일반용	
	문장인지도검사	확인	학령전기	
			학령기	
			일반용	
말지각발달검사 (KNISE-DASP)	Ling's 6 Sound Test	탐지 변별 확인	아동	송영준 외 (2011)
	자 · 모음검사	변별 확인		
	단어패턴인지검사	확인		
	단어인지검사	확인		
	문장인지검사	확인		
	문장이해검사	이해		
	문장기억과 순서화검사	이해		
	이야기이해검사	이해		

아동의 연령이 낮아서 언어를 기반으로 하는 말지각검사를 실시할 수 없는 경우, 부모를 대상으로 하는 설문조사나 척도검사를 사용한다.

- 설문검사: 어린 아동에게 사용하는 설문검사의 대표적인 예는 IT-MAIS(Infant Toddler-Meaningful Auditory Integration Scale; Zimmerman-Phillips, Robbins, & Osberger, 2001)다. IT-MAIS는 보청기나 인공와우이식기를 사용하기 시작한 초기의 어린 아동을 대상으로 한다. 이들 아동의 언어 수준은 기존의 말지각검사에 반응하기에 충

분하지 않기 때문에 부모에게 질문을 하고 평가를 한다. 10개 문항으로 구성되어 있고, 각 문항은 0~4점까지 평가하게 되어 있어 총 40점 만점이다.

- 척도검사: 척도검사는 5점 또는 7점 등의 척도로 말지각능력을 표시하는 검사방법이다. 척도검사는 종단적으로 말지각능력의 변화를 평가하기에 적합하다. 척도검사의 대표적인 예로 CAP(Categories of Auditory Perception Scale; Archbold, Lutman, & Marshal, 1995)이 있다. CAP은 7점 척도로 0은 환경음을 탐지 못하는 수준, 1은 환경음의 탐지가 가능한 수준, 2는 말소리를 탐지하고 반응하는 수준, 3은 환경음을 지속적으로 지각하는 수준, 4는 2개 이상의 말소리를 변별하는 수준, 5는 일상생활에서 간단한 문장을 독화 없이 이해하는 수준, 6은 친숙한 사람과 대화를 하는 수준, 7은 친숙한 사람과 전화통화가 가능한 수준을 의미한다.

3) 말산출능력의 평가

일반적으로 말산출능력에 대한 평가는 음성, 운율, 조음능력, 말명료도 등에 대한 평가로 이루어지며 청각장애인 역시 이 범주에서 벗어나지 않는다. 그러나 청각장애인의 경우 말소리 평가의 모든 영역에서 문제가 있을 수 있다는 점을 염두에 두어야 한다. 즉, 단순한 말소리장애 아동의 경우 발성장애가 같이 있는 것이 일반적이지 않지만, 청각장애의 경우는 매우 일반적인 현상이다. 그러므로 청각장애 아동의 말소리 평가 시에는 말산출과 관련된 모든 영역의 검사가 필요하다.

조음능력의 평가는 조음정확도 평가, 음운변동 분석, 말명료도 평가 등의 방법을 사용한다. 청각장애인은 조음능력의 저하 외에 공명과 발성의 문제 등이 복합적인 경우가 많아 실제로 조음정확도를 측정하는 것이 쉽지 않다. 또한 이런 특성 때문에 같은 조음정확도의 기능적 조음장애 아동보다 말명료도가 낮게 나타날 수 있다. 말명료도는 조음의 정확도와 관계없이 의사전달의 정도를 평가하므로 실생활에서의 의사소통능력이 보다 많이 반영된다. 따라서 청각장애인의 경우 조음정확도보다 말명료도가 실제 의사소통능력을 나타내는 데에 적합하다는 견해도 있다. 말명료도의 평가는 척도를 사용하거나 음절의 일치도를 보는 것이 일반적이다(김수진, 신지영, 2020).

4) 언어능력의 평가

청각장애인의 언어평가는 건청인에게 사용하는 언어검사를 그대로 사용한다. 그러나 검사 시 주의할 점은 언어검사가 말지각능력검사가 되어서는 안 된다는 점이다. 일례로 중도의 청력 손실을 갖고 있는 아동에게 그림어휘력검사를 시행하면서 독화나 다른 도움 없이 듣기만으로 검사를 한다면 피검사자의 언어이해능력과 말지각능력을 동시에 측정하는 것이므로, 실제 보고자 하는 언어이해능력을 적절히 측정하지 못할 수 있다.

또한 언어검사는 청각장애인의 언어 수준과 생활연령을 고려하여 적절한 것을 선택한다. 이 과정에서 청각장애인의 생활연령을 고려하지 않고 검사를 선택하여 생활연령에 비해 지나치게 낮은 검사를 택하면 피검사자가 불쾌감을 보이거나 검사 자체를 거부하는 일이 생길 수 있다. 그러므로 언어능력과 사회인지능력 등을 고려하여 적절한 검사를 선택하는 것이 필요하며, 만일 기존의 검사 중 적합한 것이 없다면 비공식적으로 검사를 하고 결과를 기술한다.

언어능력은 일반적으로 이해와 표현에서 어휘능력, 음운능력, 구문능력, 화용능력 등을 평가한다. 청각장애 아동은 언어의 전 영역에서 어려움을 보이는 것으로 보고되므로 언어평가 시에도 말산출능력의 평가 시와 마찬가지로 다양한 하위 언어영역의 평가가 필요하다.

5) 청각장애 영유아의 의사소통능력 평가

청각장애 아동의 재활에서 무엇보다 중요한 것은 조기진단과 조기중재다. 조기중재 대상인 영유아는 발달적인 특성상 검사영역이나 검사도구의 선정에서 다른 연령군과는 다른 접근이 필요하다. 〈표 10-3〉은 청각장애 영유아의 전반적인 의사소통능력을 말지각, 말과 언어 발달, 상호작용의 세 영역으로 나누어 평가하는 평가도구 목록이다(윤미선, 2010). 평가자는 영유아에게 표에 제시된 검사들을 모두 실시하는 것이 아니고 영역별로 영유아의 발달 수준에 맞는 검사를 선택하여 실시한다.

표 10-3 **청각장애 영유아 의사소통 평가 프로그램(Communication Assessment Battery for Infant and Toddler with Hearing Impairment: CABIT-HI)**

영역		검사	출처 및 방법
말지각	통합	CAP	Archbold, Lutman, & Marshal (1995), 이영미(2010)
	통합	IT-MAIS	Zimmerman-Philips, Robbins, & Osberger (2001); 윤미선(2010)
	감지	소리감지검사	윤미선(2008)
	변별	패턴변별검사	윤미선(2008)
	확인	낱말확인검사*	윤미선(2008)
	확인	낱말/문장검사(closed set)*	아동의 어휘목록에서 10개 문항을 선택하여 사용
	확인	낱말/문장검사(open set)*	
	이해	문장이해검사(GASP-K)*	김은연(2009)
	이해	문장검사(EARS-K)*	이상흔, 박미혜, 허명진(2003)
말과 언어 발달	조음	음소목록분석**	아동과 부모의 상호작용을 10분간 녹화하여 분석함
	조음	U-TAP*	김영태, 신문자, 김수진, 하지완(2019)
	명료도	MUSS**	Robbins & Osberger (1991)
	명료도	SIR**	Allen, Micholopoulos, & O'Domoghe (1998)
	음성	음성평가**	윤미선(2008)
	언어	자발화분석** (MLU 등)	아동과 부모의 상호작용을 10분간 녹화하여 분석함
	언어	SELSI*	김영태, 김경희, 윤혜련, 김화수(2003)
	어휘	MCDI-K*	배소영, 곽금주, 장유경, 성현란(2007)
상호작용	의사소통 태도	부모**	윤미선(2008)
		아동**	윤미선(2008)
	의사소통 의도	형태(mode) 및 유형(type)**	윤미선(2008)

* 아동의 언어능력이 해당 검사를 수행할 수 있을 때 실시함.
** 아동과 부모의 상호작용을 녹화한 자료를 분석함.

4. 진단평가 결과 해석

1) 청각장애 진단기준

청각장애의 수준을 결정짓는 일차적인 절차는 장애 수준에 대한 판정이다. 현재 청각장애의 진단 기준은 청력 손실 정도에 따르고 있다. 우리나라의 「장애인복지법」에서는 6등급으로 장애 등급을 나누었으나, 2019년 7월 이후 이를 폐지하고 장애정도가 심한 장애인(중증)과 장애정도가 심하지 않은 장애인(경증)의 두 단계로 구분한다(〈표 10-4〉 참조).

표 10-4 **청각장애 진단 기준**

기준	장애등급제 폐지 이전	장애등급 폐지 이후
	장애 등급	장애정도
두 귀의 청력 손실이 각각 90dB 이상	2급	장애정도가 심한 장애인(중증)
두 귀의 청력 손실이 각각 80dB 이상	3급	
두 귀의 청력 손실이 각각 70dB 이상	4급 1호	장애정도가 심하지 않은 장애인(경증)
두 귀에 들리는 보통 말소리의 최대 명료도가 50% 이하	4급 2호	
두 귀의 청력 손실이 각각 60dB 이상	5급	
한 귀의 청력 손실은 80dB 이상이며 다른 귀의 청력 손실은 40dB 이상	6급	

등급제가 폐지되었기는 하나 결국 장애 진단은 순음청력검사 결과를 토대로 데시벨(dB)로 나타나는 청력검사 결과에 따라서 결정된다. 그러나 이러한 분류는 다음과 같은 몇 가지 문제점이 있다(Northern & Downs, 2002).

① 청력검사의 결과와 기준은 변화할 수 있다.

② 청력검사표는 잔존청력의 정도를 정확히 말해 주지 못한다.
③ 청력검사도는 보청기나 증폭기를 사용했을 때의 잠재적인 청력상태를 말해 주지 못한다.
④ 청력검사도는 그 사람이 잔존청력을 얼마나 활용할 수 있는지를 말해 주지 못한다.
⑤ 청력검사도는 소리가 뇌에 이르는 과정과 그 과정에서 나타나는 결과를 말해 주지 못한다.

2) 의사소통능력 중심의 평가결과 해석

청각장애는 청력 손실로 인해 듣는 데에 어려움이 있는 것으로 끝나지 않고, 언어와 의사소통 능력, 나아가 사회생활 전체에 영향을 미치는 장애다. 또한 청각장애인의 재활과 교육을 시도하는 언어치료와 특수교육에서는 단순한 청력 손실의 정도보다 포괄적인 의사소통능력 전반의 평가결과가 필요하다. 의사소통은 화자와 청자가 있는 양방향적인 과정으로, 의사소통능력의 평가는 화자와 청자의 양쪽 측면에서 살펴보아야 한다. 청자로는 말지각능력, 화자로서는 말산출과 언어 능력 등이 의사소통능력 평가의 기본이다. 따라서 언어재활사나 특수교사는 이러한 여러 영역의 검사를 실시한 후 종합적으로 결과를 해석하고 중재와 교육계획을 세우는 것이 바람직하다.

5. 진단평가 사례

1) 배경정보

김○○은 24개월의 여자 아동으로 인공와우이식 후의 정기 평가를 위해 본 센터를 방문하였다. 출생 시 신생아청력선별검사에서 이상이 있는 것으로 나타나 종합병원에서 진단검사를 받은 결과, 심도 난청으로 진단을 받고 생후 4개월에 보청기를 처방받았다. 6개월부터 청각 조기중재 프로그램에 등록하여 주 1회 부모가 참여하는 조기중재를 받

으며 아동의 발달을 지켜보았다고 한다. 그러나 보청기로는 아동의 언어발달에 한계가 있다고 판단되어 생후 10개월에 양이에 인공와우 이식수술을 받았고 11개월에 맵핑을 시작하면서 집 근처 언어치료실에서 주 1회 언어치료를 받고 있다고 한다. 아동은 현재 어린이집에 다니고 있고, 청각장애 외의 다른 장애는 확인되지 않았다.

2) 검사결과

(1) 말소리 지각

Ling's 6 Sound Test의 6개 소리 /a, u, I, ʃ, s, m/을 100% 감지하고 확인하였다. Ling's 6 Sound Test는 양 귀 각각 1m와 3m 상황에서 검사했고, 모든 상황에서 100% 확인 반응, 즉 6개의 소리를 모두 정확히 따라 말하였다. IT-MAIS(윤미선, 2008) 결과, 36/40으로 소음이 있는 곳에서도 이름을 부르면 돌아보고 환경음을 다섯 가지 이상 확인하며, 아버지와 어머니의 목소리를 구분할 수 있었다. 아동의 언어 수준이 공식 말지각검사를 수행하기에 적합하지 않아 아동의 언어 목록에서 단어 10개를 선정하여 open set으로 검사한 결과, 아동은 양이 인공와우를 착용한 상태에서 100% 정반응을 보였다. 청각적 기억력은 2항목까지 가능하였다.

(2) 말과 언어 발달

아동의 음소 목록에서는 단모음과 자음 /m, n, p/가 관찰되었다. 초분절적인 측면에서 엄마의 억양을 매우 유사하게 모방하였고, 목소리의 음도, 강도, 음질은 특이점이 없었다. SELSI(김영태 외, 2003) 검사결과, 수용언어는 원점수 44점으로 50%ile, 표현언어는 원점수 36점으로 20~25%ile, 전체 언어는 30~35%ile로 평가되었다. 아동의 발화는 대부분 단단어 수준이었으나 집에서는 두단어 연결 발화를 사용하기 시작했다고 한다.

3) 결론 및 제언

김○○ 아동은 24개월의 선천성 청각장애 아동으로 신생아청력선별검사를 통해 조기에 청각장애 진단을 받고 10개월에 양이 인공와우 이식수술을 받은 후 조기중재를 받고 있는 아동이다.

○○은 현재 인공와우기를 통해 시각적 단서 없이 회화음의 주파수 대역을 대부분 듣고 있으며 일상생활에서도 듣기 위주로 생활을 하는 것으로 보인다. 언어발달 측면에서 공식 검사결과는 또래 수준에서 30%ile 수준이며, 수용언어보다 표현언어에서 약간의 지체가 있었고, 자발화는 단단어 수준이었다. ○○의 언어발달 수준은 같은 생활연령대 건청 아동과 비교하면 다소 지체된 수준으로 볼 수 있으나, 실제로 소리를 듣기 시작한 듣기 연령이 13개월이므로 우려할 수준의 언어발달지체로 보이지 않는다. 현재의 언어발달 속도를 고려하면 빠른 시간에 일반 발달 수준에 도달할 것으로 기대된다. ○○ 아동이 선천성 청각장애로 생후 10개월까지 음성언어 발달이 전혀 이루어지지 않았던 상황에서 이런 발달을 보일 수 있었던 것은 인공와우를 통해 청각적 통로가 확보된 것을 토대로 듣기 중심의 중재와 가족의 참여가 중요한 요인이었다. 따라서 지금의 중재 방향이 계속 유지되도록 부모와 협력하고 지속적인 중재를 제공하는 것을 제언한다.

6. 맺음말

청각장애는 단순히 청력 손실이라는 감각의 문제보다 그로 인해 발생하는 의사소통의 문제가 장애정도를 결정짓는다. 그러므로 청각장애의 진단과 평가는 청력 손실의 정도뿐 아니라 전반적인 의사소통능력 평가를 통해 이루어져야 할 것이다. 청각장애인의 의사소통능력 평가는 말지각, 말산출, 언어의 이해와 표현, 상호작용 등의 영역에서 이루어진다. 특히 진단과 중재의 중요한 대상인 선천성 청각장애 아동의 조기중재는 아동의 능력을 평가하고 적절한 중재 목표를 세우는 것에서 시작된다. 일반적인 조기중재의 평가영역은 영유아의 운동 기능, 사회성, 인지 기능 및 의사소통 기능 등 다면적이다. 따라서 청각장애 영유아의 조기중재에서도 이러한 영역을 포함하여 의사소통 기능에 대한 평가가 필요하다.

현재 청각장애인의 진단에 필요한 검사는 다양하게 개발되어 있지 않은 상황이다. 청

각장애의 진단과 재활 및 교육은 여러 학문 분야가 관여하므로 의학, 특수교육학, 청각학, 언어치료학의 전문가들이 함께 의견을 모으고 방법을 모색해야 할 것이다. 또한 청각장애인은 의사소통 수단으로 음성언어 외에도 수어(수화)를 사용한다. 실제로 청각장애인의 의사소통능력을 총체적으로 평가하기 위해서는 수어를 사용하는 경우의 이해능력과 표현능력까지도 포함해야 할 것이다. 그러나 현실적으로 청각학교의 특수교사는 수어에 대한 이해가 가능하나 언어재활사의 대부분은 수어를 알지 못하며, 통합 상황에서 일반교사나 또래 건청 아동은 수어에 대한 지식이 거의 없는 상황이다. 따라서 수어에 대한 평가를 포함시키는 것이 현실적이지 않아 이 장에서는 수어를 제외한 음성언어를 말하고 듣는 능력의 평가만을 제시하였다. 그러나 향후 청각장애 아동의 총체적인 의사소통능력 평가를 위해서는 수어뿐 아니라 문자언어에 대한 이해와 표현 능력까지 포함된 평가체계가 필요하다.

용어해설

- 말지각능력: 말소리를 듣고 반응하는 능력. 말소리의 감지, 변별, 확인, 이해 단계로 구분
- 신생아청력선별검사: 출생 시 청력의 이상 유무를 선별하는 검사. 1개월 안에 선별검사를 받고 이상이 있으면 3개월 안에 진단검사를 통해 확진을 받음
- 인공와우이식: 이식수술을 통해 와우 안에 전극을 삽입하고 전기신호를 보내어 소리를 듣게 함. 인체 내에 삽입되는 기기와 외부에 부착하는 기기로 이루어져 있음

참고문헌

김수진, 신지영(2020). 말소리장애. 시그마프레스.

김영태, 김경희, 윤혜련, 김화수(2003). 영 · 유아 언어발달검사(SELSI). 도서출판 특수교육.

김영태, 신문자, 김수진, 하지완(2019). 우리말조음음운검사 2. 인싸이트.

김은연(2009). GASP-K. 인공와우이식과 언어재활 워크숍 자료집. 나사렛언어청각센터.

대한청각학회(편)(2017). 청각검사지침(2판). 학지사.

대한청각학회(편)(2021). 말지각검사의 실제(2판). 학지사.

박수경, 이준호, 오승하(2007). 전국 분만 산부인과의 신생아 청각선별검사 현황. *The Korean Journal of Audiological Society*, *11*(2), 81-87.

배소영, 곽금주, 장유경, 성현란(2007). 언어치료사를 위한 심리평가 및 K M-B CDI(Korea MacArthur-Bates Communicative Development Inventory) 워크숍. 한국언어치료전문가협회.

송영준, 이효자, 장현숙(2011). 국립특수교육원 말지각발달검사: KNISE-DASP. 교육과학사.

윤미선(2007). 청각장애아동의 진단과 평가 시 의사소통능력평가의 중요성에 관한 질적연구. 언어청각장애연구, 12(3), 447-464.

윤미선(2008). 인공와우이식과 언어재활 워크숍 I . 나사렛언어청각센터.

윤미선(2010). 청각장애영유아의 조기중재를 위한 의사소통 평가 도구 구성의 타당성. 언어치료연구, 19(1), 211-232.

윤미선(2012). 와우이식 청각장애인을 위한 듣기연습. 군자출판사.

이상흔, 박미혜, 허명진(2003). 청각언어재활을 위한 평가 가이드(EARS-K). 청하출판사.

이영미(2010). Category of Auditory Performance. 동아언어청각심포지엄 자료집. 동아대학교.

이정학, 조수진, 김진숙, 장현숙, 임덕환, 이경원, 김형종(2010). 어음청각검사(KSA). 학지사 심리검사연구소.

장선오, 임현호, 이정권, 이철희, 왕수건, 조재식(2002). 이비인후과학/두경부외과학 I. 일조각.

Allen, M., Micholopoulos, P., & O'Domoghe, G. M. (1998). Speech intelligibility in children after cochlear implanation. *The American Journal of Otology & Neurotology*, *19*(6), 691-867.

Archbold, S., Lutman, M., & Marshal, D. (1995). Categories of auditory performance. *The Annals of Otolgy, Rhinology & Laryngology*, *104*(S66), 312-314.

Joint Committee on Infant Hearing. (2007). Year 2007 position statement: Principles and guidelines for early hearing detection and intervention programs. *Pediatrics*, *120*, 898-2333.

Joint Committee on Infant Hearing. (2019). Year 2019 position statement: Principles and guidelines for early hearing detection and intervention programs. *The Journal of Early Hearing Detection & Intervention*, *4*(2), 1-44.

Ling, D. (1976). *Speech and the hearing impaired child: Theory and practice*. AG Bell Association for the Deaf.

Northern, J. L., & Downs, M. P. (2002). *Hearing in Children*. Lippincott Williams & Wilkins.

Robbins, A. M., & Osberger, M. J. (1991). *Meaningful use of speech scales*. University of Indiana School of Medicine.

Tye-Murray, N. (2009). *Foundation of aural rehabilitation* (3rd ed.). Thomson.

Yoshinaga-Itano, C., Synder, L., S., Coulter, D. K., & Mehl, A. L. (1998). Language of early and later identified children with hearing loss. *Pediatrics*, *102*, 1161-1171.

Zimmerman-Phillips, S., Robbins, A., & Osberger, M. (2001). *Meaningful Auditory Integration Scale(IT-MAIS) for infants and toddles*. Advanced Bionics Corporation.

찾아보기

인명

내용

저자 소개

심현섭(제1장)
미국 아이오와 대학교 언어병리학 박사
현 이화여자대학교 언어병리학과 명예교수

김영태(제2장)
미국 플로리다 대학교 언어병리학 박사
현 이화여자대학교 언어병리학과 명예교수

이윤경(제3장)
이화여자대학교 언어병리학 박사
현 한림대학교 언어청각학부 교수

김미선(제4장)
이화여자대학교 특수교육학 박사
현 유원대학교 초등특수교육과 교수

김수진(제5장)
이화여자대학교 언어병리학 박사
현 나사렛대학교 언어치료학과 교수

이은주(제6장)
이화여자대학교 언어병리학 박사
현 단국대학교 특수교육과 교수

표화영(제7장)
이화여자대학교 언어병리학 박사
현 조선대학교 언어치료학과 교수

한진순(제8장)
이화여자대학교 언어병리학 박사
현 단국대학교 특수교육대학원 초빙교수,
강남 이화말언어상담연구소 소장

권미선(제9장)
이화여자대학교 언어병리학 박사
현 울산대학교 의과대학, 서울아산병원
신경과 연구교수

윤미선(제10장)
이화여자대학교 언어병리학 박사
현 나사렛대학교 언어치료학과 명예교수

의사소통장애의 진단과 평가(3판)
Diagnosis & Assessment in Communication Disorders (3rd ed.)

2012년 9월 5일 1판 1쇄 발행
2018년 9월 20일 1판 6쇄 발행
2019년 1월 25일 2판 1쇄 발행
2024년 9월 25일 2판 4쇄 발행
2025년 3월 20일 3판 1쇄 발행

지은이 • 심현섭 · 김영태 · 이윤경 · 김미선 · 김수진
이은주 · 표화영 · 한진순 · 권미선 · 윤미선
펴낸이 • 김진환
펴낸곳 • ㈜학지사
04031 서울특별시 마포구 양화로 15길 20 마인드월드빌딩
대표전화 • 02-330-5114 팩스 • 02-324-2345
등록번호 • 제313-2006-000265호

홈페이지 • http://www.hakjisa.co.kr
인스타그램 • https://www.instagram.com/hakjisabook

ISBN 978-89-997-3335-2 93370

정가 23,000원